最新版

すぐ役立つ
文書・書式
大事典

日本語文書研究会　著

法研

はじめに

　携帯電話や電子メールなどの急激な発達と普及で、かつてのように日常普段の行為として手紙を書く機会は少なくなりました。しかし組織のなかでの行為にかかわることであれ、個人的な行為にかかわることであれ、あるいは公的なものであれ私的なものであれ、実際にはおびただしい数の文書が日々やりとりされているのが現実です。
　職場や地域あるいは個人的な場で、社会人として生活していくには、文書の作成や文章の記述という行為をまったく避けて通るわけにはいきません。よりよい社会生活の手段として、文書や手紙の作成にもっと積極的にかかわっていくことが必要となります。
　文書や手紙は、人と人（個人と個人）、人と会社（個人と組織）、会社と会社（組織と組織）をつなぎ理解し合うコミュニケーションの手段として、ビジネスでもプライベートでもきわめて重要なツールです。とりわけビジネス文書では、コミュニケーションツールとして発信者の意図や用件が確実に相手に伝わらなくてはなりません。
　パソコンなどの普及で文書作成の環境が整ったとはいえ、それはたんに道具がそろったということに過ぎず、何をどう書くかという方法や技術が備わったというわけではありません。日本語には日本語の法則があるように、文書には文書の

ルールや定型があり、その共通の理解と認識があってはじめてコミュニケーションが成立します。もちろん、定型化されているとはいえ、人が作成する以上、文書には少なからず「個性」が出ます。その個性が相手に好感を抱かせ良い結果をもたらすこともありますが、それはあくまでも文書の基本に則っているうえでのこと。正確でフォーマルな文書とするには基本が必要ですし、基本をわきまえてこそ、個性や応用が可能となります。

　本書は、そうした文書作成の、できるだけ多くの状況やケースを想定して、それぞれに対応した文書と文例を紹介してあります。文例は字句の変更や修正で、様々なパターンに応用できるように配慮してあります。本書をデスクの片隅に置いていただければ、より模範的でかつ真意の伝わる手紙や文書の作成に役立てていただけるものと確信します。

日本語文書研究会

すぐ役に立つ**文書文例** もくじ

1 文書の基本ルール

文書の書き方 ― 18
- 文章の役割と種類 ― 18
- 文章の構成法と書き方のポイント ― 20
- ビジネス文書の役割と種類 ― 22
- ビジネス文書の書式と基本ルール ― 24
- ビジネス社外文書の基本構成と書き方 ― 26
- ビジネス社内文書の基本構成と書き方 ― 28

封筒とはがきの書き方 ― 30
- 和封筒の選び方と書き方 ― 30
- 洋封筒の選び方と書き方 ― 32
- はがきの表書きと裏書き ― 33

敬語と用語の使い方 ― 34
- 敬語の種類と用い方 ― 34
- 敬称のつけ方 ― 37
- 自称と他称の使い分け ― 38

頭語と結語の関係 ― 39
- あいさつ用語の種類 ― 39

英文の基本ルール ― 42
- 英文の基礎知識 ― 42
- 英文ビジネスレターの種類と特徴 ― 44
- 英文ビジネスレターの基本構成 ― 46
- 英文ビジネスレターの書き方 ― 48
- 封筒の書き方と郵便物の指定 ― 50

Eメールの書き方 ― 52
- Eメールの特徴と活用法 ― 52
- Eメールの基本構成と書き方 ― 54
- Eメールの文書作成上の注意 ― 57
- 添付書類の常識と非常識 ― 58
- Eメールの活用法 ― 61
- Eメール利用上のマナー ― 62

2 ビジネス商用文書・文例

注文する1 ― 66
- 商品を注文する ― 66
- 見積書を比較して注文する ― 67
- 追加注文する ― 67
- 注文を取り消す ― 67

注文する2 ― 68
- 見計らい注文をする ― 68
- 緊急納品の注文をする ― 69
- 支払条件付きの注文をする ― 69
- 指値による注文をする ― 69

注文を承諾する・断る ― 70
- 注文を承諾する ― 70

注文を断る ― 71
- 事務用品注文の受注をする ― 71
- 電話注文による受注の請書 ― 71
- 生産中止にともない注文を断る ― 71

交渉する ― 72
- 値上げ依頼を交渉する ― 72
- 見積価格再考を交渉する ― 73
- 納期延期を交渉する ― 73
- 不良品交換を交渉する ― 73
- 交渉事項承諾をお願いする ― 73

交渉を承諾する・断る1 ― 74
- 取引条件変更を承諾する ― 74

	見積価格再考を承諾する ……… 75

　　不良品交換を承諾する ……… 75
　　納期延期を承諾する ……… 75

交渉を承諾する・断る 2 ……… 76
　　取引条件変更を断る ……… 76
　　注文品変更を断る ……… 77
　　決済条件緩和を断る ……… 77
　　支払い延期を断る ……… 77

申し込む ……… 78
　　新規取引を申し込む ……… 78
　　価格改定を申し込む ……… 79
　　取引条件を変更する ……… 79
　　注文取り消しを申し込む ……… 79

申し込みを承諾する・断る ……… 80
　　新規取引を承諾する ……… 80
　　新規取引申し込みを断る ……… 81
　　値上げの要請を承諾する ……… 81

通知する 1 ……… 82
　　出荷・発送を通知する ……… 82
　　送金を通知する ……… 83
　　領収書送付を通知する 1 ……… 83
　　領収書送付を通知する 2 ……… 83
　　価格改定を通知する ……… 84
　　品切れの通知とお詫びをする ……… 85
　　新製品発売を通知する ……… 85
　　品切れを通知する ……… 85

通知する 2 ……… 86
　　締日・支払日を通知する ……… 86
　　臨時休業を通知する ……… 87
　　事務所移転を通知する ……… 87

依頼する 1 ……… 88
　　見積りを依頼する ……… 88
　　再見積書送付をお願いする ……… 89
　　価格改定を依頼する ……… 89

特許使用を依頼する ……… 89
見本送付を依頼する ……… 89
新規取引を依頼する ……… 90
取引先紹介を依頼する ……… 91
価格引き下げを依頼する ……… 91

依頼する 2 ……… 92
　　送金を依頼する ……… 92
　　支払い延期を依頼する ……… 93
　　請求書訂正を依頼する ……… 93
　　取引先倒産にともなう
　　　支払い延期を依頼する ……… 93

依頼を承諾する・断る ……… 94
　　取引条件変更を承諾する ……… 94
　　新規取引申し込みを断る ……… 95
　　新規取引申し込みを承諾する ……… 95
　　支払日前支払いを断る ……… 95
　　納期延長の依頼を承諾する ……… 95

照会する 1 ……… 96
　　着荷品数量不足の照会 ……… 96
　　振込金未着の照会 ……… 97
　　売掛金残高の照会 ……… 97
　　取引開始の照会 ……… 97

照会する 2 ……… 98
　　新製品の引き合い状況の照会 ……… 98
　　注文内容の紹介 ……… 99
　　取引先信用状態の照会 ……… 99

回答する 1 ……… 100
　　送金着否照会への回答 ……… 100
　　注文品未着照会への回答 ……… 101
　　在庫数量確認照会への回答 ……… 101
　　着荷数量不足の照会に対する回答 ……… 101

回答する 2 ……… 102
　　取引条件照会への回答 ……… 102
　　取引開始照会への回答 ……… 103

信用照会への回答 ─────── 103

請求する・催促する 1 ─────── 104
　納品にともなう代金を請求する ─── 104
　商品見本送付を請求する ─────── 105
　領収書を請求する ─────────── 105
　契約不履行による違約金を請求する ── 105
　年末精算のための支払いを請求する ── 105
　使用料を請求する ─────────── 105

請求する・催促する 2 ─────── 106
　支払いを督促する ─────────── 106
　会費納入を督促する ─────────── 107
　賃付金返済を督促する ─────────── 107

弁解する・お詫びする ─────── 108
　納期遅延を弁解する ─────────── 108
　特許権侵害をお詫びする ─────────── 109
　不良品納入をお詫びする ─────────── 109
　製品誤送をお詫びする ─────────── 109
　接客態度をお詫びする ─────────── 109

勧誘する・申し入れる ─────── 110
　新製品購入の勧誘 ─────────── 110
　出店の申し入れ ─────────── 111
　見学ツアーへの勧誘 ─────────── 111
　イベント共同推進の申し入れ ─────── 111

確認状 ─────── 112
　電話発注の確認状 ─────────── 112
　納品督促の確認状 ─────────── 113
　発注品取り消しの確認状 ─────────── 113

協議状 ─────── 114
　同業者組合設立の協議状 ─────────── 114
　共同仕入れの協議状 ─────────── 115
　業務提携の協議状 ─────────── 115

注意状 ─────── 116
　注文品違いの注意状 ─────────── 116
　製品不良の注意状 ─────────── 117
　納期遅延の注意状 ─────────── 117
　代金未払いの注意状 ─────────── 117

忠告状 ─────── 118
　類似商品への忠告状 ─────────── 118
　製品不良への忠告状 ─────────── 119
　契約の不履行に対して忠告する ─────── 119
　営業妨害を忠告する ─────────── 119
　無断使用について忠告する ─────── 119

督促状 ─────── 120
　納品の督促状 1 ─────────── 120
　再度送る代金未払いの督促状 ─────── 121
　代金未払いを督促する最終通告 ─────── 121
　依託品返品の督促状 ─────────── 121
　納品の督促状 2 ─────────── 121

抗議状 ─────── 122
　納品遅延への抗議状 ─────────── 122
　製品不良への抗議状 ─────────── 123
　代金未払いへの抗議状 ─────────── 123
　類似商標の使用への抗議状 ─────── 123
　破損商品への抗議状 ─────────── 123

反駁状 ─────── 124
　製品不良への反駁状 ─────────── 124
　商標権侵害への反駁状 ─────────── 125
　営業妨害への抗議に対して反駁する ─── 125
　権利侵害の抗議に対して反駁する ─── 125
　請求金額に対して反駁する ─────── 125

送信状 ─────── 126
　ファックスの送信状 1 ─────────── 126
　書類送付の送信状 ─────────── 127
　書類送付 ─────────── 127
　ファックスの送信状 2 ─────────── 127

`Column` 文書内容の訂正のしかた ─── 128

3 ビジネス社交文書・文例

季節のあいさつ ———— 130
- 取引先への年賀状 ———— 130
- 年賀状 ———— 131
- 暑中（残暑・寒中・余寒）見舞い ———— 131
- 年賀状への返信 ———— 131
- 暑中見舞い ———— 131
- 喪中の人への寒中見舞い ———— 131
- 取引先への暑中見舞い ———— 131

異動のあいさつ 1 ———— 132
- 就任した新社長から
  - 取引先の社長へのあいさつ ———— 132
- 役員就任のお知らせ ———— 133
- 着任の抱負 ———— 133
- 役員退任と後任者の紹介 ———— 133
- 前任地担当会社への転勤のあいさつ ———— 133

異動のあいさつ 2 ———— 134
- 転職をした元社員から
  - 仕事上の関係者へのあいさつ ———— 134
- 中途退職のあいさつ ———— 135
- 海外赴任からの帰国のあいさつ ———— 135
- 定年退職した社員から在職中の
  - 仕事関係者へのあいさつ ———— 135

異動・転職・退職を通知する ———— 136
- 役員異動をした会社の社長から
  - 取引先の社長へのあいさつ ———— 136
- 組織変更のお知らせ ———— 137
- 退職以後無関係のお知らせ ———— 137
- 退職する社員の上司から
  - 在職中の担当会社へのあいさつ ———— 137

会社設立・移転などを案内する 1 ———— 138
- 会社を設立した社長から
  - 取引先の社長へのあいさつ ———— 138

開店・開業などのお知らせ ———— 139
- 会社合併後の支援のお願い ———— 139
- 開業した店主から顧客へのあいさつ ———— 139

会社設立・移転などを案内する 2 ———— 140
- 社屋を移転した社長から
  - 取引先の社長への案内 ———— 140
- 閉鎖する支店の支店長から
  - 取引のあった顧客への案内 ———— 141
- 社名変更の案内 ———— 141
- 廃業・支店閉鎖にともなうあいさつ ———— 141

設立・開店を祝う ———— 142
- 取引先社長から
  - 新店舗を開いた社長への祝い ———— 142
- 新社屋落成あいさつへの礼状 ———— 143
- 創業記念パーティー欠席の返事 ———— 143
- 独立前に取引のあった社長から
  - 会社を設立した社長への祝い ———— 143

会議・会合を案内する ———— 144
- 株主総会の案内 ———— 144
- 取引先との懇親会の案内 ———— 145
- 忘年会の案内 ———— 145
- 送別会の案内 ———— 145

催し物などを案内する ———— 146
- 顧客を対象とした新作受注会の案内 ———— 146
- 新製品展示発表会の案内 ———— 147
- 招待セールの案内 ———— 147
- 取引先との懇談会の案内 ———— 147
- 新入社員歓迎会の案内 ———— 147

披露・祝賀会などへ招待する ———— 148
- 新会社設立披露への招待 ———— 148
- 支店開設祝賀会への招待 ———— 149
- 社長就任披露への招待 ———— 149

創業記念祝賀パーティーへの招待 —— 149

叙勲・受賞などを祝う —— 150
取引先社長叙勲の祝い —— 150
受賞の祝い —— 151
古希を迎えた取引先社長への祝い —— 151

贈答状 —— 152
顧客にお中元を贈るお知らせ —— 152
お中元のあいさつ —— 153
お歳暮のあいさつ —— 153
取引先にお歳暮を贈るお知らせ —— 153

紹介状・推薦状 —— 154
人の紹介と推薦 —— 154
後任者の紹介 —— 155
会社への新社屋の推薦 —— 155
取引先への推薦 —— 155
外注企業の推薦 —— 155

昇進などを祝う —— 156
取引先の社長へ就任の祝い —— 156
取引先社長へ受賞の祝い —— 157
昇進の祝い —— 157
栄転で活躍と健康を祈る祝い —— 157

祝賀状など —— 158
取引先社長の賀寿の祝い —— 158
取引先社長へ病気全快の祝い —— 159
取引先社長へ令嬢結婚の祝い —— 159
結婚披露宴出席の返事 —— 159
取引先社長へ議員当選の祝い —— 159
取引先社長へ子息結婚の祝い —— 159

取引関係への礼状1 —— 160
出張先でお世話になった方への礼状 —— 160
取引先紹介への礼状 —— 161
取引先紹介への礼状（不成功の場合）—— 161
入金への礼状1 —— 161
入金への礼状2 —— 161

取引関係への礼状2 —— 162
創立記念パーティー出席への礼状 —— 162
訪問先への礼状 —— 163
お歳暮への礼状 —— 163
会社設立披露宴出席への礼状 —— 163

会社内への礼状 —— 164
栄転祝いへの礼状 —— 164
転任・栄転祝いへの礼状 —— 165
お中元への礼状 —— 165
お中元・お歳暮のあいさつ —— 165
転勤・転任のあいさつ —— 165
社長就任・栄転祝いへの礼状 —— 165

祝いへの礼状 —— 166
新事務所開設祝いへの礼状 —— 166
新社屋完成祝いへの礼状 —— 167
栄転祝いへの礼状 —— 167
開店祝いへの礼状 —— 167

見舞状 —— 168
取引先への災害見舞い —— 168
火事見舞い —— 169
台風見舞い —— 169
水害見舞い —— 169
交通事故見舞い —— 169
飛行機事故見舞い —— 169
病気見舞い —— 169
怪我見舞い —— 169

見舞いへの礼状 —— 170
事故見舞いへの礼状 —— 170
病院見舞いへの礼状 —— 171
災害見舞いへの礼状 —— 171

死亡通知とお悔やみ —— 172
死亡通知 —— 172
逝去のお悔やみ —— 173
新聞における死亡通知 —— 173

| 弔辞への礼状 ——— 174
| 会葬礼状 ——— 174
| 亡父の友人に出す会葬礼状 ——— 175
| 四十九日の忌明けに出す礼状 ——— 175
| 社葬の会葬礼状 ——— 175
| Column ときにはこんなスピーチを❶ — 176

4 ビジネス社内文書・文例

報告書1 ——— 182
- 販売業績の月報 ——— 182
- 業務日報 ——— 183
- 月間報告書 ——— 183
- 販売促進の出張報告書 ——— 184
- 新製品の生産設備の開発のための工場出張の報告書 ——— 185
- 商用英語セミナー参加報告書 ——— 185

報告書2 ——— 186
- 新店舗建設候補地の調査報告書 ——— 186
- 会議報告書 ——— 187
- クレームの調査報告書 ——— 187
- 業績良好の営業所の業務診断報告書 ——— 188
- 業務診断調査報告書 ——— 189
- 新製品の売れ行き状況調査報告書 ——— 189
- 業績不振の営業所の業務診断報告書 ——— 189

始末書と顛末書1 ——— 190
- 取引停止を詫びる始末書 ——— 190
- 資料紛失の念書 ——— 191
- 無断欠勤で欠勤理由を加える始末書（理由書） ——— 191

始末書と顛末書2 ——— 192
- 不良品を仕入れた顛末書 ——— 192
- 研究所における食中毒の顛末書 ——— 193
- 業務上の交通事故を起こした部下の顛末書 ——— 193

始末書と顛末書（進退伺）3 ——— 194
- 部下の横領の責任をとる進退伺 ——— 194
- 機密情報を外部にもらした部下の責任をとる進退伺 ——— 195
- 事故の始末書 ——— 195
- リコール商品の責任をとる進退伺 ——— 195

申請する・伺う1 ——— 196
- 運動会実施の稟議書 ——— 196
- イベント参加の稟議書 ——— 197
- スポーツクラブ法人入会の稟議書 ——— 197
- アルバイト雇用の稟議書 ——— 197
- パソコン購入の稟議書 ——— 198
- リース更新の稟議書 ——— 199

申請する・伺う2 ——— 200
- 新製品開発チーム設置の提案書 ——— 200
- 工場機器の整備回数についての提案書 ——— 201
- ファイリングシステムの改善の提案書 ——— 201
- 提案制度導入の上申書 ——— 202
- ユーザーサポート新設の上申書 ——— 203
- 新卒者採用計画の上申書 ——— 203
- 海外事業部の人員増員の上申書 ——— 203

届け出る1 ——— 204
- 遅刻届／所定の用紙を使った例 ——— 204
- 早退届／便せんなどを使った例 ——— 205
- 欠勤届 ——— 205
- 入院のための欠勤届 ——— 206
- 特別休暇届／所定用紙利用の例 ——— 207
- 休職願 ——— 207

届け出る 2 — 208
- 住所変更届 — 208
- 出生届／会社の所定用紙を使う — 209
- 免許取得届 — 209

入退社を通知する 1 — 210
- 入社誓約書 — 210
- 身元保証書 — 211
- 採用試験の通知／本人あて — 211

入退社を通知する 2 — 212
- 退職願／横書き — 212
- 休職願 — 213
- 定年退職の通知 — 213
- 解雇予告の通知 — 213

連絡する 1 — 214
- 退職準備相談室開設の案内 — 214
- 新転入社員歓迎パーティーの通知 — 215
- 指定業者変更の通知 — 215
- 社員慰安旅行についての案内 — 215

連絡する 2 — 216
- ファイリングシステムの照会 — 216
- 照会へ回答する — 217
- 社内規定改定の疑問を照会する — 217
- 販売調査の中間報告照会への回答 — 217
- 社員研修の講師の依頼 — 217

指示する・通達する 1 — 218
- 社内規定 — 218
- 定款 — 219

指示する・通達する 2 — 220
- 夏期休暇の通達 — 220
- 新製品販売促進の指示 — 221
- 創立記念パーティーの通達 — 221

雇用契約書 — 222
- 労働契約書 — 222
- 退職手続きについて — 223
- 誓約書 — 223

伝票類 1 — 224
- 入金伝票 — 224
- 出金伝票 — 224
- 見積書 — 225
- 振替伝票 — 225

伝票類 2 — 226
- 仮払金請求伝票 — 226
- 経費伝票 — 226
- 出張旅費精算書 — 227
- 接待交際費精算申請書 — 227

財務諸表 — 228
- 賃借対照表 — 228
- 損益計算書 — 229

議事録 — 230
- 販売会議議事録 — 230
- 定時株主総会議事録 — 231
- 定例会議議事録 — 231

企画書 — 232
- 新製品広告企画案 — 232
- 海外研修ツアーの企画書 — 233
- 販売促進の企画案 — 233

社内論文 — 234
- 人材育成についての論文 — 234

通知する — 236
- 新年会の通知 — 236
- 社員旅行の通知 — 237
- 定期健康診断の通知 — 237
- 送別会の通知 — 237

Column 乱用を避けたいカタカナと言い換え例 — 238

Column 英文で用いる役職名 — 240

5 日常の社交文書・文例

時節の手紙 —— 242
- 一般的な寒中見舞い —— 242
- 寒中見舞いへの返信 —— 243
- 暑中見舞い —— 243
- 暑中見舞いへの返信 —— 243
- 年賀状の返信を兼ねた寒中見舞い —— 243

年賀状 —— 244
- 一般的な年賀状 —— 244
- 喪中の人へ年賀状に
  代えて出すあいさつ —— 245
- 喪中に届いた年賀状への返事 —— 245
- 喪中の人へ年賀状を出した詫び状 —— 245
- 年賀状の返事 —— 245

縁談1 —— 246
- 見合い後に縁談を断る1（男性から）—— 246
- 見合い後に縁談を断る2（女性から）—— 247
- 女性側の親から縁談話を断る —— 247
- 婚約を通知する —— 247

縁談2 —— 248
- 学生時代の恩師へ仲人を依頼する —— 248
- 仲人を承諾する —— 249
- 結婚披露宴の招待状を出してからの
  婚約解消のお知らせ —— 249
- 友人に娘の縁談を依頼する —— 249
- 息子の結婚について相談する —— 249

婚礼1 —— 250
- 友人への結婚通知 —— 250
- 結婚式を内輪で済ませた結婚通知 —— 251
- 転居通知を兼ねた結婚通知 —— 251
- 一般的な結婚披露宴の招待状 —— 252
- 披露宴へ招待する —— 253
- 披露宴招待を断る —— 253
- 披露宴を後日開く場合の
  友人・知人への招待状 —— 253

婚礼2 —— 254
- 結婚祝い1 —— 254
- 結婚祝い2 —— 255
- 主賓への礼状 —— 255
- スピーチをした招待者への礼状 —— 255
- 仲人への礼状 —— 255
- 結婚祝い3 —— 255

葬礼1 —— 256
- 死亡通知を兼ねた葬儀・告別式の通知 —— 256
- お悔やみ状 —— 257
- お悔やみへの礼状 —— 257
- 葬儀後に出す死亡通知 —— 257

葬礼2 —— 258
- 香典返しのあいさつ —— 258
- 友人・知人が故人をしのぶための
  追悼会の通知 —— 259
- 喪中による年賀欠礼のあいさつ —— 259
- 一周忌法要に招くための通知 —— 259

通知する1 —— 260
- 転居を通知する —— 260
- 海外転勤を通知する —— 261
- 転勤を通知する —— 261
- 転職を通知する —— 261
- 独立創業を通知する —— 261
- 被災を通知する —— 262
- 病気を通知する —— 263
- 被災の通知とお願いをする —— 263
- 入院と本人の様子を通知する —— 263
- 退院を通知する —— 263
- 病気全快後の見舞いへの礼状 —— 263

通知する2 — 264
- 第三者からの私的な死亡通知 — 264
- 出産通知 — 265
- 就職の通知 — 265
- 死亡通知 — 265
- 子どもの命名の通知 — 265

案内状1 — 266
- 新築披露への案内状 — 266
- 古希の祝いへの案内状 — 267
- 歓迎会の案内状 — 267
- 同窓会の案内状 — 267

案内状2 — 268
- 受賞パーティーの案内状 — 268
- 忘年会のお知らせ — 269
- 新年会のお知らせ — 269

礼状1 — 270
- 出産祝いへの礼状 — 270
- 入学祝いへの礼状 — 271
- 就職祝いへの礼状 — 271
- 新築祝いへの礼状 — 271
- 病気見舞いへの礼状1 — 272
- 災害見舞いへの礼状 — 273
- 病気見舞いへの礼状2 — 273
- 火事見舞いへの礼状 — 273
- 延焼見舞いへの礼状 — 273

礼状2 — 274
- お歳暮への礼状1 — 274
- お歳暮への礼状2 — 275
- お中元への礼状 — 275
- パーティー招待への礼状 — 275
- 就職斡旋の結果報告 — 275
- 本人から出す就職先紹介への礼状 — 275
- 歓待への礼状 — 276
- 励ましへの礼状 — 277
- 蔵書貸し出しへの礼状 — 277
- 入院中世話になった医師への礼状 — 277
- 旅先で介助してくれた恩人への礼状 — 277

祝い状 — 278
- 上司への栄転祝い — 278
- 仕事上の知人への栄転祝い — 279
- 先輩の栄転への返信 — 279
- 甥への就職祝い — 279
- 友人の息子への合格祝い — 279
- 上司へあてる新築祝い — 280
- 義父へあてる長寿祝い — 281
- 初節句を祝う — 281
- 金婚式を祝う — 281
- 退院祝い — 281
- 受賞祝い — 281

贈答状 — 282
- 世話になった人へのお歳暮に添える送り状 — 282
- お歳暮の送り状 — 283
- お中元の送り状 — 283
- 退職祝い — 283
- 退職祝いへの添え状 — 283
- 結婚祝い — 283

見舞状 — 284
- 入院中の人への見舞状 — 284
- 怪我入院の見舞状 — 285
- 地震で被災した人への見舞状 — 285
- 母校のサッカー部への陣中見舞い — 285
- 台風災害で被災した人への見舞状 — 285

推薦状 — 286
- 就職の推薦状 — 286
- 求人の推薦状 — 287
- 就職の自薦状 — 287

依頼状 — 288

就職先を依頼する ─── 288
　身元保証人を依頼する ─── 289
　就職先斡旋を依頼する ─── 289
　借金を依頼する１ ─── 290
　借金を依頼する２ ─── 291
　物品借用を依頼する ─── 291
　原稿を依頼する ─── 291
　取扱説明書送付を依頼する ─── 291

断り状 ─── 292
　就職の依頼を断る ─── 292
　身元保証人を断る ─── 293
　就職斡旋を断る ─── 293
　借金を断る ─── 293

催促状 ─── 294
　借金返済を催促する１ ─── 294
　物品返却を催促する ─── 295
　代金未払いを催促する ─── 295
　就職斡旋を催促する ─── 295
　原稿執筆を催促する ─── 295

　借金返済を催促する２ ─── 295

抗議状 ─── 296
　欠陥商品へ抗議する ─── 296
　騒音に対して抗議する ─── 297
　学校に対して生徒への注意を要請する ─── 297
　路上駐車に対して抗議する ─── 297
　再度の抗議をする ─── 297

そのほかの書状１ ─── 298
　パーティー欠席の返事をする ─── 298
　通信販売を解約する１ ─── 299
　通信販売を解約する２ ─── 299
　同窓会欠席の返事をする ─── 299
　パーティー出席の返事をする ─── 299

そのほかの書状２ ─── 300
　受験生への陣中見舞い ─── 300
　人身事故を慰める ─── 301
　転職のアドバイスをする ─── 301

Column 新しいコミュニケーション手段
　　　「ツイッター」 ─── 302

6 学校・地域・趣味の文書・文例

学校へ提出する文書 ─── 304
　病気による欠席届 ─── 304
　早退届 ─── 305
　遅刻届 ─── 305
　法事による欠席届 ─── 305
　体育見学届 ─── 305

学校へ連絡する１ ─── 306
　臨海学校の不参加届け ─── 306
　遠足の不参加届け ─── 307
　各種行事の不参加届け ─── 307
　父母から先生への家庭訪問の変更の願い ─── 307

学校へ連絡する２ ─── 308

　長期欠席に際してのお願い ─── 308
　退学のお願い ─── 309
　休学のお願い ─── 309
　復学の連絡 ─── 309
　退学の理由と報告 ─── 309

学校へ相談する１ ─── 310
　進路の相談 ─── 310
　授業の相談 ─── 311
　成績の相談 ─── 311
　中学受験の相談 ─── 311
　家庭教師をさがす相談 ─── 311

学校へ相談する２ ─── 312

不登校の相談	312
いじめの相談1	313
いじめの相談2	313
いじめの謝罪の相談	313

学校への詫び状 ― 314
子どもの不始末を謝罪する1	314
反省書	315
子どもの不始末を謝罪する2	315
始末書	315

PTA・子ども会1 ― 316
PTA総会の案内	316
父母懇親会のお知らせ	317
講演会のお知らせ	317
バザーの案内	317

PTA・子ども会2 ― 318
夏休みラジオ体操のお知らせ	318
餅つき大会のお知らせ	319
ハイキング大会のお知らせ	319
花火大会のお知らせ	319

各種クラブ ― 320
ボランティア募集	320
バレー部員募集	321
パントマイムサークル部員募集	321
絵手紙教室生徒募集	321
子育てサークル会員募集	321

町内会1 ― 322
ゴミ収集のお知らせ	322
自転車整理のお知らせ	323
放置自転車一掃協力のお願い	323
一斉清掃のお知らせ	323
ボランティアのお知らせ	323

町内会2 ― 324
文化祭のお知らせ	324
運動会のお知らせ	325
花見会のお知らせ	325
夏祭りのお知らせ	325
フリーマーケットのお知らせ	325

同窓会 ― 326
同窓会の呼びかけ	326
同窓会開催のお知らせ1	327
同窓会開催のお知らせ2(メーリングリスト)	327

`Column` ときにはこんなスピーチを❷ ― 328

7 契約・商取引などの法的文書

売買契約書 ― 330
商品売買契約書1	330
商品売買契約書2	331

金銭賃借契約書 ― 332
金銭消費賃借契約書	332
借用書	333

支払い督促状 ― 334
金銭賃借の督促状	334
再度の代金督促状	335
金銭債務の調停申立書	335

土地建物売買契約書 ― 336
土地売買契約書	336
土地建物売買契約書	337

土地建物賃貸借契約書 ― 338
土地賃貸借契約書1	338
土地賃貸借契約書2	339

覚書・念書 ― 340
物品売買契約書に付随する支払覚書	340

請負代金債務の念書	341

委任状 — 342
売却の委任状	342
購入の委任状	343
示談の委任状	343
議決権の委任状	343

和解契約書 — 344
建物明渡和解契約書	344
即決和解申立書	345

契約解除通知書 — 346
建物賃貸借契約解除通知書	346
手付放棄売買契約解除通知書	347
クーリング・オフの通知書	347

示談書 — 348
交通事故の示談書	348
労災事故の示談書	349

所有権・物権 — 350
先取特権の通知	350
譲渡担保権実行通知書	351
抵当権実行通知書	351

特許・商標1 — 352
特許願	352
商標登録願	353

特許・商標2 — 354
実用新案登録願	354
意匠登録の図面	355
意匠登録願	355

内容証明 — 356
賃金請求書	356
催告書	357
家賃値上げ請求書	357
代金未払いを請求する	357

小切手・手形 — 358
小切手の振り出し	358
約束手形	359

債権 — 360
債権通知	360
損害賠償請求	361
種類債権の特定の通知	361

押印 — 362

遺言状 — 364
自筆証書による遺言書	364
秘密証書による遺言書	365
封書の記載例	365
公正証書による遺言状	365

そのほかの契約書 — 366
代理店契約書	366
商標使用権設定契約書	367
特許専用使用権設定契約書	367
Column 印鑑登録と収入印紙	368

役立ち小辞典
常用漢字一覧	370
追加された常用漢字の一覧	384
異字同訓漢字の用法	386
書き誤りやすい熟語の例	392
時候の慣用句一覧	394

さくいん — 396

装　丁／アップライン
イラスト／こしたかのりこ
DTP組版／マニエール
編集協力／オメガ社

本書の見方

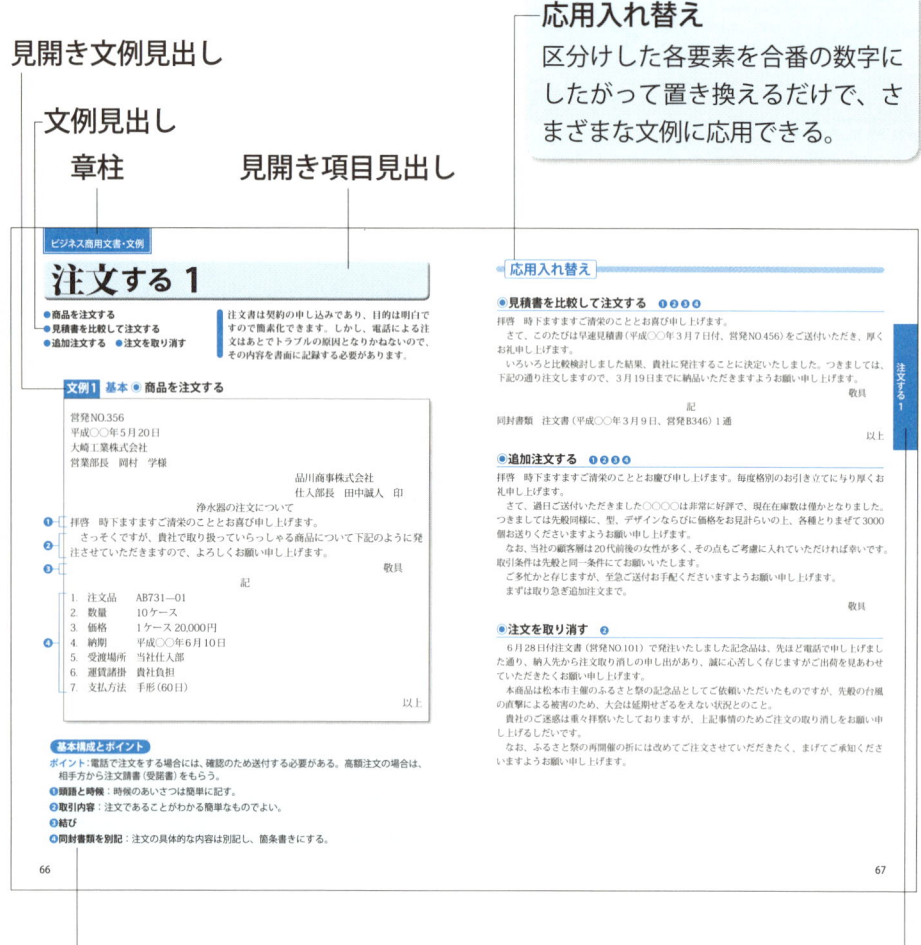

※文例以外にも、定型化された書式例も紹介。

1 文書の基本ルール

文書の書き方／封筒とはがきの書き方
敬語と用語の使い方／英文の基本ルール
Eメールの書き方

文書の基本ルール

文書の書き方

- ●文章の役割と種類　●文章の構成法と書き方のポイント　●ビジネス文書の役割と種類
- ●ビジネス文書の書式と基本ルール　●ビジネス社外文書の基本構成と書き方
- ●ビジネス社内文書の基本構成と書き方

文章の役割と種類

■文章の役割

　古事記、万葉の昔から今日まで、私たちの歴史は文章を通して解明され、形づくられてきた。それは洋の東西を問わない人間としての必然である。それでは文章とは何か。

　『広辞苑』によると、「文字を連ねてまとまった思想を表現したもの。普通には韻文に対して散文をいう」と定義されている。つまり、文字に書かれた言語表現のひとつで、字数・押韻などに制限されない自由な形式をいう。そして、おもに文章を書くときに用いられる言語を「書き言葉」という。

　「言葉」は伝達手段であり、文章の基本的機能も伝達にある。では、文章を書く目的は何なのか。それは、相手に自分の思いや考えを伝えるためである。電話が普及し、書くことが少なくなったといわれる現在でも、コミュニケーションを図る手段として、文章の果たす役割は大きい。しかし、一口に文章というが、手書きのメモから印刷された小説にいたるまで、その形はさまざまである。

■文章の種類

　さまざまな形の文章も、次の２つに大別することができる。

　A　文学作品などの芸術的な文章
　B　日常生活で使う実用的な文章

　ここでは、Aに関しては除外し、Bの実用文について説明する。実用文には、「意見を書く」ことを主とする論文形式のものと、「事実を書く」ことを主とするレポート形式のものの２つがある。いわゆるビジネス文書はこちらの形式である。

■論文形式

　論文・論説・評論・コラムなど、書き手のものの見方や考え方、意見を書くことを目的とする文章をいう。一番身近な文章例としては、新聞の社説やコラムがある。ニュース記事と比較すると、その違いははっきりしている。ニュースなどレポート形式の文章ではつねに客観性が要求されるが、論文形式の文章で最も重要なのは、書き手の主観である。

　しかし、何を書いてもよいというわけではない。書く以上、読み手を意識してわかりやすく論じ、「なるほど」と思わせる説得力が必要になる。そのためには、広い視野と豊富な知識、教養、そして判断力を身につけなければならない。また、取り上げる問題は公共的なもののほか、個人的なものの中にも一般性が含まれているものがよい。

■レポート形式

　事実を客観的かつ正確に書くことを目的とする文章をいう。レポート形式の文章は、その目的によって、さらに4つのタイプに分類することができる。

記事文　新聞などのニュース記事の文章をいう。記事文では、「5W1H」の原則に従って、事実をわかりやすく、正確かつ簡潔に書くことが基本条件である。「5W1H」とは、When（いつ）、Where（どこで）、Who（誰が）、What（何を）、Why（なぜ）、How（どのように）という、5つのWと1つのHのこと。ただし、5W1Hの順序は一定である必要はない。読む人の思考の流れにそって、わかりやすく書くことが大切。

解説文　記事文のような外的事実だけではわからない内面的なもの、因果関係や経緯などについて書く文章をいう。身近な例としては、新聞の解説記事の文章や、事典などの説明文がある。解説文には、解釈のしかたに書き手の主観が加わる場合もあるが、そのときは署名を入れて責任の所在を明確にしておくべきである。

　なお、解説文には大きく分けて「論述型」「要点摘記型」「問答型」の3つの型がある。

雑感文　人物や物などの事象をありのままに書いていながら、読む人にリアリティーを感じさせるような文章をいう。ルポルタージュといわれる文章が、これに該当する。ルポルタージュでは、対象となる事実は同じでも、そこから何を選んで書くかという書き手の選択眼が最大のポイントになる。

記録文　報告・記録などの文章のことで、一般的にはドキュメントといわれている。例としては、国会の速記録や裁判の公判記録があげられる。記録文は、事実を時間経過に従って記述するだけである。しかし、人の手が加えられていないだけに、かえって事実の重さや緊張感が生々しく伝わってくる。

> 文書の基本ルール

文章の構成法と書き方のポイント

■文章の構成法

　文章の構成では以下の3つを基本とする。この組立てをいつも頭の中で応用させていくことで、読みやすい文章力が磨かれる。

■起承転結

　文章の構成法としては「起承転結」の形がよく知られている。これは、漢詩の絶句の配列法に由来している方法。絶句は4句から成り、1句ごとに起・承・転・結がはっきりと表現されている。「起」は書き起こし・発端の部分。「承」は「起」を受けて発展させる部分。「転」は場面転換をして一気に核心にふれていく部分。「結」は全体を締めくくる結びの部分である。

　つまり、「起承転結」による構成というのは、文章を4つに分け、各部分を絡み合わせて論旨を述べるものである。

　「起」書き起こし、挨拶の部分。
　「承」主題や中心となる目的。
　「転」ほかの例やデータ。
　「結」結論。結び。

　この方法では「転」の部分がポイントになる。ここで、今まで述べていない論点を出さなければならないからである。そのためには、「起」と「承」の部分にも伏線が必要となる。このように、「起承転結」の構成法は文章が二重構造になっており、うまく活用すれば、意見や判断を柔軟に伝えることができる。

「起承転結」と、文章を4つに分ける「4分法」は、テレビドラマや映画、演劇、小説、4コマ漫画など、さまざまな分野に応用されている。

■結承転提

　実用文、とくに能率性が求められるビジネス文書には、結論を最初に書く「結承転提」の構成法がよいという説がある。

　「結承転提」とは次のような形である。
　「結」　まず結論を書く。
　「承」　結論を受けて説明する。
　「転」　ほかの例やデータで補強する。
　「提」　意見・提案で締めくくる。

■3分法

「起承転結」を単純化すると「3分法」という構成になる。「緒論」「本論」「結論」から成り、単一の主題を段階的にふくらませて述べる方法で、非常にわかりやすい文章を書くことができる。結婚式の案内状や転居通知などのあらたまった手紙は、みなこの「3分法」で書かれている。

最も重要なのは、何のために書くのかということ。まず伝えたいことのために文章を考案し、目的に応じて構成を組み立てていくのが賢明な方法である。

■書き方のポイント

文章上達の秘訣は、とにかくただひたすら書くこと。文章を書くという行為は、その内容にかかわらず、言葉を頭の中で一度整理して組み立てる作業である。この作業の繰り返しが、練習になる。1つ文章を書けば、ワンステップ上達すると思ってよい。そして、文章を書くときには次のような点に注意しよう。

書く目的を明確に　書くからには、目的や用件がかならずあるはず。何を伝えたいのか、はっきりわかるように書くことが大切。要点は簡潔にまとめること。

気負わず自然体で　うまく書こうと力んではいけない。リラックスして、自然な気持ちで書くこと。

文字や言葉は正確に　文字や言葉に少しでも不安を感じたら、すぐに辞書を引くこと。文章はあとに残るものであることを忘れないように。

文章の調子を統一する　「です・ます」調と「である」調の文章を混在させないこと。また、丁寧な言葉の文章、気さくな調子の文章は、それぞれの語り口が終始一貫していること。文章の口調、調子は統一するのが基本である。

句読点は慎重に　句読点は文章の息づかい、文字より大きなはたらきをすることもある。打つときは慎重に。また、センテンスは短めに、わかりやすい文章にすること。

「てにをは」を大切に　「てにをは」ひとつで、文章の意味は大きく違ってしまう。自分の意図に反した文章にならないよう、大切に扱うこと。

漢字を使いすぎないこと　漢字は文章全体の30パーセント程度にとどめ、平易な文章を書くように心がけること。

同じ言葉を連発しない　同じ言葉を何度も連続して使わないように、表現に気を配ること。

文書の基本ルール

ビジネス文書の役割と種類

■ビジネス文書の役割

　ビジネス社会には無数の情報が飛び交い、集積されている。企業にとっては、正確な情報交換や意思伝達が会社の命運を左右することもある。情報があふれている社会だからこそ、記録性に富み、洗練された文書の役割はより重要になってくる。ビジネス文書を効果的に活用すれば、事業展開をスムーズに進めていくことが可能である。

■正確な情報交換のために

　伝達手段として電話やメールが一般的だが、電話で話した内容は形として残らず、聞き間違うこともある。メールは簡単に変更・削除など手を加えられる。その点、紙の文書には記録性がある。正確に情報を確認できると同時に、トラブルが生じたときには証拠にもなる。ビジネスは契約を履行し合って成立している社会。一にも二にも契約書がものをいう。その意味でも、ビジネス社会では文書が重要なのである。

■コミュニケーションを図るために

　電子化が進む昨今ではあるが、ビジネス社会といっても、要するに人と人とのコミュニケーションで成り立っている。企業が合理化とスピードアップの方向に進めば進むほど、あたたかな心遣いと格式が感じられる文書形式のよさが求められてくるのである。文書や手紙は、礼儀を重んじるビジネス社会においても、コミュニケーション手段として重要視されてくる。

■ビジネス文書の種類

　ビジネス文書には、大きく分けて「社外文書」と「社内文書」の2つがある。

■ビジネス社外文書

　ビジネス社外文書は、企業などが社外の第三者に出す文書のこと。企業の意思を表明するものである。

企業間の連絡書
照会状――疑問点や不明な点について問い合わせ、回答をもらうための文書。
回答状――照会に対する回答の文書。
通知状――企業間の連絡のための文書。

依頼状——借用や新規取引紹介など、用件を依頼するための文書。
督促状——契約の履行を促すための文書。

社交文書
案内状——催し物などへの来場を促すための文書。
招待状——祝賀会などに招へいする文書。
紹介状——営業目的で、企業の事業内容を知らせるための文書。取引年数や経営状況のデータなどを知らせる。
祝賀状——栄転・昇進祝い、開業・創業、年賀状などのお祝いの文書。
弔慰状——不幸があったときの、お見舞いおよびお悔やみの文書。

■ビジネス社内文書

　ビジネス社内文書は、社内を行き来する文書のこと。日常業務を円滑に行うためのものである。

上部から下部へ出される文書
通達・社達——社内全般に統一行動をとらせるための文書。
指示書——業務運営のために指示を出す文書。
割当書——部門別・商品別に販売目標などを割り当てる文書。

下部から上部へ出される文書
稟議書——実施案件に決裁、承認を求める文書。
企画書——企画した案件に決裁を求める文書。
報告書——任務・出張内容などを報告する文書。
上申書——権限のないことに関して要望を申請する文書。
届出書——休暇・欠勤など、各種人事に関する届出をする文書。

部門間同士で交わされる文書
通知書——連絡のための文書（連絡書）。
照会書——問い合わせをする文書。
回答書——照会に対する回答の文書。
依頼書——用件を依頼するための文書。
供覧書——参考資料の回覧などの文書（掲示書）。
合議書——部門の調整をするための文書（協議書）。
連絡票——伝言のための文書伝言メモ。

記録・保存文書
各種帳票類——帳簿・伝票など、および経理や勤務に関するデータ文書。
議事録——会議の決定事項を記録するための文書。
統計書類——営業・販売などに関する集計データ文書。

> 文書の基本ルール

ビジネス文書の書式と基本ルール

■書き方の基本ルール

　ビジネス文書では用件を正確に伝えるために、１つの文書には、１つの用件だけを書く。同じ文面に、複数の用件を書くと本来伝えたい用件が伝わらないことがある。

■文章は簡潔に

　ビジネス文書では、能率的であることも必要。文章はなるべく短く、簡潔にまとめる。そして、「結承転提」の構成法がよいとされ、最初に結論を述べるのが一般的である。

■わかりやすく正確な表現を

　ビジネス文書では、相手にこちらの目的や意思を、わかりやすく正確に伝えることが第一。あいまいな表現は禁物である。

■「６Ｗ２Ｈ」をもらさずに

　ニュースの原則は５Ｗ１Ｈだが、ビジネス文書の多くは、目的や内容が具体的なことについてである。必要なことをもらさず書くために、「６Ｗ２Ｈ」を心がける。

■タイミングをのがさずに

　ビジネス文書は、出す時期を失しては役に立たない。素早く作成して、タイミングよく出すことが大切である。

■敬語の扱いは適切に

　社外文書では、丁寧な表現や敬語が必要。礼儀を守り、心をこめて書くよう心がける。ただし、必要以上の敬語は相手に不快感を与えてしまうので注意する。

■２度読み返すことを忘れずに

　書き終わったら、かならず２度読み返すこと。１度目は数字や固有名詞をチェック。２度目は全体の流れをチェックする。

■ビジネス文書の書式

　特定の官庁などでは、今も古いしきたり通りに文書を作成するところもあるが、通常は、次のような書式で作成する。

■表記の基本原則

　文体は「だ」「である」調の口語体を用い、漢字は原則として常用漢字を用いる。外来語や外国の固有名詞はカタカナ表記で。ただし、中国などの漢字圏の国のものは除く。

■横書き・縦書き

　ビジネス文書では、文字方向を横書きにするのが一般的。算用数字を書くのにも横書きは適している。ただし、あいさつ状などの儀礼的文書は、縦書きが通例。

■数字と記号

　左横書きの文書では、算用数字を用いる。ただし、固有名詞や熟語、おおよその数量を表すものは漢字にする。年号や電話番号以外は3桁ごとにコンマ（,）を打つこと。数字は単位と行じりをそろえ、続き書きはしない。

　記号は、文章を視覚的に明快にするはたらきがあるので、適材適所で使う。しかし、感情表現をあらわす「？」や「！」は、ビジネス文書には用いない。

■符号のつけかた

　符号は必要に応じて次のような順序でつける。
　1、2、3→(1)、(2)、(3)→ア、イ、ウ→(ア)、(イ)、(ウ)→ａ、ｂ、ｃ→(a)、(b)、(c)
　※①、②、③は箇条書きにするときに用いる。

■添付書類のまとめかた

　簡単な表やグラフは、本文の中に入れる。それ以外のものは本文と別にし、「別紙参照」と本文に明記して添付する。

■ページづけ

　文書が2枚以上になるときは、順番を間違えないようにするため、ページを表す数字を入れる。

■訂正のしかた

　文書に誤りがあった場合、あいまいな訂正はトラブルのもとになる。校正記号と訂正印を使って、はっきりと直す。

6W2H

When	いつ	日時・時期
Where	どこで	場所
Who	だれが	会社名・所属・氏名
Why	なぜ	目的・原因・理由
What	なにを	主な内容・主題
Whom	だれに	会社名・所属・氏名
How	どのようにして	手段・方法・説明
How much	いくらで	金額・価格

提出前のチェックポイント

1 日付は？
2 提出先の名前・肩書は？
3 文書のテーマは？
4 文章の構成は？
5 長すぎたり、わかりづらい文章はないか？
6 数字は？
7 句読点その他の符号は？
8 敬語は？
9 提出者名、担当者名は？

> 文書の基本ルール

ビジネス社外文書の基本構成と書き方

■ビジネス社外文書の基本構成

　ビジネス社外文書は、横書きで構成する場合、「前付→前文→主文→末文→付記」という流れが一般的である。縦書きでは、文書番号を除く前付の内容は用件の後ろにつけられることが多く、その場合は「後付」という。
　しかし、これはあくまでも基本。先方との関係や状況によって省略される部分もあり、いつも同じ形式が通用するとは限らない。大切なのは、文書の内容や目的に応じて臨機応変に作成することである。

■書き方のポイント

　社外文書の特徴は、敬語を使用すること。そして、原則として公印を押印することである。

文書番号　縦書き、横書きともに文書の最初につける番号のこと。発信部署の略称と通し番号で構成される。さらに、内容・種類・取引先などを分類して記号と番号を入れる。あとで、確認や照会をするときにも役に立つ。

発信年月日　文書を発信する年月日を「平成○年○月○日」と、すべて省略せずに記入する。西暦と元号のどちらを使うかは、会社によって違う。

あて先　会社名・役職名・氏名の順番で、正式名称を略さずに書く。敬称は最後につけること。また、あて先と発信者名は呼応させ、格式のつり合いをとることも必要である。

発信者名　あて先と同じように、会社名・役職名・氏名の順番で書く。所在地や電話番号を記載することもある。さらに、必要に応じて会社印または職印を押印する。個人の認印は使用しないこと。

件名　一目で文書内容が理解できるように、本文の最初につける題名のことで、表題などともいう。「〜について」と書くのが一般的。そのあとに、「ご照会・ご連絡・お願い・お詫び」などといった文書の種類を書く。

本文　社外文書では、儀礼的なあいさつ文が必要。本文は「頭語→時候のあいさつ→業務上のあいさつ→主文→結びのあいさつ→結語」の順で書く。主文はかならず改行し、起語を使って「さて〜」というように書き始める。

また、別記がある場合には「下記の通り」「次のように」などの表現を使って、主文の中でふれておくこと。

別記　主文の中で書くと煩雑になったり、確認のために要点などを再度まとめる場合につけるのが別記である。「記」以下の内容は、できるだけ箇条書きにする。

副文　本文にさらにつけ加えて書くときには、「なお〜」「追って〜」などの言葉で書き始める。その前に「追伸」「追記」「二伸」を置くこともある。また、文書の種類によっては、こちらの意図を再確認させるように書き込む。横書きでは「記」の次に、主文より1字下げて書く。

　ただし、「なお」「追伸」は弔事では忌み言葉なので、通例として使わないこと。

文書の結び　本文および別記を書き終わったら、「以上」と記す。これが、文書の結びである。

添付書類　資料や添付書類があるときは、相手が確認しやすいように、その内容や部数などを記載しておく。

担当者名　文書の発信者以外に実際の担当者がいる場合に、文書の最後に書く。所属名・氏名・電話番号（外線および内線）などが必要。

社外文章の基本構成

前付	文書番号 発信年月日 あて先 発信者名
本文	前文　件名 　　　頭語 　　　あいさつ 主文　起語 　　　主文 末文　起語 　　　あいさつ 　　　結語
付記	記 内容 結び 担当者名

> 文書の基本ルール

ビジネス社内文書の基本構成と書き方

■ビジネス社内文書の基本構成

　ビジネス社内文書の構成は、より実用的な文書構成にするため、前文と末文の儀礼的な部分を省き、簡潔にまとめるように心がける。

■書き方のポイント

　社内文書では、基本的に敬語は使わない。上司に提出する文書の場合でも、できる限り敬語の使用は避ける。依頼文書などでは、「〜します」といった丁寧語を使う。

文書番号　縦書き、横書きともに文書の最初につける番号。文書をやりとりした場合に管理しやすいよう、発信部署の略称と通し番号を入れる。略称は、社内で統一すること。また、番号の桁数によって、文書の種類を識別する方法もある。

発信年月日　文書を発信する年月日を「平成〇〇年〇月〇日」と、すべて省略せずに記入する。西暦と元号のどちらを使うかは、会社の慣習に従うこと。

あて先　原則として、役職名のみを書く。ただし、混同を避ける場合には所属部署名も記す。また、あて先と発信者名は呼応させる。あて先が「職・氏名」のときは、発信者名も「職・氏名」とする。同時に、両者の格式のつり合いをとることも必要。敬称については「様・殿・御中・各位」などがある。

発信者名　文書の発信に際して、その権限をもつ者の名前で出す。原則として、課長職以上の者が発信者となり、役職名を書く。個人名だけで出すことは厳禁。通常は押印する必要はないが、重要文書など必要に応じて職印や認印を押印する。

件名　件名だけで、文書の内容が判断できるよう具体的に書く。「〜について」と書くのが一般的。そのあとに、文書の種類を括弧書きで入れる。その場合、社外文書と違って「お」「ご」などの丁寧表現の接頭語は不要。

本文　社内文書では、前文は不要。単刀直入に用件から入る。結論を先に書き、簡潔に表現すること。また、別記がある場合には、その内容について主文の中でふれておく。

別記　主文の中で書くと煩雑になったり、要件があいまいになるために設ける。なお、「記」以下の内容は、箇条書きにするとわかりやすい。

副文 本文のあとにさらにつけ加えるときや、重ねて強調する場合に、「なお〜」「追って〜」などの書き出しで記述する。「なお〜」などの前に「追伸」「追記」「二伸」と書くこともある。そして、重要文書やマル秘文書では、とくに注意書きを加える。横書きでは「記」の次に、主文より1字下げて書く。

ただし、「なお」「追伸」は弔事では忌み言葉なので使わないこと。

添付書類 参考資料や説明書などは別紙として添付する。相手が確認しやすいように、内容や部数などは明記しておく。

文書の結び 必要なことをすべて書き終わったら「以上」と記す。これは、文書が完結したことを意味する。社内文書では結語を省くので、文書の締めとして「以上」の2文字を書くこと。

担当者名 文書の発信者以外に実際の担当者がいる場合、氏名と電話（内線）番号などを文書の最後に書く。

社内文書の基本構成

前付	文書番号 発信年月日 あて先 発信者名
本文	件名 主文
付記	記 内容 結び 担当者名

社内文書のフォーマット

```
文書番号                    平成○○年○月○日
(役職)
(あて名)殿(各位)
(役職)
(発信者)
(電話  FAX)

                    (案件)
_____
(本文)
_____
_____
_____
_____
                                      以上

                      記
1._____
2._____(別紙1)_____
別紙1通添付
```

文書の基本ルール

封筒とはがきの書き方

- 和封筒の選び方と書き方
- 洋封筒の選び方と書き方
- はがきの表書きと裏書き

和封筒の選び方と書き方

■用途に応じて封筒を選ぶ

　封筒は最初に相手と接する部分である。使用する封筒にも、気を配ることを忘れないようにする。使う封筒によっては相手に失礼になりかねない。よって色や形に気配りが必要となる。色は白が一般的で幅広く使え、ビジネスなど公用には茶色がよく使われる。色のついた封筒を使用する場合は濃い色合いのものは避け、淡い色合いのものにする。

　弔事用では一重の封筒を使う。二重の封筒は不幸が「重なる」といい忌避されているからである。

用途別封筒の選び方

用途	封筒の種類
一般的な場合	白無地和封筒
公用・商用	白無地・茶封筒・社名ロゴ入り和封筒
改まった場合	白無地の二重封筒、弔事では白無地の一重筒
儀礼文書	挨拶状などでは洋封筒が一般的
私信	色付き、デザイン封筒でも可

※便せんは白が基本。色つきのものは私信以外では使わない。

■和封筒のはがき表書き・裏書き

　手紙を受け取ってまず最初に目に付くのが表書き。しかるべき位置に丁寧な筆跡で書くことをまず第一に考えたい。書き殴ったようであったり、誤字が目立つようでは相手も読む気が失せるというもの。これではかえって失礼になってしまう。会社あてでも同じこと。手書きでは正確に丁寧に書くことが大切である。とくにあて名の間違えには、注意が必要。

　縦書きでは行が曲がらないようにし、所在地の番地などは漢数字を用い、文字の大きさ、位置などのバランスに注意する。

　封筒の裏書きには発信者の所在地、氏名などを書く。封じめは「緘」「封」「〆」などが一般的だが、慶事の場合「寿」「賀」なども使う。

縦書き

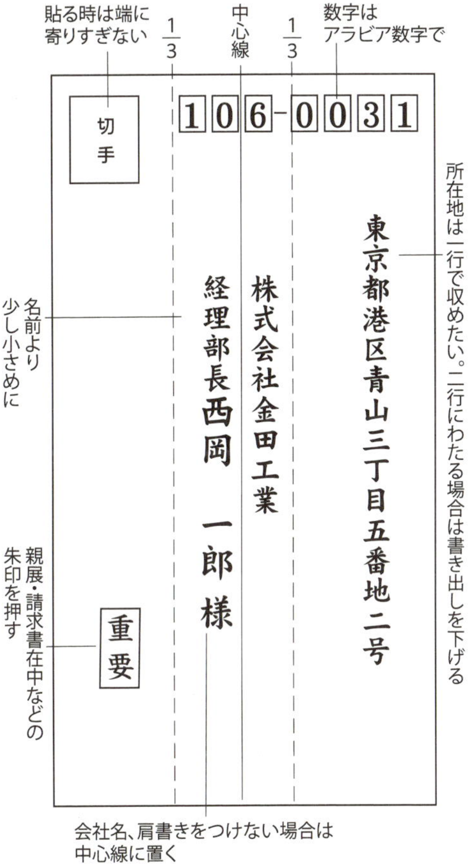

貼る時は端に寄りすぎない
1/3
中心線
1/3
数字はアラビア数字で
切手
106-0031
東京都港区青山三丁目五番地二号
株式会社金田工業
経理部長西岡　一郎様
重要
名前より少し小さめに
親展・請求書在中などの朱印を押す
所在地は一行で収めたい。二行にわたる場合は書き出しを下げる
会社名、肩書きをつけない場合は中心線に置く

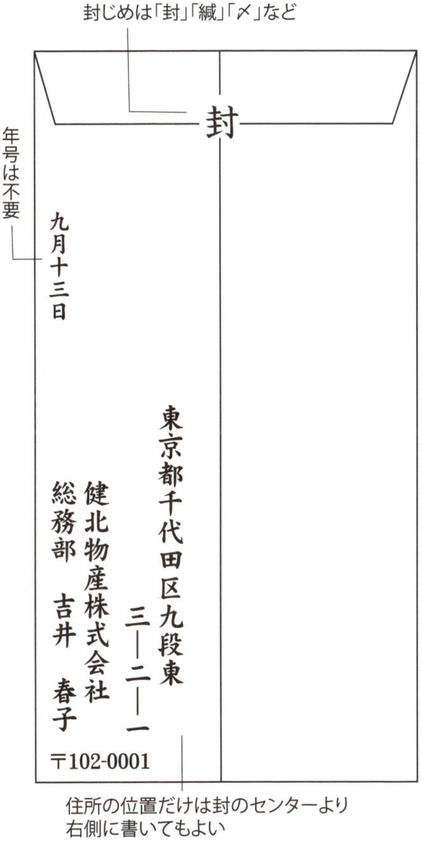

封じめは「封」「緘」「〆」など
封
年号は不要
九月十三日
東京都千代田区九段東
三―二―一
健北物産株式会社
総務部　吉井　春子
〒102-0001
住所の位置だけは封のセンターより右側に書いてもよい

横書き

左にそろえるとバランスが取りやすい
切手
東京都港区青山三丁目5番地2号
株式会社金田工業
経理部長西岡　一郎 様
1060031

自社封筒の表書き

健北物産株式会社
東京都千代田区九段東
3―2―1
〒102-0001
TEL.3815-0032
総務部　吉井　春子
発信者名は下の空きスペースに所属部署と署名もしくは押印し、誰が担当しているのか明らかにする

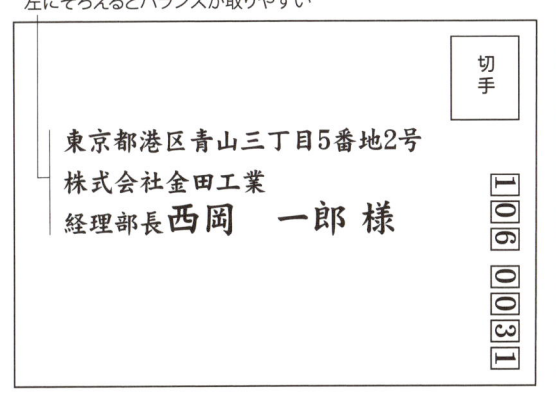

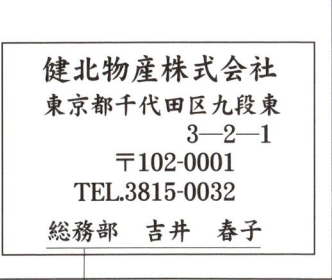

文書の基本ルール

洋封筒の選び方と書き方

■ 左側を上にして封をする

　表書きでは、天地のセンターラインに大きくあて名を書き、住所は2行にしてバランスよく配置する。洋封筒に縦書きにする場合は和封筒に準じる。

　裏書きも通常は和封筒とほぼ同様。気をつけたいのは弔事の場合の裏書きで、中心より右側にこちらの氏名、住所を記す。左側を上にして封をし、「封」を書く。この場合は「〆」は使わない。日付は不要。

横書きの表書き

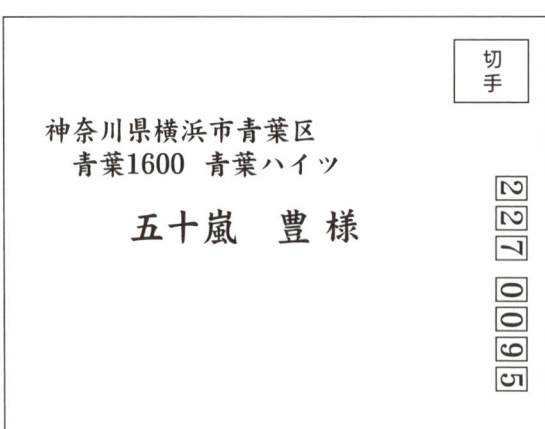

縦書きの裏書き（通常）

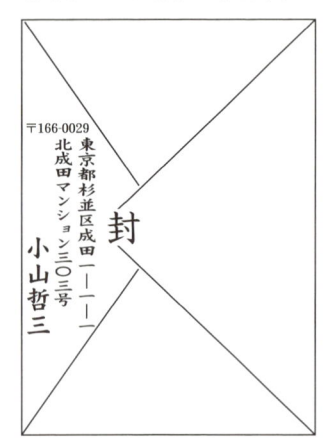

横書きの裏書き

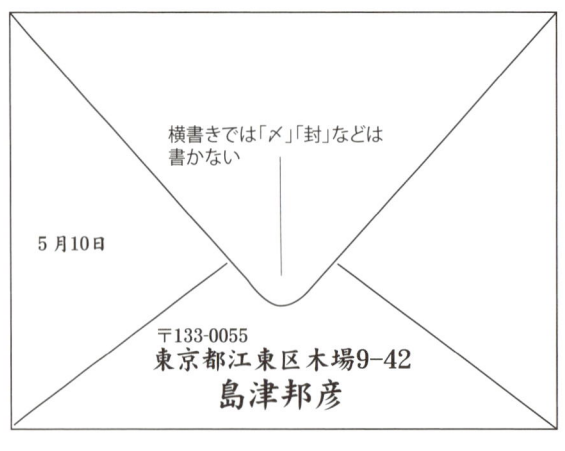

縦書きの裏書き（弔事）

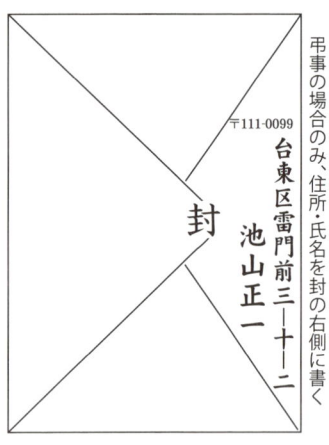

はがきの表書きと裏書き

■自分につく敬称はすべて消す

　表書きで注意したいのは、会社あてに出すときの相手（個人）の肩書きである。出す前に異動などを確認しておく。裏書きでは、1行あたり20字前後で10行程度がもっとも読みやすくなる。スペースが限られているため、手紙ほどには形式にとらわれず、前文や末文、後付などを省略することがある。

　返信用はがきの表書きには、自らに「様」などをつけずに「行」や「宛」を使う。返事を出す側は「行」「宛」を消し、「様」「御中」と書いて出す。また、裏書きにある「ご」「御」なども消しておく。「ご芳名」の「芳」の字も敬称となるので消す。「出席」「欠席」はいずれかが残るようすべて消す。くれぐれも敬称の書き換えもれのないよう注意したい。

表書き

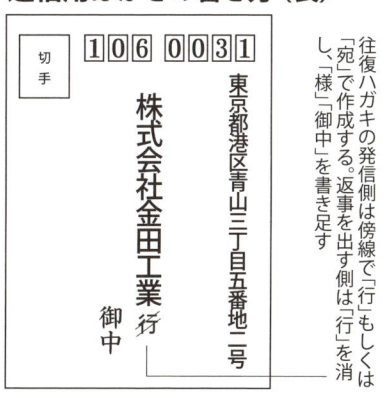

裏書き

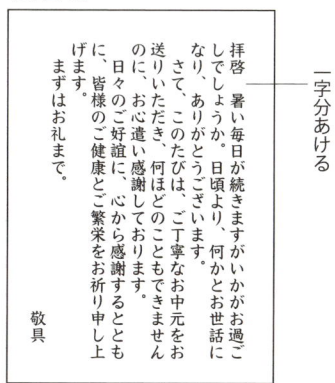

返信用はがきの書き方（表）

返信用はがきの書き方（裏）

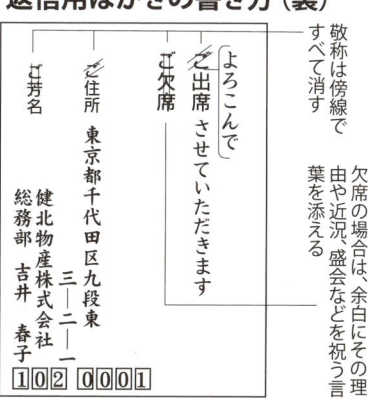

文書の基本ルール

敬語と用語の使い方

- ●敬語の種類と用い方　●敬称のつけ方　●自称と他称の使い分け　●頭語と結語の関係
- ●あいさつ用語の種類

敬語の種類と用い方

■敬語は過度に使わない

　相手に敬意をあらわす敬語は、日本独自の文化である。あらたまった手紙文を書く場合、敬語は欠かすことのできない重要な要素である。

　敬語の使い方を間違えると、相手に失礼になるだけではなく、自らの信用をなくしてしまうこともあるので、十分に気をつけること。あまりに上下関係を意識しすぎた書き方は、決して感じのよいものではない。

　とくにビジネス文書の場合には、敬語の使いすぎには要注意である。ビジネス文書は会社を代表する「顔」。必要以上のへりくだりは、会社の品位を落とすことにもなりかねない。

　では、敬語をマスターするには、どうすればいいのか。それには、まず基本原則を知り、さまざまな例にふれることである。

　敬語には「尊敬語」「謙譲語」「丁寧語」の３つの表現方法がある。以下、おもな原則と具体例について説明する。

　なお、尊敬と謙譲の呼称に関しては、『自称と他称の使い分け』の項で詳しく述べる。

■尊敬語

　尊敬語とは、相手および相手の関係することがらに対して、敬意をあらわす言葉である。普通の言葉を尊敬語にするには、次の４つの方法がある。

「れる」「られる」をつける　常体の言葉に、尊敬の助動詞である「れる」「られる」をつけて尊敬語にする。たとえば、「書く」という動詞の未然形に「れる」をつけると、尊敬語の「書かれる」になる。「読まれる・言われる・話される」などがある。

　ただし、「れる」「られる」には受身や可能の意味もあるので、紛らわしい場合には別の表現にすることも必要。

「お〜になる」「お〜になられる」「お〜くださる」をつける　動詞の連用形の前後に「お〜になる」などをつけて尊敬語にする。

　「話す」→「お話しになる」

「思う」→「お思いになられる」

「会う」→「お会いくださる」

別の言葉に言い換える　常体の言葉とは違う言葉を使って尊敬をあらわす方法である。

「見る」→「ご覧になる」

「食べる」→「召し上がる」

「言う」→「おっしゃる」

「お」「ご」をつける　名詞の上に、「お」または「ご」をつけて尊敬語にする。

「お話・お手紙・お身体・ご意見・ごあいさつ・ご住所」など。

また、名詞だけではなく、形容詞に「お」「ご」をつけて、尊敬をあらわすことがある。例としては「お美しい・おやさしい・ご立派な」などがあげられる。

■謙譲語

謙譲語は、自分がへりくだって、相手に尊敬の気持ちをあらわすときに用いる言葉である。尊敬語の対象が相手であるのに対し、謙譲語は自分および自分の行為や所属するものに対して使うもの。したがって、その表現方法は尊敬語とは異なる。通常の言葉を謙譲語にする方法は、次の３つである。

「せていただく」「させていただく」をつける　動詞の未然形に「せていただく」あるいは「させていただく」をつけて謙譲語にする。

「読む」→「読ませていただく」

「調べる」→「調べさせていただく」

「お～する」「お～いたす」「お～申し上げる」をつける　動詞の連用形の前後につけて謙譲語にする。

「会う」→「お会いする」

「待つ」→「お待ちいたす」

「願う」→「お願い申し上げる」

別の言葉に言い換える　尊敬語と同様に、常体の言葉とは別の言葉で謙譲を表現する。

「聞く」→「うかがう」「拝聴する」

「言う」→「申す」

「食べる」→「いただく」「頂戴する」

■丁寧語

丁寧語は、相手に敬意を表して、言葉づかいをていねいに表現するときに用いる。尊敬語や謙譲語のように相手あるいは自分を対象にするのではなく、文章全体を丁寧に書くためのもの。それによって、相手に対する敬意を自然に伝えられる、重要な言葉である。丁寧語にするには、次の２つの方法がある。

> 文書の基本ルール

助動詞を言い換える　助動詞を「です」「ます」「ございます」に言い換えて、丁寧語にする。「です」「ございます」の場合は、おもに名詞や形容詞のあとに、「ます」の場合は動詞のあとにくる。

　「本だ」→「本です」「本でございます」
　「きれいだ」→「きれいです」「きれいでございます」
　「思う」→「思います」

「お」「ご」をつける　名詞の上に「お」または「ご」をつけて、丁寧語にする。

　「お天気・お手紙・お菓子・ご飯・ご本・ごあいさつ」など。上品な感じを表現することができる。

　以上のような点をふまえて、「尊敬語」「謙譲語」「丁寧語」の3つの敬語を混同することのないように、普段から気をつけることが大切である。

間違いやすい敬語

	言い換えたい表現例	実用的な表現例	敬語の説明
丁寧語	～している	～しております	丁寧語では「です」「ます」「でしょう」などの表現をつかいます。動詞や名詞の前に「お」「ご」をつけることもあります。とくに改まる場合は「ございます」「存じます」を使います。
	～した（とくに改まる場合）	～しました	
	～です	～でございます	
	～と思っています	～かと存じております	
	～と考えます	～かと存じます	
尊敬語	行く	いらっしゃる	相手を高める表現をして敬意を表すのが尊敬語です。動詞の前に「お」「ご」をつけたり、「～れる」「～される」「～いらっしゃる」などに言い換えたりします。
	言う	おっしゃる	
	居る	いらっしゃる	
	話す	お話しになる	
	(相手が)～する	～してくださる　～なさる	
	年をとる	お年をめされる	
	申し出があった	お申し越しがありました	
謙譲語	言う	申し上げます	謙譲語は自分の言動をへりくだって表現することで相手への敬意を表します。動詞の終わり方を「～いたす」「～申す」「～上げる」「～いただく」と表現します。また伺う、参上するなどの表現もあります。
	居る	おります	
	する	いたします	
	待つ	お待ちいたしております お待ち申しております	
	～を派遣します	～を伺わせます	
	～できない	～いたしかねます	
	ご迷惑をかけました	ご迷惑をおかけいたしました	
	出席します	出席させていただきます	

敬称のつけ方

■「様」と「殿」の違い

　文書のあて名を書くときに、間違えやすいのが敬称のつけ方。英文では敬称の数も限られ、その使い分けも明確である。しかし、日本語は微妙に意味の異なる言葉が多いので、気をつけなければならない。

　現在、頻繁に使われている敬称は「様」と「殿」である。最近では「様」を多く使う傾向があり、企業や官庁などでもあて名の敬称を「様」に統一するところが増えている。「殿」は人名・役職名などに用いる語で、昔は身分の高い人にも使われていたが、今は一般的に目下のものに対して用いるものとされている。

　とくに注意しなければならないのは、敬称を二重につけないこと。会社名と氏名を並べて書く場合、敬称をつけるのは最後の氏名に対してだけ。会社名には必要ない。また、「各位」「先生」および役職名や職業名も敬称なので、そのあとに敬称はつけないこと。「各位様」「○○先生様」「○○社長殿」などと書くのは、間違いである。

　敬称は相手を尊敬する気持ちをあらわすもの。適切に使い分けることがポイントとなる。

> 文書の基本ルール

自称と他称の使い分け

　通常、自分を指す言葉は「私」、相手を指す言葉は「あなた」を標準の形とされている。しかし、実際にはそんなに簡単ではない。自分と相手の関係によって、呼び方は変わってくる。

　手紙文を書くときのマナーとして、相手や相手の関係者および相手に属する事柄、また自分や自分の関係者および自分に属する事柄をどう呼ぶかということが、大切。

　とくに改まった手紙では、相手側には尊敬の呼称を使い、自分の側には謙譲の呼称を使う。そして、これらの呼称には手紙文特有の慣用語がある。

　自分側のことをいう場合が「自称」、相手側のことをいう場合が「他称」である。この自称と他称を間違えて使うと、相手に対して大変な失礼になり、ときには誤解をまねくことさえあるので、注意する必要がある。

　たとえば、自分の会社のことをいう場合に「弊社」「小社」という言葉を用いるが、間違っても相手の会社のことをいうときに使ってはならない。なぜなら、これはへりくだった表現だからである。相手の会社は、敬意をこめて「貴社」あるいは「御社」と呼ぶのが適切。

　普通の言葉を尊敬または謙譲の呼称にするには、次のような方法が基本である。
尊敬の呼称　言葉の上に「お・ご・芳・貴・尊」などをつける。
　例としては「お仕事・ご住所・芳名・貴社・尊父」など。
謙譲の呼称　言葉の上に「小・不・拙・弊・愚・粗・寸」などをつける。
　「小生・不肖・拙文・弊社・愚妻・粗品・寸志」など。

ビジネス文書でよく用いられる呼称

	自　称	他　称
個人	私　小生　不肖　当方	（一般）貴台　貴職　そちら様
	本職　小職	（目上）尊堂　貴台 （対等・目下）貴殿　貴君
団体	当社　弊社　小社　当行 当店　当事務所　当工場 本庁　私ども	御社　貴社　貴行　貴店 貴事務所　貴工場　貴庁
社員	当社社員　弊社社員 当社○部○○	貴社社員　貴行行員 貴社社員○○様
文書	書面　書状　手紙　寸書	貴書　ご書面　ご書状　尊書 お手紙
意向	考え　私見　所見	ご意見　ご高説　ご高見 お申し越し　ご提案
了解	承る　承知　了承　了解	ご承知　ご了承　ご了解 ご了察　ご了知　ご理解
配慮	配慮　留意　努力	ご配慮　ご高配　ご尽力
受領	受領　拝受　入手	ご査収　ご検収　お受け取り ご入手
住所	当地　当所　本地　本県 弊地	御地　貴地　そちら
品物	粗品　小品　寸志　粗酒 小宴　薄謝	結構なお品　ご立派な○○ ご厚志　美酒　ご盛会　ご盛宴

頭語と結語の関係

■頭語と結語には呼応関係がある

　頭語と結語にはそれぞれ慣用語があり、使用できる状況が決まっている。忘れてならないのは、頭語と結語には対応関係があるということ。頭語と結語は一対になっていて、「この頭語で書き始めたらかならずこの結語で終わる」という決まりがある。

　最も一般的なものが「拝啓」と「敬具」の組み合わせ。現在では、これを目上の人に用いてもよいとされているので、使用可能な範囲はかなり広い。あまり耳なれない厳粛すぎるものを使うよりも、「拝啓」を活用するのが賢明である。

　「前略」もよく使われる頭語である。これは、文字どおり前文を省略することを意味し、時候のあいさつや安否を気づかうあいさつなしに、いきなり本文に入ることの断りでもある。対応する結語は「草々」である。

　そのほか、代表的な頭語と結語の組み合わせについては下の表を参照し、組み合わせが不一致にならないように気をつける。

慣用語としての頭語と結語

	頭　語				結　語			
普通の場合	拝啓	拝呈	啓上	拝信	敬具	敬白	拝具	謹上
丁寧な場合	謹啓	謹呈	恭敬	粛啓	謹言	謹白	頓首	敬白
急用の場合	急啓	急呈	急白		敬具	拝具	草々	早々
前文省略の場合	前略	冠省	略啓		草々	早々	不備	不一
重ねて出す場合	再啓	再呈	追啓		敬具	拝具	謹言	頓首
返信の場合	拝復	復啓			敬具	拝具	敬答	拝答

あいさつ用語の種類

■前文のあいさつ

　文書の顔ともいえる前文は、主にあいさつ文で構成され、時候のあいさつや先方の安否を気づかうものなどがある。

文書の基本ルール

■時候のあいさつ

頭語のあとに書くのが時候のあいさつである。最近の取引文書では省略する場合もある。しかし日本では昔から、用件に入る前に儀礼的なあいさつを述べる慣習があり、社交的文書では一般的になっている。

時候のあいさつには、「早春の候」「盛夏の候」など、月ごとに季節感をあらわす決まり文句がある。ただし、これらは旧暦の季節感に基づいているので、使用する時期に注意。3～5月が春、6～8月が夏、9～11月が秋、12～2月が冬とされている。

季節にふれるあいさつは、相手の心をなごませるものである。決まり文句にとらわれずに、自分なりの表現で季節感をあらわす工夫をするのもよい。時候のあいさつは、頭語のあとに、句読点は使わず1字あけて書き始める。

表の「～の候」は「～のみぎり」に言い換えられる。

時候の慣用句

1月	新春の候	初春の候	頌春の候	寒冷の候	厳寒の候	厳冬の候
2月	晩冬の候	余寒の候	残寒の候	向春の候	立春の候	春寒の候
3月	早春の候	春暖の候	浅春の候	盛春の候	春風の候	軽春の候
4月	陽春の候	仲春の候	春暖の候	清和の候	春爛漫の候	
5月	新緑の候	薫風の候	若葉の候	青葉の候	惜春の候	向暑の候
6月	入梅の候	梅雨の候	長雨の候	立夏の候	初夏の候	麦秋の候
7月	盛夏の候	炎暑の候	酷暑の候	猛暑の候	仲暑の候	大暑の候
8月	晩夏の候	残暑の候	立秋の候	秋暑の候	向秋の候	処暑の候
9月	初秋の候	新秋の候	清涼の候	新涼の候	名月の候	白露の候
10月	仲秋の候	秋冷の候	爽涼の候	錦秋の候	紅葉の候	秋雨の候
11月	晩秋の候	深秋の候	暮秋の候	霜月の候	立冬の候	向寒の候
12月	初冬の候	師走の候	寒冷の候	初氷の候	霜寒の候	歳末の候

■先方の安否を気づかうあいさつ

時候のあいさつに続けて書くのが、安否を気遣うあいさつである。実際には、先方の安否をたずねるというより、うまくいっていることを前提にして、相手の健康や会社の発展を祝う言葉を入れる。

また、とくに相手と親しい場合に限っては、先方の安否をたずねたあとに当方の安否を伝えることもあるが、一般的にビジネス文書では省略する。

会社・団体あての場合 （例）貴社ますますご隆盛の由、慶賀の至りに存じます。
個人あての場合 （例）皆様にはつつがなくご健勝のことと、心よりお喜び申し上げます。

■お礼のあいさつ

ビジネス文書では、安否のあいさつのあとに日頃の業務に対する感謝の言葉を述べ

る場合が多い。先方との関係が深い場合には、時候のあいさつや安否のあいさつを省略して、頭語のあとすぐにお礼のあいさつを書くこともある。また、何か特別のことがあったときには、具体的な表現を用いる。
日頃のお礼の場合　（例）平素より多大なご愛顧を賜り、厚くお礼申し上げます。
具体的なお礼の場合　（例）このたびは一方ならぬお引き立てをいただき、深く感謝いたしております。

■返書におけるあいさつ

　返信では、確かに文書を受け取ったことと、送付に対するお礼を述べる。もし、返書を出すのが遅れてしまったときには、かならず丁寧なお詫びの言葉を書き添えること。ただし、言い訳がましくならないよう簡潔に書くことが大切である。
①お礼の言葉
（例）ご書面、確かに拝受いたしました。誠にありがとうございました。
②お詫びの言葉
（例）すぐにもご返事申し上げるべきところ、お返事が遅くなり申し訳ございません。

■末文のあいさつ

　末文のあいさつは、文書内容をまとめるだけではなく、さまざまな役割をもっている。必要に応じて、いくつかの言葉を併記することもできる。

■結びの言葉

　結びの言葉は、文書の種類によって適切な表現を選ぶこと。
一般的な場合　（例）まずは書中をもちましてご依頼申し上げます。
急ぎの場合　（例）取り急ぎお礼まで。

■先方の健康や繁栄を祈る言葉

　前文の安否を気づかうあいさつと同様に、社交文書では欠かすことのできない言葉である。
先方の健康を祈る場合　（例）時節がら皆様には、くれぐれもご自愛のほど願っております。
先方の繁栄を祈る場合　（例）貴社におかれましては、より一層のご繁栄のほど衷心よりお祈り申し上げます。

文書の基本ルール

英文の基本ルール

●英文の基礎知識　●英文ビジネスレターの種類と特徴　●英文ビジネスレターの基本構成
●英文ビジネスレターの書き方　●封筒の書き方と郵便物の指定

英文の基礎知識

■英文の常識を知る

　ブロードバンド時代が実現し、世界的にもビジネスの垣根が取り払われつつある今日、英文レターを書く機会が増えている。先方に瞬時に届くＥメールが通信手段としての主体となっているが、英文レターとしての基本は同じである。英文ビジネスレターを作成するために、常識として知っておかなければならない、いくつかの点がある。

　もちろん、正確な英文を書くこととともに、読んだ相手が誤解することのないような表現にすることが大切である。また、英文特有の言いあらわし方についても、正しく理解した上で使う。

　とくに、ビジネスレターは正確さが第一。誤解を生じさせるような表現は禁物である。文書は形としてあとに残るということを忘れず、次のような点に注意して、誤りのない英文レターにするように心がける。

■文法・語法は正確に

　英米のビジネス社会では、文法や語法が正確な人は高く評価される傾向がある。文法力は信頼につながるのである。最近では、英語教育の中心が文法から会話へと移りつつあるが、会話の基礎も文法にある。とくに文書を作成するためには文法知識を欠かすことはできない。

　文法知識は、ひとつ一つ積み重ねていくもの。日頃から、不明瞭な点があったら放置せず、すぐに辞書や参考書で調べて解決していく姿勢が必要である。

■文章は短めに

　長い文章は、文構成が混乱しやすいので、文はできるだけ短くすること。英語が苦手という人は、まず書きたい内容を箇条書きにしてみるとよい。

■句読点の使い方に注意する

コロン（：）　「すなわち」を意味する句読点。通常、引用句の前に用いる。コンマ（，）

でもよい。
セミコロン（；） 文と文とをつなぐ役割をするもの。セミコロンのあとに接続詞はこないので、注意すること。
アポストロフィー（'） 所有をあらわすときに用いる省略記号。ただし、物体には使わない。また、be動詞の否定省略符号として使用するのも避けたほうが無難である。その場合、たとえば「isn't」は省略しないで「is not」と書くようにする。
クォーテーションマーク 特別な意味をもたせたい単語に用いる引用符。イギリス式が（' '）で、アメリカ式が（" "）。

■かっこの使用は最小限に

( )や[ ]のかっこは、前のことばを説明するときに用いる。しかし、ビジネス文書においては付加的なことはできる限り避けたほうがよいので、かっこ類を使いすぎないように。

■大文字・小文字の使い分け

大文字と小文字は正確に使い分けること。人名や地名、製品名などの固有名詞は、大文字を用いること。

■額面金額の記述は明確に

小切手などの額面金額を記す場合、数字部分は大文字を使うこと。そして、かっこ内に算用数字を併記する。端数がないときには、「only」をつける。
（例）9000ドル也（$9000）→ Nine Thousand Dollars Only

また、英語には「イギリス式」と「アメリカ式」があるので、その違いを知ることも必要である。一般的には、ヨーロッパ諸国やイギリスの統治下から独立した国々は「イギリス式」を、アメリカ国内は「アメリカ式」を用いる。

そのほか、ビジネス文書では効率よく文書をまとめるために、しばしば略語を用いることがある。代表的な略語については、常識として頭に入れておくこと。正確な語法をマスターし、英文レターをビジネスの重要手段として活用しよう。

イギリス式とアメリカ式の違い

イギリスの用法	意味	アメリカの用法
aeroplane	飛行機	airplane
single ticket	片道切符	one way ticket
booking	予約	reservation
cheque	小切手	check
post	郵便	mail
parcel	小包	package
programme	計画	program
lift	エレベーター	elevator
first floor	2階	second floor
half a	半分	a half
metre	メートル	meter
about	約	around

文書の基本ルール

英文ビジネスレターの種類と特徴

■多くの例文から特徴をつかむ

　ビジネスにおいて、和文・英文の基本的マナーは同じである。礼儀を正して、相手に自分の誠意を伝えることが大切。そのための手段として、一定のテクニックを身につける必要がある。「習うより、慣れろ」といわれるが、多くの例文にふれ、そこから特徴をつかむようにするとよい。

■海外出張先への紹介状と挨拶状

　初めて訪問する場合、紹介状とあいさつ状の有無で、先方の対応が大きく違ってくる。仕事をスムーズに進めるためには、紹介状とあいさつ状が不可欠。
　紹介状の内容は、紹介する人の人物像や仕事上の活躍分野などを書く。
　あいさつ状を書くときのポイントは、慣用句になっている「○○社の○○氏に紹介された者です」(We have been introduced to you by Mr.○○ of ○○ company.) という一文を、かならず最初に入れることである。そのあとに、訪問する目的を述べる。
　また、ビザの取得を願い出る場合には、「氏名・生年月日・パスポートの発給年月日とナンバー」を忘れないこと。

■自社を紹介するときの紹介文

　自社のPR文は、相手に強い印象を与えるように書くことが大切。書く内容は次の3つである。
　①会社の概略　②売り込むためのPR文　③実績と活動
　経験や能力が十分にあることを強調する。また、英語が堪能であることをPRするのも効果的。

■人材募集に応募するときの自己PR文

　自己PR文は、履歴書に添えて提出するのが一般的。履歴書ではわからない自分の個性や仕事に対する熱意を、積極的にアピールする。日本で美徳とされている謙遜は、欧米では通用しない。積極性も能力をみる判断材料のひとつということを忘れずに。

■先方の申し入れを断るときの手紙

　断りの手紙というのは、どんなかたちであっても、よい印象はもたれないもの。作成するにあたっては、細心の注意をはらう必要がある。まず、申し入れに対する感謝

の気持ちを述べ、その上で断りを伝えて、先方を思いやる一文を入れる。

■苦情がきたときのお詫び文

お詫び文では、苦情内容は全面的に受け入れ、知らせてくれたことに対する感謝の言葉を書き添える。

単語の使い方ひとつで大問題に発展することもあり得るので、言葉選びは慎重に。たとえば、責任の所在を明確にするためにも、主語は「We」ではなく署名を記した「I」を用いるほうがよい。

また、言い訳は避けるべきだが、いつも問題を起こしているような印象を与えないために、「今までにこういう申し立てはなかった」ということを忘れずに書くこと。

そして最後に、どのように対処するのかを明記する。

■確認の手紙

次のような場合に、確認の手紙を送付する。
①電報を打ったのに、先方から連絡がこないとき。
②重要文書を送った場合に、誤認を防ぐために。
③トラブルに備えて、会議の経過や決定事項を確認しておきたいとき。
④電話で話した内容を、記録として残す必要があるとき。

■契約書

契約書の作成は、契約履行場所が２国間になると法律も異なるため、国内の場合と違って複雑である。法律文書を作成するときのポイントは、文章構造を簡略化し、能動態でわかりやすい文章にすることである。会話文は使わず、イギリス式の伝統的な文章を書くことが求められる。

英文レターの５つの要点

(1) Clearness 「明瞭さ」
(2) Conciseness 「簡潔さ」
(3) Completeness 「完全さ」
(4) Courtesy 「礼儀正しさ」
(5) Correctness 「正確さ」

文書の基本ルール

英文ビジネスレターの基本構成

■内容が一目でわかる表題をつける

　日本のビジネス文書と同じように、英文ビジネスレターにも決められた形式がある。その基本構成は、以下の通りである。

発信側の住所（Letter head）　ビジネスレターには、上部にレターヘッド（社名・住所・電話番号など）を印刷してある便せんが便利。レターヘッドは会社の顔となるものなので、ロゴマークも入れてデザインするとよい。それがない場合には、便せんの右上端に発信側の社名と住所などを書く。または、右端下の署名の下に書いてもよい。

日付（Date）　住所などの下に記入する。
　日付の書き方には、次の3つの様式がある。
　・September 21,2010　（アメリカ式）
　・21 st September,2010（イギリス式）
　・21 September 2010　（国連など）
　ただし、最近のイギリスでは、国連様式で書くことが多くなっているという。どの様式にするかは、先方に合わせるか、国連様式に統一するとよい。どちらにしても、西暦や月はきちんと書き、簡略化しないこと。
　以上、発信側の住所と日付を合わせて、頭書（Heading）という。

あて名（Inside Address）　便せんの左端上部に「受取人→役職名→所属部署名→会社名→住所」の順序で書く。受取人の名前は、フルネームで書くこと。
　敬称は、男性は「Mr.」。女性は未婚なら「Miss.」、既婚なら「Mrs.」、そのどちらにも使えるのが「Ms.」である。
　このほか、博士や医師は「Dr.」、教授は「Prof.」など、職業名を敬称にすることもある。
　敬称に関しても、アメリカとイギリスでは違いがある。アメリカではあまり細かく書き分ける必要はないが、イギリスでは相手の地位や階級によってやや厳密に変えるので、心得ておく必要がある。
　会社名につける称号で「Messrs.(Mr.の複数)」は、同族会社や共同経営の事務所に用いるもの。日本の「御中」とは違うので、一般企業や銀行などには使用しない。
　役職名と会社名は、先方のスタイルに合わせて書けば間違いは避けられる。
　なお、住所は3行以内に分けて記述すること。

呼びかけ（Salutation）　日本文の「拝啓」にあたる部分。「Dear Mr.(Mrs. etc.)」のあとに、名前の姓だけを書く。名前の次にアメリカ式では「コロン（：）」を入れるが、イギリス式では「コンマ（，）」を使うので区別すること。
　個人名ではなく、会社あてで出す場合は、次のようにする。
・Gentlemen：（アメリカ式）
・Ladies：　（アメリカ式）
・Dear Sirs,（イギリス式）
　なお、職業上の肩書きは呼びかけには使わないこと。また相手の性別が不明のときには、「Dear Sir or Madam：（，）」とする方法がある。

表題（Subject）　手紙の内容が一目でわかるようにつける題名のこと。ただし、かならずつけるというものではない。

本文（Text）　時候のあいさつは不要。すぐに用件に入り、簡潔にまとめること。

結び（Complimentary Close）　日本文の「敬具」にあたる部分。「Sincerely」が一般的。ほかに「Truly yours／Yours-Truly／Sincerely Yours／Yours Sincerely」などがある。

署名（Signature）　結びのあと5～6行あけて差出人名をタイプやワープロなどで印字し、その間のスペースに直筆でサインする。どちらも略さずに、フルネームで書くこと。署名のない手紙は無効なので、忘れないように注意する。
　役職名などは、差出人名の下に入れる。

追伸（P.S.Postscript）　本文より5字分右に寄せて「P.S.」と記し、さらに1字あけて追伸文を書き始める。2行目からは、追伸文の1行目に行頭をそろえて書く。

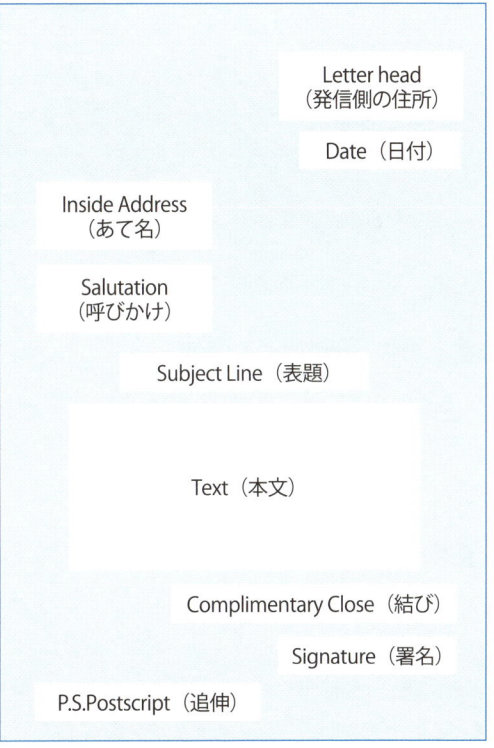

英文の基本ルール

基本構成

- Letter head（発信側の住所）
- Date（日付）
- Inside Address（あて名）
- Salutation（呼びかけ）
- Subject Line（表題）
- Text（本文）
- Complimentary Close（結び）
- Signature（署名）
- P.S.Postscript（追伸）

文書の基本ルール

英文ビジネスレターの書き方

■署名はかならず自筆する

　英会話が苦手な人は、ゆっくり考えることができる手紙の有効性を大いに活用するとよい。手紙に内包された誠実さが、コミュニケーションを補ってくれるからである。

　しかし、いつも同じような文面にならないように気をつけること。似たような内容だからといって、前に出した手紙を丸写しすることは絶対に避けたい。その手紙がたとえ名文でも、受け取った人は読む気がしなくなってしまうからである。英文レターでビジネスをしようと思うなら、誠意を伝える努力を怠ってはならない。

　英文ビジネスレターの書き方の基本は、日本語の場合と同様、相手に自分の意思がはっきりと正確に伝わるよう、明瞭かつ簡潔に書くことである。プリントアウトしたものを送付する場合は、かならず自筆のサインを入れることを忘れないように注意する。

■思考段階から英語を使う

　英文と日本文とでは、用語も表現方法も根本的に異なっている。日本語で下書きをして、それを英訳するという方法は、英文レターとして成功しにくい。とかく和文英訳では、修飾の多い不自然な英語になりがちである。便利な翻訳ソフトやホームページなども役に立つだろう。

　また、日本語を英訳するにはかなりの英語力が必要なので、誤訳するおそれもある。誤訳によって相手の誤解をまねくことは、絶対に避けなければならない。考える段階から、英文的表現や用語を使うべきである。

■1通の手紙には1用件

　1通の手紙に書く用件は1つにすること。ついでだからといって、いろいろ書き込むと、最も伝えたかったこと以外に相手の関心が移ってしまう可能性もある。ポイントを絞って書くことが大切である。

■簡潔な文章にする

　センテンスは短いほうが読みやすく、文意も伝わりやすい。以下の注意点を参考に、簡潔な文章を心がける。

簡単な単語を使う　中学校までに習った、簡単な単語を基準に用いる。一般的に、抽象的な意味あいの強い単語はスペルが長くなるので使わないようにすること。和英辞

典や英和辞典で選択した単語は、さらに英英辞典を引いて、やさしい単語に置き換える。

略語・短縮語を活用する　略語や短縮語は、文章の簡潔化に非常に役立つものである。手紙を交換する双方のあいだで、誤解が生じないという前提があれば、活用する。ただし、乱用はしないこと。また、儀礼的な手紙では避けたほうが無難である。

副詞の乱用は避ける　日本語の手紙では、「大変」「誠に」「さて」など、副詞を用いることが多い。しかし、英文では副詞は多用しない。

前置詞に気をつける　「in」「on」といった前置詞には、さまざまな意味がある。たとえば、「in the month」は「1カ月後に」という意味だが、「on the month」は「その月に」という意味。前置詞ひとつで、意味が変わってしまうので、十分に注意すること。

■こまめに辞書を引く

　ミス・スペリングは相手に対して失礼なだけではなく、自らの能力も疑われかねない。日本語で書くときにさえ、辞書を引くことは基本。まして、母国語ではない英語を使うのであれば、それは必須である。少しでも不安に思ったら、こまめに辞書を引く習慣をつけること。

　また和製英語や外来語は、そのままでは英語として通じない場合が多いので、注意が必要である。

■結論から書く

　文章を5W1Hの原則に従って書くことは、日本文の場合と同じである。さらに英文レターでは、「結論から書きはじめる」ということを加えたい。結論にいたるまで、長々と経過を書いていては、相手に時間をとらせることになる。能率性も、ビジネスレターに求められる条件である。要点を簡潔にまとめ、伝えたいことの結論から書く。

■語りかけるように書く

　英文レターは、日本語の手紙と違って、呼びかけから始まることでわかるように、個人あてに書かれている点がはっきりしている。つまり、1対1の立場で書くのである。当然、説得力も要求されるし、気取った表現では親密な関係をつくることはできない。相手に語りかけるように書くことが、秘訣である。

　説得力を増すためには、Attention（注目）、Interest（興味）、Desire（欲望）、Memory（記憶）、Action（行動）の頭文字をとったAIDMA（アイドマ）の法則を用いる。本来は消費者がものを知り、購入するという行動に至るまでのプロセスを指す。これはコミュニケーションに応用することができる。具体的には、好印象を与えるような単語を積極的に用いて、英文レター全体を明瞭で快活な調子にするとよい。

文書の基本ルール

封筒の書き方と郵便物の指定

■封筒の書き方

　次項の図のように、封筒の表側の左上に、差出人の氏名・役職名・会社名・住所を書く。そして、表側の右下、やや中央よりに受取人の氏名・役職名・会社名・住所を記入する。

　住所は、3行以内に収めるのが慣習になっており、最終行には国名を書く。差出人の氏名や住所などは、やや詰めて記入してもかまわない。

　切手は右上端部に貼付する。

　招待状や儀礼的なレターの場合は、差出人の氏名等は封筒裏のフタ部分に書くこともあるが、通常、裏側には何も書かない。

　なお、封筒のあて名も、本文と同様にパソコンで打つのが常識となっている。手書きは、個人的に親しい場合に限ること。

■郵便物の指定

　封筒の左下には、到着先の郵便局または会社の郵便係への指示語を記入する。記入例には、次のような語句がある。

- 局留め　　　Poste Restante
　　　　　　　General Delivery
- 親展　　　　Confidential
- 私信　　　　Private
　　　　　　　Personal
- 転送依頼　　Please Forward to ～
- 名あて人到着まで留め置き
　　　　　　　Hold for Arrival
- 気付／御中　Attention

　とくに「親展」の場合には、便せんの左端の最上部にも明記しておくこと。そうすれば、重要書類などは確実に名あて人の手元に届く。

　右上の余白には、国内の郵便局で仕分けをするときに関係のある指示語を記入する。おもに次のような語がある。

- 速達　　　　Special Delivery
　　　　　　　Express

- 書留　　　Registered
- 航空便　　Air Mail
- 印刷物　　Printed Matter

なお、市販の封筒や社用に印刷したものの中には、航空便の指示が左中央に入っているものもある。

封筒のレイアウト

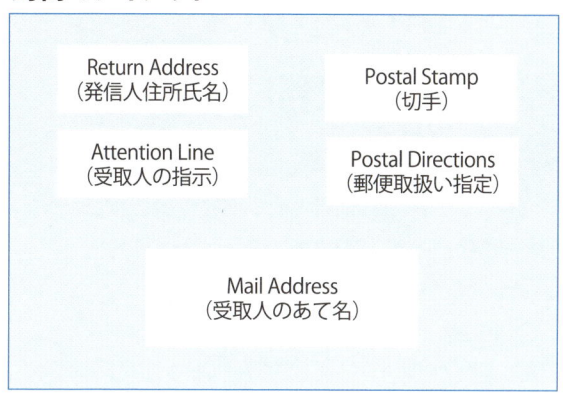

Return Address （発信人住所氏名）	Postal Stamp （切手）
Attention Line （受取人の指示）	Postal Directions （郵便取扱い指定）

Mail Address
（受取人のあて名）

文書の基本ルール

Eメールの書き方

- Eメールの特徴と活用法
- Eメールの基本構成と書き方
- Eメール文書作成上の注意
- 添付書類の常識と非常識
- Eメールの活用法
- Eメール利用上のマナー

Eメールの特徴と活用法

■海外とのやりとりが便利に

　パソコンの急速な普及に伴い、1つの通信手段としてすっかり定着したのが「Eメール（電子メールの通称）」である。最近では、迅速さと合理性が求められるビジネス社会において、Eメールは企業の必須通信手段となっている。

　Eメールは、相手がEメールのアドレスをもっていれば、いつでも、どこにいても、簡単に連絡することが可能。そして、不在の場合でも送受信できる態勢になっており、相手と時間調整をする必要がない。多忙な相手や海外に連絡するときなど、時間や時差を気にしないで済むので便利である。また、ビジネス社会ではあまり多用はしないが、携帯メールも通信手段として定着している。会社のパソコンで受信したEメールを携帯に転送するサービスもあるので便利。

　ただし、このメリットは、相手がいつメールを開くかわからないという、デメリットにもなり得る。必要に応じて、送信の確認を行うことが大切である。また受信する側としては、メールチェックをこまめに行い、素早く返事を出すことを心がけたい。

　Eメールには、同一文書を複数の相手に同時に送ることができる「同時発信機能」がある。この機能を用いれば、社内外を問わず、複数の人への連絡業務を効率的に行うことができる。日常的な事務連絡やコミュニケーションの手段として、Eメールはビジネスの有効な伝達手段である。

　しかし、文書自体のスタイルは社会的ルールとしては、まだまだ確立されていないのが現状。そのため、従来の文書形式にこだわる人にとっては、Eメールの簡略化したスタイルに抵抗を感じる人もいる。

　送る相手との関係に配慮し、文書作成の基本的な礼儀表現を守って、Eメールを活用していくことが望ましい。

■メール送受信のしくみ

　ここでは、メール送信者をA、受信者をBとして、Eメールがどのように送付されていくのかを見てみる。

　まずAは、自分のコンピュータから、Eメールを、自分の側のメールサーバ（SMTPサーバ）に送る。SMTPサーバは、そのメールをインターネット上に送り出し、メールは、さまざまなサーバを経由しながらあて先であるB側のメールサーバ（POPサーバ）に送られ、そこにため込まれる。

　一方Bは、自分のメールサーバ（POPサーバ）に接続してメールが届いているかをチェックして、届いているAからのメールを自分のコンピュータにもってくる。

　SMTPサーバというのは郵便ポストのようなもので、POPサーバというのが自分の家にある郵便受けと考えればよい。

　その自分の郵便受けの住所がメールアドレスというわけである。

文書の基本ルール

Eメールの基本構成と書き方

■スタイルを簡略化する

　Eメールは、迅速な処理を第一目的にしているため、簡略化したスタイルをとることが多い。通常のビジネス文書と異なり、単刀直入に用件に入るのが基本。頭語・結語、時候のあいさつなどの儀礼的な部分は省略してもよい。伝える用件を明確にして、送受信をこまめに行うことが最優先される。
　ただし、初めて通信する相手や目上の人などには、失礼にならないよう従来の文書形式で書いたほうがよい場合もある。必要に応じて、臨機応変に使い分けるようにすることが大切。
　基本的な書き方のポイントは、次の通りである。

あて名　相手のメールアドレスが表示されるが、文書のはじめに漢字で明記しておく。社外の場合は社名・役職名なども書くが、頻繁にやりとりする相手なら省略して名前だけでよい。「同時発信機能」を使うときは、あて名は文書内には書かないほうが効率的である。

件名　Eメールの通信ソフトにはかならず件名(サブジェクト)を記入する欄があるが、文書内にも入れるとよい。内容が一目でわかるような簡潔なタイトルにするのがコツである。文字数は20文字以内が一般的。
　緊急な用件の場合には、「緊急」「急」などの文字をタイトルの最初につける。返事を出すときに返信ボタンをクリックすると、件名に「RE:」の文字が表示されるが、これは「返信」の意味。急ぎの場合は、新しくタイトルを付けなくても、この方法を利用すると便利。

本文　文章は簡潔に、わかりやすく書くこと。むずかしい漢字は控えめにして、平易な言葉を用いるようにする。
　Eメールは画面上で文字を読むので、見やすさも重要。1行の文字数は35文字以内に抑えるようにするとよい。35文字以内であれば、相手のソフトの種類にかかわらず、きちんと画面に収まる。そして、4〜5行ごとに改行し、段落が変わるときに1行スペースをとると、より読みやすい画面になる。通常の文書では、改行をすると1字あけることが多いが、Eメールでは頭をそろえる書き方も一般的である。
　敬語については、通常の会話において使用する程度は必要。Eメールならではの気軽な表現は、信頼関係のある親しい相手に限ったほうが無難である。

発信者名　あて名と同様、メールアドレスが表示されるが、文末にも入れる。

■Eメールの基本構成

ヘッダー　受信したEメールには、送り手が書いた本文の前に、ヘッダーと呼ばれるものがついている。

　ヘッダーには、発信人の名前とそのメールアドレス、相手がメールを発信した日時、送信先（あて先）のメールアドレス、経路情報などが書き込まれている。経路情報とは、そのメールがネットワークをどういう経路で送られてきたかが記入されたもので、メーラー（Eメールを送受信するソフト）によっては表示されないものもある。

本文　ヘッダーに続いて書き込まれているのが本文。本文は、わかりやすく簡潔に書くことが大切。

　1つのメールには1つの用件を書くだけにとどめたい。あくまで、件名（サブジェクト）と本文とが1対1に対応しているようにしよう。1つの件名に対して複数の用件が書き込まれていると、送付された側では文書の整理がしにくくなってしまう。

文書の基本ルール

Eメール事例

【例1】電子メールによる営業所移転通知

```
Subject: 営業所仮移転のお知らせ
Date: Tue, 22 Jun ○○○○ 11:46:36 +0900
From:sugimoto@kyb.co.jp
To: takada@aa.ddd.co.jp


Date:○○○○年6月22日
To: 株式会社コスギ　高田　良治様
From: 海洋物産株式会社　杉本　浩三
Subject: 営業所仮移転のお知らせ

毎度お世話になっております。
このたび、当横浜営業所は改築のため下記に仮移転することとなりました。
なお電話番号およびFAX番号に変更はありません。

●海洋物産　横浜営業所　新住所
　○○○○年7月1日から
　移転先:横浜市○○区△△町1-2-3
```

【例2】通常文書による営業所移転通知

```
                                              総発第123号
                                              ○○○○年6月22日
株式会社コスギ
高田　良治様
                                              海洋物産株式会社
                                              杉本　浩三

            営業所仮移転のご通知
拝啓　時下ますますご盛業のこととお喜び申し上げます。平素は格別のご厚情をたまわり、ありがとうございます。
　さて、このたび、当横浜営業所は改築のため下記に仮移転することとなりました。
　なお電話番号およびFAX番号に変更はありませんのでこれまで通りの番号をご使用ください。
                                                            敬具

                      記
海洋物産　横浜営業所
　・移転日　　○○○○年7月1日
　・移転先:横浜市○○区○○町1-2-3
                                                            以上
```

Eメールの文書作成上の注意

■半角カタカナ文字の使用を避ける

　コンピュータで使用するカナ文字には、半角文字と全角文字がある。半角カタカナ文字は、1文字の文字幅が、通常使用する漢字の半分の幅の文字。

　パソコンの機種やメーラーの種類によっては、半角カタカナ文字を表示できるものもあるが、基本的にインターネットでの半角カタカナ文字の使用は考慮されていない。半角カタカナ文字を送信すると、Eメールを受け取った側では、半角カタカナ文字が文字化けを起こして読めなくなり、そればかりか半角カタカナ文字以降の文字が正しく表示されなくなってしまうことがある。場合によっては相手のメーラーが機能しなくなることさえある。

　そこで、相手のコンピュータやメーラーが、半角カタカナ文字を受け取っても正しく表示されることが確認されているなど、特別の場合をのぞいて、通常は半角カタカナ文字の使用は避け、全角のカタカナを使って文章を書くようにする。

　ここで注意したいのが、コンピュータで使用するフォントだ。印字したときの見やすさなどから、プロポーショナルフォントという、常に等幅でなく文字ごとに文字幅の異なるフォントを使用することが多くなっている。このプロポーショナルフォントでは、全角のカタカナなのか半角のカタカナなのか見分けがつきにくい。そこで、Eメールでは、すべての文字の文字幅をそろえた等幅フォントを使うようにする。

■機種依存文字の使用に注意する

　丸数字やかっこ付き数字、ローマ数字や全角1文字であらわす単位や年号などは、Eメールで種類の異なるコンピュータに送付されると、正しく表示されず、別の文字に変わってしまう。これは、それらの文字が、JISの漢字規格にない文字を、各メーカー独自に決めて使っているいわゆる外字にあたるため、このような文字を機種依存文字という。

　機種依存文字は、同じメーカーのコンピュータ同士でしか正しく表示されないため、相手のコンピュータ環境（コンピュータ本体、OS）が同じであることが確認できている場合以外、通常は使用を避けなくてはいけない。

文書の基本ルール

添付書類の常識と非常識

■添付ファイルには形式の種類などを明記

　ファイル添付とは、メーラーに書き込んだ文章を送るのとは別に、画像ファイルやワープロソフトで作成した文書ファイル、表計算ソフトで作成したデータファイルなどを、メールに付加して送る機能をいう。

　近年では、契約書などの重要書類などを除き、とくに社内文書の多くはオンライン処理のペーパーレス化が進んでいる。そのため、文書を添付してEメールとともに送られてくることが増えてきている。

　遠隔地にいる相手と、インターネットを通じてファイルそのもののやりとりができることになり、とても便利である反面、使い方を誤ると、相手にそのファイルが開けないなど、多大な迷惑をかけることになり、注意が必要だ。

　ファイル添付をする場合、かならず、本文中に、添付したファイル名、ファイルを作成したアプリケーション名とファイルの種類（形式）を明記したい。さらに、次のようないくつかの点にも留意が必要だ。

■ファイルの変換形式をお互いに了解する

　Eメールでファイルを添付して送受信する場合、一般に、送信側のメーラーが添付するファイルをテキスト形式に変換（エンコードという）して送信し、受け側では受信した添付ファイルを、逆の変換をしてもとのファイルに戻す（デコードという）という作業をする。そのファイル変換形式には、いくつかの形式があり、通常次の3つがよく使われる。

unencode：UNIX上で古くから使われてきた形式。多くのメーラーが対応。
base64：Microsoftメール、Netscapeナビゲーター（コミュニケーター）付属のメーラーなどの標準形式。
BinHex：Eudora（Macintoshユーザーに多く使われるメーラー）の形式。

　送信側と受信側で、お互いにどの形式で変換するかを了解しておかないと、受信側でファイルをもとに戻すことができないという事態が生じる。このためファイルを添付するときは、どんな方式で変換するのかを本文中に明記しておくことが必要となる。

■添付したファイルを相手が開ける環境にあるかを確認する

　初心者がもっとも間違いをしやすいのが、自分のもっているアプリケーションで作ったファイルを、そのまま相手に送付してしまうことだ。通常、同じアプリケーショ

ンを相手がもっていないと、受信したファイルを開くことはできない。

　そのようなことを避けるために、ファイルをメールに添付して送付する前に合意がある場合以外は、ワープロ文書や表計算の文書は、テキスト形式やＣＶＳ形式など、どのようなコンピュータ環境であっても読むことのできる形のファイルにして、メール本文中に読み込むか、あるいは添付ファイルとして送りたい。

■添付ファイルには、拡張子をつけた英数字のファイル名をつける

　Mac OSやWindowsは、ファイル名に日本語を使うことができるが、UNIXでは読むことができない。また、WindowsやMacOSであっても、メーラーの種類によっては日本語のファイル名を正しく表示できないものもある。そこで、添付ファイルのファイル名には英数字を使い、さらに、ファイルの種類がわかりやすいように、拡張子をつけるようにする。

　拡張子とは、ファイル名「○○○○.××××」のうち「.×××」という部分で、WindowsやUnixでは、この拡張子でファイルの種類を判断している。

　通常ファイル名は、「英数字8文字以内」、「英数字3文字以内」という形にする。

■画像ファイルはJPEG形式か

　画像ファイルの形式にはさまざまなものがある。Eメールに添付する画像ファイルは、特別な場合をのぞいて、JPEG形式かGIF形式にしたものを添付する。この2つの形式は、インターネットでの標準形式といえるもので、ウェブブラウザをもっている相手であれば、問題なく画像を開いて見ることができる。

■サイズの大きなファイルは添付しない

　添付したファイルのサイズが大きいと、送受信のための時間がかかる。とくに公衆回線にモデムを使って接続している場合、回線を長時間ふさぐことになるので、添付ファイルのサイズはできるだけ小さいに越したことはない。

文書の基本ルール

主なファイル形式

種類	名称	拡張子*	特徴
文字	テキスト	.txt	あらゆるコンピュータに共通する標準的なデータ形式。文字と改行、タブだけで構成されるファイルで、文字の大きさやフォントなどは指定できない。
	リッチテキスト	.rtf	テキストデータに文字の大きさ、フォント、スタイル、色のデータもあわせて保存できる形式。
	ワード文書	.doc	〈Microsoft Word〉というワープロソフトのファイル形式。広く使われているソフトで、ほとんどのワープロソフトはこのファイルを読めるようにつくられている。
画像	ビットマップ	.bmp	Windowsの標準画像形式。
	ジェイペグ	.jpg	画像データを小さくして（圧縮）保存する形式。もっとも広く使われている形式のひとつ。
	ジフ	.gif	インターネット上で広く使われている。
	ピクト	.pct	Macintoshの標準画像形式。

＊「拡張子」は、ファイル名のうしろに「.」(ピリオド)とアルファベット3文字以内でつけられる記号で、多くの場合、ファイル形式を示す。WindowsやMS－DOSでは、ファイル名に拡張子をつけることによって、ファイルを開くだけで自動的にさまざまな処理を行う。

Eメールの活用法

■Eメールの整理

■アドレス帳を作成する

　新しい相手に送信、または受信する際にアドレスを登録しておくと次回から入力の手間がはぶける。登録の仕方はパソコンのソフトによって異なるが、たいていはいずれかのボタンをクリックするだけで登録完了となる。名前とアドレスだけではなく、会社名、住所、誕生日など詳細な情報を登録できるソフトもあるので、これらを活用して、円滑なやりとりに役立たせることもできる。

■フォルダを作成する

　受信したメールをプロジェクト別、会社別、相手別などでフォルダを作り分類・整理すると情報として見やすくなる。ただしあまり細かく分類をしてしまうと逆に、作業が大変になり面倒になるので注意。

■不要メールを削除する

　ビジネスメールは日々、大量に送られてくることが多い。その中から、ダイレクトメールや、簡単な返信などの不要なメールは随時削除をすることで、フォルダ内が整理され見やすくなる。

■メール検索・並べ替え

　方法はソフトによって異なるが、送信者、あて先、件名、メッセージなどキーワードを入力することで過去のメールを検索することができる。また、日付の古い・新しい順、送信者順などで過去のメールを並べ替えることもできる。
　これらを使うことで、過去のメールから探している受信メールをすぐに見つけることができる。

文書の基本ルール

Eメール利用上のマナー

■顔が見えない手紙

　通常の書簡などにくらべて簡易で、略式化されているEメールだが、送付する相手が面識のない人であったり、目上の人である場合では、一般の書簡に準じて、丁寧な文書形式を心がけることも必要。また、Eメールならではのマナーもある。基本的なEメール送受信の際のポイントをあげてみよう。

■迅速な返事を心がける

　通常、Eメールは、伝達の速さが利点と考えられる。ファックスを送るような気軽さとスピードで、相手に文書を送ることができる。

　ただ、インターネットで送られるEメールは、かならずしもすべてが迅速に届けられるというわけではない。相手側の社内ネットワークのトラブルや、伝達途中にネットワーク上のなんらかのトラブルなどによって、相手に届くのに数日かかることや、きわめてまれだがメールが届けられないこともある。

　送ったEメールが相手に届けられ、それに相手が目を通したかどうかは、開封確認機能もあるが、基本的に送信側にはわからない。メールのチェックはこまめに行い、最低でも1日に1回はチェックをして、メールが届いていたときには内容を確認したい。メールを受け取ったらその旨をすぐに相手に連絡をすることも忘れてはいけない。

■送信メールの引用は必要最小限に

　送信されてきたメールに返事を書くときに、もとのメールの必要部分をコピーして引用し、返事の一部として使うことがある。その際は、引用した行の先頭には、引用であることを明確にするために、「>」という符号を付加するようにする。メーラーの多くは、受信メールに対して「返信を書く」などのメニューを選択すると、自動的にもとのメールの各行頭に「>」符号をつけた状態で、引用の準備をするものが多い。

　返信を受け取った側も、引用部分を見ながら返信を見れば、自分が相手に何を書いたのかが確認できて便利だが、引用が多いととても見にくい文章になってしまう。引用は必要最小限にとどめ、わかりやすい文章にすることを心がけよう。

■複数の人にメールの転送を依頼、強要しない

　同じ内容のメールを多数のあて先に送る同時発信機能や、自分に届いたメールをそのまま別のあて先に転送できる機能などは、Eメールならではの便利な機能といえる。

Eメールの返信例

```
Date: Mon, 10 Aug 0000 13:50:15 +0900 (JST)
To: ye8s-wtnb@asobi-net.or.jp
From: khara@cc.kinosaki-u.ac.jp
X-Sender: khara@mail.cc.kinosaki-u.ac.jp
Subject: Re: ＣＤ６　鉄道唱歌について
MIME-Version: 1.0

At 9:10 PM 04.8.10 +0900, 鈴木　一郎 wrote:
>--============_-1278523933==_============
>Content-Type: text/plain; charset="ISO-2022-JP"
>
>伊藤先生
>お世話になっております。
>本日、鉄道唱歌の楽譜を発送いたします。
>確認していただきたい事項を添付書類にまとめましたので、ご教示いただきたくお願い
>申し上げます。
>なお、担当のストラビンスキーさんに直接メールでやり取りした方がよろしければその旨
>お伝え下さい。
お手数をおかけしますが、ストラビンスキーさんに直接メールでやり取りした方がよいと
思います。どうかよろしくお願いします。
甲府は今年は例年になく暑く、連日30度を超える日が続いて、バテております。

伊藤　進
甲府大学教育学部音楽科
TEL/FAX 0423-44-○○○○
E-Mail: sito@cc.kofu-u.ac.jp
```

　しかし、複数のあて先に対して、不特定の相手に転送を依頼するメールを送ることは絶対にしてはならない。このようなメールはチェーンメールといわれ、次々と複数のあて先に対して転送されていき、ネット上でねずみ算式に広がってしまう。
　また、ネットワークの運営や、メールを配送するコンピュータに過度の負担がかかり、機能を停止してしまうこともあり、ネットでの大きな脅威になっている。いかなる場合にせよ、チェーンメールの送信、転送は避けなくてはいけない。

■通信の秘密について

　どのような場合でも、通信の秘密は守らなければならない。ネットワークやコンピュータの管理者は、通信の秘密を守るために、大きな努力を払っているのは事実である。

> 文書の基本ルール

　しかし、Eメールの場合、送信されてきたメールは、インターネットプロバイダーなどのホストコンピュータの中に置かれている。その気になれば、ネットワーク管理者やプロバイダーなどのメール管理者は、他人のメールを読むことができる。また、正しいあて先に届けられず、どこかでそのメールが盗み見されてもおかしくないのがインターネットの電子メール。

　それらを考え合わせると、Eメールにおいては、通信の秘密がいかなる場合も守られているとは限らないのが現実。手にしたものなら誰でも目を通すことができるはがきに書いて困るような内容、たとえばパスワード、クレジットカードの番号、人に知られたくないようなきわめてプライベートなことなどは、Eメールには記入しないほうが安全だ。

Eメールの送受信のしくみ

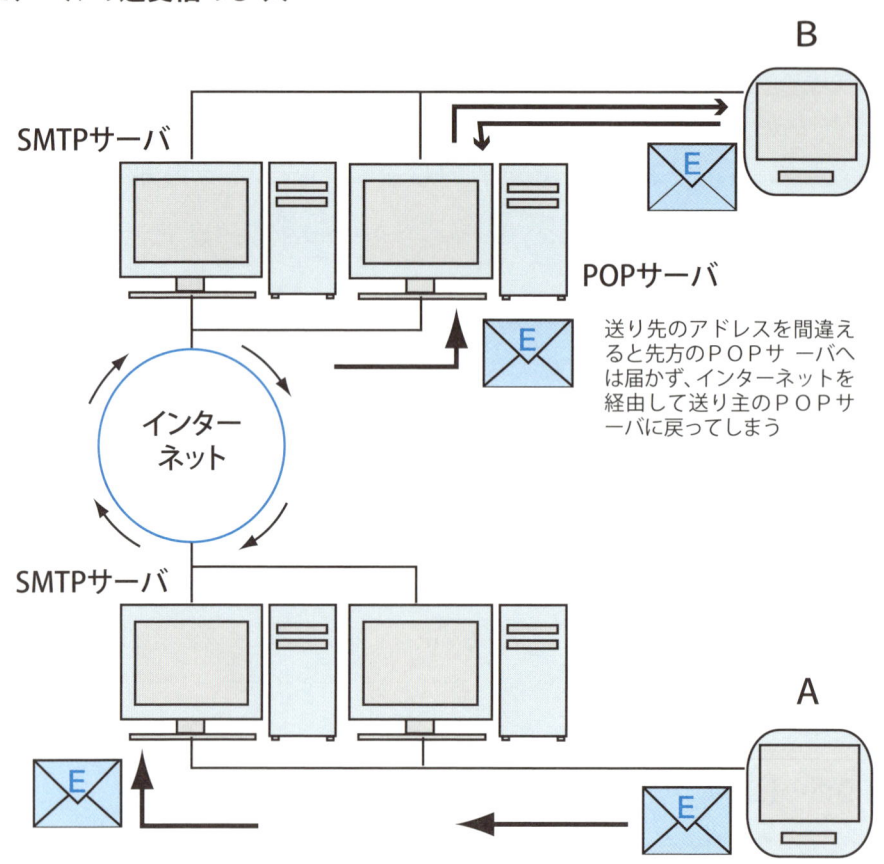

SMTPサーバ

POPサーバ

インターネット

送り先のアドレスを間違えると先方のPOPサーバへは届かず、インターネットを経由して送り主のPOPサーバに戻ってしまう

SMTPサーバ

AによってSMTPサーバに送られてきたメールは、そこから世界中に広がるインターネット上に送り出され、BのPOPサーバにため込まれる。BはPOPサーバにアクセスすれば、Aからのメールを受け取ることができる

2 ビジネス商用文書・文例

注文する1・2／注文を承諾する・断る
交渉する／交渉を承諾する・断る1・2
申し込む／申し込みを承諾する・断る
通知する1・2／依頼する1・2
依頼を承諾する・断る／照会する1・2
回答する1・2／請求する・催促する1・2
弁解する・お詫びする／勧誘する・申し入れる
確認状／協議状／注意状／忠告状／督促状
抗議状／反駁状／送信状

ビジネス商用文書・文例

注文する 1

- ●商品を注文する
- ●見積書を比較して注文する
- ●追加注文する ●注文を取り消す

> 注文書は契約の申し込みであり、目的は明白ですので簡素化できます。しかし、電話による注文はあとでトラブルの原因となりかねないので、その内容を書面に記録する必要があります。

文例1 基本 ◉ 商品を注文する

営発NO.356
平成○○年5月20日
大崎工業株式会社
営業部長　岡村　学様

　　　　　　　　　　　　　　　　　品川商事株式会社
　　　　　　　　　　　　　　　　　仕入部長　田中誠人　印

　　　　　　　　浄水器の注文について

❶ 拝啓　時下ますますご清栄のこととお喜び申し上げます。

❷ 　さっそくですが、貴社で取り扱っていらっしゃる商品について下記のように発注させていただきますので、よろしくお願い申し上げます。

❸ 　　　　　　　　　　　　　　　　　　　　　　　　　　　敬具

　　　　　　　　　　　記

❹
1. 注文品　　AB731—01
2. 数量　　　10ケース
3. 価格　　　1ケース 20,000円
4. 納期　　　平成○○年6月10日
5. 受渡場所　当社仕入部
6. 運賃諸掛　貴社負担
7. 支払方法　手形（60日）

　　　　　　　　　　　　　　　　　　　　　　　　　　　　以上

基本構成とポイント

ポイント：電話で注文をする場合には、確認のため送付する必要がある。高額注文の場合は、相手方から注文請書（受諾書）をもらう。

❶**頭語と時候**：時候のあいさつは簡単に記す。

❷**取引内容**：注文であることがわかる簡単なものでよい。

❸**結び**

❹**同封書類を別記**：注文の具体的な内容は別記し、箇条書きにする。

応用入れ替え

●見積書を比較して注文する ❶❷❸❹

拝啓　時下ますますご清栄のこととお喜び申し上げます。
　さて、このたびは早速見積書（平成○○年３月７日付、営発NO.456）をご送付いただき、厚くお礼申し上げます。
　いろいろと比較検討しました結果、貴社に発注することに決定いたしました。つきましては、下記の通り注文しますので、３月19日までに納品いただきますようお願い申し上げます。

敬具

記

同封書類　注文書（平成○○年３月９日、営発B346）１通

以上

●追加注文する ❶❷❸❹

拝啓　時下ますますご清栄のこととお慶び申し上げます。毎度格別のお引き立てに与り厚くお礼申し上げます。
　さて、過日ご送付いただきました○○○○は非常に好評で、現在在庫数は僅かとなりました。つきましては先般同様に、型、デザインならびに価格をお見計らいの上、各種とりまぜて3000個お送りくださいますようお願い申し上げます。
　なお、当社の顧客層は20代前後の女性が多く、その点もご考慮に入れていただければ幸いです。取引条件は先般と同一条件にてお願いいたします。
　ご多忙かと存じますが、至急ご送付お手配くださいますようお願い申し上げます。
　まずは取り急ぎ追加注文まで。

敬具

●注文を取り消す ❷

　６月28日付注文書（営発NO.101）で発注いたしました記念品は、先ほど電話で申し上げました通り、納入先から注文取り消しの申し出があり、誠に心苦しく存じますがご出荷を見あわせていただきたくお願い申し上げます。
　本商品は松本市主催のふるさと祭の記念品としてご依頼いただいたものですが、先般の台風の直撃による被害のため、大会は延期せざるをえない状況とのこと。
　貴社のご迷惑は重々拝察いたしておりますが、上記事情のためご注文の取り消しをお願い申し上げるしだいです。
　なお、ふるさと祭の再開催の折には改めてご注文させていただきたく、まげてご承知くださいますようお願い申し上げます。

ビジネス商用文書・文例

注文する 2

- ●見計らい注文をする　●緊急納品の注文をする　●指値による注文をする　など

文例1　基本 ● 見計らい注文をする

営発NO.412
平成○○年7月1日
神田工業株式会社
営業部長　木下純一様

湯浅商事株式会社
営業部長　内海貴子　印

サンダルの見計らい注文について

拝啓　時下ますますご隆盛のこととお喜び申し上げます。

　さて、過日ご納入いただいたサンダルが若い女性に評判となり、おおいに売れています。手ごろな価格、斬新なデザインが人気を呼び、1人で色違いのものを数足購入する姿も見かけられます。

　つきましては、シンプルなデザイン、明るく鮮やかな色調の、22〜25サイズのサンダルを、見計らいの上、100足を至急ご納品くださるようお願い申し上げます。

　なお、品不足等で数が揃わないときは、在庫分だけで結構です。まずは取り急ぎご注文まで。

敬具

基本構成とポイント

❶**取引内容**：見計らい注文は、商品の選択権を相手方に任せるタイプの契約であるが、すべてを相手に一任するものではなく、当方の希望条件があるときは、明確に伝えるようにする。
- 見計らいの注文書であることを明記する。

応用入れ替え

●緊急納品の注文をする　❶

　さて、早速ですが標記製品○○120個を、緊急に納品していただきたくお願い申し上げます。弊社製品の納期が差し迫っており、勝手ながら納期を8月30日必着とさせていただきたく存じます。
　万一、納期が間に合わない場合、弊社の信用にかかわります。どうぞ事情をご賢察の上、よろしくご手配くださいますようお願い申し上げます。
　誠に恐縮ですが、至急ご回答のほどお願いいたします。

●支払条件付きの注文をする　❶

　さて、さっそくですが、貴社商品カタログ777号、商品番号2345の商品を50個、4月15日納期でご注文申し上げます。
　なお、当社では着荷検収後翌10日起算60日の約束手形でお支払いをお願いいたしております。
　つきましては、この支払条件でご了承いただけるならば、急ぎご出荷のほどお願いいたします。ご承知いただけない折は、再度検討いたしたく、ご一報くださいますようお願い申し上げます。

Eメールの場合　●指値による注文をする

宛先：　林秀幸様
CC：
件名：　創業30周年記念品の指値注文の件

弘田電子工業株式会社
営業部長　林　秀幸様

貴社記念品カタログをご送付いただきありがとうございました。
　さて、当社は今年11月に創立30年を迎え、創業30周年の記念品として御社の置き時計コケッコを式典参加者・社員一同に配布したいと考えております。
　しかし、予算枠は決まっており、御社の置き時計コケッコに社名、創業30周年記念の文字入り、1,000個の大量一括購入、現金払いという条件で、単価3,000円まで値引きしていただきたいと存じます。
　なお、この条件でご承諾いただけない場合は、お手数ながらご一報くださいますようお願い申し上げます。
　　　　　　　　　　　　　　　　　記
1.　品名　　置き時計コケッコ
2.　数量　　1,000個
3.　単価　　3,000円

堀内産業株式会社
営業部長　前田尚成

ビジネス商用文書・文例

注文を承諾する・断る

- 注文を承諾する
- 注文を断る
- 事務用品注文の受注をする
- 電話注文による受注の請書
- 生産中止にともない注文を断る

> 注文の承諾をあらわす書面が請書です。正式な売買契約を成立させる文書なので、取引条件など細心の注意を払って記述します。

文例1　基本 ● 注文を承諾する

平成〇〇年5月1日
株式会社行楽食品
営業課課長　江藤弘祐様

　　　　　　　　　　　　　　　　　　　　　関口物産株式会社
　　　　　　　　　　　　　　　　　　　　　販売課　村田長治

　　　　　　　ふるさと直行便山菜詰め合わせ納入について

❶ 拝復　時下ますますご隆盛のこととお喜び申し上げます。平素の格別のお引き立てに心より感謝申し上げます。

❷ 　さて、4月28日付書面にてご注文いただきました標記商品につきましては、早速本日下記の通り手配いたしましたので、ご指定納期5月20日までに相違なくお届けの予定でございます。

❸❹ 　毎度ありがとうございます。まずは、ご注文お請けのご通知かたがたお礼申し上げます。

　　　　　　　　　　　　　　　　　　　　　　　　　　　　　敬具

　　　　　　　　　　　　　　　記

❺
1. 品名　　　　ふるさと直行便山菜詰め合わせ
2. 数量　　　　500個
3. 単価　　　　2,000円
4. 納期　　　　平成〇〇年5月20日
5. 受渡場所　　貴社東村山倉庫
6. 運搬方法　　当社指定運送会社
7. 運賃諸掛　　当社負担
8. 支払条件　　検収後翌月末現金

　　　　　　　　　　　　　　　　　　　　　　　　　　　　　以上

基本構成とポイント

❶ **頭語と時候、感謝**：前文には日頃の愛顧に感謝する一文をかならず入れる。
❷ **注文承諾・断り**：いつの注文かを明記し、間違いが起こらないようにする。
❸・❹ **謝辞／結び**：注文に対する謝辞をかならず入れる。
❺ **取引内容を別記**：受注内容を確認するための文書でもあるので、確認しやすいように取引条件などの商品名、数量、納期などを別記する。

応用入れ替え

●注文を断る ❶❷❸❹

　拝復　毎々格別のご愛顧を賜り厚くお礼申し上げます。
　さて、6月9日付貴注第16号の品、御社のご希望に添うべく尽力いたしましたが、海外からの部品調達、品質管理などに日数を要する特殊な製品につき、納期9月末日という条件にては十分な作業時間を当てることが難しく、残念ながらこのたびのご注文はお請けいたしかねる次第でございます。何とぞご了承のほどお願い申し上げます。
　なお、納期に十分な余裕をいただける折には、改めてご注文を賜りたくお願い申し上げます。
　取り急ぎ、お知らせ申し上げます。

●事務用品注文の受注をする ❶❷

　拝復　春暖の候、貴社ますますご清栄のこととお喜び申し上げます。
　さて、4月15日付貴店注文書B-51による事務用品のご用命、本日確かに拝受いたしました。毎度お引き立てありがとうございます。
　本日早速下記の通り出荷の手配をさせていただきましたので、ご指定納期には貴社に必着の予定です。

●電話注文による受注の請書 ❶❷

　拝復　時下ますますご清祥のこととお喜び申し上げます。
　さて、5月20日のお電話にてご注文いただきました標記製品、本日さっそく当社指定運送会社にて出荷の手配をいたしました。ご指定の納期5月25日までには滞りなくお納めできる予定でございます。
　まずは、ご注文お請けのご通知かたがたお礼申し上げます。

●生産中止にともない注文を断る ❷

　さて、7月10日付、ご注文いただきました製品は、昨年末にて生産が中止となりました。外注していた特殊な部品の生産が昨年末にて中止となることをうけ、代替品も生産できないことからこのような状況となりました。現在すでに弊社にも在庫がなくなった状況で、誠に残念ながらこのたびのご注文はお請けいたしかねる次第でございます。何とぞ事情御賢察の上ご了承のほどお願い申し上げます。
　なお、他の製品は変わりなく生産しておりますので、そちらに関してもよろしくお願いいたします。

文例のポイント
- 一方的で横柄な承諾にならないように注意をする。断りの場合、後の取引を考慮し、より丁寧な表現を心がける。
- この請書をもって正式な売買契約が成立するので、細心の注意をもって正確に記述する。

ビジネス商用文書・文例

交渉する

- 値上げ依頼を交渉する
- 見積価格再考を交渉する
- 納期延期を交渉する
- 不良品交換を交渉する
- 交渉事項承諾をお願いする

相手を理解した表現を用いながら、自社の意見を明確に伝える工夫が必要です。的確な時期を見計らい、要望などをはっきりとした表現で具体的に示します。

文例1　基本 ● 値上げ依頼を交渉する

平成○○年11月5日
海原販売株式会社
販売課長　淡口憲二殿

　　　　　　　　　　　　　　　　　　　　　　　　山原商事株式会社
　　　　　　　　　　　　　　　　　　　　　　営業第二課長　香田　要

　　　　　　　　当社製品DVDレコーダー部品値上げについて

❶ 拝啓　貴社ますますご隆盛のこととお慶び申し上げます。

❷ 　さて、早速ですが、ここ数年来にわたる原材料の高騰とライバル会社の市場進出にともない製品DVDレコーダー部品の値上げを余儀なくされる状況になりました。発売当初から低価格で販売してまいりましたのも一因になっております。つきましては12月5日をもちまして、貴社への卸売価格を1台あたり3,000円値上げいたしたくお願い申し上げます。

❸ 　貴社におかれましてもいろいろとご事情はございましょうが、上記の件、どうかお聞き届けくださいますよう重ねてお願いする次第です。

　　　　　　　　　　　　　　　　　　　　　　　　　　　　　　　　敬具

　　　　　　　　　　　　　　　　　記
❹ 1.　値上げ期日　　平成○○年12月5日
　 1.　旧価格　　　　20,000円／1台
　 1.　新価格　　　　23,000円／1台

　　　　　　　　　　　　　　　　　　　　　　　　　　　　　　　　以上

基本構成とポイント

❶ **頭語と時候**：とくに難しい言葉を使う必要はなく、一般的な時候のあいさつでよい。

❷ **値上げの理由と内容**：あいまいな表現は避け、交渉内容を具体的に、わかりやすく相手に伝えるよう心がける。

❸ **交渉事項承諾のお願いと結び**：「ご相談申し上げます」「ご教示いただければ幸いです」などの慣用句を有効に使い、一方的な通告にせず、相手に意見を求めるような配慮をする。

❹ **交渉事項を別記**：必要事項を具体的に明示するために、別記とする。

応用入れ替え

●見積価格再考を交渉する ❶❷❸

拝啓　厳寒の候、ますますご清栄のこととお慶び申し上げます。
　さて、早速ながら本日ご送付いただきました送風機の見積価格の件でございますが、いま一度ご考慮くださるようお願い申し上げます。
　当社といたしましては取引期間の長い貴社より購入したい意向でありますので、再検討くださいますようお願いいたします。できますれば、現見積価格の5％まで値引きしていただければ幸いです。
　なお、ご返事は遅くとも2月20日までにお願い申し上げます。

敬具

●納期延期を交渉する ❷

　さて、去る11月20日付伝票番号678にて、デジタルカメラを40台ご発注いただきありがとうございました。同製品は操作性の簡易さから、シルバー世代に好評を博し各店で品切れをきたしております。弊社でもこれを予測し大量受注に備えたつもりですが、予想以上の人気に不本意ながら受注残を抱えることとなってしまいました。つきましては貴社のご注文の50％、40台中30台を予定どおり納品し、残り10台は約1カ月のご猶予をいただきたく存じます。他社のご注文には約15％の納品率でご了承いただいておりますが、貴社とのお取引は歴史が長く大量ですので、高い納品率を確保させていただきました。

●不良品交換を交渉する ❷

　さて、5月9日付でご注文しました卓上コンロ50セット、本日着荷いたしました。早速解荷検品の結果、12セットに損傷を発見いたしました。損傷はすべて底板の破損です。原因は不明ですが、損傷箇所が同一ですので、製造上の不備ではないかと想像されます。出荷の際には検品が行われていると思いますが、そこで発見されなかったのが不可解に思われます。
　つきましては、5月30日までに完全品12セットのご納入をお願いしたいのですが、いかがでしょうか。至急ご連絡ください。

●交渉事項承諾をお願いする ❸

　御社には甚大なご迷惑をおかけすることと存じますが、当方の事情をご賢察の上ご検討くださいますれば、幸甚に存じます。

文例のポイント
- 交渉文は申し込みや通告文とは異なるため、相手に対するお願いの気持ちがあらわれているような文面にする。
- 値上げの理由を裏付けるような具体的な資料があればそれを添付する。

ビジネス商用文書・文例

交渉を承諾する・断る 1

- 取引条件変更を承諾する
- 見積価格再考を承諾する
- 不良品交換を承諾する
- 納期延期を承諾する

承諾の文書の場合は、承諾内容を明記します。部分承諾の場合はその旨を明確にします。断りの場合、基本的にその理由をはっきりと示しますが、今後の取引に影響のでないような配慮が必要です。

文例1 基本 ◉ 取引条件変更を承諾する

平成○○年6月10日
株式会社毎日商事
経理部長　富士光造殿

株式会社島根
営業部　水木　寛

取引条件変更について

❶ 拝復　貴社ますますご繁栄のこととお喜び申し上げます。平素は格別のご高配を賜り、深謝いたします。

❷ さて、6月5日付取引条件変更要項の信書を、早速検討させていただきました。弊社としましては、厳しすぎる経営環境のなか、貴社のお申し出を承諾するのは難しい時期でございます。

❸ しかしながら、長期にわたりお取引をいただいている関係上、貴社のご事情も考慮いたし、下記の支払条件にて、ご了承いたしたく存じます。

❹ 内容をご確認の上、折り返しご回答いただければ幸いです。

敬具

記

❺ 1. 1月ご請求分より　月末締切
　　　　　　　　　　翌月10日支払
　 2. 現行　　　　　　月末締切
　　　　　　　　　　翌月20日支払

以上

基本構成とポイント

❶ **頭語と時候、感謝**：普通は、依頼に対する回答の文書であるので、頭語は「拝復」「謹答」。

❷ **依頼状受け取りの通知と現状の説明**：いつの依頼に対する承諾なのかを明確にあらわす。

❸ **依頼承諾の通知**：「ご要望通りにいたします」など、あいまいで抽象的な回答になってしまうと、先方の意のままになりかねないので、具体的に何についての承諾なのかを明示する

❹ **回答要請と結び**

❺ **別記**：条件付きの承諾の場合も多く、条件を明確にするためにも別記してわかりやすく記載する。

応用入れ替え

●見積価格再考を承諾する ❶❷❸❹

　拝復　貴社ますますご清栄のこととお喜び申し上げます。平素は格別のご愛顧を賜り厚くお礼申し上げます。
　さて、2月1日付貴信にてご要請の見積価格値下げの件でございますが、慎重に検討した結果をお知らせいたします。
　ご存じのように当業界は一昨年来より大変厳しい不況の中にあり、当社内では商品価格引き上げも検討し始めている状況です。しかしながら、10年前、弊社設立に際しまして、多大なるご尽力を賜りました貴社のご要請を、お断りすることはできません。
　つきましては、一律5％の引き下げのご要請ですが、ご事情をご賢察の上何とぞ3％でご了承いただきたく申し上げる次第です。それ以上の引き下げは、弊社の経営を危うくいたしかねません。
　まずはご返事申し上げます。

敬具

●不良品交換を承諾する ❶❷

　拝啓　時下ますますご清栄のことお慶び申し上げます。平素は格別のお引き立てを賜り、厚くお礼申し上げます。
　さて、4月20日付貴信を拝見いたしました。先般ご送付いたしました卓上コンロ30セットの中に破損品が混在しておりましたこと深くお詫び申し上げます。早速検品いたし、完全品と取り替えました上、本日4月25日付で9セットを再発送させていただきました。今後、このような事態のないよう社員一同徹底いたしますので、今後ともよろしくお願いいたします。

●納期延期を承諾する ❶❷

　拝啓　日頃お引き立てを賜り厚くお礼申し上げます。
　さて、本日、貴社営業部間々田恵子様より6月10日付で注文いたしましたデジタルカメラ50台のうち25台の納品が約1カ月遅れる旨、お手紙を頂戴いたしました。
　納期延期の理由はいたしかたないこととして了承いたします。弊社にご予約くださいましたお客様にはその旨を説明し、了解していただいた次第です。

文例のポイント
- 変更の承諾であっても、決して恩きせがましくならないように注意する。
- 内容によっては承諾状は契約書と同じ意味をもつため、文面は慎重に検討して作成する。
- あいまいな表現を避け、簡潔で明瞭な文章を心がける。
- 返事は原則的にできるだけ早めに出す。

ビジネス商用文書・文例

交渉を承諾する・断る 2

●取引条件変更を断る　●注文品変更を断る　●決済条件緩和を断る　●支払い延期を断る

文例1　基本　● 取引条件変更を断る

平成○○年8月10日
仲本産業株式会社
経理部長　木村育之殿

株式会社カイ電器
営業部　小久保和博

取引条件変更の件について

❶ 謹答　貴社ますますご隆盛のこととお喜び申し上げます。平素は格別のご高配を賜り、厚くお礼申し上げます。

❷ さて、先般8月1日付の貴信、拝見いたしました。お申し越しの取引条件の件につきましてご返事申し上げます。日頃格別のご愛顧をいただいている貴社からのご提案でもあり、弊社としましては前向きに検討いたしましたが、現行のお取引条件が精一杯との結論に達しました。

❸ つきましては、貴社のご事情もお察しいたしますが、これまで通りの条件でお取引をお願いする次第です。
　弊社の事情もご賢察の上、悪しからずご了承いただき、今後とも変わらぬお引き立てを賜りますようお願い申し上げます。

敬具

基本構成とポイント

❶ **頭語と時候、感謝**：普通は断りの文書は返信となるので、「拝復」または、さらに改まった頭語である「謹答」を使う。

❷ **依頼状受け取りの通知と現状の説明**：交渉に応じられない場合、事情を説明し、不本意ながら応じられない旨の表現を用いながら、明確に断りの意思を伝える。ふつう断りの理由を書き添えるが、状況によっては理由を書くと関係にひびが入る場合もあるので、よく検討してから理由を書くようにする。

❸ **依頼承諾の通知**：今後、取引を継続していきたい意向がある旨を添える。

● 相手の立場、相手との関係がどうであれ、丁寧な文章を用い、相手の感情を害するような表現はしないようにする。

応用入れ替え

●注文品変更を断る ❶❷❸

拝復　初秋の候、貴社ますますご清栄のこととお喜び申し上げます。
　平素より弊社製品の販売にひとかたならぬご協力をいただき、こころより感謝申し上げます。
　さて、9月3日付貴信拝受いたしました。納品済みの「ラップA-01a」60ダースを、「ラップA-02a」60ダースに変更なさりたいとのお申し越しですが、誠に恐縮ながら、A-02aの在庫がございません。また、残念ながら、今後も生産の予定がたっておりません。
　お世話になっております貴店からのお申し越しのため、ぜひともご希望にお応えしたいところではございますが、何とぞ事情をご賢察の上、よろしくご検討くださいますようお願い申し上げます。
　まずは取り急ぎお詫びかたがたお願いまで。

敬具

●決済条件緩和を断る　❷

　さて、5月9日付貴信を拝受いたしました。現金取引から手形取引に変更のご依頼について、早速検討させていただきました。
　貴社のお申し出はごもっともなことと存じますが、弊社としましては、経済不況の影響を重大視し、どちらのお取引先にも、現在のところ現金取引をお願いしている状況でございます。
　平素格別のお引き立てをいただいておきながら、このような勝手を申し上げるのは、誠に不本意ですが、貴社のご希望に添いかねる次第です。

Eメールの場合　●支払い延期を断る

宛先：	岡部隆史様
CC：	
件名：	支払い期日に関して

株式会社ガーデン
岡部隆史様

いつもお世話になっております。
　さて、今月の支払について、1カ月の延期をとのお申し越し、貴社のご事情なみなみならぬことと拝察いたします。しかしながら、何分にも取引先への支払いを抱えております当社といたしましては1カ月遅延しますと、経営が立ちゆかなくなるというのが現状でございます。
　貴社のご事情を慮りますと大変申し上げにくいのですが、当方の事情をおくみとりいただき当初の支払い期日に間に合わせていただくよう、お願いいたします。

株式会社　渡辺産業
渡辺馨

ビジネス商用文書・文例

申し込む

- 新規取引を申し込む
- 価格改定を申し込む
- 取引条件を変更する
- 注文取り消しを申し込む

> 申し込む側の要求受け入れを依頼するための文書であり、礼儀を重んじなくてはなりません。内容、目的など申し込む側の意向を明確にして、正確に相手に伝わるようにします。

文例1 基本 ● 新規取引を申し込む

平成○○年5月20日
福王産業株式会社
総務部長　宇野　薫様

　　　　　　　　　　　　　　　　　　　株式会社グッドカンパニー
　　　　　　　　　　　　　　　　　　　　販売部長　山本勲男

　　　　　　　　　　　新規お取引のお願い

❶　拝啓　新緑の候、御社ますますご清栄のこととお喜び申し上げます。

❷　さて、誠に突然で恐縮ですが、弊社と新規にお取引願いたく、ここに本状を差し上げます。

❸　弊社はこれまで、関西地方を中心に販売活動を行い、堅実な経営で社業の発展に努めてまいりました。お陰をもちまして、ここ数年来社業は著しく伸び、本年度より大幅に販路の拡大を図りたいと考えております。

❹　これまで弊社の取引先については、弊社メーンバンク片栗銀行東楊町支店の諸岡支店長から、日頃より信頼度の高い企業をご紹介いただいており、片栗銀行本店のご紹介ということで、貴台のご尊名を承りました。

❺　つきましては、関東地方における販売は、ぜひとも御社にお願い申し上げたくご都合をおうかがいいたします。勝手ながら、折り返し貴意をお知らせ願えれば幸いです。御社にその意がおありということになれば、ご返事いただき次第担当者を派遣いたしますので、その折にくわしくお話し願えればと存じます。

❻　なお、当社の経歴、事業概要など詳細につきましては資料を同封しましたので、ご高覧ください。
　　まずは書面にて新規取引のお願いを申し上げます。

　　　　　　　　　　　　　　　　　　　　　　　　　　　　　　　敬具

基本構成とポイント

❶ **頭語と時候**：礼儀を失しないように、きちんとしたあいさつをする。
❷ **本状の目的**：本状の目的を、できるだけ具体的に、明確に説明する。
❸ **自社紹介**：紹介は、自社や製品の特徴などを正直に記述する。
❹ **相手を知った経緯**：紹介者があるときは、簡潔に紹介者と自社との関係を説明する。
❺ **申し込みの目的と内容**：申し込みの目的と内容を、できるだけ具体的、簡潔に説明する。
❻ **信用状態の調査先の照会**：信用の裏付けとして、照会先などを明記するとよい。

応用入れ替え

●価格改定を申し込む ❶❷❸❺

拝啓　貴社にはいよいよご盛業のこととお喜び申し上げます。毎度格別のお引き立てを賜り、厚くお礼申し上げます。

　さて、新聞等ですでにご承知のことと存じますが、昨年来の円相場の変動によって、原材料の価格が高騰しております。弊社では、長年取引をいただいております貴社には、なんとか従来の価格体系を維持していきたいと社員一丸となって生産コストの削減に努めてまいりましたが、材料費20％もの高騰を招くに至り、今までの価格体系では貴社に製品を納入しかねる状況になってまいりました。

　つきましては誠に心苦しいお願いですが、9月1日以降のご注文より、本日同封させていただきました価格表にてお取引をお願いいたしたくご通知申し上げます。

　事情をご推察の上、今後とも一層のお引き立てを賜りますようお願い申し上げます。

敬具

●取引条件を変更する ❷❺

　さて今般、弊社新ビルが完成し、営業・販売体制も拡充いたしました。これを機会に支払条件についてご相談申し上げたいと存じます。

　従来は10日締めの翌月20日払いの現金決済方式をとらせていただいておりましたが、取引先および取引額が飛躍的に増大し、現在では、従来の条件のままでは弊社にとっていささか不利といわざるをえません。

　つきましては、8月の締め分から、毎月20日締めの翌月末に、60日払いの約束手形決済にしていただきたく、書面にてお願い申し上げる次第です。

●注文取り消しを申し込む ❷❺

　さて、8月20日付注文書でご注文いたしましたダブルベッドとサイドテーブルの件ですが、同注文品を購入予定のお客様のご都合で、購入が中止となりました。

　つきましては、大変ご迷惑とは存じますが、弊社事情をご賢察の上、先のご注文を取り消していただきたく、お願い申し上げる次第です。ご迷惑をおかけして、誠に申し訳ございません。

ビジネス商用文書・文例

申し込みを承諾する・断る

- 新規取引を承諾する
- 新規取引申し込みを断る
- 値上げの要請を承諾する

承諾の場合は快諾し、好印象を与えるように心がけます。断る場合は、相手の注文には感謝しながら、断る理由を明確にあらわし、誠意ある態度で相手の感情を害さぬよう心がけます。

文例1　基本 ◉ 新規取引を承諾する

平成○○年5月30日
株式会社豊岡自動車販売
営業部長　北田博孝殿

井川産業株式会社
営業部長　植草　大

新規お取引のご承諾について

❶ 拝復　時下ますますご清栄の段、大慶に存じ上げます。

❷ 　さて、5月10日に頂戴した貴信拝見いたしました。このたびは新規取引のお申し込みをいただき、誠にありがとうございます。喜んでご承諾申し上げます。

❸ 　なお、支払いなどの取引条件につきましては、同封別紙をご高覧ください。詳細につきましては、後日担当者を派遣させていただきたいと存じますので、その折りに願いたいと存じます。

❹ 　とりあえず承諾の旨をお知らせいたします。
弊社も微力ながら尽瘁しますので、今後とも末永くお引き立てのほどを衷心よりお願い申し上げます。

敬具

基本構成とポイント

❶ **頭語と時候**：ふつう申し込みに対する返信になるので、「拝復」を用いる。
❷ **お礼と受諾の意思表示**：申し込みに対する感謝の意思を表示するとともに、好印象を与えるために、申し込み受諾に対する積極的な姿勢を示す。
❸ **取引条件**：取引条件などの詳細は別紙に一覧表示する。
❹ **協力の要請と結び**：今後の協力を仰ぎ、相手に信頼感を抱かせる。
- 返事はできるだけ早く書く。
- 受諾状は契約書になる場合もあるので、慎重な検討の上で文面を作成する。
- 条件をつけての受諾、または申し込みの一部についての受諾はその旨を明示する。

応用入れ替え

● 新規取引申し込みを断る ❶❷❸❹

　拝復　早春の候、貴社におかれましてはますますご隆昌のことと、心よりお喜び申し上げます。
　さて、本日10日付貴信にてお申し込みの件につき、ご照会いただきましたこと、誠にありがとうございます。
　つきましてはお申し越しの件でございますが、弊社製品「電動アシスト自転車」は添付した別紙による取引条件にて行っており、誠に残念ながらこの件に関しましては貴意に添いがたく、ご辞退申し上げたいと存じます。なにとぞ、事情をおくみとりいただきたく存じます。
　なお、「電動アシスト自転車」以外の弊社製品につきましては、ご便宜をはかりたいとも考えておりますので、よろしくお申し出くださいますようお願い申し上げます。
　まずは書中にて、お詫びかたがたご回答申し上げます。よろしく本意をおくみとりいただきたく、重ねてお願い申し上げます。

敬具

Eメールの場合　● 値上げの要請を承諾する

宛先：　山本清二様
CC：
件名：　取引条件の変更について

　　株式会社　山河商事
　　営業部長　山本清二様

時下ますますご清栄のこととお喜び申し上げます。平素は格別のご高配を賜り厚くお礼申し上げます。
　さて11月1日付貴信をもってお申し込みのありました取引条件変更については、たしかに承諾いたしました。
　昨今の景気低迷の折、当社の資金繰りにも前途多難な感をぬぐいきれませんが、実績の確かな貴社との取引関係をより一層親密にし、その打開をはかりたいとの決意から、貴意受諾を決心した次第でございます。
　なにとぞ弊社の意のあるところをおくみとりいただき、今後ともよろしくご愛顧のほどをお願い申し上げます。

平成○○年11月30日
只野商事株式会社
営業部長　大泉一郎

ビジネス商用文書・文例

通知する 1

- 出荷・発送を通知する
- 送金を通知する
- 領収書送付を通知する1・2
- 価格改定を通知する
- 品切れの通知とお詫びをする
- 新製品発売を通知する
- 品切れを通知する

取引の基本であり、伝達事項も最小限ですが、記述は簡潔、正確さが求められます。電話による誤解を防ぎ、記録を残せる利点があり、FAXはもとより、メール送信によるスピーディーで正確な処理も増えています。

文例1 基本 ● 出荷・発送を通知する

❶
平成○○年10月4日
東西商事株式会社
仕入部長　佐藤一郎様

　　　　　　　　　　　　　　　南北製造株式会社
　　　　　　　　　　　　　　　営業部長　山田太郎　印

　　　　　　　　　　出荷のご案内

❷ 拝啓　時下ますますご盛業の由お喜び申し上げます。毎度格別のお引き立てをいただき、厚くお礼申し上げます。

❸ 　さて、9月30日付貴注文書355号でご注文いただきました品を、本日、別紙納品明細書の通り、東京運輸の宅配便で発送いたしましたので、よろしくご検収ください。
　なお着荷しましたら、お手数ですが同封の物品受領書にご署名捺印の上、ご返送くださるようお願いいたします。

❹ 　まずは、出荷のご案内まで。
　　　　　　　　　　　　　　　　　　　　　　　　　敬具

　　　　　　　　　　　　記

❺ 添付書類
　納品書明細書　　1通
　物品受領書　　　1通

　　　　　　　　　　　　　　　　　　　　　　　　　以上

基本構成とポイント

❶ **文書作成日、担当部署**：相手方・当社担当部署は正確に明記する。
❷ **頭語と時候、感謝**：簡単な伝達事項でも、礼儀を大切にする。
❸ **取引内容、事務処理依頼**：注文書の日付、品名、数量など取引内容を明記し、発送したことを報告。搬送を依頼した運送会社名も明記する。
❹ **結び**：結びは簡潔に。
❺ **同封書類を別記**：返送を依頼する場合は、同封書類の別記が望ましい。
● 5W1H（2H）の原則を守り、箇条書きにして、すっきりした文章を書くように心がける。

応用入れ替え

●送金を通知する ❷❸❹

拝啓　向暑の候、貴社ますますご繁栄のこととお慶び申し上げます。
　さて、5月分製品代金につき、ご送金いたしました。何とぞご査収のほどお願い申し上げます。なお、ご入帳になりましたら、お手数ながらご連絡賜りたく存じます。
　まずは、送金のご通知まで。

　　　　　　　　　　　　　　　　　　　　　　　　　　　　　　　　　　　　　敬具

●領収書送付を通知する1　❸❹

　さて、先般ご請求いたしました6月分製品代金500万円につき、さっそく当社取引銀行口座にお振り込みいただきまして誠にありがとうございました。本日、確かに拝受いたしました。ここに領収書を同封いたしますので、ご査収ください。
　まずは、お礼かたがたご通知申し上げます。

●領収書送付を通知する2　❷❸❹

謹啓　貴社ますますご清栄の趣なによりとお喜び申し上げます。
　さて、先般ご請求いたしました○○○商品代金200万円につき、さっそく当社取引銀行口座にお振り込みいただき、ありがとうございました。本日、確かに拝受いたしました。ここに領収証を同封いたしましたので、ご査収くださいますようお願い申し上げます。
　まずは、お礼かたがたご通知申し上げます。

　　　　　　　　　　　　　　　　　　　　　　　　　　　　　　　　　　　　　敬具

ビジネス商用文書・文例

文例2　基本● 価格改定を通知する

平成○○年4月10日
品川商事株式会社
仕入部長　田中誠人様

　　　　　　　　　　　　　　　　東京都新宿区紅葉坂1-1-1
　　　　　　　　　　　　　　　　大崎工業株式会社
　　　　　　　　　　　　　　　　営業部長　岡村　学　印

❶ 拝啓　陽春の候、貴社ますますご隆盛のこととお慶び申し上げます。平素は、格別のお引立てを賜り、厚くお礼申し上げます。

❷ 　さて、弊社におきましては、お得意様各位のご期待に添うべく、経営の合理化、省力化を進め、生産コスト、流通コストを大幅に削減し、製品価格を据え置いてまいりました。しかしながら昨今の諸資材、諸原料の高騰により、企業努力のみではもはや製品価格を維持することが困難な事態に立ち至り、誠に不本意ながら製品価格を別紙の通り改定させていただくことになりました。何とぞ諸般の事情をご賢察の上、ご了承賜りますようお願い申し上げます。

❸ 　まずは、書中をもって価格改定のお願いまで。
　　　　　　　　　　　　　　　　　　　　　　　　　　　　敬具

　　　　　　　　　　　　　記
❹ 添付書類
　製品価格改定表　　　1通
　　　　　　　　　　　　　　　　　　　　　　　　　　　　以上

基本構成とポイント

❶**頭語と時候、感謝**：あいさつのあと、お礼も忘れずに。
❷**取引内容、事務処理依頼**：値上げの根拠を詳しく述べる必要はないが、相手方が納得する文面に仕上げる必要がある。
❸**結び**：結びは丁寧に書く。
❹**同封書類を別記**：別記とするよりも、新旧料金表を添付するのが望ましい。
●値上げの通知であっても「お願い」という形式にする。

応用入れ替え

●品切れの通知とお詫びをする ❷

　さて、せっかくのご注文でございますが、現在のところ製造予定が立ちません。悪しからずご了承くださいますよう、お願い申し上げます。

●新製品発売を通知する ❶❷❸

拝啓　時下いよいよご繁栄のこととお慶び申し上げます。平素は、格別のお引立てを賜り、厚くお礼申し上げます。

　さて、当社におきましては新製品の開発に力を注いでまいりましたが、このたびどなたにも扱いやすく、スピーディー、省エネルギー、コンパクトなFCファックスを発売する運びとなりました。この機種はどのメーカー製品にも接続でき、いくつかのメニューを選択するだけで複雑な操作は必要ありません。しかも軽量で、消費電力も従来の半分になりました。

　つきましては、ここにカタログを同封いたしますので、ご高覧の上ご注文を賜りますよう、お願い申し上げます。

　まずは、ご案内まで。

Eメールの場合　● 品切れを通知する

宛先： 名岡誠二様
CC：
件名： ご注文○○の件

　　株式会社　玉戸産業
　　仕入れ部長　名岡誠二様

さて、今回のご注文の貴注NO.○○の件ですが、あいにく品切れ状態となっています。

　勝手ながら、本品はお得意各社様のご注文総数が経済ロットに達したときに生産する体制をとっております。次回の生産は3カ月後の6月末に予定いたしております。誠に恐縮ですが、7月初旬までお待ちいただけるようでございましたら、折り返しご連絡賜りたく存じます。

　ご希望に従えず遺憾の極みに存じますが、今後とも弊社の製品をお引き立ていただきますよう、切にお願い申し上げます。

　　株式会社　森下産業
　　営業部課長　田中寛人

ビジネス商用文書・文例

通知する 2

- ●締日・支払日を通知する
- ●臨時休業を通知する
- ●事務所移転を通知する

通知状の記述は、簡潔、正確さとともに迅速な発送が求められます。しかし、組織・規定関連の通知状は案内状やあいさつ状を兼ねる場合が多いので、事務的にまとめただけでは不十分です。

文例1 基本 ● 締日・支払日を通知する

❶
経発No.515
平成○○年4月25日
大正産業株式会社
経理部長　大田竹夫様

東京都荒川区上日暮里1-1-1
丸富士商事株式会社
電話　03-3591-○○○○
経理部長　水谷　浩　印

締日・支払日のご通知

❷ 拝啓　平素より格別のお引き立てにあずかり厚くお礼申し上げます。

❸ 　さて、4月1日に発注いたしました貴社製品変圧器6ケースは、4月18日に確かに納品いただきました。物品受領書を同封いたしますので、ご査収のほどお願い申し上げます。
　なお、お支払いについては当社規定により、今月末締めの翌月末の現金による銀行振込とさせていただきます。よろしくお願い申し上げます。

❹ 　　　　　　　　　　　　　　　　　　　　　　　　　　　　　　敬具

記

❺ 1.　物品受領書

以上

基本構成とポイント

❶ **文書作成日、担当部署**：受領後速やかに相手方に送付する。とくに新規取引であるときは、通知の遅れで不信をまねくこともあるので注意する。

❷ **頭語と時候**：簡単な伝達事項でも、礼儀は大切にする。

❸ **取引内容、事務処理依頼**：注文書の日付、品名、数量など取引内容を明記する。

❹ **結び**

❺ **同封書類を別記**：同封書類があるときは別記が望ましい。

> ## 応用入れ替え

●臨時休業を通知する ❶❷❸❹

拝啓　平素より格別のお引き立てにあずかり厚くお礼申し上げます。
　さて、弊社ではこの7月16日(土曜日)から25日(月曜日)までの10日間、夏期休暇のため工場、事務所とも一斉休業となります。なお、7月26日(火曜日)よりは平常通り業務を行います。
　ご了承の上、ご協力のほどよろしくお願い申し上げます。

敬具

●事務所移転を通知する ❸❺

当社は、このたび下記へ移転し、9月20日より業務を開始することになりました。
　今後とも一層のご愛顧を賜りますようお願い申し上げます。

記

移転先　〒107-0023
　　　　東京都港区西青山4-5-7
　　　　東青山ビル8階
電話　　03(3868)○○○○
　　　　(案内図)
　　　　　地下鉄銀座線外苑前駅歩4分
　　　　　千代田線乃木坂駅歩6分

サワダ株式会社

ビジネス商用文書・文例

依頼する 1

- 見積りを依頼する
- 再見積書送付をお願いする
- 新規取引を依頼する　など

依頼は相手にメリットをもたらすものから一方的に負担を求めるものまであります。いずれにしても相手に負担をかける行為ですから、メリットの有無にかかわらず、丁重な文面にするよう心がけます。

文例1　基本 ● 見積りを依頼する

❶
平成○○年6月1日
南北製造株式会社
営業部長　山田太郎様

東西商事株式会社
仕入部長　佐藤一郎　印

お見積書送付のお願い

❷ 拝啓　時下ますますご繁栄のこととお慶び申し上げます。

❸ 　さて小社ではこのたび、貴社の新製品「シトラスウォーター」の購入を検討中です。つきましては、下記の条件によるお見積りをお願い申し上げます。

❹ 　取り急ぎご高配のほど、お願い申し上げます。

敬具

記

❺
1. 製品名　　　シトラスウォーター
1. 数量　　　　10ケース
1. 納期　　　　6月10日まで
1. 支払い方法　翌月末銀行振込
1. 受渡場所　　当社
1. 納品方法　　貴社ご指定
1. 運賃諸掛　　貴社ご負担

以上

基本構成とポイント

❶ **文書作成日、担当部署、標題**：標題をつけ何に対する依頼か明確にする。
❷ **頭語とあいさつ**：原則として「拝啓～敬具」を使い、「前略～草々」の略式は用いない。
❸ **確認すべき取引内容**：本文は簡潔に書く。
❹ **結び**
❺ **別記**：製品名、数量などは詳しく。納期、支払い方法、受渡場所などの取引条件を明記する。

応用入れ替え

◉再見積書送付をお願いする ❷❸

拝啓　平素は格別のご高配を賜り、厚くお礼申し上げます。早速お見積書をお送りいただき、誠にありがとうございました。

　しかしながら、昨今の厳しい当業界においては、ご提示いただいた価格での注文は難しいのが現状です。また、率直に申しまして、他社見積りと5％の開きがあることを考え併せますと、長年おつきあいいただいている貴社に発注したいものの、なかなか困難な状況です。

　つきましてはお忙しいなか大変恐縮ですが、事情をご賢察の上、再度お見積りいただきたく、ご依頼申し上げます。

◉価格改定を依頼する ❸

　さて、御社からご納入していただいている文房具・オフィス用品の件でお願いがございます。昨今、企業向け文房具の価格破壊が進んでいて、参考のために他社で見積りをとったところ、別紙の通り約10％減の金額の提示がありました。

　当社もご多分にもれず、リストラ、コスト削減が至上命題となっており、長年の取引関係のある御社であっても、金額にこれだけ大きな隔たりがある状況では取引の継続は困難に思われます。

　このような事情から、価格の改定をお願いする次第です。

◉特許使用を依頼する ❸❹

　当社は昭和30年創立の医療機器を中心に製造する機械メーカーで、資本金1億円、年商5億円（平成○○年度決算）、取引先は全国の総合病院、医療機関に及んでいます。

　このたび、当社は高齢者をサポートする医療機器の製造販売を立案中で、そのなかで貴社ご出願の特許（名称・自動歩行器、特昭62-3456）を使用させていただきたく存じております。

　つきましては、当社の会社案内、事業計画書を同封いたしますので、ご高覧の上、特許使用許可のご快諾をお願い申し上げます。なお、特許使用の条件、申請書類につきましてもご教示いただきたく、近日中にご連絡申しあげます。

　まずは取り急ぎお願いまで。

◉見本送付を依頼する ❷❸❹

拝啓　時下ますますご清栄のこととお慶び申し上げます。

　さて、早速ですが、3月7日付日毎産業新聞紙上で、空気清浄機の広告を拝見し、仕入を検討させていただきたいと考えております。

　つきましては、商品見本をお送りいただけますでしょうか。代金お支払い方法、その他条件に関してもご連絡ください。よろしくお願いいたします。

敬具

ビジネス商用文書・文例

文例2　基本 ● 新規取引を依頼する

平成○○年4月8日
営発NO.536
フジ産業株式会社
営業部長　入江　健様

　　　　　　　　　　　　　　　　　　東京都新宿区牛若2-2-6
　　　　　　　　　　　　　　　　　　南関東商事株式会社
　　　　　　　　　　　　　　　　　　仕入部長　田畑孝志　印

　　　　　　　　　新規取引のお願い

❶ 拝啓　初夏の候、貴社におかれましてはますますご繁盛のこととお喜び申し上げます。

　さて、誠に突然で恐縮に存じますが、弊社と新規にお取引を願いたく、本状を差し上げる次第です。

　弊社は、昭和25年に東京都新宿区で創業以来、主に南関東を中心に営業を展開している総合商社で、現在資本金2億円、年商30億円、支店数5店、従業員80名で経営しております。

❷　かねがね、甲信越地方で新規のお取引をお願いしたいと希望しておりましたところ、貴社のご隆盛を承り、ぜひお取引願いたいと存じた次第です。

　小社の営業内容につきましては、会社案内等を同封させていただきましたので、何とぞご検討くださいますようお願い申し上げます。また、小社の信用状況につきましては、東西銀行銀座支店にお問い合わせいただければよろしいかと存じます。

　まずは、書面をもちましてお願い申し上げます。

　　　　　　　　　　　　　　　　　　　　　　　　　　　　　敬具
　　　　　　　　　　　　　記
同封書類　会社案内
　　　　　　　　　　　　　　　　　　　　　　　　　　　　　以上

基本構成とポイント

❶ **頭語とあいさつ**：先方との取引は白紙状態なので、時節のあいさつを省略せず正式な文書で書く。

❷ **取引内容**：紹介者がいるときはその氏名、肩書きを省略せず記載する。先方はかならず信用調査をしてくるので、自社の紹介は誇張せず、信用状態の調査先も明示する。

応用入れ替え

◉取引先紹介を依頼する ❶❷

拝啓　貴社ますますご繁栄のこととお慶び申し上げます。
　さて、このたび弊社では創業20周年を機に販路の拡大を全社的に展開し、新たなお客様の開拓に全力を傾けております。
　つきましては、貴社のお取引先をご紹介いただければと存じまして、ぶしつけながらお願い申し上げる次第でございます。
　ご紹介願えますならば、近々、弊社担当者の瀬川翠を差し向けますのでご引見の上、よろしくご高配のほどお願い申し上げます。

◉価格引き下げを依頼する ❶❷

拝啓　貴社ますますご隆昌の段、大慶至極に存じ上げます。日頃は格別のご愛顧を賜り厚くお礼申し上げます。
　さて標記の件、以下に概略を申し述べさせていただきます。同封いたしました別紙資料をご参照の上、ご理解賜りますようお願い申し上げます。
　ご存じの通り、小社は昨年2,000万円を投じて店舗を改築し、貴社商品の販売に尽力しております。これも貴社ライバル会社の鬼神販売が当地に進出し、その対策の一環としてのものでございます。しかし鬼神販売とは価格面での競争が激しく、小社の販売努力では対抗しかねるのが実状でございます。その上、店舗改築の打撃がまだ尾を引いて、一部資金繰りに苦慮しております。
　以上ご賢察の上、何とぞよろしくご配慮くださいますよう、せつにお願い申し上げます。
　　　　　　　　　　　　　　　　　　　　　　　　　　　　　　　　　　　　　敬具

依頼する1

ビジネス商用文書・文例

依頼する 2

- ●送金を依頼する
- ●支払い延期を依頼する
- など

依頼のなかでも、とくに金銭をめぐるものは多いです。取引企業の倒産などによって支払計画に狂いが出たときは、率直に当方の窮状を訴え、誠意をもって解決する姿勢で望みましょう。

文例1 基本 ● 送金を依頼する

❶
平成○○年4月20日
経発No.225
南北商事株式会社
経理部長　戸川宏和様

　　　　　　　　　　　　　　　深川機械販売株式会社
　　　　　　　　　　　　　　　経理部長　深川昌幸　印

　　　　　　　　ご送金のお願い

❷ 拝啓　貴社ますますご隆盛のことと存じます。

❸ 　さて、早速ですが3月30日付注文書（営発No118）の商品は、4月15日に滞りなく納品させていただきました。
　つきましては、別紙請求書の代金を5月30日までに下記の当社銀行口座にお振り込み下さいますと、幸甚でございます。
　今後ともよろしくお引き立て賜りますようお願い申し上げます。

❹ 　まずはご送金のお願いまで。
　　　　　　　　　　　　　　　　　　　　　　　　　　　敬具

　　　　　　　　　　記
❺ 東西銀行本郷支店
当座預金口座　876543
　　　　　　　　　　　　　　　　　　　　　　　　　　　以上
　　　　　　　　　　　　　　　　　　担当　営業部　小林美樹

基本構成とポイント

❶**文書作成日、担当部署**：標題をつけ何に対する依頼か一目でわかるようにする。

❷**頭語とあいさつ**

❸**取引内容**：何についての請求であるかを明確にすること。督促ではないので、お願いするという姿勢で作成する。

❹**結び**

❺**別記**：差出人とは別に、担当者がいる場合は付記する。

応用入れ替え

◉支払い延期を依頼する ❷❸❹

　拝復　時下ますますご清栄のこととお慶び申し上げます。
　さて、7月末日支払いのご請求書を本日拝受いたしました。つきましては、大変恐縮ですが折り入ってご相談がございます。ご請求金額300万円余のお支払いを、8月末日までご猶予いただけませんでしょうか。
　遅延の理由は、弊社の大口取引先が今月倒産し、売掛金が未回収となったためです。しかし、8月20日には他の取引先から600万円余の確実な入金が予定されています。これを7月、8月のお支払いにあてられますので、貴社にさらなるご迷惑をおかけすることは決してございません。
　勝手なお願いではありますが、事情ご賢察の上ご猶予いただきますよう、謹んでお願い申し上げます。

◉請求書訂正を依頼する ❸

　さて、本日12月3日、11月末日締め11月分請求書をいただきありがとうございました。
　早速当社の帳簿と検算いたしましたところ、締切り後の12月分請求になる納品分が11月分として混入しておりました。貴社ご帳簿とご参照の上訂正いただき、再度ご請求をお願いしたく存じます。
　なお、再請求分につきましても翌月11日までに間に合うようでしたら、当月分としてお支払いいたしますので、至急ご手配願います。

◉取引先倒産にともなう支払い延期を依頼する ❸

●さて早速ながら、3月28日締めの貴社よりの仕入れ代金の支払いの件でございますが、通常では5月10日支払いの予定になっております。この件につきまして、今回に限り支払いを5月25日まで延ばしていただきたくお願い申し上げます。
　すでに貴社におかれましてもお聞き及びのこととは存じますが、理由は当社取引先である本田商会に大口の貸倒れが生じたことによります。今後の対策には十分な見通しがあり、これ以上貴社にご迷惑をおかけすることはありません。
　当社の実情をご理解賜り、今回のみ支払いの遅延をご容赦くださいますよう、重ねてお願い申し上げます。

●さて、早速ですが、今月末にお支払いするお約束の貴社製品の仕入れ代金を、大変申し訳ございませんが翌月末までお待ちいただきたくお願い申し上げます。
　実は、弊社の大口取引先である田町産業の倒産により、売掛金の回収が困難になっている次第であります。
　今後につきましては、すでに見通しが立っており、これ以上遅れることはございません。
　何とぞ今回にかぎり支払い遅延をお願いいたします。

ビジネス商用文書・文例

依頼を承諾する・断る

- 取引条件変更を承諾する
- 新規取引申し込みを断る
- 新規取引申し込みを承諾する
- 支払日前支払いを断る

など

承諾によって契約は成立しますが、口頭の承諾では証拠が残らないので文書で確認する習慣をつけましょう。断りは相手の期待・希望に背くものなので、相手の感情を害さない、丁寧で説得力のある文章にします。

文例1 基本 ● 取引条件変更を承諾する

❶
経発No.308
平成○○年7月10日
王子工業株式会社
経理部長　山田隆行様

池田商事株式会社
経理部長　淀川一朗　印

取引条件変更要請の件

❷ 拝復　貴社ご盛業のことと大慶に存じます。平素は格別のお引き立てにあずかり、お礼申し上げます。

❸ 　さて、7月1日付、取引条件変更要請の貴信について、検討結果をご報告いたします。
　小社もまた、昨今の厳しい経済状況下にあることは貴社と変わりなく、決して余裕はございません。しかしながら、貴社のこれまでのご苦労を踏まえれば、ご要請もまたやむなしと存じ、下記の支払条件で了承させていただくことといたしました。
　ご確認の上、折り返しご回答下さるようお願いいたします。

❹ 敬具

❺
記
1.　8月以降の支払形態　　月末締切、翌月10日支払い
2.　現行の支払形態　　　　月末締切、翌月25日支払い

以上

基本構成とポイント

❶ **文書作成日、担当部署**：返信はできるだけすみやかに行う。
❷ **頭語とあいさつ**：先方の便宜をはかる場合でも、文面は礼儀正しく書く。
❸ **取引内容**：恩着せがましい態度はとるべきでないにしても、当方の事情は説明する必要がある。
❹ **結び**
❺ **別記**：変更内容、開始期日等は別記して、確認しやすくする。

応用入れ替え

● 新規取引申し込みを断る ❷❸❹

拝復　時下ますますご清栄のこととお喜び申し上げます。
　さて、このたびは小社とのお取引のお申し込みにあずかりまして、誠にありがとうございました。
　さっそく検討いたしました結果、せっかくのお申し出ではございますが、今回は見送らせていただくことになりました。
　と申しますのも、別紙の小社取引条件に照らし合わせますと、貴社お申し越しの条件とは、いささか開きがあるからでございます。このような事情でございますので、何とぞご了承くださいますようお願い申し上げます。
　まずは取り急ぎ、書中をもってお詫びかたがたご返事申し上げます。

　　　　　　　　　　　　　　　　　　　　　　　　　　　　　　　　　　　　　敬具

● 新規取引申し込みを承諾する ❸

　さて、6月10日付発表0158号貴信拝見いたしました。このたびは新規取引のお申し込みをいただき、誠にありがとうございます。喜んでご承諾申し上げます。
　なお、貴社よりお申し入れの取引条件についてのみご相談いたしたく存じます。念のため相談事項を含めた弊社の取引条件は、別紙にて同封いたしましたのでご検討ください。
　詳細については、後日担当者を差し向けたいと存じますので、その折に願いたいと存じます。
　とりあえず承諾の旨をお知らせいたします。今後とも末永くお引き立てのほどを衷心よりお願い申し上げます。

● 支払日前支払いを断る ❸

　さて、3月10日付貴信を拝受いたしました。お申し越しの件を早速検討させていただきました。誠に心苦しいのですが、今回はご期待に添うことができない結果に相成りました。
　日頃格別のご愛顧をいただいている貴社のことだけに、何とかお役に立てればと検討を重ねましたが、当社も工場改築のため資金繰りに難渋しており、余裕がありません。
　事情ご賢察の上、ご了承いただきますようお願い申し上げます。
　取り急ぎ、ご返事かたがたお詫び申し上げます。

● 納期延長の依頼を承諾する ❷❸

前略
　取り急ぎご返事申し上げます。
　ご来示の「フラットシューズ」70足の納期遅延の理由、やむをえないことと了承いたしました。
　早速、各店舗納入先にも連絡いたしました。ただし、ご予約のお客様もいらっしゃいますので、更新納期6月16日を厳守くださいますようくれぐれもよろしくお願いいたします。

　　　　　　　　　　　　　　　　　　　　　　　　　　　　　　　　　　　　　草々

ビジネス商用文書・文例

照会する 1

- 着荷品数量不足の照会
- 振込金未着の照会
- 売掛金残高の照会
- 取引開始の照会

照会状は、ビジネス上での不明点・疑問点を問い合わせる文書です。明確な回答をもらうためには、丁寧な文章づくりを心がけます。抗議・督促の手紙と受け取られないように、相手を責めるような表現・文体は避けます。

文例1 基本 ● 着荷品数量不足の照会

平成○○年11月11日
株式会社森下産業
総務部長　目黒慎一郎殿

　　　　　　　　　　　　　　　　　　　　　株式会社月島商事
　　　　　　　　　　　　　　　　　　　　　営業部長　目白順也

　　　　　　　プラズマテレビ数量不足についての照会

❶ 拝啓　時下ますますご隆盛のこととお喜び申し上げます。平素より何かとお力添えいただき、誠にありがとうございます。

❷ 　さて、去る11月1日に注文いたしましたプラズマテレビC-08V、本日貴社指定運送会社のトラック便にて着荷いたしました。運転手立ち会いのもとに、早速荷ほどきの上検査いたしましたところ、当社が注文いたしました数量より5台不足しておりました。何かの手違いか運送途中の事故かと存じます。

❸ 　つきましては至急ご調査の上、不足分をご納入下さるようお願い申し上げます。

❹ 　まずは取り急ぎご照会申し上げます。

　　　　　　　　　　　　　　　　　　　　　　　　　　　　　敬具

　　　　　　　　　　　　　　記

❺
1. 注文数　30台
2. 着荷数　25台

　　　　　　　　　　　　　　　　　　　　　　　　　　　　　以上

基本構成とポイント

❶ **頭語と時候、感謝**：礼儀を失せず、丁寧な文面を印象づける意味からも、時候のあいさつはあったほうがよい。ただ、要件を早く伝える意味から、場合によっては「前略」から本文に入り、時候のあいさつは簡略化してもよい。

❷ **照会内容**：本文の構成は簡潔・明瞭がポイント。ただし、相手から明確な回答を得るためにも、できるだけ丁寧な文章を心がけ、照会を希望する内容を具体的に示す。着荷不足、破損などの場合でも、決して相手を責めるような文面になってはいけない。

❸ **対処策**：自社の要望を明確にあらわす。

❹ **結び**

❺ **照会内容を別記**：照会内容を別記、箇条書きにして、わかりやすくする。

応用入れ替え

●振込金未着の照会 ❶❷❸❹

拝啓　時下ますますご清祥のこととお喜び申し上げます。
　さて早速ですが、7月25日付にてご請求申し上げたお品代金について、ご照会いたします。
　今月15日が代金のお支払い期日となっておりましたが、本日24日現在、入金通知が銀行より届いておりません。9月20日、貴社経理担当者の方へ問い合わせしたところ、馬橋銀行大川支店より、同月15日にお振り込みくださったとのご回答をいただきました。
　つきましては送金途中の事故も考えられますので、お手数ですが至急ご調査の上ご連絡くださいますようお願いいたします。
　以上取り急ぎご確認まで。

敬具

●売掛金残高の照会 ❶❷❸

拝啓　時下ますますご清祥のこととお慶び申し上げます。平素は格別のご愛顧を賜り、厚くお礼申し上げます。
　さて、早速ですが、弊社の決算期（10月31日）が迫ってまいりました。つきましては売掛金残高を確認させていただきたく、お願いいたします。
　お忙しい中大変恐縮ですが、別紙売掛明細書記載の残高を貴社ご帳簿とご照会いただき、10月15日までに確認票をご返送くださいますようお願い申し上げます。

●取引開始の照会 ❷❸

　さて、このたびは貴社製品見本およびカタログをご送付いただき、ありがとうございました。
　つきましては、同カタログ記載の下記製品のお取引を開始させていただくこととしまして、価格・支払い方法・包装料・運送方法・運送料・保証金など、どのような条件でお取引させていただけるかご検討いただけますでしょうか。
　なお、当社は全国規模でチェーン店を展開し、現在百店舗を有しております。
　お取引を開始する場合は、大量納品を継続してお願いすることになるかと存じますので、各月の在庫状況も併せてご確認できればと存じます。

記

1. 空気清浄機Ｃ-100ＭＲ
2. 空気清浄機Ｄ-200ＥＲ

文例のポイント
- ●理由のない照会は高圧的で横柄な印象になりがち。照会理由をできるだけ明記する。
- ●回答状をもらうことが目的であるので、相手との関係によっては、返信用封筒に切手を貼って同封するのが礼儀となる場合がある。
- ●照会状を送付した相手から回答状を受け取ったら、かならず礼状を出す。

ビジネス商用文書・文例

照会する 2

- 新製品の引き合い状況の照会
- 注文内容の照会
- 取引先信用状態の照会

照会状のなかでも、商況照会のように販売促進の要請を目的としていたり、信用状態など相手に回答義務のない照会は、より一層丁寧な文書を心がけます。

文例1　基本　● 新製品の引き合い状況の照会

平成〇〇年5月12日
九段商事株式会社
営業部長　宮部俊彦様

芝浦電機株式会社
営業部　川崎進

新発売のパソコン・ソフト販売状況調査のお願い

❶ 拝啓　貴社ますますご発展のこととお慶び申し上げます。平素は格別のご愛顧を賜り、厚くお礼申し上げます。

❷ さて、弊社より今春発売いたしましたパソコン・ソフト「アタックバスター34」の売れ行き状況についてお伺い申し上げます。
　同ソフトは、画期的なシステムを組み込んだ商品として、発売開始から絶大な人気を博し、市場の話題を独占しております。弊社ではさらなる改良を加えるべく、ユーザー様には使い勝手を、販売店様からは、同種ソフトの売れ行き状況をも含んだ販売状況全般をご照会させていただいております。

❸ つきましては、ご多忙中まことに恐縮ではございますが、同封の調査用紙に必要事項をご記入のうえ、できるだけ早くご返送くださるようお願い申し上げます。

❹ 　　　　　　　　　　　　　　　　　　　　　　　　　　　　　　　敬具

基本構成とポイント

❶ **頭語と時候、感謝**

❷ **照会内容**：問い合わせの理由や目的、知りたい事柄を明記します。商況照会の場合は、売れ行きの状況を尋ねつつ、販売促進の要請を目的としているため、できるだけ丁寧な文書を心がけます。

❸ **対処策**：自社の要望を明確にあらわします。

❹ **結び**

- 問い合わせ事項が多いときは、調査用紙に質問事項を別掲する。そのほうが相手が混乱せず、正確な回答を得ることができる。
- 回答状をもらうことが目的であるので、相手との関係によっては、返信用封筒に切手を貼って同封するのが礼儀となる場合がある。
- 信用・人事など秘密を要する書状は、封書で、責任者あてに親展で送付する。
- 照会状を送付した相手から回答状を受け取ったら、かならず礼状を出す。

応用入れ替え

◉注文内容の照会 ❷❸

　このたびは、PC用プリンタ50機（貴社注文書第312号）のご注文を賜り、誠にありがとうございます。早速手配したいと存じますが、ご注文品の仕様についてお伺いさせていただきます。
　PC用プリンタ Desk Print A700につきましては、対応メモリにより本体の容量調整が生じますので、ご使用される環境をお知らせください。
　現在の納品状況は比較的余裕がございますので、ご返事をいただき次第、即日発送が可能です。できるだけ早めにご回答いただければ幸甚に存じます。
まずは取り急ぎご照会まで。

◉取引先信用状態の照会 ❶❷❸❹

　拝啓　時下ますますご清祥のこととお慶び申しあげます。
　さて、このたび当社はアフェクト株式会社様より事務機器各種の大量注文を承りましたが、同社とは初取引のため、経営状態を存じておりません。
　つきましては、大変ぶしつけなお願いで恐縮ですが、同社の会社概要に貴行がお取引先金融機関としてあげられていましたのを拝見し、同社の信用状態、及び取引上限などについてご内報賜りたく、略儀ながら書面にてお願い申し上げる次第です。お答えいただける範囲で結構ですので、ご高配を賜りたく存じます。
　ご教示いただきました内容につきましては、他言いたしませんことをお誓いいたします。
　また、調査に費用を要する場合は、当社で負担させていただきます。
　ご繁忙中ご面倒をおかけいたしますが、何分のご配慮を賜りますれば幸甚に存じます。

敬具

文例のポイント ●相手に手間をかけさせることを、一言詫びる姿勢も必要。

ビジネス商用文書・文例

回答する 1

- 送金着否照会への回答
- 注文品未着照会への回答
- 在庫数量確認照会への回答
- 着荷数量不足の照会に対する回答

> 回答状は、照会・問い合わせに答える書状です。紹介状を受け取ったらすみやかに回答します。照会事項をもらさず盛り込み、冷静で丁寧な文面を心がけます。トラブルに関する照会には、場合によっては謝罪の文面も必要です。

文例1 基本 ◉ 送金着否照会への回答

平成○○年7月10日
株式会社岩槻

経理部　西郷三郎殿
蓮田産業株式会社
経理部　三船絵美

　　　　　　商品代金着否のご照会について

❶ 拝復　時下ますますご清栄のこととお喜び申し上げます。日頃はひとかたならぬお引き立てを賜り深く感謝申し上げます。

❷ 　さて、去る7月5日付貴信にてお問い合わせいただきました、4月20日貴社へ納品のパソコン用外部記憶装置15台代金、60万5000円につきまして、5月20日付にて大山市民銀行中庭支店へご入金いただきましたことを確認いたしました。

❸ 　ご連絡が大変遅くなりまして申し訳ございません。領収書を同封いたしましたので、ご確認ください。

❹ 　まずはお詫びかたがたご連絡まで。

敬具

基本構成とポイント

❶ **頭語と時候、感謝**：特別な言葉・文章を用いる必要はないが、慣用句を使い、相手への礼儀を失しないようにする。

❷ **照会に対する回答**：日付や商品名、価格などを具体的に記入し、いつの照会状に対する回答なのかを明確にする。

❸ **照会に対する対処**：照会に対して、具体的にどのような対処をする（した）のかをかならず示す。

❹ **結び**

- 照会状が届いたら、早急にその内容の確認作業を行い、その結果をすぐに回答する。
- 照会された問題点が、自分の側にある場合は謝罪の文面も必要となる。
- 相手の思い違いによる照会であっても、決して相手を責めるような姿勢や、感情的な文面は避け、冷静な対応を心がける。

応用入れ替え

●注文品未着照会への回答 ❷❸

　さて、このたびのご注文品（ノート型パソコン・発注番号0004946）につきましては、誠に大変なるご迷惑をおかけいたしました。
　社内にて早速調査したところ、こちらの事務処理上の手違いが判明いたしました。誤って納品済みの処理がなされておりました。
　当方のミスにより貴社には多大なご迷惑をおかけしてしまい、心からお詫び申し上げます。なにとぞご寛恕賜りますようお願いいたします。
　なお、本日、早速納品の手配をいたしましたので、明日午後には貴社へご注文の品を納品できると存じます。よろしくご査収ください。再びこのようなことの起こらぬよう、チェック体制を強化してまいりますので、今後とも相変わりませずご用命のほど、重ねてお願い申し上げます。

●在庫数量確認照会への回答 ❷❸

　さて、お問い合わせいただきました御社の家庭用コピー機につきましてご返事申し上げます。
　実のところ、弊店でもそろそろ商品の追加注文を考えておりました。御社の製品はコンパクトで軽量サイズの上、性能的にも複数の機能を備えているため、お客様の評判が大変よく、残り少なくなっております。弊店にとりましてもありがたいことと喜んでおります。
　なお、在庫品番の書類及び注文書を同封いたしましたのでよろしくお取り計らいください。

●着荷数量不足の照会に対する回答 ❶❷❸❹

　拝復　時下ますますご清栄のこととお喜び申し上げます。毎度格別のお引き立てを賜り、厚くお礼申し上げます。
　さて、8月20日付にて発送申し上げました製品プラズマテレビC-08V・30台のうち5台分につき数量不足とのこと、誠に恐縮いたしております。
　早速調査しましたところ、作業員の確認ミスということが判明いたしました。当方の監督不行き届きの点は、重々お詫び申し上げますと同時に今後、再発のない体制を強化する次第です。
　なお、不足分の品につきましては、近日中に弊社の車にて配送させていただきますので、よろしくご査収くださいますようお願い申し上げます。
　まずは、お詫びかたがたご回答まで。

文例のポイント　●回答内容はわかりやすくはっきりと。

ビジネス商用文書・文例

回答する 2

- 取引条件照会への回答
- 取引開始照会への回答
- 信用照会への回答

> 回答のなかでも取引条件や取扱商品などに関わる回答は、今後の取引につながるよう丁寧な文面を心がけます。また信用照会への回答など、回答内容が他社の取引に影響を与えるような文書には、客観的な内容が求められます。

文例1 基本 ● 取引条件照会への回答

平成○○年9月18日
三谷商事株式会社
営業部長 古畑啓二様

長谷川化学株式会社
営業部 大橋渡

お取引条件の照会について

❶ 拝復 時下ますますご清祥のこととお慶び申し上げます。

❷ さて、このたびは早速のお問い合わせ、まことにありがとうございます。当社取引条件について、同封の別紙にてご連絡させていただきます。

❸ ご高覧の上、よろしくご検討くださいますようお願い申し上げます。
先日発表いたしました当社新製品・芳香剤「エコライフ21」も、おかげさまで好評をいただいております。
ぜひ、末長いお取引を賜りたく、よろしくお願いいたします。
その他、ご不明の点がございましたら、当社営業部・新規取引担当までご一報いただきたく、お願い申し上げます。

❹ まずは取り急ぎご連絡まで。

敬具

基本構成とポイント

❶ 頭語と時候、感謝
❷ 照会に対する回答：場合によっては回答内容を別記し、箇条書きなどにしてわかりやすくする。
❸ 照会に対する対処
❹ 結び

- 今後の取引につながるような内容の場合、担当者の名刺などを同封するのもよい。
- 依頼を含む照会への回答の場合、先方の依頼に応えるにしろ先送りするにしろ、返事ははっきりさせ、誤解を招かない表現にする。

応用入れ替え

◉取引開始照会への回答 ❷❸

　さて、9月10日付貴信でお申し越しいただいた取引開始の件、当社としても願ってもないお申し込みです。ここに喜んで承諾させていただきます。
　今後とも末長いお取引をご継続いただけますよう、当社も微力ながら力を尽くす所存でございますので、何卒よろしくお願いいたします。
　お問い合わせいただいた支払条件などにつきましては、同封の別紙をご参照ください。
　なお、貴社におかれましての特段のご要望などがありましたら、同封いたしました名刺の当社営業部・新規取引担当者までご連絡いただければ幸いに存じます。

◉信用照会への回答 ❶❷❸❹

拝復　時下ますますご隆盛のこととお慶び申し上げます。
　さて、先般貴社よりご照会のありました日本海産業株式会社の信用状況に関する件でございますが、当社にて知りうる点につきまして、下記の通りご回答申し上げます。
　なお、日本海産業株式会社は当社にとりましても大切なお取引先ですので、当社からの情報に関しましては、一切極秘扱いとされますようくれぐれも申し添えます。

敬具

記

1　営業規模
　　同社は資本金2千万、従業員約120名、年商は平成○○年11月決済で60億円強をあげた北陸地区の中堅企業である。
2　支払状況
　　当行においては、取引年数15年にわたり特別なトラブルなし。手形サイトは同業界通例の120日、毎月末には例外なく決済されている。

以上

回答する2

ビジネス商用文書・文例

請求する・催促する 1

- 納品にともなう代金を請求する
- 商品見本送付を請求する
- 領収書を請求する

など

相手方に一定の行為をするよう求める文書です。権利を主張する書状、損害賠償を求める書状、人を対象にした要望書などもありますが、金銭の支払いに関する請求書が大部分を占めます。

文例1 基本 ◉ 納品にともなう代金を請求する

❶
経発No331
平成○○年4月30日
駒込商工株式会社
営業部長　吉田　真様

　　　　　　　　　　　　　　　　　　巣鴨機械製造株式会社
　　　　　　　　　　　　　　　　　　経理部長　須藤貴志　印

　　　　　　　　工業部品BX-70納品にともなう代金ご請求の件

❷ 拝啓　春暖の候、貴社ますますご清栄のこととお喜び申し上げます。毎度格別のお引き立てをいただき、厚くお礼申し上げます。

❸ 　さて、このたびご注文いただきました標記製品は、4月15日、御社営業部に納品させていただきました。
　つきましては、品代金を同封請求書の通りご請求申し上げます。ご確認の上、5月30日までにお支払いくださいますようお願い申し上げます。

❹ 　　　　　　　　　　　　　　　　　　　　　　　　　　　　　　敬具

　　　　　　　　　　　　　　　　　記
❺ 1．同封書類　請求書　1通

基本構成とポイント

❶ **文書作成日、担当部署**：事故防止のためにも請求状の送付は欠かせない。作成日が無いとトラブルのもとになりやすいのでこれも記載は不可欠である。

❷ **頭語とあいさつ**：丁重であることが望ましいが、丁寧すぎても逆に当てつけがましい印象をあたえてしまう。

❸ **確認すべき内容**：請求内容はかならず帳簿で確認をとり、誤記、脱記がないように注意する。文章は簡潔に書く。

❹ **結び**

❺ **別記**：請求書の送信状と請求書とは別紙のほうが望ましい。

> 応用入れ替え

●商品見本送付を請求する ❸

　さて、弊社はパソコン機器関連に重点を置いて販売するOA機器販売会社です。先日、幕張メッセで行われたパソコン見本市で貴社製品を拝見し、大変関心をもちました。
　つきましては、商品カタログ番号TF101とTF301を一台ずつ商品見本としてご送付いただきたく、お願い申し上げます。また、御社の製品カタログ、価格表など詳しい資料も併せてお送りいただければ幸いです。
　なお、見本代金が必要なときは、その旨ご連絡ください。

●領収書を請求する ❸

　さて、平成○○年6月30日付請求書（経発No126）について、7月30日、貴社ご指定の銀行口座に振り込みました。すでにご査収のことと存じます。
　つきましては、ご繁忙のためかとは存じますが、領収書が未着となっております。当社も決算期を間近に控え、業務処理の都合上、至急ご送付くださいますようお願い申し上げます。

●契約不履行による違約金を請求する ❸

　さて、平成○○年6月、貴社との間で取り交わしましたプロジェクター100台についての売買契約について、8月の期限内に納品されたのはわずか70台にすぎませんでした。
　つきましては、契約不履行の30台について、契約書取り決めの通り契約金額の25パーセントを違約金としてお支払いいただきたく、別紙請求書を同封いたします。ご確認の上、10月30日までに下記の銀行口座までご送金くださいますようお願い申し上げます。

●年末精算のための支払いを請求する ❸

　さて、年末を迎え、売掛金の精算をお願い申し上げます。弊社への売掛金合計額（平成○○年9月～11月）は215万6300円也となっております。
　つきましては請求書を同封いたしましたので、貴社帳簿とご照会の上、12月25日までに下記の銀行口座にご送金くださいますようお願い申し上げます。
　なお、違算などありましたら、ご一報のほどお願い申し上げます。

●使用料を請求する ❸

　さて、同封いたしました請求書の通り、20○○年9月分のネット回線使用料は、金　○○○圓也となっております。
　つきましては、ご確認の上、10月末日までにお支払いくださいますよう、よろしくお願いいたします。

請求する・催促する 1

ビジネス商用文書・文例

請求する・催促する 2

●支払いを督促する　●会費納入を督促する　●貸付金返済を督促する

文例1　基本 ◉ 支払いを督促する

経発No236
平成〇〇年6月11日
東西電気株式会社
営業部長　納屋一郎様

　　　　　　　　　　　　　　　　　上野無線株式会社
　　　　　　　　　　　　　　　　　経理部長　水谷　瞳　印

　　　　　　　　　代金ご催促について

拝啓　入梅の候　貴社ますますご清栄のこととお喜び申し上げます。

❶　さて、4月28日付をもってご請求書（経発第28号）を差し上げましたが、プリンター代金15万円也は6月11日現在に至りましても、ご送金も、ご連絡もなく、当社といたしましても誠に困惑いたしております。
　もし、本月末日までにお支払いいただけない場合は、甚だ不本意ながら、次の品物の納品もできかねますので、至急お調べの上、お支払いくださいますよう、切にお願い申し上げます。
　なお、本状と行き違いにご送金いただいた際には失礼のほど悪しからずご容赦ください。

　　　　　　　　　　　　　　　　　　　　　　　　　　　　敬具

　　　　　　　　　　　　　記

❷　同封書類　　請求書　1通

　　　　　　　　　　　　　　　　　　　　　　　　　　　　以上

基本構成とポイント

ポイント：決算期の請求は、ビジネス文書のなかでも重要な地位を占める。通常の月と締日が異なるときは、余裕をもって相手方に通知する必要がある。

❶**確認すべき内容**：先方に、帳簿との照合を依頼すること。残品の処理をどのようにしてほしいかも具体的に記載する。

❷**別記**：別紙請求書を添付することが望ましい。

●相手に支払いを促す場合、支払い期限がどのくらい超過しているか、どのような迷惑を被っているかを明記する。

●支払いがさらに遅れた場合の処置方法について示す。

応用入れ替え

●会費納入を督促する ❶

拝啓　新涼の候、平素は当会発展のためにご尽力賜り、厚くお礼申し上げます。
　さて、9月1日現在、貴殿の本年度会費1万円が未納となっております。会の財政状況は豊かではなく、印刷・通信費用の増大が会計を圧迫しており、会員の皆様のご協力がどうしても必要です。
　ご多忙中甚だ恐縮ですが、至急お振り込み下さいますようお願い申し上げます。
　なお、本状と行き違いにお振り込みいただいた場合は、ご容赦ください。
　まずはお願いまで。

●貸付金返済を督促する ❶

　さて、去る平成〇〇年10月20日、ご要請によりお貸しいたしました金300万円也、平成〇〇年1月31日までにはご返済いただけるというお約束でしたが、2月20日現在におきましても、ご返済いただいておりません。
　ご繁忙のためと拝察いたしますが、弊社帳簿整理都合上もございますので何とぞ至急お支払いいただきたくお願い申し上げます。
　もし、2月30日までに元利合計315万円也をご返済いただけない場合は法律上の手続により、償還請求の措置を取らせていただくことにもなりかねませんので、よろしくご高配ください。
　なお、本状と行き違いですでにお振り込みいただいている場合は、ご容赦ください。

ビジネス商用文書・文例

弁解する・お詫びする

- 納期延期を弁解する
- 特許権侵害をお詫びする
- 不良品納入をお詫びする

など

弁解状は当方に過失のない場合に、詫び状は当方の過失で損失をかけてしまったときに送る文書です。しかし、いずれの場合でも早期に誠実に対処し、具体的事実を柱に、言い訳、抽象的な表現は避けます。

文例1　基本 ◉ 納期遅延を弁解する

営発No.687
平成〇〇年5月15日
小田嶋食品株式会社
仕入部長　土田　稔様

　　　　　　　　　　　　　　　　　　　　大北商事株式会社
　　　　　　　　　　　　　　　　　　　　営業部長　大橋哲也　印

　　　　　　　　　　ご注文品の遅延について

❶ 拝復　時下ますますご繁栄のこととお慶び申し上げます。毎度格別のお引き立てを賜り、厚くお礼申し上げます。

❷ 　さて、貴社ご注文のからしめんたいこ30ケースが未納であるとのご連絡をいただき、大変恐縮しております。早速調査いたしましたところ、運送会社の手違いであることが判明いたしました。お急ぎのところ、多大なご迷惑をおかけしましたこと、深くお詫びいたします。
　ご注文の品は、本日発送いたしましたので、5月16日の午前中には貴社に荷着すると存じます。今後、このような事態のないよう十分留意いたしますので、ご容赦のほどお願い申し上げます。

❸ 　　　　　　　　　　　　　　　　　　　　　　　　　　　　　　　敬具

基本構成とポイント

ポイント：文例1は弁解状であるので、タイトルは「お詫び」としていない。

❶ **頭語とあいさつ**：弁解状であってもあいさつをはじめ、丁寧に書く。

❷ **確認すべき内容**：第三者に責任がある場合でも、謝意をあらわし、相手方の怒り、不満をやわらげることが大切である。

❸ **結び**

応用入れ替え

●特許権侵害をお詫びする ❶❷❸

拝復　時下ますますご清栄のこととお慶び申し上げます。
　さて、新春より発売しました弊社製品△△△が貴社製品×××の特許権を侵害しているのではと、3月21日付貴信でご指摘をいただき、大変恐縮いたしております。
　早速調査いたしましたところ、ご指摘の通り、貴社の実用新案登録済みのものと、構造的にも機能的にも酷似する部品が使用されていたことが判明いたしました。決して故意ではなかったにせよ、弊社の調査の不足、認識の甘さによって貴社の権利を侵害してしまい、深く反省しお詫び申し上げます。
　つきましては、特許権使用料のお支払いなど、善後策を協議させていただければ幸いに存じます。何とぞ穏便にお取りはからいくださいますようお願い申し上げます。
　後日、改めてお詫びとご相談に参上いたしますが、まずは書状をもって陳謝申し上げます。
敬具

●不良品納入をお詫びする ❷

　さて、7月10日に貴社に納品させていただきました商品のうち○○が不良品とのこと、誠に申し訳ございませんでした。心よりお詫び申し上げます。
　これを機に生産工程を総点検し、再びこのようなことのないように注意いたしますので、何とぞご容赦のほどお願い申し上げます。
　なお、不良品はただちに交換させていただきますので、今しばらくお時間をいただきたくお願い申し上げます。
　まずは、取り急ぎお詫びまで。

●製品誤送をお詫びする ❷

　さて、8月13日付総発注610号でのご注文は○○品A型のところ、B型が着荷したとのこと、早速に調査いたしましたところ、発送係が伝票を読み違えてのものと判明いたしました。当方の不注意によるもので、誠に申し訳ございません。
　○○品A型は本日特急便にて発送させていただきました。(中略)なお今後はこのような不手際が起こりませんよう徹底いたしますので、お許しくださいますようお願い申し上げます。

●接客態度をお詫びする ❷

　さて、このたびは当デパートの販売員がご迷惑をおかけいたしまして、大変申し訳ございませんでした。また、接客態度に関してのご指摘につきましては、今後の社員教育での指導に役立てたいと思っております。
　今後ともよろしくご来店、ご愛顧を賜りますようお願い申し上げます。

ビジネス商用文書・文例

勧誘する・申し入れる

- 新製品購入の勧誘
- 出店の申し入れ
- 見学ツアーへの勧誘
- イベント共同推進の申し入れ

> ビジネス上の勧誘・申し入れに対しては、誰しも最初は疑ってかかるものです。いかにメリットを打ち出して、納得させられるかが成否を分けることになりますが、よいことばかりの誇大広告は逆効果になります。

文例1 基本 ● 新製品購入の勧誘

営発No366
平成○○年8月3日
駒込商事株式会社
仕入部長　大塚明夫様

　　　　　　　　　　　　　　　　　　　日暮里電機工業株式会社
　　　　　　　　　　　　　　　　　　　営業部長　巣鴨　剛　印

　　　　　　　　新製品のご案内

❶ 拝啓　時下ますますご清栄のこととお慶び申し上げます。平素は格別のお引き立てを賜り、厚くお礼申し上げます。

❷ 　さて、早速ですが弊社の新製品「液晶モニターV3」をご紹介させていただきます。この製品は、弊社の技術力を結集した新製品で、この8月1日から発売を開始しました。従来のものより高解像度、しかも省エネルギー、省スペースでデザイン性にも優れ、早くも各方面から引き合いが続いております。
　つきましては、ここにカタログを同封いたしますので、ご高覧の上、ぜひご用命を賜りますようお願い申し上げます。
　まずはご案内まで。

❸ 　　　　　　　　　　　　　　　　　　　　　　　　　　　　敬具
　　　　　　　　　　　　　記

❹ 添付書類　　カタログ1通

基本構成とポイント

ポイント：新発売のタイミングに合わせて送付する。

❶ **頭語とあいさつ**：簡潔だが失礼のない表現に心がける。
❷ **確認すべき内容**：製品の特徴を説得材料に盛り込むが、誇大広告とならないように注意する。
❸ **結び**
❹ **別記**

> 応用入れ替え

●出店の申し入れ ❶❷❸❹

拝啓　時下ますますご繁栄のこととお慶び申し上げます。
　さて、先日ご説明いたしましたように、弊社は東京近郊の厚木駅前に地上8階から地下3階のビルを建設中です。また、駅ビルのテナントの企画開発も任されており、出店いただけるテナントを募集しています。当ビルは来年9月1日オープンの予定です。
　つきましては、書店経営に高い実績とノウハウをお持ちの貴社にぜひとも出店いただきたく、ご案内申し上げる次第です。建築概要、出店条件などは同封する資料をご覧いただき、詳細は後日説明させていただきたいと存じます。ご検討のほど、よろしくお願い申し上げます。
　まずは、ごあいさつかたがたご案内申し上げます。

敬具

記

添付資料　駅ビル建築概要　　　　1通
　　　　　出店条件に関する資料　1通

以上

●見学ツアーへの勧誘 ❷

　さて、このほど当社ではメンバーズ会員の皆様を対象に、第5回「世界のワインと食文化探訪の旅」を実施することになりました。今回の目的地はフランス、イタリアの地方都市を予定しております。
　心ゆくまでワインと食事、そしてその背景にある文化をご堪能いただきたいと考えております。どうぞご参加くださいますよう、謹んでご案内申し上げます。

●イベント共同推進の申し入れ ❶❷

拝啓　時下、ますますご盛業のこととお喜び申し上げます。
　さて、5月5日の「こどもの日」のイベントの一環として、当センターでは「キッズ・コンピュータ・フェスティバル」を企画中でございます。
　つきましては、子ども向けコンピュータソフトを開発し、コンピュータ業界の雄とも目されています貴社に、ぜひとも参加していただきたく、お願い申し上げる次第です。
　子ども向けコンピューターソフトは教育ゲームなど、さまざまな場面で目にします。子ども向けソフトへの関心は日々高まっています。そこで、貴社と当センターが力を合わせてイベント推進に努めれば、必ずや画期的なイベントになることを確信しております。
　企画書を同封しましたので、ご高覧の上、ご検討くださいますよう、よろしくお願い申し上げます。

ビジネス商用文書・文例

確認状

- 電話発注の確認状
- 納品督促の確認状
- 発注品取り消しの確認状

不確かな事実を確認したり、口頭による決定事項を文書で再度確認したりするためのものです。あいまいな表現や適切でない文章は、あとでトラブルに発展する場合もあるので、すみやかな確認が必要です。

文例1　基本　● 電話発注の確認状

❶
営発No160
平成○○年5月20日
プラタナス工業株式会社
営業部長　久本　元様

　　　　　　　　　　　　　　　東京都目白区玉川2-1-1
　　　　　　　　　　　　　　　目白商事株式会社
　　　　　　　　　　　　　　　仕入部長　納屋三郎　印

　　　　　　　　　電話発注のご確認

❷ 拝啓　時下ますますご清栄のこととお慶び申し上げます。

❸ 　5月13日、電話で注文いたしました商品「木工用接着剤」10ケース、すでにお手配願えましたでしょうか。同製品は5月24日に得意先に納入することになっております。ご多忙のこととは存じますが、5月22日までに当社にご搬入いただけますようよろしくお願い申し上げます。

❹ 　　　　　　　　　　　　　　　　　　　　　　　　　敬具

　　　　　　　　　　　　　　記

❺
1．注文品　木工用接着剤10ケース
1．入荷日　5月22日

　　　　　　　　　　　　　　　　　　　　　　　　　　以上

基本構成とポイント

❶ **文書作成日、担当部署**：契約が不履行にならないよう、文章を送るタイミングに注意する。
❷ **頭語とあいさつ**
❸ **確認すべき内容**：本文の文章は散漫にならないよう簡潔に。返事が必要な場合は、その旨を書き添える。
❹ **結び**
❺ **別記**：確認事項を別記することで、相手方の注意を向けることができる。

応用入れ替え

●納品督促の確認状 ❷❸❹❺

前略
　平成○○年8月8日付（営発No997）にて注文し、再三にわたって電話で督促いたしました件、本日、貴社より1週間以内に納品いただけるとのご返答をいただきました。
　貴社の納品が遅れ気味であるということは聞いておりましたが、ご注文の商品はお得意様が9月10日に使用されるものです。お約束の通り、1週間以内に納入いただかなければ、当社の信用にもかかわり、重大な支障が生じかねません。
　以下のものを、間違いなく1週間以内にご納入下さることを重ねてご確認いたします。

草々

記
1. 注文品　ファックス用トナー3ケース
1. 入荷日　9月8日

以上

●発注品取り消しの確認状 ❸

　さて、大変勝手な申し出ながら、平成○○年10月15日付（営発No227）で貴社にご注文いたしました商品は、都合により本日電話で取り消させていただきました。理由を詳細に申し上げられず心苦しいかぎりですが、よろしくご賢察の上、ご了承賜りますよう重ねてお願い申し上げます。
　なお、今後とも貴社には従来通りの取引をお願いいたす所存です。
　まずは取り急ぎ確認まで。

ビジネス商用文書・文例

協議状

- 同業者組合設立の協議状
- 共同仕入れの協議状
- 業務提携の協議状

> 協議状は書状による会議とでもいうべき文書です。協議状を書く前には、関係者から必要な意見聴取を行い、協議事項の要点を明確に伝え、相手方の意見を出させる必要があります。

文例1 基本 ● 同業者組合設立の協議状

平成○○年7月1日
室伏工業株式会社
社長　室伏　明殿

　　　　　　　　　　　　　　　　同業者組合設立準備委員
　　　　　　　　　　　　　　　　太田工業株式会社
　　　　　　　　　　　　　　　　社長　太田三郎

❶ 拝啓　向暑の候、ますますご繁栄のこととお慶び申し上げます。

❷ 　さて、ご承知の通り、貴殿はじめ大橋工業社長・大橋正殿ほか各位のご熱心なお勧めにより、われわれ同業者間で組合を設立する話が本格化いたしました。今後の業界全体の繁栄と関係各社間の過当競争を排除するための具体的な方針、方向などを決めていきたいと存じます。
　　つきましては、来る7月10日、午後1時より太田工業会議室において会議を開催したいと考えております。準備の都合もありますので、ご出席の有無を至急当方までお知らせいただきたく存じます。

❸ 　　　　　　　　　　　　　　　　　　　　　　　　　　　敬具

　　　　　　　　　　　　　　　記
❹ 1.　開催日　7月10日午後1時より（於太田工業株式会社会議室）
　 1.　議　題　同業者組合設立の件と具体的方針等
　　　　　　　（ご出席の有無をご回答ください）

基本構成とポイント

ポイント：関係者へは余裕をもって一斉に文書を送るなど、タイミングに十分に配慮する。

❶ **頭語とあいさつ**

❷ **確認すべき内容**：出席の有無の問い合わせという形をとっているが、実際には会議の動向を占うことができる。協議状で意見を求める聞き方をしていれば、不参加の者は反対の立場にあると推察できる。

❸ **結び**

❹ **別記**：開催日、協議議題を別記することで、相手方の注意を喚起することができる。

応用入れ替え

●共同仕入れの協議状 ❶❷❸

拝啓　時下ますますご清栄のこととお喜び申し上げます。

　さて、ご承知のように平成○○年5月に大型小売店タイフーが当地に進出してからというもの、同店が展開する大量仕入れによる廉価販売によって、弊社の売上げはここ数カ月減少の一途をたどっております。

　これは当地域内でご同業を営まれる貴社におかれましても、同様の悩みをお抱えであると拝察申し上げます。つきましては、貴社と弊社が仕入面で協力できれば信用力が増大し、大量購入による仕入価格の低減も可能であると思われます。

　この点につきまして、できる限り早い機会に貴社とご相談いたしたく存じます。ご回報をお待ち申し上げますとともに、とりあえずご都合の程をお伺い申し上げます。

敬具

協議状

Eメールの場合　● 業務提携の協議状

宛先：伊東麻美様
CC：
件名：業務提携の件

　株式会社　フロー
　伊東麻美様

いつもお世話になっております。

　さて、先日ご説明申し上げました、梓学園駅前再開発ビル出店の計画でございますが、このほどビル3階に60平方メートルほどの権利を取得する運びとなりました。

　弊社では、その権利を利用して英会話を主とした外国語スクールをオープンする計画を進めております。英会話学院などのご経営を通して得られた高い実績とノウハウをおもちの貴社と、弊社がアメリカやヨーロッパ各国から招聘する優秀な講師陣とがあい携えば、かならずや好評を博するものと確信しております。

　ご参画をお願いしたく、企画書を同封いたしましたので、ご検討のほど、よろしくお願い申し上げます。追ってご連絡申し上げます。

　株式会社　石原コミュニケーション
　飯田誠

ビジネス商用文書・文例

注意状

- 注文品違いの注意状
- 製品不良の注意状
- 納期遅延の注意状
- 代金未払いの注意状

相手方の過失、怠慢、不都合な行為によって迷惑、被害をこうむったときに注意を促して正常な取引を回復する手段として書かれる文書です。事実関係を明示し、解決策を提示しなければなりません。

文例1　基本　● 注文品違いの注意状

営発No371
平成○○年3月9日
成田機械製造株式会社
営業部長　河本祐介様

　　　　　　　　　　　　　　　　　　　羽田商事株式会社
　　　　　　　　　　　　　　　　　　　営業部長　西村憲一　印

　　　　　　　　　　注文品違いの件

❶　前略　取り急ぎ用件のみ申し上げます。

❷　2月20日付（営発No311）でご注文いたしました商品ミニコンポが本日着荷いたしました。早速荷解きして検品しましたところ、商品番号GL101を40台、BL01を30台の発注に対して、GL101を30台、BL101を40台となっていました。何かのお手違いかと存じますが、品違いのBL101の10台は運賃着払いでご返送いたしました。

　つきましては、GL101を10台、至急発送いただきたく存じます。なお今回の品違いによって、当社の販売計画日程に支障が生じました。今後はくれぐれも、このような事態が起こることのなきようご注意申し上げます。

❸　　　　　　　　　　　　　　　　　　　　　　　　　　　　草々

基本構成とポイント

ポイント：品違いが判明したらすみやかに対処する。

❶ **頭語とあいさつ**：時候のあいさつは省き、すぐ本題に入る。

❷ **確認すべき内容**：契約の内容、申し込みをした日付などの事実を正確に提示して、品違いによって迷惑をこうむった実情を簡潔に明記する。事態を回復するために相手方のとるべき解決策も提示する。基本的には、事を荒立てないよう丁寧な調子にするが、その後の展開で苦情状、抗議状とトーンを強めるのが常道。

❸ **結び**

応用入れ替え

●製品不良の注意状 ❷

　本日着荷しました品物（9月20日付・営発No1001）を、早速検品しましたところ、商品番号No.SL2050、5個が製品不良であることが判明しました。不良品は、勝手ながら運賃着払いでご返送いたしました。折り返し、不足分のSL2050を5個、至急お送りくださいますよう、お願い申し上げます。

　なお、不良品混入に気づかずに製品組立てを行えば、お得意様に多大なご迷惑をおかけするばかりか、当社の信用を著しく傷つけるところでした。今後はこのような事態がないよう、ご注意申し上げます。

●納期遅延の注意状 ❷

　さて、2月10日付（営発No.114）で注文いたしました商品△△△が本日着荷いたしました。同発注書でも明らかなように、納入日は3月1日と明示しております。

　貴社営業部広田課長には当社営業部西沢課長より、納期の厳守をお願いしてまいりましたが、このたびのような事態に至り、誠に遺憾に存じます。幸い、取引先との協議によって3日間の延納が認められ事なきを得ましたが、今後くれぐれも納期を厳守されますよう、ご注意いただきたく存じます。

Eメールの場合　● 代金未払いの注意状

宛先：　本山洋様
CC：
件名：　6月分のお支払いに関して

東西工業株式会社
営業部長　本山洋様

拝啓　日頃お引き立てを賜り厚くお礼申し上げます。
　さて、去る6月20日付でご請求申し上げました6月分のお支払いについて、未だに送金いただいておりません。
　当初のお約束である1カ月の期限はすでに過ぎており、弊社の請求漏れではないかと調査いたしましたが、間違いなく記載されております。
　つきましては、何かの手違いによる送金漏れではないかと拝察いたしますが、至急ご配慮いただきたくお願い申し上げます。なお、行き違いにてご送金済みの場合は、何とぞご容赦いただきたく存じます。
　　　　　　　　　　　　　　　　　　　　　　　　　　　　敬具

帝都商事株式会社
中田航太

ビジネス商用文書・文例

忠告状

- 類似商品への忠告状
- 製品不良への忠告状
- 契約の不履行に対して忠告する

など

> 忠告状は、相手が重大な過失、不正を行ったとき、忠告して反省を促し、正常なビジネス状態を回復するための書状です。注意状を一歩強硬にした内容で、あくまでも事態の解決、回復を目指すためのものです。

文例1 基本 ● 類似商品への忠告状

営発No365
平成○○年6月10日
梅村工業株式会社
営業部長　鶴岡一郎様

　　　　　　　　　　　　　　　　　竹村産業株式会社
　　　　　　　　　　　　　　　　　営業部長　亀田二郎　印

　　　　　　　　類似商品について

❶ 前略　取り急ぎ用件のみ申し上げます。

❷ 　去る4月1日、貴社が新発売した商品「シンプルフレット」は、当社製品「シンプルフラット」と商品名、デザイン、機能の面で酷似することが認められました。実際、貴社製品の発売以後、お客様の多くから、まぎらわしいといった苦情や問い合わせが相次いでおり、営業上著しく迷惑を被るとともに、当社商品の売上げにかなりの影響がでている模様です。
　当社の製品「シンプルフラット」は独自の開発と長年の研究を経て完成したものであり、発売に先がけて実用新案申請も済ませてあります。御社の新製品は、消費者に誤解を与える類似商品であり、商標権および特許権を侵害するものといえます。

❸ 　つきましては、貴社製品「シンプルフレット」の早急な販売停止と、店頭品の回収を求めるものであります。
　この件につきまして、どのように善処いただけるか至急ご回答いただくとともに、今後このようなことが起こらないようにご忠告申し上げます。

❹ 　　　　　　　　　　　　　　　　　　　　　　　　　　　　　草々

基本構成とポイント

ポイント：冷静かつ客観的に事実を調査し、タイミングよく書状を送る。

❶ **頭語とあいさつ**

❷ **確認すべき内容**：実際にどのような迷惑を被っているのか事実関係を正確に伝える。感情的な表現を控え、相手にはこちら側が平静であることを認識させる。

❸ **回答の要求**：類似商品が出回ると被害が拡大していくので、再発防止を踏まえ、類似商品の発売停止を求める。同時に相手方に回答を要求する。

❹ **結び**

応用入れ替え

●製品不良への忠告状　❶❷❸❹

拝啓　時下ますますご清栄のこととお慶び申し上げます。
　さて、2月10日付(営発No.121)で発注しました製品「びるといんヘッドフォン」について、お客様より品質が悪く使用にたえないといった苦情が相次ぎ、当社ではその対応に忙殺されています。当社で調査したところ接触部分に欠陥が認められ、粗悪品が多数見つかりました。
　つきましては、すでに販売した製品をすべて回収し、在庫品とともに全品ご返送いたしますので、至急原因を調査の上、善処下さるようお願いいたします。
　なお、今後はこのようなことのないようご忠告申し上げますとともに、善処のほどよろしくお願い申し上げます。

敬具

●契約の不履行に対して忠告する　❷❸

　4月9日付貴信を拝受いたしました。3月25日付にて貴社と契約いたしました収納便利用具の件は製造中止につき解約したいとのこと、突然の知らせで大変驚いております。
　弊社では貴社より同品の納入があり次第、小売店へ引き渡す取引契約をいたしており、契約金もすでに受け取っております。万一、貴社より入荷なき場合は小売店への違約金の支払いにとどまらず、弊社が築き上げた長年の信頼関係を失うことになります。
　つきましては、製造中止のご事情をご説明いただくとともに、貴社在庫品より契約通りの数量をご納品いただきたく、万一それが不可能な場合は契約書に基づき、先に手付金として弊社よりご送付申し上げた金200万円の倍額を、違約金としてお支払い下さるようお願いいたします。

●営業妨害を忠告する　❶❷❸

前略　取り急ぎ用件のみ申し上げます。
　貴社発行の月刊誌『明日への来光』平成○○年5月14日号の誌上にて、「今年度危ない会社はココだ」と題する記事で、弊社が取り上げられておりましたが、これはいったい何を根拠にしてのものなのでしょうか。
　この記事には、客観的説明は少しもなく、弊社を誹謗中傷することでいたずらにセンセーショナリズムをあおり立てているにすぎないのは明らかです。(中略)
　いずれにせよこの記事によって、弊社の名誉と信用ははなはだしく傷つけられ、多大な損害を被っております。この件につきまして、貴社のご回答をお待ちいたすとともに、ひいては全国紙紙上にて弊社に関する記事の取り消しをご掲載願いたく存じます。

●無断使用について忠告する　❷❸

　この度、弊社発行の書籍「絶景○○の世界」に掲載の写真と本文が、貴社ホームページに無断使用されていることを確認いたしました。
　つきましては、違法使用を即刻中止するとともに、詳細なご回答をお待ちいたすとともに、善処のほどよろしくお願いいたします。

ビジネス商用文書・文例

督促状

- 納品の督促状1・2
- 再度送る代金未払いの督促状
- 代金未払いを督促する最終通告
- 依託品返品の督促状

相手方が約束事または契約上の債務を履行しない場合に、義務の履行を強く求める書状です。いたずらに相手の感情を害しない配慮は必要ですが、いざトラブルになったときに督促の事実を証拠として残しておきます。

文例1 基本 ● 納品の督促状1

❶
営発No821
平成○○年7月12日
成田機械製造株式会社
営業部長　河本祐介様

　　　　　　　　　　　　　　　　　　羽田商事株式会社
　　　　　　　　　　　　　　　　　　営業部長　西村憲一　印

　　　　　　　　　　　注文品違いの件

❷ 前略

　6月30日付で発注いたしました商品○○○（営発No456）の件ですが、7月11日の納品日を過ぎても未だ到着しておらず、大変困惑しております。いかなるご事情によるものかご調査の上、未発送の場合は大至急ご発送下さるよう重ねてお願い申し上げます。

❸　当該商品は、ご存知の通り時季物で、シーズンを過ぎると売れ行きが激減してしまいます。お得意様には納期厳守をお約束した都合上、これ以上納期が遅れるような場合は当社の信用にもかかわりますので、解約はもちろん、相応のご配慮をお願いせざるを得ません。

　この書状が到着次第、ご都合のほど至急ご一報ください。

❹　　　　　　　　　　　　　　　　　　　　　　　　　　　　草々

基本構成とポイント

❶ **文書作成日、担当部署**：証拠書類とするには差出年月日の明記が必要。
❷ **頭語**：すぐ本題に入ることで、督促であることを印象づける。
❸ **確認すべき内容**：契約の内容、日付などの事実を具体的かつ簡潔に提示する。書状が着きしだい相手方にすみやかな対応をさせるため、解決策をはっきりと提示すること。強弱、硬軟を使い分けて相手方にその履行を促すことが重要である。
❹ **結び**

応用入れ替え

●再度送る代金未払いの督促状 ❶❷❸❹

前略
　こうした書状による代金のお支払い督促は、本日で最後にいたしたいと存じます。
　このたびの要件は3月31日付経発No219でお願いしております、3月10日納品の機械代金485,000円也についてであります。
　その後、貴社からは何のご回答もなく、またこのままの状態を放置し続けることは私の職務怠慢となり、責任をとらざるを得ない立場に追い込まれてしまいます。どうか当社の実情をご勘案の上、何とぞ誠意ある処理を重ねてお願い申し上げる次第です。

草々

●代金未払いを督促する最終通告 ❸

　かねてより遅滞しております代金支払い（4月30日付経発No678・代金325,000円也）に対し、督促状の発送および直接の出向は、すでに6回にも及びます。しかし、支払いの期日はおろか遅滞の理由についてさえ一言のご回答もありません。
　このような遅滞は当社にとっては堪えがたく、貴社の誠意を疑うに十分な根拠であります。ついては8月30日までにご送金のない場合は、遺憾ながら最後の手段をとることにいたしますので、折り返しご回答賜りたく存じます。

●依託品返品の督促状 ❸

　さて、10月10日付書状で依託品の返品をお願いしておりましたが、いかがなりましたでしょうか。すでに、9月末日をもって契約期間は終了しております。
　つきましては、ご返品いただきご清算くださいますようご請求申し上げます。また、何かのご事情で発送が遅れているようでしたら、至急ご連絡ください。
　なお、本状と行き違いにてご返品いただきました場合は、失礼のほど悪しからずご容赦くださいますようお願い申し上げます。
　まずは返品のお願いまで。

●納品の督促状2 ❸

　10月9日付をもってご注文申し上げました標記商品40ケースにつきましては、11月3日必着を条件にお願い申し上げましたが、今日に至るも未だ着荷しておりません。
　事情がおありとは存じますが、弊社におきましても得意先への納期が迫っておりますので、商品の製造を急がなくてはなりません。至急善処くださるようお願い申し上げます。
　もし貴社にて納入しかねるご事情があれば、その旨を11月10日までにご返答ください。これ以上はお待ちできず、ほかへ手配して新たに仕入れるほかございませんので、何分ご高配をお願い申し上げます。

ビジネス商用文書・文例

抗議状

- 納品遅延への抗議状
- 製品不良への抗議状
- 代金未払いへの抗議状
- 類似商標の使用への抗議状　など

抗議状は、相手が重大な過失、不正を行いながらも問題解決に善処する姿勢が見られないときに発信するものです。法的手段に訴える場合も考慮し、顧問弁護士・上司と相談して内容を整理・吟味しておく必要があります。

文例1　基本　● 納品遅延への抗議状

営発No976
平成○○年9月15日
大西産業株式会社
営業部長　織田忠正様

　　　　　　　　　　　　　　　　　明治商事株式会社
　　　　　　　　　　　　　　　　　仕入部長　本多常道　印

　　　　　　　　　納品の遅延の件

❶ 前略　取り急ぎ用件のみ申し上げます。

❷ 　8月10日付（当社営発No399）で貴社に注文いたしました商品「SDスキャナー」について、8月20日付文書（貴社営発No1003）で8月末に商品を発送する旨の通知がありました。
　ところが、9月15日現在に至っても同品はまだ届いておりません。その間再三にわたり問い合わせましたが、一向に納得のいく回答をいただいておりません。
　注文のときにも付言いたしましたように、当社には在庫がなく、多数のお得意様にご迷惑をおかけし、たびたび督促を受ける状況です。当社の信用にもかかわりますので、本状到着と同時に、以下の点についてご回答いただきたく存じます。

❸ 　　　　　　　　　　　　　　　　　　　　　　　　　　　　草々

　　　　　　　　　　　　記

❹ 1．納入遅延の原因
　1．正確な納入期日
　1．本件の担当者・責任者

基本構成とポイント

ポイント：冷静に事実を調査し、相手のミスが判明したときにタイミングよく発信する。

❶ **頭語とあいさつ**

❷ **確認すべき内容**：日時、金額、数量などは正確に。あいまいな表現、感情的な表現は避け、事態の回復と損害の回収を考えて、冷静かつ簡潔にまとめる。

❸ **結び**

❹ **別記**：確認事項を別記することで、回答してもらう項目を明確にするとともに、事態の重大さを相手方に認識させることができる。

応用入れ替え

●製品不良への抗議状 ❷

　貴社が製造された製品○○について、先日当店でお買上げいただいた数人のお客様から、液漏れのご指摘をいただきました。早速、当店で残りの製品を点検したところ、容器の溝に欠陥が発見され密閉性が保たれないことがわかり、全品回収措置をとりました。
　つきましては、貴社に全品ご返送いたしますので、早急に原因をご調査の上、善処下さるようお願いいたします。

●代金未払いへの抗議状 ❷

　平成○○年10月31日付（経発No837）でご請求申し上げた商品○○の代金について、その後再三にわたって督促申し上げましたが、4カ月以上も経過した3月15日現在でもお支払いいただいておりません。ご連絡のたびに善処するとのご返事だけでは、ご誠意のほどを感じ取ることはできず、当方も決算期をひかえ困っております。
　つきましては、3月31日までにかならずご送金くださるようお願いいたします。もし誠意を示されないときは、法的手続きをとらざるを得ないということをご承知おきください。
　至急、善処されるようお待ち申し上げております。

●類似商標の使用への抗議状 ❶❷

　前略　今般貴社において新しく発売せられました目覚まし時計の商標およびデザインは、弊社の製品『ハイテンション』の登録商標、デザインにいちじるしく酷似しており、非常に迷惑に存じております。貴社におかれましてももとより故意にこのような類似商標およびデザインをご使用になったものでなく、偶然の結果と拝察いたしますが、弊社の受ける営業上の損害はもとより、信用問題にも大きく影響いたしております。
　弊社製品『ハイテンション』は発売開始から2年、終始一貫して同一登録商標およびデザインにて販売しております。事情をご賢察の上、速やかに善処せられますよう固く申し入れます。
　まずは取り急ぎご通知申し上げますとともに、何分のご回答をお待ち申し上げます。

●破損商品への抗議状 ❷

　平成○○年11月1日付で着荷しました商品置き時計30セットを検品いたしましたところ、その内の25セットに破損が発見されました。破損箇所はそれぞれ別個で多岐にわたっており、子細に点検すれば残りの5セットについても細かな破損が見つかるのではないかと心配しております。
　つきましては、このまま店頭に並べることはできませんので、30セットすべてを運賃着払いでご返送いたします。折り返し完全品を至急ご発送くださるようお願い申し上げます。
　なお、今後はこのようなことが起こらないよう、厳重に検品を行った上でご出荷くださるようお願い申し上げます。

ビジネス商用文書・文例

反駁状

- 製品不良への反駁状
- 商標権侵害への反駁状
- 営業妨害への抗議に対して反駁する
- 権利侵害の抗議に対して反駁する など

相手方の不当な要求、抗議に対して当方に非がないときに作成する文書です。あくまでも冷静に、具体的事実、証拠に基づき論理的に当方の正当性を主張して、相手方を説得するものでなければなりません。

文例1 基本 ● 製品不良への反駁状

平成○○年6月6日
営発No63
清瀬無線株式会社
営業部長　大塚　俊様

　　　　　　　　　　　　　　　　　　　　保谷電機株式会社
　　　　　　　　　　　　　　　　　　　　営業部長　内田和男　印

　　　　　　　　　　製品破損の件について

❶　前略　6月3日付貴信拝見いたしました。
　貴社ご注文（5月23日付、営発No216）の薄型液晶テレビ5台が輸送の際に破損したことにつき、その損害を賠償せよとのご通知をいただきましたが、残念ながらご希望には添いかねますので、悪しからずご了承ください。
❷　このたびの貴社のご迷惑、ご損害は、誠にお気の毒に存じます。ただし、通常、運送は当方専属の運送業者が配送いたしておりますが、同製品は貴社のご要望により、貴社指定の運送業者に引き渡したものです。また、製品の引き渡しの際は弊社の担当者が異常のないことを確認しております。
　当社としましては責任はないものと考えております。賠償のご請求は、運送業者になさるべきかと存じます。
　以上、ご回答申し上げます。
❸　　　　　　　　　　　　　　　　　　　　　　　　　　　　　　　　草々

基本構成とポイント

ポイント：時機を逸することなく、即座に反論する。

❶**頭語とあいさつ**：相手の立場も考えて、失礼のない表現にする。

❷**確認すべき内容**：相手方の要求がいかに不当であっても、頭ごなしの反論は感情的しこりを残すので、あくまでも丁重に、証拠書類などを提示して、相手を説得するように反論する。

❸**結び**

応用入れ替え

●商標権侵害への反駁状 ❶❷❸

前略　1月20日付貴信拝見いたしました。
　弊社の新製品「かるしうむマグネシウム」が貴社製品「カルシウムマグネシウム」の商標権を侵害しているのではないかとのご指摘をいただき、誠に困惑しております。
　当社は平成○○年6月30日に商標権（登録商標第1515号）を取得しており、このたびの調査で貴社製品が当社の商標権を侵害している事実を確認いたしました。当社の製品は九州地区で主に販売されており、とくに宣伝などしておりませんでしたので、知名度はなかったものと存じます。
　つきましては、貴社製品に登録商標の使用停止をお願いするとともに、製品の回収を早急にお進めになられますよう、よろしくお願い申し上げます。
　　　　　　　　　　　　　　　　　　　　　　　　　　　　　　　　　　　草々

●営業妨害への抗議に対して反駁する　❷

　貴店舗前に弊社の配送トラックが長時間駐車していて、営業妨害にあたるのではないかとのご指摘をいただきました。
　早速、調査いたしましたところ、貴店舗前の道路は「時間制限駐車区間」であり、法律で駐車が認められています。また運転手たちは料金を払って駐車しており、制限時間を超えて駐車することはないとの報告を受けております。
　たしかに、店舗前ということでご迷惑とお感じになることはあるかと存じますが、当社の行為は法に違反するものではなく、ご賢察のほどよろしくお願い申し上げます。

●権利侵害の抗議に対して反駁する　❷

　貴信6月5日付総発第12号を拝見いたしましたが、当社の新製品『ほまれ』の商標は平成○○年6月8日に商標権（登録商標第2150号）を得ているもので、貴社製品が反対に当社所有の商標権を侵害している事実を確認いたしました。
　当社製品『ほまれ』はこれまで主に北海道地区にて販売し、宣伝等は一切いたしておりませんでしたので、当地区では知名度がなかったものと存じます。
　つきましては、貴社製品に当社登録商標の使用停止とともに、早急に製品の回収に努められるようご請求申し上げます。
　まずは書中にてご回答申し上げます。

●請求金額に対して反駁する　❷

　さて、8月分の請求金額が、7月分に比べてかなり高いとのご指摘に関して、ご回答申し上げます。
　7月1日付書状でご説明いたしました通り、8月はアルバイト社員の募集が困難なため、アルバイトの料金を通常の2割増しにさせていただきました。7月1日送付の書状で、貴社のご了解を得たつもりでおりましたが確認をとらずご不審を与えてしまったことをお詫びいたします。
　なお、念のため「アルバイト料金割増」に関する書状を同封させていただきます。何とぞご了承賜りますようお願い申し上げます。

ビジネス商用文書・文例

送信状

- ファックスの送信状1・2
- 書類送付の送信状
- 書類送付

文章をファックスでやりとりする場合、ぶしつけに文書を送り付けると失礼になります。文書には送信状を添付すると丁寧な送信になります。

文例1 基本 ● ファックスの送信状1

❶
平成○○年9月6日
東西商事株式会社
仕入部長　佐藤一郎様

　　　　　　　　　　　　　東京都千代田区内神田1-1-1
　　　　　　　　　　　　　南北製造株式会社
　　　　　　　　　　　　　営業部長　山田太郎　印
　　　　　　　　　　　　　電話　03-5241-○○○○
　　　　　　　　　　　　　FAX　03-5241-○○○○

　　　　　　　ファックス送信のお知らせ

❷ 拝啓　時下ますますご清栄のこととお慶び申し上げます。平素は格別のお引き立てを賜り、厚くお礼申し上げます。

❸ 　さて、以下の書類を送信させていただきますので、ご査収の上、よろしくお取り計らいくださいますようお願い申し上げます。

❹ 　　　　　　　　　　　　　　　　　　　　　　　　　　　敬具
　　　　　　　　　　　　　　記

❺ 見積書　1枚（本紙含まず）

　　　　　　　　　　　　　　　　　　　　　　　　　　　　以上

基本構成とポイント

❶ **文書作成日、担当部署**：相手方の氏名、役職名の間違いは厳禁。

❷ **頭語とあいさつ**：日頃から世話になっていることを簡潔に記す。

❸ **確認すべき内容**：相手方にファックスを送信した旨を知らせ、送信内容に誤りがないかどうかの確認を促す。

❹ **結び**：送信票以外に送るものがあれば明記する。送信票も含めた文書の総枚数を知らせることも大切である。

❺ **別記**

応用入れ替え

●書類送付の送信状 ❷❸❹❺

　　　　　　　　　　書類送付のご案内
拝啓　時下ますますご清栄のこととお慶び申し上げます。平素は格別のお引き立てを賜り、厚くお礼申し上げます。
　さて、本日、以下の通り書類をご送付いたしましたので、ご査収の上、ご高配くださいますようお願い申し上げます。
　　　　　　　　　　　　　　　　　　　　　　　　　　　　　　　　敬具
　　　　　　　　　　　　記

添付資料　カタログ1通
　　　　　見積書　　1通

●書類送付 ❶❷❸❹❺

平成○○年4月10日
高尾運輸会社
営業部　鈴木様

　　　　　　　　　　　　　　　　　　　　　　　（株）神田木材
　　　　　　　　　　　　　　　　　　　　　　　青梅市日下3-5-1

　　　　　　　　　　書類送付のご通知
拝啓　時下ますますご清栄のこととお喜び申し上げます。平素は格別のご厚情を賜り、誠にありがとうございます。
　さて、本日、以下の書類をご送付いたしましたので、ご査収の上、ご高配くださいますようお願い申し上げます。
　　　　　　　　　　　　　　　　　　　　　　　　　　　　　　　　敬具
　　　　　　　　　　　　記

第1プロジェクト企画案　7枚

●ファックスの送信状2 ❷❸❹❺

　　　　　　　　　　ファクシミリ送信のお知らせ
拝啓　平素より格段のご愛顧を賜り誠にありがとうございます。
　さて、以下の書類を送信させていただきますので、ご査収の上、よろしくお取り計らいくださいますようお願い申し上げます。
　　　　　　　　　　　　　　　　　　　　　　　　　　　　　　　　敬具
　　　　　　　　　　　　記

1. ＧＳ-201型見積書　　1枚
2. ＡＧＡ-3型見積書　　1枚
　　　　　　　計2枚(本紙含まず)
　　　　　　　　　　　　　　　　　　　　　　　　　　　　　　　　以上

ビジネス商用文書・文例

Column

文書内容の訂正のしかた

　文書の内容に誤りが生じ、訂正しなければならない箇所が出た場合、あいまいな訂正をするとそれが原因でトラブルになりかねない。明快に、しかも誰が訂正したかがわかるようにすることが重要。

1. 訂正する個所を二重傍線で消し、その上に訂正者印を押してから、上部（横書きの場合）に正しい内容を書く。
2. 数字の場合は、間違えた数字１つを訂正するのではなく、該当する数字をすべて傍線で消し、訂正者印を押し、その上部に正しい数字を書く。
3. 脱字は追加の文字を記入し、その脇に訂正者印を押す。
4. 法律文書や証書は欄外に認印を押し、「弐字抹消、参字挿入」などと書き、本文中には印を押さない。数字は漢数字を用いる。

訂正例1

　　　　300,000
　金 200,000 万円を平成○○年４月10日に振り込みます。
　　　㊞

訂正例2

　　　　　　　　　　４
　本契約を訂正するため本書２通を作成し、
　　　　　　　　　　㊞

訂正例3

　上記金を貴社にお支払いいたします。
　　　　額 ㊞

訂正例4

　　　　　　　　　　美土代
　弐字抹消　東京都千代田区神田神保町３丁目３番地３号
　参字挿入
　　　　㊞

3 ビジネス社交文書・文例

季節のあいさつ／異動のあいさつ1・2
異動・転職・退職を通知する
会社設立・移転などを案内する1・2
設立・開店を祝う／会議・会合を案内する
催し物などを案内する
披露・祝賀会などへ招待する
叙勲・受賞などを祝う／贈答状／紹介状・推薦状
昇進などを祝う／祝賀状など
取引関係への礼状1・2／会社内への礼状
祝いへの礼状／見舞状／見舞いへの礼状
死亡通知とお悔やみ／弔辞への礼状

ビジネス社交文書・文例

季節のあいさつ

- ●取引先への年賀状
- ●年賀状　●暑中（残暑・寒中・余寒）見舞い
- ●年賀状への返信　●暑中見舞い
- ●喪中の人への寒中見舞い
- ●取引先への暑中見舞い

季節のあいさつ状は日頃お世話になっていることへの感謝の気持ちをあらわしたり、時候のあいさつとともに変わらぬ交流を願うのが基本です。出すタイミングに気をつけることと、手書きの一文を添える心配りが大切です。

文例1　基本　◉ 取引先への年賀状

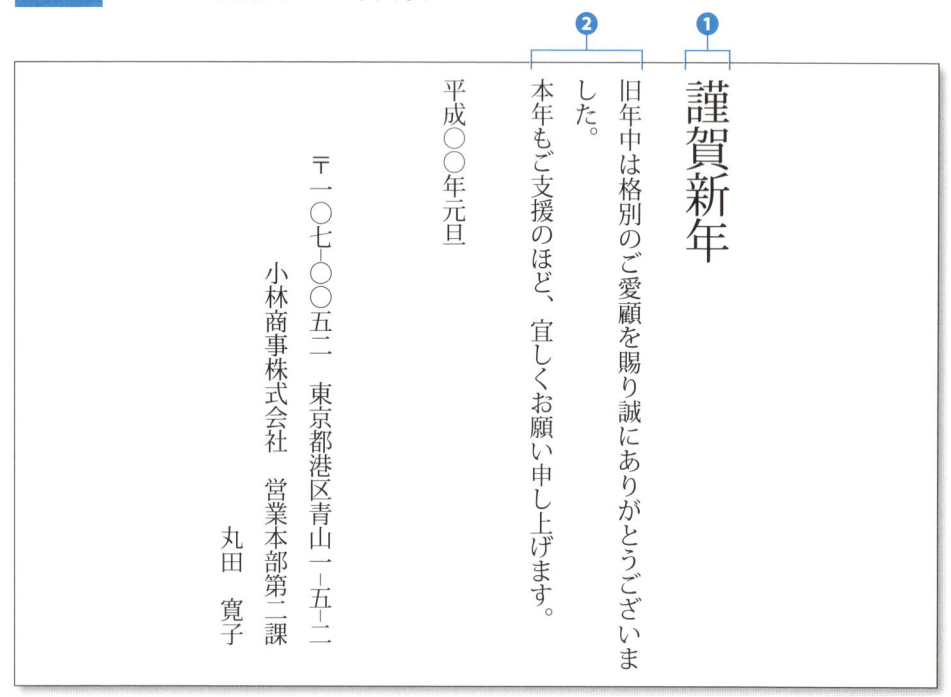

❶ 謹賀新年

❷ 旧年中は格別のご愛顧を賜り誠にありがとうございました。
本年もご支援のほど、宜しくお願い申し上げます。

平成〇〇年元旦

〒一〇七-〇〇五二　東京都港区青山一-五-二
小林商事株式会社　営業本部第二課
丸田　寛子

基本構成とポイント

❶ **賀詞や暑さ寒さのあいさつ**：頭語は書かず、冒頭には「賀春」「暑中お見舞い申し上げます」などの言葉を、本文より大きい文字で入れる。

❷ **時候のあいさつ、交誼に対する感謝とお礼**

❸ **お知らせ、変わらぬ交流のお願い、健康を祈る言葉**：夏季休暇のお知らせやイベントの案内、近況報告、抱負などを入れる場合は、短く簡潔に。

- ●年賀状は元旦までに届くよう早めに出す。
- ●暑中見舞いは小暑（7月初旬）から立秋（8月初旬）まで。
- ●寒中見舞いは寒の入り（1月初旬）から立春（2月初旬）まで。

応用入れ替え

◉年賀状 ❶
- 謹んで新年のごあいさつを申し上げます　●謹んで新春のお慶びを申し上げます
- あけましておめでとうございます　●年頭にあたり謹んでご祝詞を申し上げます
- 恭賀新年　●賀正　●迎春　●賀春

◉暑中(残暑・寒中・余寒)見舞い ❶
- 暑中(残暑・寒中・余寒)おうかがい申し上げます

◉年賀状への返信 ❷
　早々にご祝詞を賜り、誠にありがとうございました。年末より帰省しており、ごあいさつが遅れましたこと、謹んでお詫び申し上げます。

◉暑中見舞い ❷
　暑さ厳しき折、ますますご清栄のこととお喜び申し上げます。
　日ごろより格別のご高配を賜り、心よりお礼申し上げます。

◉喪中の人への寒中見舞い ❷
　酷寒の候、皆様いかがお過ごしでしょうか。
　貴家服喪中のことと存じ、年始のごあいさつはひかえさせていただきました。

文例2　応用 ◉ 取引先への暑中見舞い

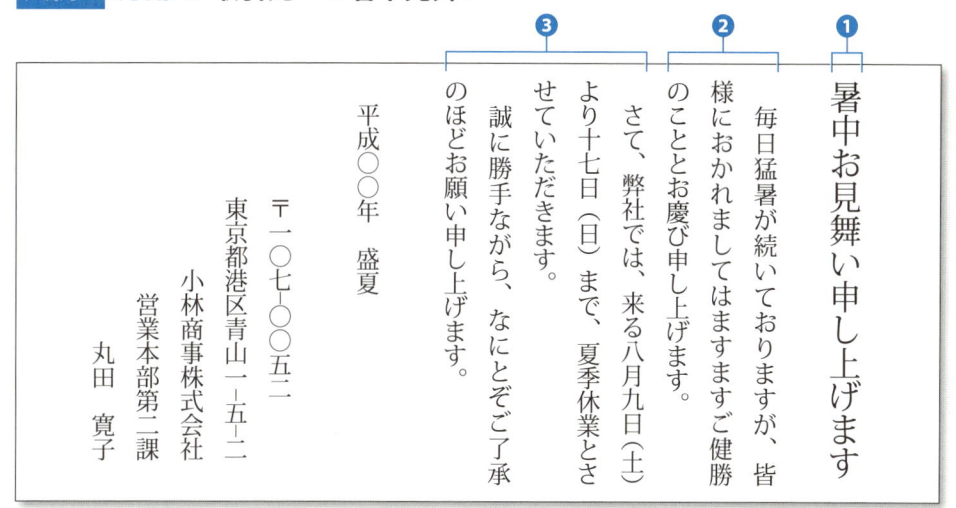

❶暑中お見舞い申し上げます

❷毎日猛暑が続いておりますが、皆様におかれましてはますますご健勝のこととお慶び申し上げます。

❸さて、弊社では、来る八月九日(土)より十七日(日)まで、夏季休業とさせていただきます。
誠に勝手ながら、なにとぞご了承のほどお願い申し上げます。

平成〇〇年　盛夏

〒一〇七-〇〇五一
東京都港区青山一-五-二
小林商事株式会社
営業本部第二課
丸田　寛子

よくない文例　(暗い近況報告は禁物)
昨年のキャンペーンの結果が思わしくなく、小社△△営業所は閉鎖となりました。

季節のあいさつ

ビジネス社交文書・文例

異動のあいさつ 1

- 就任した新社長から取引先の社長へのあいさつ
- 着任の抱負 ● 役員退任と後任者の紹介
- 前任地担当会社への転勤のあいさつ

など

役員人事のあいさつは最も儀礼を重んじる文書なので、格式のある表現にします。転勤、着任のあいさつは、取引先に礼を失することのないようかならず出します。

文例1 基本 ● 就任した新社長から取引先の社長へのあいさつ

❶ 謹啓　向春の候、皆様におかれましてはますますご清栄のこととお慶び申し上げます。
平素は格別のご芳情を賜り厚くお礼申し上げます。

❷ さて、このたび私こと、二月十日の弊社定時株主総会ならびに取締役会におきまして山本産業株式会社の代表取締役社長に選任されました。

❸ 前社長にくらべ、浅学非才の身ではございますが、社業の発展に全力を傾注し、皆様のご支援ご期待に添いますよう渾身の努力をいたす決意でございます。

❹ つきましては、何とぞ前任者同様、格段のご指導ご鞭撻を賜りますよう、衷心よりお願い申し上げます。

まずは、略儀ながら書中をもちまして就任のごあいさつを申し上げます。

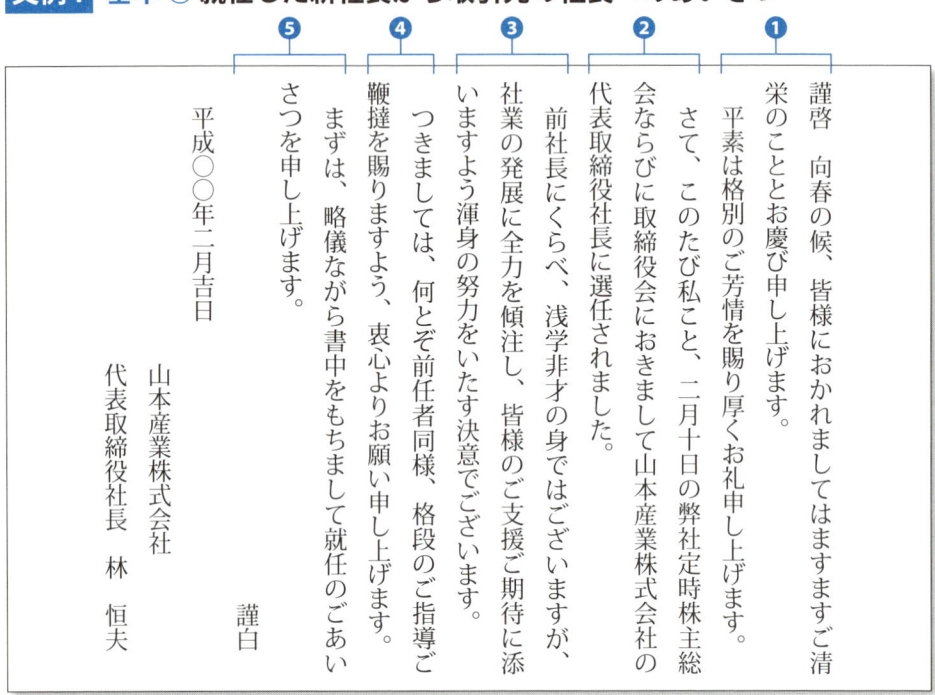

❺ 　　　　　　　　　　　　　　　　　　謹白

平成〇〇年二月吉日

　　　　山本産業株式会社
　　　　代表取締役社長　　林　　恒夫

基本構成とポイント

❶ **頭語と時候**：社長の退任・就任、役員の就任のあいさつは、「拝啓」より丁重な頭語「謹啓」「恭啓」で始め、時候のあいさつ、結語を入れて構成する。

❷ **退任、就任のお知らせとお礼**：通知事項は簡潔に。

❸ **後任者の紹介、抱負や決意**：文面に謙虚な姿勢を表すようにし、就任・異動後の仕事の内容や新しい仕事に対する抱負・決意を述べる。業務の引き継ぎがある場合は、後任者の紹介なども入れるとよい。

❹ **支援・協力のお願い**：新任務への支援・協力、交誼をお願いするあいさつを入れる。

❺ **結び**

● 社長交代のあいさつでは、退任・就任のあいさつを連記するのが一般的。

応用入れ替え

●役員就任のお知らせ ❷

　さて、私ことこのたび吉川元司専務取締役の退任にともない、はからずもその後任専務取締役として就任いたすことになりました。

●着任の抱負 ❷❸

　さて、私こと、4月10日付けをもちまして盛岡支社営業部から栃木支社営業本部長を命ぜられ、同日着任いたしました。若輩の上当地には不慣れではございますが、誠心誠意、全力を尽くす決意でございます。

●役員退任と後任者の紹介 ❸

　なお、後任の常務取締役福岡支社長には、前取締役仙台本社開発部長の飯島峰男が就任いたしましたので、何とぞ私同様、格別のお引き立てを賜りますよう、ひとえにお願い申し上げます。

文例2　応用 ● 前任地担当会社への転勤のあいさつ

❶ 拝啓　陽春の候、皆様にはますますご清祥のこととお喜び申し上げます。

❷ さて、私こと四月一日付けをもちまして神戸支社勤務を命ぜられ、このほど無事着任いたしました。和歌山支社在勤中つつがなく職務をまっとうできましたのは、ひとえに皆様のご高配の賜物と心より感謝いたしております。本来ならば、赴任の前に参上しごあいさつ申し上げるべきところではございますが、転勤にともなう所用に追われ不本意ながら時機を逸してしまいました。失礼いたしましたこと、深くお詫び申し上げます。

❸❹ 今後も新任地におきまして、微力非才ではありますが、職務に専心努力してまいりたいと存じますので、何とぞ一層のご指導ご鞭撻を賜りますようお願い申し上げます。

❺ まずは書中をもちまして、お礼かたがたごあいさつ申し上げます。

敬具

ビジネス社交文書・文例

異動のあいさつ 2

- 転職をした元社員から仕事上の関係者へのあいさつ
- 中途退職のあいさつ
- 海外赴任からの帰国のあいさつ
- 定年退職した社員から在職中の仕事関係者へのあいさつ

転職、定年退職などのあいさつは、私信とビジネス文書の双方を兼ねたものなので、堅すぎず、柔らかすぎずに書くことがポイントです。これまでの感謝とともに今後の変わらぬ支援・交誼をお願いします。

文例1 基本 ● 転職をした元社員から仕事上の関係者へのあいさつ

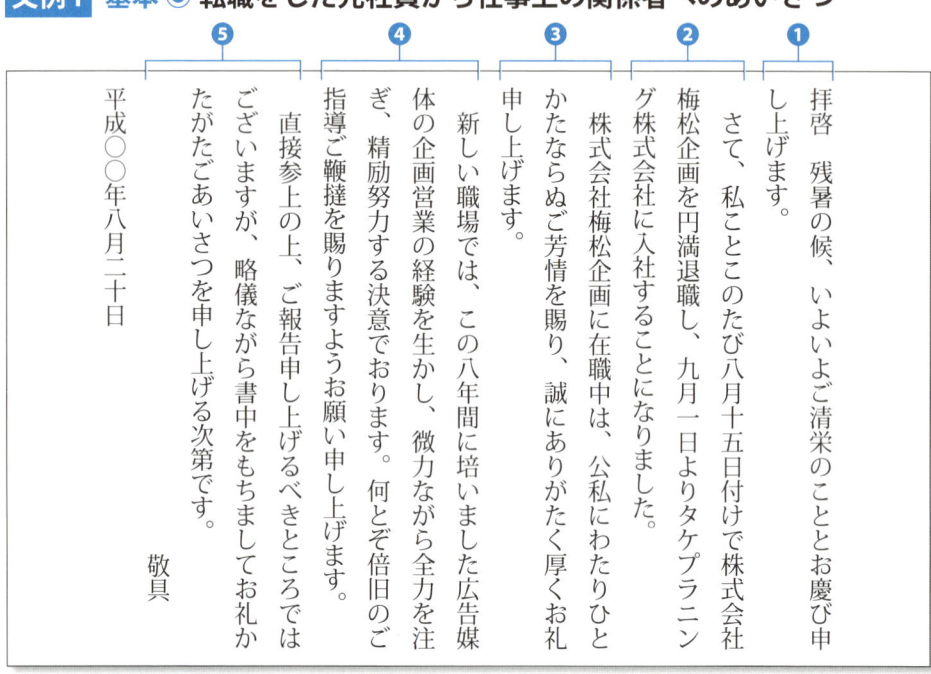

❶ 拝啓　残暑の候、いよいよご清栄のこととお慶び申し上げます。

❷ さて、私ことこのたび八月十五日付けで株式会社梅松企画を円満退職し、九月一日よりタケプラニング株式会社に入社することになりました。

❸ 株式会社梅松企画に在職中は、公私にわたりひとかたならぬご芳情を賜り、誠にありがたく厚くお礼申し上げます。

❹ 新しい職場では、この八年間に培いました広告媒体の企画営業の経験を生かし、微力ながら全力を注ぎ、精励努力する決意でおります。何とぞ倍旧のご指導ご鞭撻を賜りますようお願い申し上げます。

❺ 直接参上の上、ご報告申し上げるべきところではございますが、略儀ながら書中をもちましてお礼かたがたごあいさつを申し上げる次第です。

敬具

平成〇〇年八月二十日

基本構成とポイント

❶ **頭語と時候**：形式を守り、礼儀を重んじた文書にする。「拝啓」「謹啓」などの頭語と時候のあいさつを入れて構成する。

❷ **あいさつの要件**：いつから・どこに、といった転職や退職の事実関係は、わかりやすく簡潔に。かならず「円満退職（退社）」「依願退職」の言葉を入れる。

❸ **感謝とお礼**：これまでの支援や交誼に対する感謝の気持ちをあらわす。

❹ **決意、交誼支援のお願い**：新しい職場での抱負や決意、退職後の生活や仕事について簡単に述べ、今後の支援・交誼をお願いする。

❺ **結び**

応用入れ替え

●中途退職のあいさつ ❷❸

　　　　　　　　　　　　　　　　　　　　　　　　　　さて、私こと
本人都合により、7月18日をもちまして、15年間勤務いたしました株式会社岡江建設を円満退職いたしました。
　岡江建設在勤中は、公私ともに数々のご支援ご厚情にあずかり、誠にありがたく、深く感謝いたしております。

●海外赴任からの帰国のあいさつ ❷❸❹

　　　　　　　　　　　　　　　　　　　　　　　　　　さて、私儀
一昨年6月以来2年余、フランスのパリ支局に赴任いたしておりましたが、国内勤務を命じられ、このたびパリでの責務を終了し9月10日に帰国いたしました。
　赴任中も以前と変わらぬご懇情を賜り、幾度となく気持ちの支えになりましたことをここに厚くお礼申し上げます。また、留守中の家族にも温かいご配慮をいただきましたこと、お礼の言葉もございません。おかげさまをもちまして心おきなく職務に邁進でき、相応の成果を得ることができました。今後はフランスでの経験を存分に生かしたいと願っております。

文例2　応用 ● 定年退職した社員から在職中の仕事関係者へのあいさつ

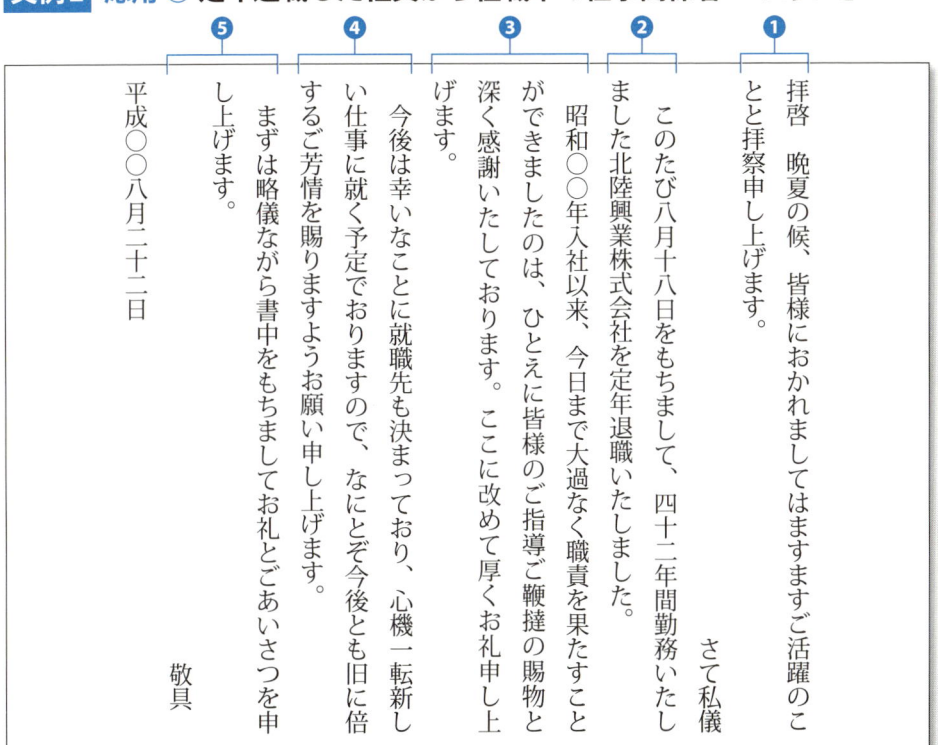

❶　拝啓　晩夏の候、皆様におかれましてはますますご活躍のこととと拝察申し上げます。

　さて私儀

❷　このたび八月十八日をもちまして、四十二年間勤務いたしました北陸興業株式会社を定年退職いたしました。

❸　昭和〇〇年入社以来、今日まで大過なく職責を果たすことができましたのは、ひとえに皆様のご指導ご鞭撻の賜物と深く感謝いたしております。ここに改めて厚くお礼申し上げます。

❹　今後は幸いなことに就職先も決まっており、心機一転新しい仕事に就く予定でおりますので、なにとぞ今後とも旧に倍するご芳情を賜りますようお願い申し上げます。

❺　まずは略儀ながら書中をもちましてお礼とごあいさつを申し上げます。

　　　　　　　　　　　　　　　　　　　敬具

平成〇〇年八月二十二日

ビジネス社交文書・文例

異動・転職・退職を通知する

- 役員異動をした会社の社長から取引先の社長へのあいさつ
- 組織変更のお知らせ
- 退職する社員の上司から在職中の担当会社へのあいさつ　など

ビジネス文書のなかでも取引先、同業者、顧客など特定の関係者に知らせる重要儀礼の文書なので、格調の高い、丁重な文書にします。用件を中心に簡潔にまとめ、くどくならないようにします。

文例1　基本　● 役員異動をした会社の社長から取引先の社長へのあいさつ

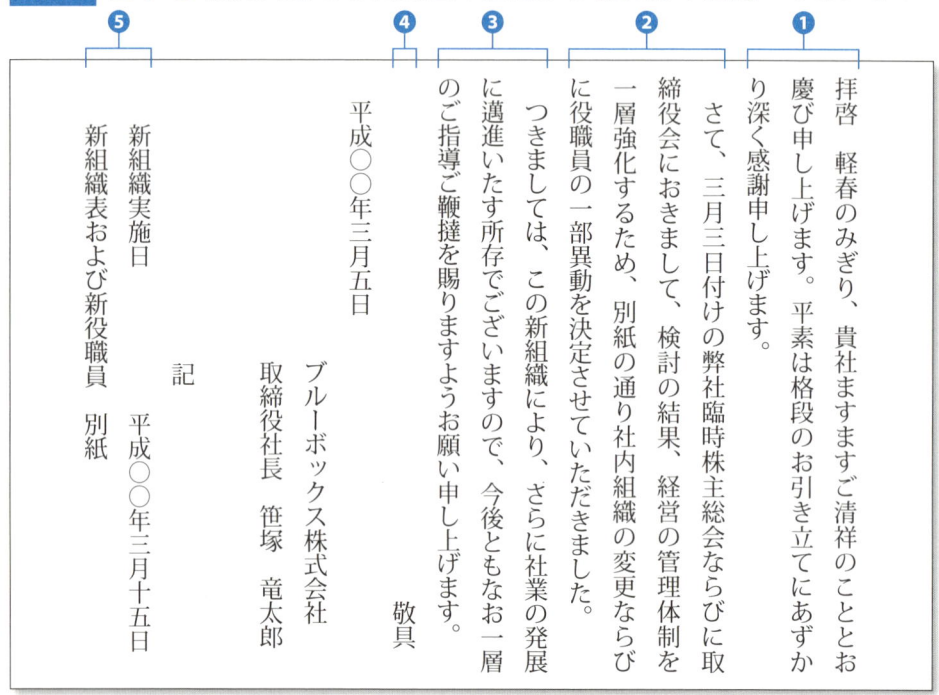

❶ 拝啓　軽春のみぎり、貴社ますますご清祥のこととお慶び申し上げます。平素は格段のお引き立てにあずかり深く感謝申し上げます。

❷ さて、三月三日付けの弊社臨時株主総会ならびに取締役会におきまして、検討の結果、経営の管理体制を一層強化するため、別紙の通り社内組織の変更ならびに役職員の一部異動を決定させていただきました。

❸ つきましては、この新組織により、さらに社業の発展に邁進いたす所存でございますので、今後ともなお一層のご指導ご鞭撻を賜りますようお願い申し上げます。

❹ 敬具

　　平成〇〇年三月五日

　　　　　　　ブルーボックス株式会社
　　　　　　　取締役社長　笹塚　竜太郎

　　　　　記

❺ 新組織実施日　　平成〇〇年三月十五日
　新組織表および新役職員　別紙

基本構成とポイント

❶ **頭語と時候**：格調の高い、丁重な表現の文書にする。「拝啓」「謹啓」などの頭語と時候のあいさつ、結語などを入れて構成する。

❷ **組織変更や異動のお知らせ**：説明が多く、くどい言い回しにならないよう、必要な用件を中心に簡潔にまとめる。

❸ **支援のお願い**：今後の抱負とともに支援をお願いする。

❹ **結び**

❺ **組織変更や異動の場合は変更内容の図や一覧表**：組織変更の場合、従来の組織形態と新組織形態が明確にわかるよう整理して記載する。わかりにくい場合は図表化する。

応用入れ替え

◉組織変更のお知らせ ❷

　さて、このたび弊社では、経営活動のより一層の効率化と組織の合理化による迅速な業務のシステム化をはかるため、別紙の通り経営管理システムを改正するとともにこれに伴う担当責任者の異動を決定させていただきました。

◉退職以後無関係のお知らせ ❷

　さて、当社製品管理部に所属しておりました村井邦彦は、本人都合により10月9日をもちまして退社いたしました。
　よって、今後、同人は当社とは一切無関係でありますことをご承知おきくださいますよう、その旨お知らせ申し上げます。

文例2 応用 ◉ 退職する社員の上司から在職中の担当会社へのあいさつ

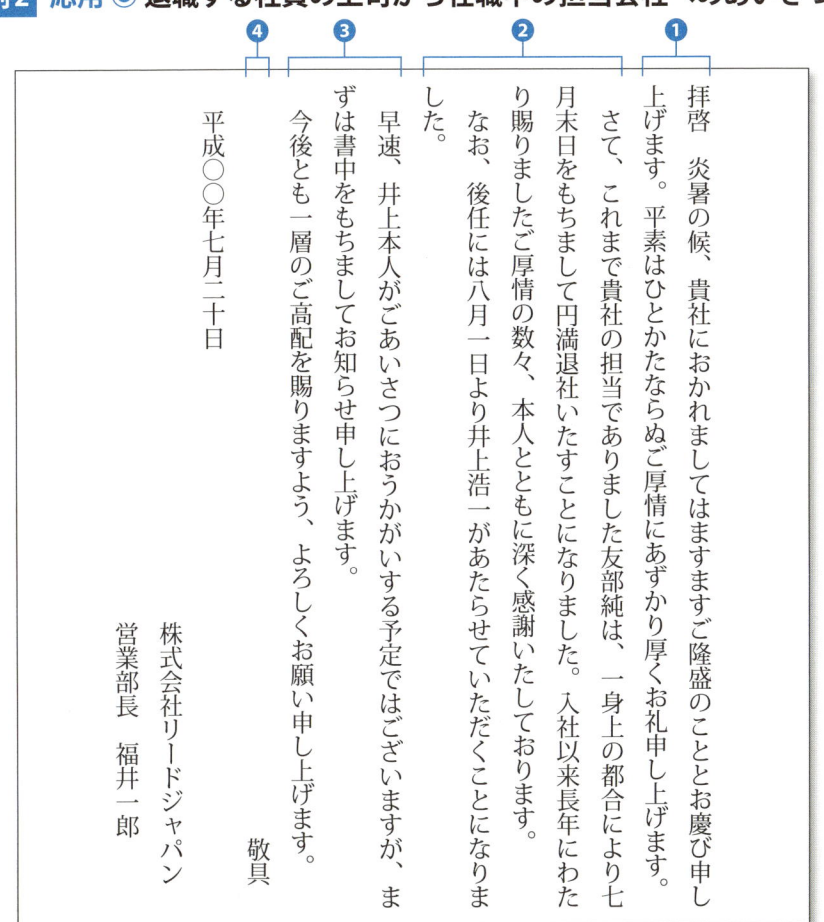

拝啓　炎暑の候、貴社におかれましてはますますご隆盛のこととお慶び申し上げます。平素はひとかたならぬご厚情にあずかり厚くお礼申し上げます。

❶ さて、これまで貴社の担当でありました友部純は、一身上の都合により七月末日をもちまして円満退社いたすことになりました。入社以来長年にわたり賜りましたご厚情の数々、本人とともに深く感謝いたしております。

❷ なお、後任には八月一日より井上浩一があたらせていただくことになりました。

❸ 早速、井上本人がごあいさつにおうかがいする予定ではございますが、まずは書中をもちましてお知らせ申し上げます。

❹ 今後とも一層のご高配を賜りますよう、よろしくお願い申し上げます。

敬具

平成〇〇年七月二十日

株式会社リードジャパン
営業部長　福井一郎

ビジネス社交文書・文例

会社設立・移転などを案内する 1

- 会社を設立した社長から取引先の社長へのあいさつ
- 開業した店主から顧客へのあいさつ
- 会社合併後の支援のお願い

など

儀礼的な文書になるので格式を重んじた表現に徹します。文頭で通知内容がわかるような構成にすることと、何よりも時機をのがさないで送ることが大切です。また、平素のお礼もかならず入れ、今後の支援をお願いします。

文例1 基本 ● 会社を設立した社長から取引先の社長へのあいさつ

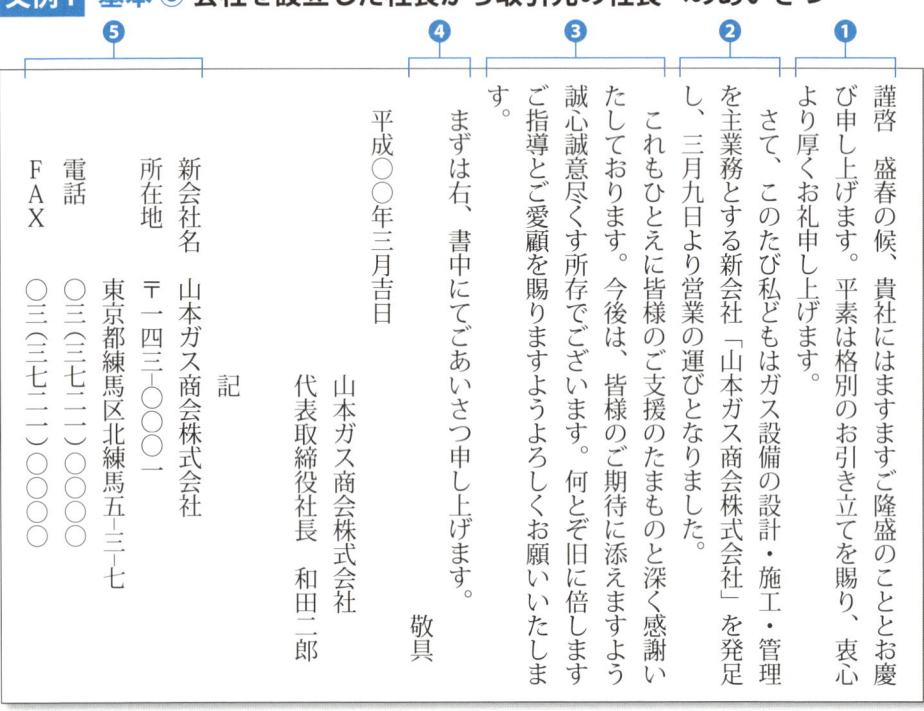

❶ 謹啓 盛春の候、貴社にはますますご隆盛のこととお慶び申し上げます。平素は格別のお引き立てを賜り、衷心より厚くお礼申し上げます。

❷ さて、このたび私どもはガス設備の設計・施工・管理を主業務とする新会社「山本ガス商会株式会社」を発足し、三月九日より営業の運びとなりました。

❸ これもひとえに皆様のご支援のたまものと深く感謝いたしております。今後は、皆様のご期待に添えますよう誠心誠意尽くす所存でございます。何とぞ旧に倍しますご指導とご愛顧を賜りますようよろしくお願いいたします。

❹ まずは右、書中にてごあいさつ申し上げます。

敬具

平成〇〇年三月吉日

山本ガス商会株式会社
代表取締役社長 和田二郎

記

❺ 新会社名　山本ガス商会株式会社
所在地　〒一四三-〇〇〇一
　　　　東京都練馬区北練馬五-三七
電話　〇三(三七二一)〇〇〇〇
FAX　〇三(三七二一)〇〇〇〇

基本構成とポイント

❶ **頭語と時候**：儀礼的なあいさつになるので格式を重んじた文章表現にする。「拝啓」「謹啓」などの頭語と結語、時候のあいさつなどを入れて構成する。

❷ **事業内容、目的と開店・開業、営業開始日**：通知内容は簡潔・明瞭に。通知内容は何度も書かないように注意したい。

❸ **お礼と抱負、支援のお願い**：日頃からおつきあいのあるところへは、平素のお礼をかならず入れ、一層の支援をお願いする一文を添える。

❹ **結び**

❺ **新会社名、所在地**：末文のあいさつには、「略儀ながら書中をもちまして」などがある。

応用入れ替え

◉開店・開業などのお知らせ ❶

- 拝啓　炎暑の候、皆様におかれましてはますますご健勝のこととお喜び申し上げます。平素はひとかたならぬご愛顧にあずかり、厚くお礼申し上げます。
- 謹啓　盛夏の候、ますますご隆盛の段、お慶び申し上げます。平素は格別のご高配を賜り厚くお礼を申し上げます。

◉会社合併後の支援のお願い ❸

　両社の合併は業界再編成が進行中の金融関連業界において一石を投じるとともに、新会社として強力に地盤固めをし、今後の飛躍的な発展に寄与できるよう努めたいと存じます。
　長年、両社へ賜りましたご厚誼に深く感謝申し上げ、今後とも倍旧のご支援ご愛顧を賜りますよう切にお願い申し上げます。

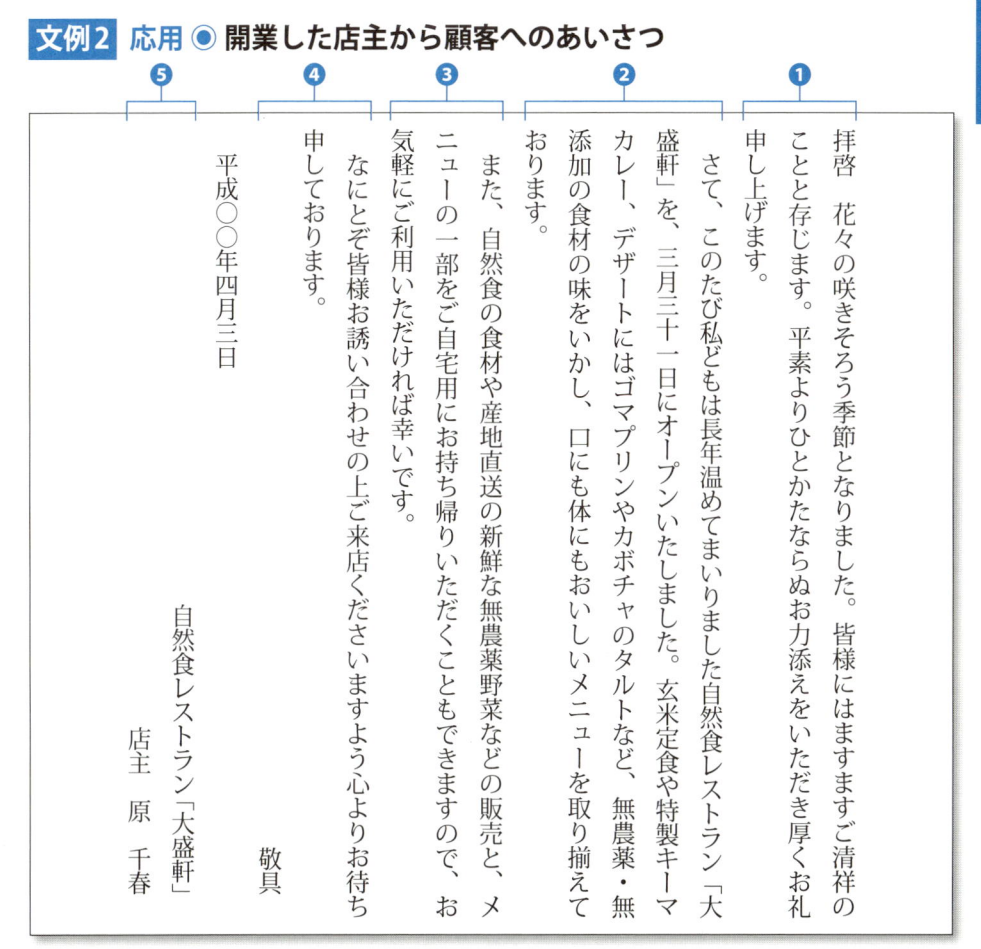

文例2　応用 ◉ 開業した店主から顧客へのあいさつ

❶拝啓　花々の咲きそろう季節となりました。皆様にはますますご清祥のこととお喜び申し上げます。平素よりひとかたならぬお力添えをいただき厚くお礼申し上げます。

❷さて、このたび私どもは長年温めてまいりました自然食レストラン「大盛軒」を、三月三十一日にオープンいたしました。玄米定食や特製キーマカレー、デザートにはゴマプリンやカボチャのタルトなど、無農薬・無添加の食材の味をいかし、口にも体にもおいしいメニューを取り揃えております。

❸また、自然食の食材や産地直送の新鮮な無農薬野菜などの販売と、メニューの一部をご自宅用にお持ち帰りいただくこともできますので、お気軽にご利用いただければ幸いです。

❹なにとぞ皆様お誘い合わせの上ご来店くださいますよう心よりお待ち申しております。

敬具

❺平成〇〇年四月三日

自然食レストラン「大盛軒」
店主　原　千春

ビジネス社交文書・文例

会社設立・移転などを案内する 2

- ●社屋を移転した社長から
  取引先の社長への案内
- ●閉鎖する支店の支店長から
  取引のあった顧客への案内　など

一般の取引文書に比べると案内状に近いので、書式にさほどこだわらなくてもよいですが、変更事項はわかりやすく目立つデザインにします。あいさつ状の要素もあるので、業務的表現にとどまらないように注意します。

文例1　基本 ● 社屋を移転した社長から取引先の社長への案内

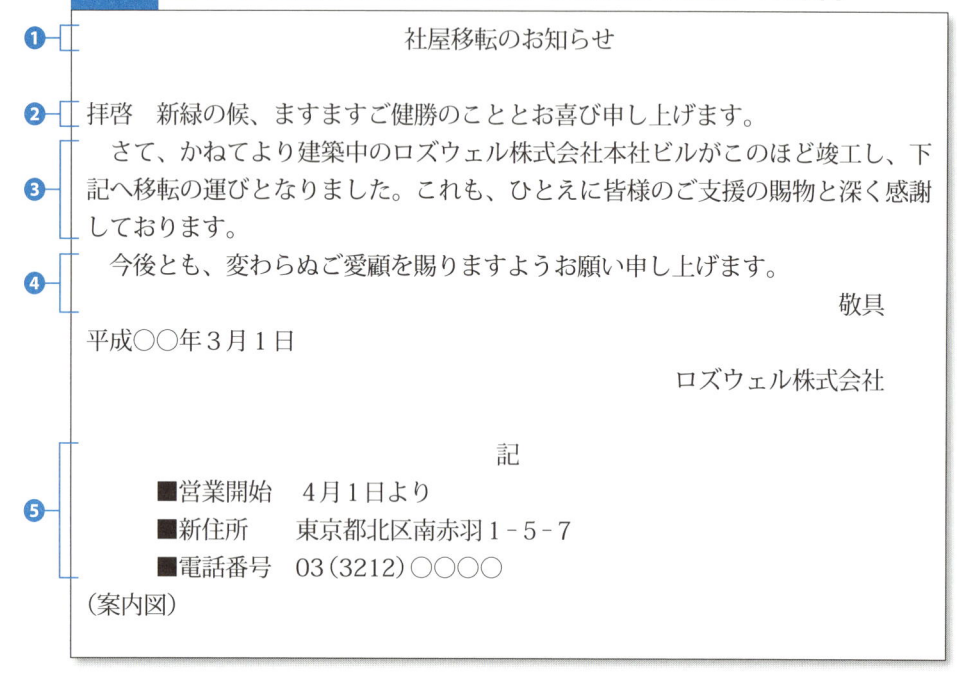

❶　　　　　　　　　　　社屋移転のお知らせ

❷　拝啓　新緑の候、ますますご健勝のこととお喜び申し上げます。

❸　　さて、かねてより建築中のロズウェル株式会社本社ビルがこのほど竣工し、下記へ移転の運びとなりました。これも、ひとえに皆様のご支援の賜物と深く感謝しております。

❹　　今後とも、変わらぬご愛顧を賜りますようお願い申し上げます。

　　　　　　　　　　　　　　　　　　　　　　　　　　　　　　　敬具

平成○○年3月1日

　　　　　　　　　　　　　　　　　　　　　　　　ロズウェル株式会社

　　　　　　　　　　　　　　　記

❺　　　■営業開始　　4月1日より
　　　　■新住所　　　東京都北区南赤羽1-5-7
　　　　■電話番号　　03（3212）○○○○
（案内図）

基本構成とポイント

❶ **標題**：見出しをつける。「事務所移転のお知らせ」のように、内容を要約したものを標題とする。

❷ **頭語と時候**：前文は1〜2行程度で、簡潔にする。

❸ **変更の日時・場所**：主文に変更の理由や移転先などの簡単な紹介文を入れるとよい。

❹ **移転先の紹介や電話番号の変更の理由**：今後のおつきあいをお願いする。廃業・閉鎖などの場合、「略儀ながら書中をもちましてごあいさつ申し上げます」と結ぶ。

❺ **変更事項と案内図など**：住所変更や社屋移転などの場合、案内図を入れる。案内図横には交通機関も追記すると親切。

● 横書きが一般的。

応用入れ替え

◉閉鎖する支店の支店長から取引のあった顧客への案内　❶❷❸❹

支店閉鎖のごあいさつ

謹啓　時下ますますご清栄のことと拝察いたします。平素は格別のお引き立てを賜り厚くお礼申し上げます。
　さて、このたび弊社組織改変にともない、沼津支店を3月1日をもちまして閉鎖することに相成りました。長年にわたり皆様より賜りましたご厚情に対し衷心より感謝申し上げます。
　なお同支店の業務は浜松支店において引き継ぎ、皆様のご便宜をはからせていただくことをご了承ください。また、今後ともなお一層のご支援を賜りますれば幸甚でございます。
　まずは略儀ながら書中をもちまして、お願いかたがたごあいさつを申し上げます。
謹白

◉社名変更の案内　❸

　さて、長年にわたり株式会社栗田産業としてご愛顧いただいておりましたが、創業40周年を機に、来る6月1日をもちまして株式会社クリタと社名を変更させていただくことになりました。

◉廃業・支店閉鎖にともなうあいさつ　❹

　これまでに賜りましたひとかたならぬご厚誼に対し、衷心より謹んでお礼申し上げます。本来なら、参上して申し上げるべきところでございますが、略儀ながら書中をもちましてごあいさつ申し上げます。

ビジネス社交文書・文例

設立・開店を祝う

- 取引先社長から新店舗を開いた社長への祝い
- 新社屋落成あいさつへの礼状
- 創業記念パーティー欠席の返事

など

祝賀状は、先方の祝いごとに祝意を表する最も儀礼的な文書です。形式的なものになりがちなのもやむを得ませんが、タイミングはのがさないように。先方からのあいさつ状や招待状を受け取ったら、すぐに返信することが大切です。

文例1 基本 ● 取引先社長から新店舗を開いた社長への祝い

拝復　新秋の候、ますますご隆盛のこととお慶び申し上げます。

さて、このたびは、かねてよりご計画の第二号店を目黒に開店されました由、心からお祝い申し上げます。長年にわたるご信用とご経験に加え、新たに地の利を得られ、ますますのご繁栄まちがいないものと推察いたします。当社も及ばずながら、ご支援申し上げたいと存じます。

なお、お祝いのしるしとして、心ばかりの品を別送いたしましたので、ご笑納いただければ幸いです。

まずは、略儀ながら書中をもってご祝辞を申し上げます。

敬具

平成〇〇年九月二十三日

株式会社緑風堂
代表取締役　木村　緑　様

株式会社吉田工芸
代表取締役　吉田さやか

基本構成とポイント

1. **頭語と時候**：自分の立場を踏まえ、礼儀を重んじて形式を整える。頭語（返信は「拝復」）、時候のあいさつなどを入れて構成する。
2. **お祝いと今後への期待**：おおげさな賞賛や美辞麗句はやめ、簡潔で素直な表現をこころがける。
3. **今後のつきあいのお願い**：これまでの努力や苦労を讃えて労をねぎらい、今後の発展を願う言葉で締めくくるとよい。
4. **お祝い品送付のお知らせ、パーティーに招待された場合の礼など**：祝いの品を送ったことにふれ、祝賀会に招待された場合、お礼と出欠をかならず入れる。
5. **結び**

応用入れ替え

●新社屋落成あいさつへの礼状 ❷

　さて、このたびはかねてより建設中の貴社新社屋も竣工を迎えられ、ご丁重なごあいさつをいただき、誠にありがとうございました。心よりお祝い申し上げます。
　これもひとえに、社長様をはじめ、社員の皆様の不断のご努力が実を結んだものと拝察いたします。

●創業記念パーティー欠席の返事 ❹

　また、来る創業記念パーティーにお招きいただき、光栄に存じます。参上いたし祝詞を申し上げるべきところですが、父の法事が予定されているため、出席することがかないませぬことをお詫び申し上げます。
　あらためて別の機会におうかがいさせていただくつもりでございます。

文例2　基本　● 独立前に取引のあった社長から会社を設立した社長への祝い

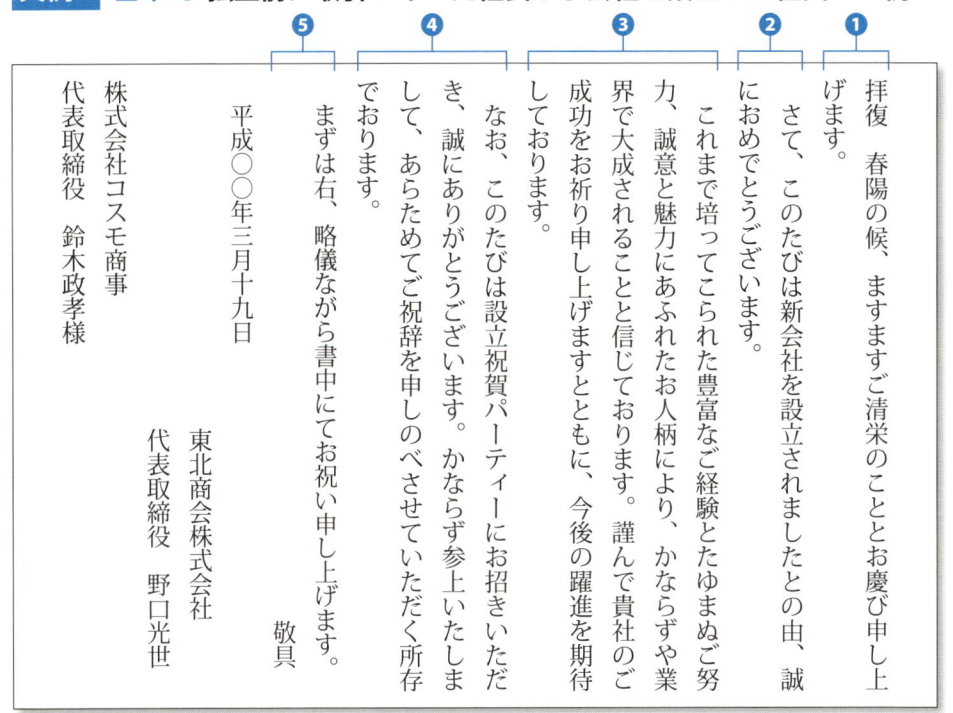

❶　拝復　春陽の候、ますますご清栄のこととお慶び申し上げます。

❷　さて、このたびは新会社を設立されましたとの由、誠におめでとうございます。

❸　これまで培ってこられた豊富なご経験とたゆまぬご努力、誠意と魅力にあふれたお人柄により、かならずや業界で大成されることと信じております。謹んで貴社のご成功をお祈り申し上げますとともに、今後の躍進を期待しております。

❹　なお、このたびは設立祝賀パーティーにお招きいただき、誠にありがとうございます。かならず参上いたしまして、あらためてご祝辞を申しのべさせていただく所存でおります。

❺　まずは右、略儀ながら書中にてお祝い申し上げます。

敬具

平成○○年三月十九日

株式会社コスモ商事
代表取締役　鈴木政孝様

東北商会株式会社
代表取締役　野口光世

よくない文例

忌み言葉（倒れる、崩れる、つぶれる、枯れる、傾く、閉じる、飛ぶ、燃えるなど）を使わない。
例）ご新装なさいましたお店は、ご店主の趣味を反映したハイセンスな品揃えで、品物が飛ぶように売れることでございましょう。

ビジネス社交文書・文例

会議・会合を案内する

- 株主総会の案内
- 取引先との懇親会の案内
- 忘年会の案内

など

案内する会合・会議の性格によって文体を決めます。伝達事項は５Ｗ１Ｈに沿って書きもれのないようにします。往復はがきか出欠の返信用のはがきを添えるのが一般的です。遅くとも開催日の14日前には送りましょう。

文例1　基本 ● 株主総会の案内

　株主各位
❶　　　　　　　　　　第21回定時株主総会のご案内
❷　拝啓　残暑の候、関係各位にはいよいよご清祥のこととお慶び申し上げます。平素はいろいろお引き立てをいただき、厚くお礼申し上げます。
❸　　さて、来る９月18日、第21回定時株主総会を開催いたします。何とぞ万障お繰り合わせの上、ご臨席を賜りますようご案内申し上げます。
❹　　なお、本議案中には定足数のご出席を必要とする案件もございます。当日ご欠席の場合は、誠にお手数ながら同封の委任状に賛否を明示され、ご捺印の上すみやかにご返送くださいますようお願い申し上げます。
　　　　　　　　　　　　　　　　　　　　　　　　　　　　　　　　　敬具
❺　平成○○年８月20日
　　　　　　　　　　　　　　　　　　　　　　株式会社ぼたん食品
　　　　　　　　　　　　　　　　　　　　　　代表取締役社長　山田進介
　　　　　　　　　　　　　　　　記
❻　日時　９月18日（水）午前11時より
　　場所　日本橋丸もと会館８階　山茶花の間
　　議案　第21期営業利益報告書、貸借対照表の件、システム開発借入金の件

基本構成とポイント

❶ **標題**

❷ **頭語と時候のあいさつに続き相手への日頃の感謝の言葉**：会合が儀礼を重んじる内容の場合、時候のあいさつ、感謝の言葉などは慣用語句を上手に使う。

❸ **会合・会議の趣旨説明**：会議や総会などの案内は、議題や趣旨をできるだけ簡潔にまとめる。また、懇親会や忘年会、新年会などは、あまり堅苦しい文章表現は避けたほうがよいが、儀礼的な要素が強い場合は、こった文章は必要ないものの、言葉づかいには注意する。歓送迎会では、対象となる人のプロフィールなどにふれておく。

❹ **出欠の返信方法**

❺ **結び**

❻ **日付、場所、時刻などの別記**：日付、場所、時刻、会費など会合に必要なことがらは、別記にしてできるだけ詳しく記す。会場への地図か最寄りの交通機関の案内なども入れておくとよい。

● 出欠の返信が不要の場合でも、開催日の２週間前には送っておきたい。

応用入れ替え

●取引先との懇親会の案内　❶❷❸❹❺❻

懇親会開催のご案内

拝啓　時下ますますご清祥のこととお慶び申し上げます。また、平素は弊社製品をお引き立てくださいまして、誠にありがとうございます。

　さて、本年度前期も締めくくりを迎え、皆様の日頃のご支援に弊社の感謝の意をこめまして、恒例の親睦会を下記の通り開催することとなりました。

　つきましては、ご多用中とは存じますが、万障お繰り合わせの上、何とぞご臨席賜りますようお願い申し上げます。

敬具

記

日時　6月24日（土）　午後4時より7時
会場　ホテルグランパス　オリオンの間
　　　地下鉄有楽町線・半蔵門線永田町駅下車
　　　（別紙地図をご参照ください）
会費　8,000円

なお、誠にお手数ではございますが、6月10日までに同封のはがきにてご参加の有無をお知らせくださいますようお願い申し上げます。

●忘年会の案内　❷❸

謹啓　本年もいよいよ押し詰まってまいりましたが、ますますご清栄のこととお慶び申し上げます。

　弊社はおかげさまをもちまして、本年も順調に業績を伸ばすことができました。これもひとえに皆様方のご協力とご支援の賜物と深く感謝申し上げます。

　つきましては、皆様の日頃のご芳情に感謝の気持ちを表したく、ささやかではございますが下記の要領で忘年会を催したく存じます。

●送別会の案内　❸

　さて、すでにご承知のことと存じますが、株式会社友好銀行の営業部長中屋滋氏は、このたび、札幌支店長として単身赴任されることになりました。

　つきましては、一夕同氏をお招きして、栄転を祝し、今後のご活躍を祈って、同封別紙の通り送別会を開催したいと存じます。

ビジネス社交文書・文例

催し物などを案内する

- 新作受注会の案内
- 展示発表会の案内
- 招待セールの案内
- 取引先との懇談会の案内
- 新入社員歓迎会の案内

特定の人びとに催し物や会合の開催を知らせ、参加を促すための文書です。また、案内状は簡潔に事務的に仕上げるのが一般的です。日時、場所などに間違いがないようにし、場所は地図を入れると親切です。

文例1　基本　● 顧客を対象とした新作受注会の案内

❶ 　　　　　ミラノコレクション新作受注会のご案内

❷ 謹啓　若葉がまぶしい季節、皆様にはますますご清祥のこととお慶び申し上げます。毎々格別のお引き立てを賜り、誠にありがとうございます。

❸ 　さて、先ごろ弊社が業務提携いたしましたイタリアはタイタン社の製品を一同に集めての秋の新作受注会を開催いたす運びとなりました。今回は、紳士・婦人のアウターウェアからバッグ、靴、小物雑貨にいたる総合コレクションとしてご覧いただけるよう、品数も豊富に取り揃えております。タイタン社の製品はハイセンスでエレガントと、最近世界各国の若い方々から注目されており、日本の女性雑誌でもしばしば取り上げられるようになってきたところでございます。

❹ 　ぜひ、皆様お誘い合わせの上、ご来店ご用命賜りますよう、ご案内申し上げます。

　　　　　　　　　　　　　　　　　　　　　　　　　　　　　　　　　　敬具

平成○○年5月吉日

　　　　　　　　　　　　　　　　　　　　　　　　　　　　株式会社南海デパート

　　　　　　　　　　　　　　　　　　　　記

❺ 　1．日時：平成○○年6月10日（日曜日）午前9時
　　2．場所：当デパート7階催事場

基本構成とポイント

❶ **標題**

❷ **頭語と時候のあいさつに続いて、相手への日ごろの厚誼に対する感謝とお礼の言葉**：時候のあいさつも受信者によっては、決まりきった慣用句を用いるのではなく、新鮮な表現を工夫してみる。

❸ **催し物の内容ならびに案内の趣旨説明**：受信者に趣意説明を理解してもらえるように、書き手自身が催し物の内容を十分に理解してから筆をとる。催し物の特徴や雰囲気など、受信者の興味・関心を引く情報を盛り込む。

❹ **参加をお願いする結びの言葉**

❺ **日時と場所を知らせる別記**：催しの行われる日時と場所は、受信者に正確にひと目でわかるように別記にする。

- 同じ催し物でも受信者が女性客と業者ではおのずと表現のニュアンスが違ってくる。相手の立場によって語句を使い分けるなどの工夫が必要。

> 応用入れ替え

◉新製品展示発表会の案内 ❸

　さて、弊社ではかねてより研究・開発を重ねてまいりました、へらブナ専用ロッド「エマーソンレイク」が完成し、発売の運びとなりました。パワーとしなやかさもあわせもつこのロッドは、まさに愛好家のニーズに応える理想の一本と自負いたしております。

　つきましては、一般公開に先立ち、関係者各位にお集まりいただきたく、展示発表会を下記の通り催すことにいたしました。

◉招待セールの案内 ❸

　さて、弊社では毎年恒例の「お得意様特別セール」を左記の通り開催いたします。

　当社のオリジナル商品をはじめ、ロングセラーの定番商品、今年人気の商品など豊富に取り揃え、お得意様だけの特別価格でご奉仕させていただきます。

◉取引先との懇談会の案内 ❸

　さて、昨今の世界経済の不安定と国内経済の長引く景気の低迷は、私どもの業界にも暗い影を差しかけ、業界の健全な発展はおろか、存続も危ぶまれる情勢となってまいりました。

　そこで、当社と緊密な関係にある企業各位にお集まりいただき、相互の親睦を図るとともに、業界全体が直面する諸問題に関するご意見をうかがい、対応策を練りたいと存じます。

　つきましては、別紙の要領で懇談会を開催いたしたく、謹んでご案内申し上げる次第です。

◉新入社員歓迎会の案内 ❸

　さて、新入社員の皆さまには、早くも渋谷営業所の雰囲気に馴染み、日々ご精励のことと存じます。

　つきましては、新入社員相互の親睦を深め、先輩社員との交流を促進するため、下記の通り営業所内で新入社員歓迎会を開催いたします。

催し物などを案内する

ビジネス社交文書・文例

披露・祝賀会などへ招待する

- 新会社設立披露への招待
- 支店開設祝賀会への招待
- 就任披露への招待
- 祝賀パーティーへの招待

取引先の経営陣のトップが受信者となるケースが多いため、儀礼的で社交文書の傾向が強くなります。文面は縦書きが一般的で、表現や語句も丁寧で格式を感じさせるものを選びます。

文例1 基本 ● 新会社設立披露への招待

❶ 謹啓　残暑の候、貴社にはますますご清栄のこととお慶び申し上げます。

❷ さて、私どもでかねてより設立準備を進めてまいりました新会社が、株式会社リベロとして正式に発足、来る九月一日より営業開始の運びとなりました。これもひとえに皆々様のご指導ご鞭撻の賜物と厚くお礼申し上げます。

❸ つきましては、ささやかながら、左記の通り設立披露の小宴を催したく存じます。ご多用のところ誠に恐縮に存じますが、万障お繰り合わせくださいまして、是非ともご来臨賜りますよう謹んでお願い申し上げます。

敬白

平成○○年八月十日

株式会社リベロ
代表取締役社長　松平健太

記

❹ 日時　九月十二日(土)午後四時〜六時
会場　ホテルサンバースト　鳳凰の間

なお、お手数ながら同封のはがきにて、ご出席いただけるかどうかのご意向を九月一日までにお知らせいただければ幸甚に存じます。

基本構成とポイント

❶ **頭語と時候のあいさつ、相手への感謝の言葉**：極端に難しい言葉を使う必要はないが、くだけた表現は避けて、慣用語句を用いて文章を引き締める。

❷ **招待の趣意、催しの内容**：事務的に招待の内容や趣意を説明するのではなく、相手に興味や期待を抱かせる表現を工夫する。

❸ **出席の懇請・依頼**：受信者に対して来賓として出席を懇請することが多いので、慣用句を使いながら、「ぜひに」という気持ちを強く出す。「ご来駕」「ご来遊」「お越し」などの言葉もよく使われる。

❹ **日時、場所などを別記**：日時、場所はもちろん、会場までの経路、交通機関、駐車場の有無、服装の注意なども書いておく。

- 式典の招待は通常、白カードで角封筒入りとする。
- 出欠の有無を確認する返信用のはがきを同封すること。

応用入れ替え

●支店開設祝賀会への招待 ❷❸

　さて、このたび弊社では業務の拡大に伴い東北地区のお客様のご便宜をはかるため、開設の準備を進めてまいりました博多支店が、来る8月6日より業務開始の運びとなりました。これもひとえに皆様方の多大なご支援の賜物と、心から感謝申し上げます。
　つきましては、今後一層のご愛顧ご支援をお願い申し上げたく、左記の通り支店開設祝賀披露の小宴を催したいと存じます。

●社長就任披露への招待 ❷❸

　まだまだ未熟な若輩者ではございますが、粉骨砕身社業に邁進していく所存であります。
　つきましては、平素よりのお引き立てへの感謝と一層のご支援のお願いを兼ねまして左記の通り小宴を催したいと存じます。

Eメールの場合　● 創業記念祝賀パーティーへの招待

宛先： 斉藤俊様
CC：
件名： 創業記念祝賀パーティーへの招待

北龍工業株式会社
営業3課　斉藤　瞬様

　謹啓　初秋の候、貴社におかれましてはますますご清栄の趣、慶賀の至りに存じます。平素は格別のお引き立てを賜り、誠にありがたく厚くお礼申し上げます。
　さて、弊社はおかげさまをもちまして来る10月1日で創業以来30周年を迎えることと相成りました。
　今日まで無事に社業に務めてまいることがかないましたのも、ひとえに皆々様の多大なご支援の賜物と深く感謝申し上げる次第でございます。
　つきましては、皆様のご厚情に報いる一端として、下記の通り創立30周年の式典を行い、心ばかりの粗饗を差し上げたく存じます。
　ご多用中誠に恐縮ながら万障お繰り合わせの上、何とぞご来臨の栄を賜りますよう、謹んでお願い申し上げます。
　まずは書中をもってご案内申し上げます。

　　　　　　　　　　　　　　　　　　　　　　　　　　　　　敬白
　　　　　　　　　　　　記
日時　10月2日（土）午後3時～5時
会場　サンライズホテル　太陽の間
なお、お手数ながら9月20日までにご返信賜りますようお願い申し上げます。

野原株式会社
営業部　野原大輔

ビジネス社交文書・文例

叙勲・受賞などを祝う

- 取引先社長叙勲の祝い
- 受賞の祝い
- 古希を迎えた取引先社長への祝い

儀礼文書の典型なので、形式的なものになりがちですが、内容よりも祝賀のタイミングを逸しないことが重要です。賀寿や叙勲の祝賀は縦書きにこだわりたいものです。

文例1　基本　◉ 取引先社長叙勲の祝い

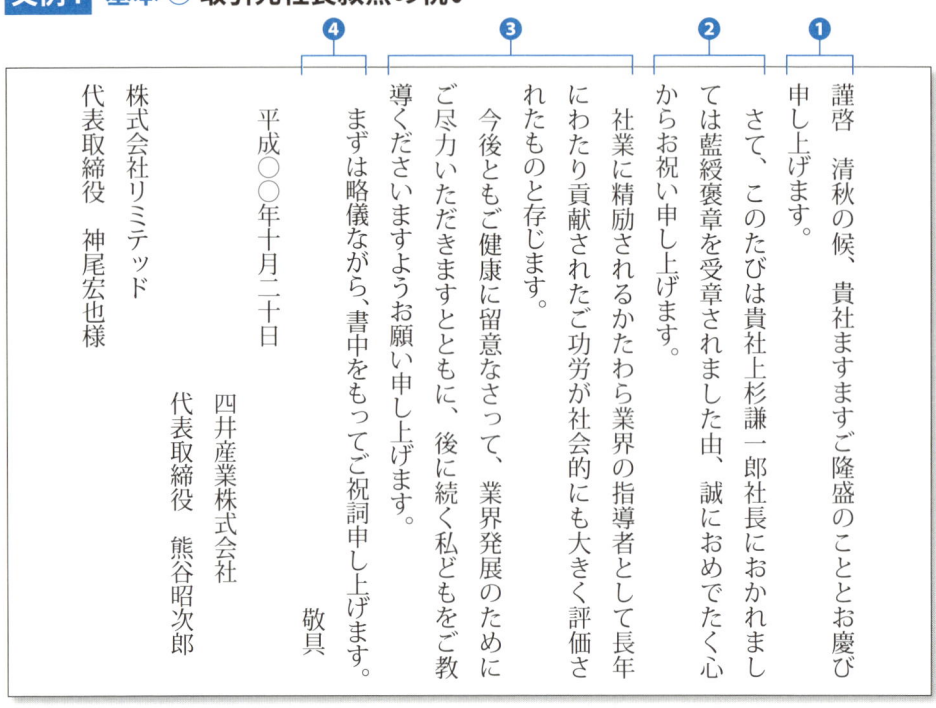

❶ 謹啓　清秋の候、貴社ますますご隆盛のこととお慶び申し上げます。

❷ さて、このたびは貴社上杉謙一郎社長におかれましては藍綬褒章を受章されました由、誠におめでたく心からお祝い申し上げます。

社業に精励されるかたわら業界の指導者として長年にわたり貢献されたご功労が社会的にも大きく評価されたものと存じます。

❸ 今後ともご健康に留意なさって、業界発展のためにご尽力いただきますとともに、後に続く私どもをご教導くださいますようお願い申し上げます。

❹ まずは略儀ながら、書中をもってご祝詞申し上げます。

敬具

平成○○年十月二十日

四井産業株式会社
代表取締役　熊谷昭次郎

株式会社リミテッド
代表取締役　神尾宏也　様

基本構成とポイント

❶ **頭語と時候**：儀礼に十分留意して、適切な慣用句は大いに活用しながら記す。叙勲の場合の頭語は「謹啓」がよい。

❷ **お祝いの言葉**：相手の功績や能力・人柄などを讃える。しかし美辞麗句を並べただけのものや、親しい相手だからといってなれなれしい言葉づかいは避ける。今までの苦労をねぎらう言葉も添えておきたい。

❸ **今後への期待**：今後への励ましや活躍への期待を明確に表す。

❹ **お祝い品送付のお知らせ、宴席に招待されたお礼など**：贈り物を送ったことや祝賀会への出欠の返事などを記す。

- 忌み言葉は使ってはいけない。

応用入れ替え

●受賞の祝い ❷

　さて、貴台におかれましては、このたび△○大賞を受賞され、誠におめでたく心からお祝い申し上げる次第でございます。

　思えば○○様が新システムの研究開発に取り組まれて10余年が経過いたしました。その間のご努力、ご尽力はなみなみならぬものであったと拝察いたしております。そのご苦労を乗り越えられてのご栄誉に、お喜びもひとしおのことと存じます。

文例2　応用 ◉ 古希を迎えた取引先社長への祝い

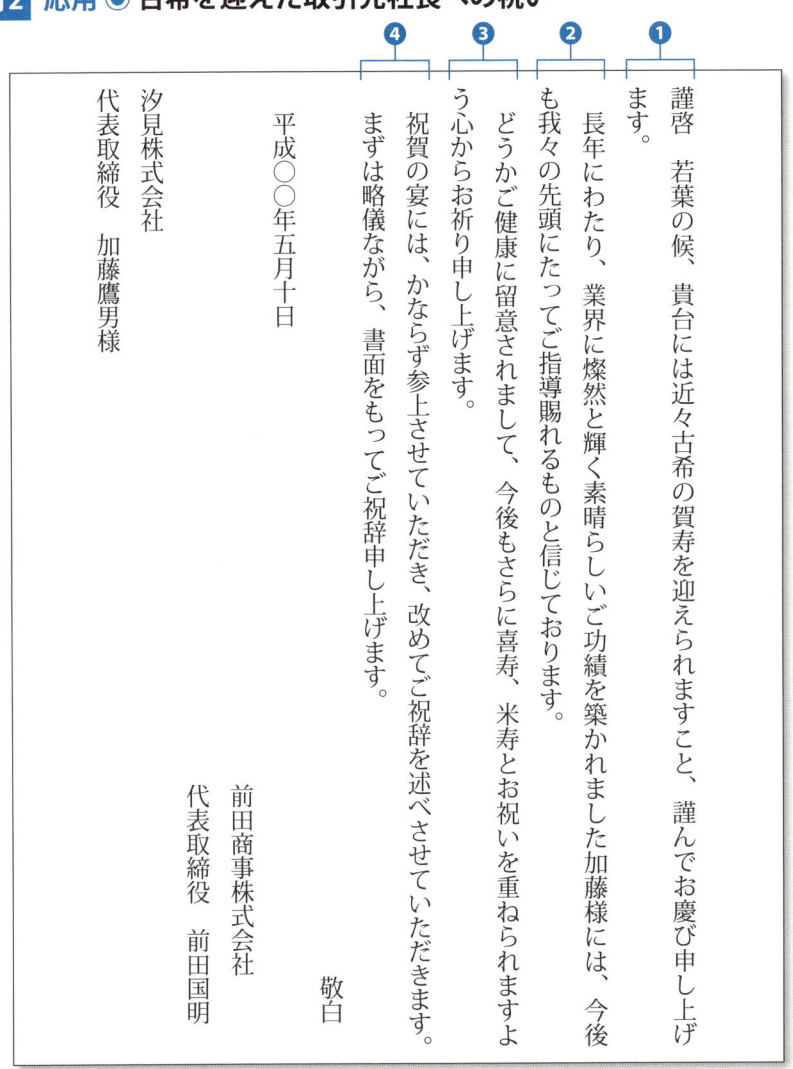

❶ 謹啓　若葉の候、貴台には近々古希の賀寿を迎えられますこと、謹んでお慶び申し上げます。

❷ 長年にわたり、業界に燦然と輝く素晴らしいご功績を築かれました加藤様には、今後も我々の先頭にたってご指導賜れるものと信じております。

❸ どうかご健康に留意されまして、今後もさらに喜寿、米寿とお祝いを重ねられますよう心からお祈り申し上げます。

❹ 祝賀の宴には、かならず参上させていただき、改めてご祝辞を述べさせていただきます。まずは略儀ながら、書面をもってご祝辞申し上げます。

敬白

平成○○年五月十日

前田商事株式会社
代表取締役　前田国明

汐見株式会社
代表取締役　加藤鷹男様

ビジネス社交文書・文例

贈答状

- 顧客にお中元を贈るお知らせ
- お中元のあいさつ
- お歳暮のあいさつ
- 取引先にお歳暮を贈るお知らせ

> 品物を贈るときには、送り状を添えるのが礼儀です。お中元やお歳暮などを宅送する場合、品物よりあいさつ状が先に届くようにします。贈る真心や誠意を伝え、お世話になったことへの感謝の気持ちをあらわすことが大切です。

文例1　基本 ● 顧客にお中元を贈るお知らせ

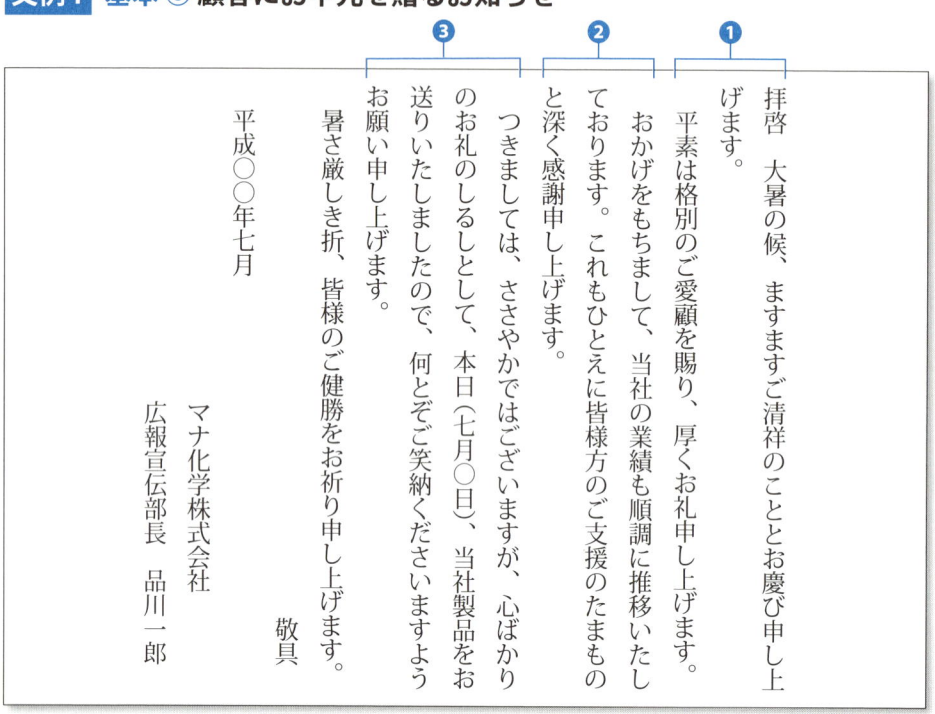

❶ 拝啓　大暑の候、ますますご清祥のこととお慶び申し上げます。
平素は格別のご愛顧を賜り、厚くお礼申し上げます。

❷ おかげをもちまして、当社の業績も順調に推移いたしております。これもひとえに皆様方のご支援のたまものと深く感謝申し上げます。

❸ つきましては、ささやかではございますが、心ばかりのお礼のしるしとして、本日(七月○日)、当社製品をお送りいたしましたので、何とぞご笑納くださいますようお願い申し上げます。

暑さ厳しき折、皆様のご健勝をお祈り申し上げます。

敬具

平成○○年七月

マナ化学株式会社
広報宣伝部長　品川一郎

基本構成とポイント

❶ **頭語、時候**：頭語、時候のあいさつを入れて構成する。
❷ **感謝の言葉**：日ごろの感謝の気持ちが伝わるような礼の言葉を入れる。
❸ **贈り物のメッセージ**：何を、いつ、どんな方法で送ったかを書く。珍しい品物の場合は利用法や調理法を書き添えるとよい。
- 謙遜表現をするとよい。
- お中元は7月初めから15日までに届くように送る。それを過ぎたら「暑中見舞い」、立秋を過ぎたら「残暑見舞い」とする。お歳暮は12月20日くらいまでに。年内に届きそうもないときは「お年賀」として松の内(元旦から7日、また15日)に送る。

応用入れ替え

◉お中元のあいさつ ❶
- 酷暑の候
- 向暑のみぎり

◉お歳暮のあいさつ ❶
- 初冬の候
- 厳寒の候
- 師走繁忙のみぎり
- はや年の瀬となりましたが

文例2 応用 ◉ 取引先にお歳暮を贈るお知らせ

拝啓　師走の候、貴社におかれましてはますますご隆盛のこととお慶び申し上げます。

本年も残り少なくなってまいりましたが、この一年、ひとかたならぬご厚情を賜り、深謝に堪えません。おかげさまをもちまして新分野のプロジェクトも軌道に乗り、年末を安堵して迎えることができました。

つきましては、日ごろのご芳情に対し、謝意の気持ちをこめ、本日（十二月〇日）、〇△デパートより洋酒と珍味のセットをお送りいたしました。ご笑納いただけましたら幸いに存じます。

向寒の折、くれぐれもご自愛専一のほどお祈り申し上げます。まずは年末のごあいさつまで。

敬具

平成〇〇年十二月

株式会社キング
代表取締役　柏原真澄

ビジネス社交文書・文例

紹介状・推薦状

- 人の紹介と推薦
- 会社への新社屋の推薦
- 取引先への推薦
- 外注企業の推薦
- 後任者の紹介

紹介・推薦する相手との関係と、目的を、あいまいな表現は避けてできるだけ具体的にわかりやすく書きます。あくまでも責任をもって紹介推薦できる人物（会社）であることを伝えることがポイントです。

文例1　基本　● 人の紹介と推薦

❶ 拝啓　新緑の候、貴社におかれましてはますますご清栄のことと存じます。

❷ 　さて、さっそくながら、過日うけたまわりました新部門開設にともなう適任者のご照会につきましてご連絡申し上げます。

❸ 　私どもの研究室で、この8年間『集合フェロモン』の研究にたずさわってきた、ナイジェリアからの交換留学生ディ・カマラ君をご推薦申し上げたく存じます。同君は母国のザーリア大学から○○年に来日、その後、自身の研究テーマである『かいこの養育ホルモン』の研究のかたわら、当方の研究室助手を務め、着実に実績をつんでまいりました。日本語の実力も読み書きともに無理なくこなすレベルにあり、英語、仏語にも堪能、御社のもとめていらっしゃる人材ではないかと考えた次第です。

❹ 　どうか一度ご引見たまわりますよう、お願い申し上げます。まずはご紹介まで。

❺ 　　　　　　　　　　　　　　　　　　　　　　　　　　　　　　　啓白

基本構成とポイント

❶ **頭語と時候のあいさつ**：あくまでも礼儀と形式を重んじる。

❷ **推薦する人やものを名指す**：手紙の性格上、用件を簡潔に切り出す。

❸ **推薦の理由など**：推薦するものや人物については事実をできるだけ、ありのままかつ具体的にわかりやすく伝え、価値判断は先方に任せるようにする。

❹ **援助を求める言葉**：推薦する理由については、読み手の立場を考慮し、なるべく私情をまじえず客観的なコメントになるよう心がける。

❺ **結び**：こののち、本人と連絡をとる方法（電話など）について書き添えてもよい。

応用入れ替え

●後任者の紹介 ❶❷❸❹❺

拝啓　貴社におかれましては時下ますますご清祥のことと存じます。平素は格別のお引き立てを賜り、謹んでお礼申し上げます。
　さてこのたび私こと、藤岡知也は一身上の都合で関東製菓江戸川支店長を退職することとなりました。在任中のご愛顧、ご支援に厚くお礼申し上げます。
　9月1日より後任として副支店長、森田勝夫が引き継ぐことになっております。ご存じのように森田は私のもとで15年間現場の監督という責任ある仕事にたずさわってまいりました。
　それでも何かとご面倒をおかけすることもあるかと存じますが、どうぞご指導ご鞭撻の上、今後とも末長いお引き立てをお願いいたします。
　まずはごあいさつかたがたお願いまで。

啓白

●会社への新社屋の推薦 ❷❸❹

　さて過日、お問い合わせのありました、御社新社屋の件につき、取り急ぎお知らせいたします。
　弊社ではご存じのように△△線沿線上駅前にインテリジェントビルを数棟所有しておりますが、現在の御社社屋の所在地○○駅に隣接する駅ビル『△△ヒルズ』がこの秋竣工しましたのは、ご存じの通りです。
　御社のご業務にこの交通利便の新インテリジェント駅ビルはかならずやお役に立つものと存じます。専有スペース、賃貸料、内装・外装、建築物概要等、詳しくは同封いたしましたパンフレットをご高覧の上ご検討ください。

●取引先への推薦 ❷❸❹

　さて、お申し越しの販売網拡大の件、こころあたりをそれとなく当たってみましたところ、御社のご盛業ぶりにぜひ取引を願いたいと県内の小売チェーン店グループより打診がございました。
　取引条件、信用状況等につきましては後日ご報告申し上げたく存じますが、取り急ぎ添付いたしました参考資料をご高覧ください。
　ご多忙中と推察いたしますが、ご検討の上ご回答いただけますようお待ち申しております。

●外注企業の推薦 ❷❸

　過日、お問い合わせをいただきました納入業者の件につきまして、早速ながら、弊社と長年取引のある株式会社トマリをご紹介いたしたく存じます。
　株式会社トマリはご存じのように業界3位のシェアを持ち、安定した実績を誇っております。過去6年間の弊社との取引においても、納期に遅延がないという点で信頼できる会社であり、必ずや御社のご期待にも添えるものと信じております。

ビジネス社交文書・文例

昇進などを祝う

- ●取引先の社長へ就任の祝い
- ●取引先社長へ受賞の祝い
- ●昇進の祝い
- ●栄転で活躍と健康を祈る祝い

人事に関する祝い状や受賞の祝賀状では、間違いがあると失礼になるので、正確な情報を把握した上でタイミングをのがさずに送ります。祝賀会などに招待されたときは併せて出欠の返事を書きます。

文例1 基本 ● 取引先の社長へ就任の祝い

阪神商事株式会社
代表取締役社長　赤星和博様

❶　謹啓　炎暑の候、ますますご清栄のこととお慶び申し上げます。

❷　さて、このたびは阪神商事株式会社代表取締役社長にご就任あそばされました由、誠におめでとうございます。
　専務取締役にご在職中より、卓越したご識見とご手腕には感服いたすばかりでございましたが、今後は貴社の一層の隆盛に向けて、そのお力を遺憾なく発揮されますことを期待いたしております。

❸　これからはますますご多忙のこととは存じますが、くれぐれもご自愛の上一層のご活躍をお祈り申し上げております。
　なお、来る７月１４日のご祝宴には必ず参上の上、あらためてご祝辞を述べさせていただく所存でございます。
　まずは略儀ながら書中をもちましてお祝い申し上げます。

　　　　　　　　　　　　　　　　　　　　　　　　　　　　　　謹白

平成〇〇年７月１日

　　　　　　　　　　　　　　　　　　　　　　　横浜興産株式会社
　　　　　　　　　　　　　　　　　　　　　　　代表取締役　佐々木一郎

基本構成とポイント

❶ **頭語と時候**：形式をふまえ、「謹啓」「拝復」（返信）などの頭語、時候のあいさつを入れる。

❷ **相手を讃える言葉、今後への期待**：おおげさにならないよう、相手の美点をほめ讃え、就任や受賞までの経緯に賛辞を盛り込むとよい。

❸ **相手の活躍や健康を祈る言葉、祝いの品送付のお知らせ、祝賀会に招待された礼と出欠など**：発展や健康を祈るとともに、相手の立場を思いやる言葉を加えたり、指導をお願いする言葉を入れるとよい。祝賀会などに欠席する場合、事前に祝いの品を持参（または送付）するか、あらためて祝いにうかがう旨を書き添える。

応用入れ替え

●取引先社長へ受賞の祝い ❶❷❸

謹啓　錦秋の候、ますますご清祥のこととお慶び申し上げます。
　さて、新聞報道により、このたび貴殿におかれましては藍綬褒章を受賞なされました由、誠におめでたく心からお祝い申し上げます。
　社業に精励されるかたわら長年にわたり業界の発展に尽力された功績が認められたものと存じます。
　今後ともご自愛専一に努められ、業界発展のためにご活躍いただきますとともに、われわれ後進にご指導賜りますようお願い申し上げます。
　まずは、書中をもってお祝い申し上げます。

●昇進の祝い ❷❸

　承りますれば、このたび大阪本社事業本部長にご昇進なさいました由、心からお祝い申し上げます。
　これまで培ってこられました豊富なご経験と、幅広いご見識によるものとあらためて敬服いたしておりますが、関係各社の間では、しかるべきご出世と専らの評判でございます。

●栄転で活躍と健康を祈る祝い ❸

　建設業界は折からの不況の打撃を受け、大変厳しい状況下にあり、貴下のご活躍には大いに期待しております。なお一層のご自愛の上、ご健闘のほどお祈り申し上げます。

ビジネス社交文書・文例

祝賀状 など

- ●取引先社長の賀寿の祝い
- ●取引先社長へ病気全快の祝い
- ●取引先社長へ令嬢結婚の祝い
- ●結婚披露宴出席の返事 など

長寿の人への尊敬といたわりの心をこめ、礼儀をつくした文章を心がけます。祝賀状があまり早く届くと不吉ととられるので、出すタイミングには十分配慮します。

文例1　基本 ◉ 取引先社長の賀寿の祝い

三村オートモービル株式会社
代表取締役　三村正夫様

❶　謹啓　早春の候、いよいよご清祥のこととお慶び申し上げます。

❷　さて、このたびは代表取締役三村様には、めでたく喜寿を迎えられましたとのこと、謹んでお祝い申し上げます。
　創業期より幾多の難局を乗り越え、今日の繁栄を築かれました三村様の、進取の精神と温厚なお人柄は私ども後輩の模範とするところでございます。

❸　今後もますますご壮健にて、ご指導ご鞭撻を賜りますようお願い申し上げます。
　なお、お祝いのしるしまでに、心ばかりの品を別便にてお送りいたしましたので、ご笑納いただければ幸いです。
　まずは書中をもちましてお祝い申し上げます。

謹言

平成〇〇年3月

山陰産業株式会社
代表取締役　大竹　豊

基本構成とポイント

❶ **頭語、時候**：礼儀を重んじ、頭語、時候のあいさつなどを入れる。ただし病気全快や議員当選の祝いなどでは、時候のあいさつを省くのが礼儀。

❷ **祝いの言葉、人柄や功績の賛辞、いたわりの言葉**：病気や結婚、当選などでは、本人だけでなく家族や周囲の人の労をねぎらい、ともに喜ぶ文面にする。

❸ **今後の期待、健康や活躍の祈念**：病気全快の祝いでは相手を気遣う言葉を入れる。

● 賀寿の祝賀状では、健康を祈った上で、けっして年寄り扱いをせず、今後への期待の言葉で締めくくる。指導をお願いするのも、敬意があらわれてよい。

応用入れ替え

●取引先社長へ病気全快の祝い　❶❷❸

拝啓　過日、ご入院療養中とおうかがいいたしましたが、このたび全快なされました由、心からお祝い申し上げます。奥様はじめ、ご家族の皆様もさぞかしご安堵なされたことと存じます。
　遠地にあるため、心にかかりながらもお見舞いにうかがうこともかないませず、申し訳ございませんでした。
　炎暑なお厳しき折の入院生活は、さぞや大変だったことと推察いたします。術後の経過も順調とうかがっておりましたので、元気なお姿を拝見できる日もそう遠くないことと期待しております。
　病後故、くれぐれもご無理をなさらず、ご養生なされますようお願い申し上げます。
　取り急ぎ、書中にて全快のお祝いを申し上げます。

敬具

●取引先社長へ令嬢結婚の祝い　❷

　このたびはご令嬢のご成婚、誠におめでとうございます。ご本人様はもとより、ご家族の皆様方のお喜びはいかばかりかと拝察いたします。末永いお幸せを心よりお祈り申し上げます。

●結婚披露宴出席の返事　❷

　なお、結婚披露宴へのお招き、誠にありがとうございました。当日はかならず出席させていただき、あらためてご祝辞を述べさせていただく所存でございます。

●取引先社長へ議員当選の祝い　❷

　このたびは県議会議員選挙にてご当選なされたとのこと、誠におめでとうございます。
　今回の選挙は混戦模様との報道に、貴殿のご苦労はいかばかりかと懸念しておりましたが、他を圧してのご当選の報に接し、家内ともども万歳快哉を叫んでおりました。
　これもひとえに、貴殿の優れた行動力と誠実なお人柄に絶大な支持が寄せられてのことと存じます。

●取引先社長へ子息結婚の祝い　❷

　このたび、ご子息にはめでたく華燭の典を挙げられましたとのこと、心からお祝い申し上げます。
　他社研修を終えられ、社長後継者として入社されて7年、私どもにもそのご成長ぶりはめざましいものとお見受けいたしていたところです。
　ご家族をはじめ、御社の皆様方にとっても、このうえないお喜びのことと拝察いたします。末永いお幸せと、さらにいっそうのご発展をお祈り申し上げます。

ビジネス社交文書・文例

取引関係への礼状 1

- 出張先でお世話になった方への礼状
- 取引先紹介への礼状
- 入金への礼状1・2

相手の心づかいに、喜びや感謝の気持ちを伝える文書です。儀礼文の書式に従い、わかりやすく率直に述べることが大切です。出すタイミングをはずさずに、相手の好意がどう役に立ったかを具体的に書きます。

文例1 基本 ◉ 出張先でお世話になった方への礼状

株式会社　福島産業
代表取締役　福島　周也様

❶ 拝啓　春陽の候、貴店ますますのご健勝のこととお喜び申し上げます。平素は格別のお引き立てを賜り、厚くお礼申し上げます。

❷ さて、このたびは御地への出張に際しまして、ご多用中にもかかわらず、ひとかたならぬおもてなしにあずかり、誠にありがとうございました。

❸ おかげをもちまして、予想以上の成果をあげることができ、昨日、無事帰社いたしました。これもひとえに貴殿のご尽力のおかげと厚くお礼申し上げます。今後とも、何とぞご指導、ご高配を賜りますようお願い申し上げます。

❹ まずは書中をもってお礼申し上げます。

敬具

平成○○年3月10日

井筒工業株式会社
井筒　富男

基本構成とポイント

❶ **頭語の拝啓、謹呈、時候のあいさつ**：儀礼に従い丁寧に書く。
❷ **相手の好意に対する感謝の気持ち**：相手への感謝の気持ちを平易な言葉で述べる。あまり大げさな表現は、相手に真意が伝わらない。
❸ **今後の変わらない交流を願う言葉**：出張の目的など、仕事の成果についても触れて感謝の意をあらわす。文末には、今後の取引についての引き立てを願う言葉、あいさつの言葉を添える。
❹ **結び**

- 入金の礼に際しては、領収書を同封し、別記の項に記載する。
- 相手が対等、または下位の関係でも、取引先を紹介された場合は、一歩退いた文面に仕上げることが大切。

応用入れ替え

●取引先紹介への礼状 ❷
　このたびは、ご多忙中にもかかわらず、株式会社○○社長○○○○○様ご紹介の労をお取りいただき、誠にありがとうございました。

●取引先紹介への礼状（不成功の場合） ❸
　早速○△様におうかがいいたしましたところ、今回のお願いはお聞き届けを得るに至りませんでしたが、他日とのお約束を○△様より賜り、深謝いたしております。

●入金への礼状１ ❷
　さて、3月12日をもって納入いたしました標記商品50台分の代価80万円也につきましては、本日3月30日付けで当社の銀行口座に電信送金為替にてご送付いただき、ありがとうございました。

●入金への礼状２ ❸
　つきましては、ここに領収書を同封の上、ご送付申し上げますので、ご査収ください。なお、今後ともご用命のほど、よろしくお願い申し上げます。

ビジネス社交文書・文例

取引関係への礼状2

- 創立記念パーティー出席への礼状
- 訪問先への礼状
- お歳暮への礼状
- 会社設立披露宴出席への礼状

相手の好意や厚情を受けた結果がたとえ思わしくなくても、かならず礼状を出すのが礼儀。また礼状に追伸や他の用件を書くのは厳禁。他の用件がある場合には、もう1通別に手紙を書きます。

文例1 基本 ● 創立記念パーティー出席への礼状

鷺沼建設株式会社
代表取締役　白川　邦一様

❶ 謹啓　惜春の候、貴社におかれましてはますますご隆盛のこととお喜び申し上げます。

❷ 　さて、弊社創立50周年記念式典に際しましては、あいにくの雨模様のなか、またご繁忙中にもかかわらずご来臨賜りまして、誠にありがとうございました。

❸ 　50年という大きな節目を機に、心機一転、社員の結束をさらに強固にして、社業の発展を期する所存でございます。なにとぞ倍旧のご愛顧ご支援を賜りますよう、伏してお願い申し上げます。

❹ 　末筆ではございますが、貴社のますますのご発展を衷心よりお祈り申し上げます。
　まずは略儀ながら、書面をもって御礼申し上げます。

　　　　　　　　　　　　　　　　　　　　　　　　　　　　　　　敬白

平成○○年6月15日

　　　　　　　　　　　　　　　　　　　　　　　　株式会社三好工業
　　　　　　　　　　　　　　　　　　　　　　　　三好英治

基本構成とポイント

❶ 頭語の拝啓、謹呈、時候のあいさつ
❷ 相手の好意に対する感謝の気持ち：相手が多忙ななか、好意、厚情を向けてくれたことに対する感謝の気持ちを素直な言葉であらわす。
❸ 今後の変わらない交流を願う言葉：好意、厚情を受けた成果や、こちら側の抱負を述べ、今後の支援やさらなる引き立てを願う言葉を続ける。
❹ 結び

| 応用入れ替え |

●訪問先への礼状 ❷❸

　さて、先般は突然ご訪問させていただいたにもかかわらず、お忙しいなか貴重なお時間を賜り、誠にありがとうございました。しかも当方の説明をご熱心にお聞きくださりましたこと、心より感謝申し上げます。
　結局貴意を得ず、残念ではございましたが、地ビール業界の現状や、許認可行政の実態など、大変重要なご指摘を賜りましたことは、望外の収穫と感謝しております。

●お歳暮への礼状 ❷❸

　さて、本日は結構なお歳暮の品を賜り、誠にありがとうございます。毎々のご芳志に恐縮するとともに、心より御礼申し上げます。
　今年もあとわずかとなりましたが、来る年も貴社にとりましてご多幸の一年となりますようご祈念申し上げます。今後ともなお一層のご支援を賜りますよう、謹んでお願い申し上げます。

●会社設立披露宴出席への礼状 ❷❸

　このほどは、弊社設立披露の小宴に、お忙しいなか、わざわざ遠方からご来席賜り、そのうえ心温まる祝詞と過分なるお祝い品まで賜り、ご懇情のありがたさに、深く感謝申し上げる次第です。
　かくなるうえは、尊台のご芳情にわずかでもお応えすべく、社員一同心をひとつに日々精励し、社業の発展を目指す所存でございます。
　つきましては、今後とも末長くご支援賜りますよう、なにとぞお願い申し上げます。

取引関係への礼状2

ビジネス社交文書・文例

会社内への礼状

- 栄転祝いへの礼状
- 転任・栄転祝いへの礼状
- お中元・お歳暮のあいさつ
- 転勤・転任のあいさつ

など

> 会社内への礼状は、「内輪の文書」といえるため、形式にこだわらなくてもかまいません。感謝の気持ちを込めて、あまり丁寧すぎず率直かつ簡潔に書きます。時機を逃さず出すことがなによりです。

文例1 基本 ● 栄転祝いへの礼状

❶ 拝啓　陽春の候、皆様にはますますご健勝のこととお喜び申し上げます。

　私こと、大阪本社に在任中の5年間、日頃ひとかたならぬご指導にあずかり、心から厚くお礼申し上げます。

❷ さて、このたび東京支店への転任に際しましては、社内の皆様から盛大な送別の宴を催していただき、さまざまな励ましのお言葉を賜り、深く感謝いたしております。

❸ おかげさまで、4月1日をもちまして、新しい職場に着任いたしました。皆様のご期待にお応えすべく、一意専心、職務精励いたす所存であります。今後もご指導、ご鞭撻のほどよろしくお願い申し上げます。

❹ まずは着任のご通知かたがた書中にてお礼申し上げます。

　　　　　　　　　　　　　　　　　　　　　　　　　　　　敬具

平成〇〇年4月6日

　　　　　　　　　　　　　　　　　　　　　　　　　　伊藤　政樹

基本構成とポイント

❶ **頭語や季語で始まるあいさつの言葉**：形式をふまえ、頭語、時候のあいさつなどを省略せずに書くことで、相手にきちんとした印象を与える。

❷ **相手の心づかいに対する礼**：あいさつに続いて、在任中の礼、転任の際に受けた祝いへの感謝の言葉を書く。

❸ **変わらぬ交流を願う気持ち**：就任の報告と、新しい仕事場での決意や抱負を述べ、さらに今後の指導を願う言葉を添える。

❹ **結び**

- ついでだからといって、仕事上のことやほかの用件を書くことは避ける。
- 同じ表現が重複しないように気をつける。
- 文面は形式的でも、相手に誠意が伝わるような言葉をひと言でも挿入したいもの。
- 贈答の文書は、自宅あて、会社あてにかかわらず、封書にする。礼状は、はがきでも構わない。

応用入れ替え

◉転任・栄転祝いへの礼状　❶
謹啓　初秋の候、ますますご清祥のこととお喜び申し上げます。

◉お中元への礼状　❶❷❸❹
拝啓　盛夏の候、ますますご清栄のこととお喜び申し上げます。
　さて、このたびは、ご丁寧にお中元を賜り、ありがたくお礼申し上げます。いつもながらのご配慮、心から感謝いたしております。
　まだまだ暑さの続く折、この上ともどもご自愛のほどお祈り申し上げます。
　まずは、お礼かたがたごあいさつまで。

敬具

◉お中元・お歳暮のあいさつ　❹
● 暑さ厳しい折から皆様ご自愛専一、ご健勝で過ごされますようお祈り申し上げます。

● 寒さ厳しい折から、皆様ご自愛の上、御多幸な新年をお迎えになられますようお祈り申し上げます。

● 本来は拝趨の上、ご挨拶申し上げるべきところですが、略儀ながら書面をもちまして暑中のご挨拶に代えさせていただきます。

● 歳末で何かとお忙しい折柄、くれぐれもご自愛くださいませ。

◉転勤・転任のあいさつ　❹
　新住所は、左記の通りでございます。お近くへお越しの際はぜひお立ち寄りください。お待ちいたしております。（ご返礼申し上げたいと存じます。）

◉社長就任・栄転祝いへの礼状　❷
● 私儀、住吉商事株式会社社長就任に際しましては、過分なるお心づかいをいただきまして、誠にありがとうございました。

● 経済情勢厳しき折に、図らずも大任をおおせつかり、身の引き締まる思いでございます。今後もご指導、ご鞭撻のほどよろしくお願いいたします。

文例のポイント　● こちらから品を送る場合、「粗品」などの言葉は避け、「心ばかりの品」あるいは品名を明記する。

ビジネス社交文書・文例

祝いへの礼状

- 新事務所開設祝いへの礼状
- 新社屋完成祝いへの礼状
- 栄転祝いへの礼状
- 開店祝いへの礼状

> 礼状はあくまでも、先方の心遣いに対する返礼であることから、簡潔にタイミングよく感謝の気持ちをあらわすことを心がけます。また、今後のさらなる力添えを請う旨も忘れずに書きます。

文例1 基本 ● 新事務所開設祝いへの礼状

株式会社　イシジマ
代表取締役　石島　浩様

❶ 拝復　時下貴社いよいよご清栄のこととお喜び申し上げます。

❷ さて、このたびの事務所開設にあたり、さっそく身にあまるご祝辞、またお祝いの品を賜り、恐縮いたしております。新事務所の所員一同より厚くお礼申し上げます。

❸❹ 私共まだまだ若輩者ではございますが、この上は誠心誠意、皆様に喜んでいただける仕事をしていく所存です。今後とも何とぞ末長いご指導、ご鞭撻を心からお願いいたします。

❺ まずは書中にて、略儀ながらお礼申し上げます。

敬具

有限会社　山下グループ
代表　山下直也

基本構成とポイント

❶ **頭語と時候のあいさつ**：頭語は"拝復"を用い、時候のあいさつを添える。

❷ **祝いに対する感謝の言葉**：いただいた祝いの品や祝辞に対して、素直にはっきりと感謝の気持ちを述べる。

❸ **現在の心境や決意**：たとえ、前回の開設通知で述べたことと内容が重複していても、礼儀と形式を重んじるため、再び繰り返してもよい。

❹ **今後の引き立て・支援のお願い**：祝いや披露パーティーを催す際には、丁重に出席を乞う内容の言葉を添える。

❺ **結び**

応用入れ替え

●新社屋完成祝いへの礼状 ❷

　さて、このたびは弊社新社屋の落成披露にあたり、ご多忙にもかかわらずご来臨をいただき、さらにはお心のこもったご祝辞とお品を賜り恐悦至極に存じます。

●栄転祝いへの礼状 ❸❹

　このたび、はからずもおおせつかった大役の責務の重大さに、改めて身の引き締まる思いでおります。浅学非才の身ではございますが、この上は新職に精励していく覚悟でおります。

Eメールの場合 ● 開店祝いへの礼状

宛先：	田中真様
CC：	
件名：	開店祝いのお花ありがとうございました。

　ケイラン商事
　田中　真様

　拝啓　さわやかな初秋のころとなりました。ケイラン商事の皆様におかれましてはますますご清祥のことと存じます。
　さて先日はフジミネ・グループの新店舗開店に際し温かい励ましのお言葉とお花を頂戴し、スタッフ一同感謝にたえません。厚くお礼申し上げます。
　このたび無事３号店を開店することができましたのもひとえに皆様のご愛顧とご支援の賜物と存じます。
　これからもいままで同様、皆様に喜んでいただけるよう全力を尽くしてまいりたい所存です。
　つきましては、ぜひ今後ともご来臨賜りますよう、スタッフ一同謹んでお願い申し上げます。
　敬具

　フジミネ・グループ
　３号店　店長　中山　洋

ビジネス社交文書・文例

見舞状

- 取引先への災害見舞い ● 火事見舞い
- 台風見舞い ● 水害見舞い
- 交通事故見舞い ● 飛行機事故見舞い
- 病気見舞い ● 怪我見舞い

取引先などで災害や火災が発生した際、すみやかに安否をたずねる見舞状を出します。場合により見舞金を添えたり、別送します。また先方は取り込み中であることを考慮し、原則的に返書は求めません。

文例1 基本 ● 取引先への災害見舞い

株式会社タムラ
代表取締役　田村尚広様

❶ 急啓　昨晩のテレビ報道で東京湾沖で震度7の地震が発生し、御社周辺にも多大な被害をおよぼした旨、聞き知りました。

❷　さっそく御社にお電話いたしましたが、通話不能で私ども一同、皆様の安否を気遣っております。

❸　お取り込みのこととは推察いたしますが、ぜひご一報ください。また私どもでお役に立てることがあれば、遠慮なくなんなりとお申しつけください。

❹　ご自愛の上、1日もはやく復旧をはたされますよう、一同お祈り申し上げております。

❺　まずは取り急ぎ書中にてお見舞いまで。

敬具

平成〇〇年2月10日

有限会社　小豆物産
代表　吉岡美保

基本構成とポイント

❶ **頭語は省略する場合もある。時候のあいさつは省く**：取り込みの際に先方の安否を気遣い、取り急ぎ出すものである性質上、季節のあいさつは一切省く。

❷ **聞き知った災害や不幸が事実かどうかの確認**

❸ **援助を申し出る**：復興のためできる範囲で協力する意思がある場合、その旨をはっきり伝え、そのために何をしたらいいか指示を仰ぐ。また取り急ぎ見舞い金を別送する際にはかならずその旨を書き添える。

❹ **見舞いとねぎらいの言葉**：美辞麗句より心のこもった素直ないたわりの言葉が望ましい。

❺ **結び**

応用入れ替え

◉火事見舞い ❶❷
　今朝の新聞で、昨日御社の周辺で大きな火事があったことを知り、消防署に問い合わせたところ、御社一帯は幸い類焼を免れたと知り、ほっとしております。

◉台風見舞い ❶
　昨夜の台風8号上陸による賀茂川周辺地域の被害状況の大きさをテレビで見、貴社の皆様の安否がたいへんに気がかりです。お電話で状況をお伺いしようかとも思いましたが、このような状況でご混乱のあるところへ、返ってご迷惑になるかもしれないと考え自粛いたしております。

◉水害見舞い ❶❷
　涙川の堤防の決壊による周辺地域の水没被害をさきほどテレビの臨時ニュースで知り、弊社の社員一同驚いております。御社の社屋および社員の皆様に被害が出てなければよいがと一同案じております。周辺の復旧作業にも、また時間を要することと推察いたしますので、業務に大きく差し支えることがないようにと願っております。

◉交通事故見舞い ❶❷
　交通事故に遭われご入院なされたとうかがい、まずはお見舞いを申し上げたく一筆申し上げます。御社の○○様より、幸いにもお怪我は比較的軽傷とお聞きいたしました。御社の皆様、ご家族の方々も今は一安心なさっているのではないでしょうか。

◉飛行機事故見舞い ❶❷
　テレビの臨時ニュースにてエアーチュニジア機上でハイジャックが発生した旨、さらにその直後の同機墜落の模様を知りました。さらに追っての報道で御社の菊池良夫課長代理が同機に搭乗なさっていたことを知り、驚きにたえません。

◉病気見舞い ❶❷
　承りますれば○○様にはご病気静養のためご入院中とのこと。その後のご経過はいかがでございますか。ご療養の上、1日もはやく現場に復帰なさることを願ってやみません。

◉怪我見舞い ❹
　その後のご経過はいかがでございますか。どうか、十分にご静養の上、以前にもましてご健康でいらっしゃいますよう。近々お見舞いに参上いたしますが、まずは書中にて取り急ぎお見舞い申し上げます。

ビジネス社交文書・文例

見舞いへの礼状

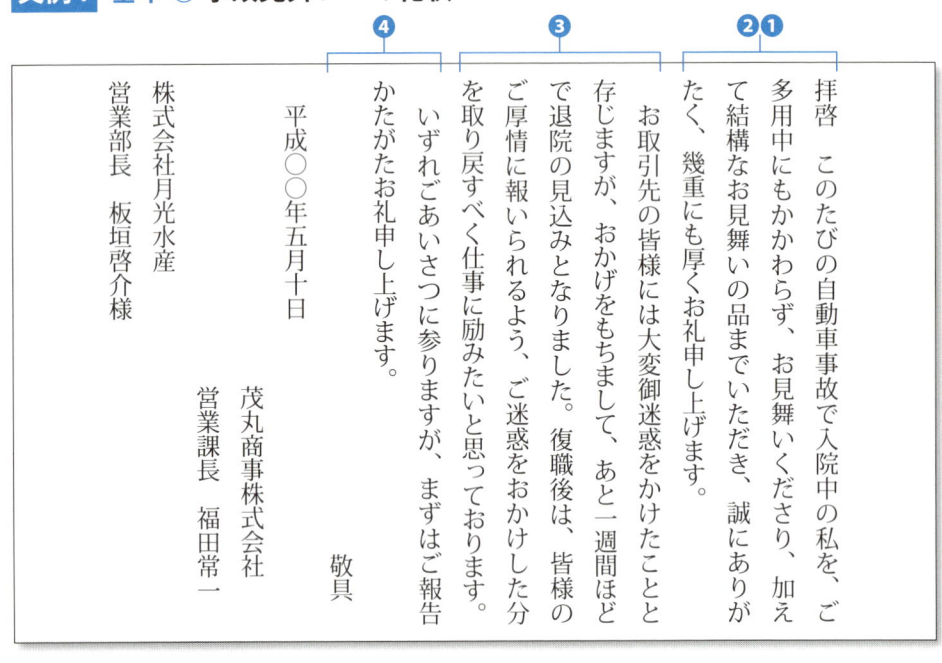

- 事故見舞いへの礼状
- 病院見舞いへの礼状
- 災害見舞いへの礼状

見舞い状をもらった場合は、かならず礼状を出すよう心がけます。事故や病気、災害に遭った際にいただいた慰めや励ましに対する感謝の気持ちを、素直に伝えることが大切です。礼状はできるだけ早く出します。

文例1 基本 ● 事故見舞いへの礼状

拝啓　このたびの自動車事故で入院中の私を、ご多用中にもかかわらず、お見舞いくださり、加えて結構なお見舞いの品までいただき、誠にありがたく、幾重にも厚くお礼申し上げます。

お取引先の皆様には大変御迷惑をかけたことと存じますが、おかげをもちまして、あと一週間ほどで退院の見込みとなりました。復職後は、皆様のご厚情に報いられるよう、ご迷惑をおかけした分を取り戻すべく仕事に励みたいと思っております。

いずれごあいさつに参りますが、まずはご報告かたがたお礼申し上げます。

敬具

平成○○年五月十日

株式会社月光水産
営業部長　板垣啓介様

茂丸商事株式会社
営業課長　福田常一

基本構成とポイント

❶ **「拝啓」「拝復」などの頭語**：「拝啓」「拝復」の頭語に続いて、礼の言葉を書き出す。
❷ **見舞いに対する感謝と礼**：見舞いへの礼とともに、先方に迷惑をかけたお詫びなどを述べる。
❸ **こちらの状況を知らせる言葉**：退院や復職の予定なども、わかっている場合は書いておく。
❹ **結びの言葉**：追ってあいさつにうかがう場合は、その点も明記する。
- 事故の経緯、状況は簡潔に。
- 見舞いへの礼状は出すタイミングが何よりも重要。できるだけ早くが鉄則。
- 相手の好意に対する返礼であるので、他の用件は加えない。
- 病気見舞いの礼など、本人が書けない場合は家族や身内などの代筆でもいい。
  その場合は、本人が書いた文面として「代筆」と記す。

応用入れ替え

●病院見舞いへの礼状 ❷❸

　過日の入院に際しましては、御多用中のところわざわざお見舞いいただき、その上結構なお見舞いの品まで賜りまして、ご厚情のほどありがたくお礼申し上げます。

　おかげをもちまして、昨日無事全快、退院することができました。来月より復職できる見通しですので、どうかご休心ください。

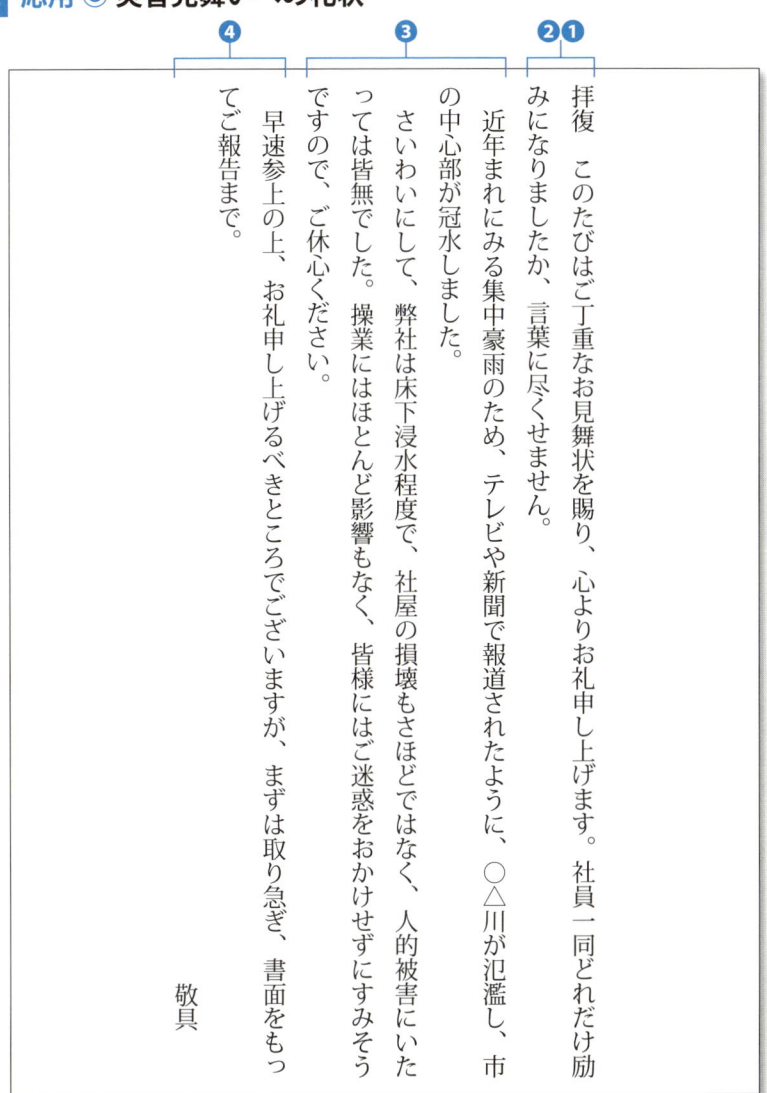

文例2　応用 ● 災害見舞いへの礼状

❹　❸　❷❶

拝復　このたびはご丁重なお見舞状を賜り、心よりお礼申し上げます。社員一同どれだけ励みになりましたか、言葉に尽くせません。

　近年まれにみる集中豪雨のため、テレビや新聞で報道されたように、○△川が氾濫し、市の中心部が冠水しました。

　さいわいにして、弊社は床下浸水程度で、社屋の損壊もさほどではなく、人的被害にいたっては皆無でした。操業にはほとんど影響もなく、皆様にはご迷惑をおかけせずにすみそうですので、ご休心ください。

　早速参上の上、お礼申し上げるべきところでございますが、まずは取り急ぎ、書面をもってご報告まで。

　　　　　　　　　　　敬具

ビジネス社交文書・文例

死亡通知とお悔やみ

- 死亡通知
- 逝去のお悔やみ
- 新聞における死亡通知

> 家族や会社の人間が亡くなったことを取引先に知らせる際、通夜、告別式の日時と場所を簡潔に通知します。知らせを受けたほうは、弔問に行けない場合、香典や供物を添え、お悔やみ状を出します。

文例1 基本 ● 死亡通知

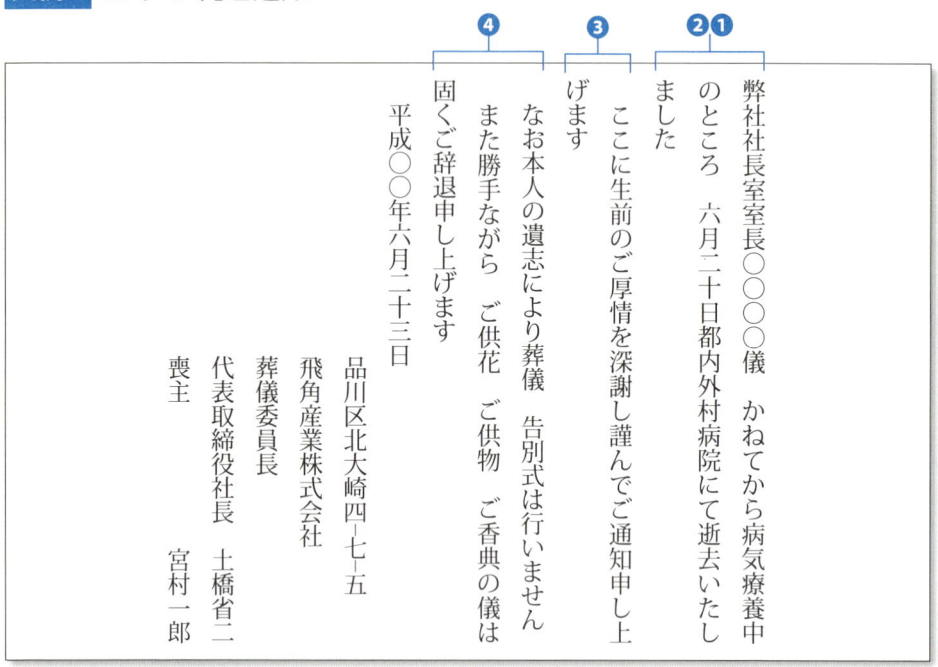

弊社社長室室長○○○○儀　かねてから病気療養中のところ　六月二十日都内外村病院にて逝去いたしました❶❷

ここに生前のご厚情を深謝し謹んでご通知申し上げます❸

なお本人の遺志により葬儀　告別式は行いません　また勝手ながら　ご供花　ご供物　ご香典の儀は固くご辞退申し上げます❹

平成○○年六月二十三日

　　　　　　品川区北大崎四-七-五
　　　　　　飛角産業株式会社
　　　　　　葬儀委員長
　　　　　　代表取締役社長　土橋省二
　　　　　　喪主　　　　　　宮村一郎

基本構成とポイント

❶ **死亡通知は頭語、句読点を省略**：頭語、時候のあいさつは書かない。また死亡通知は文節の区切りには句読点等は用いず、1マスあける。新聞広告による告知も同様。また縦書きが一般的。

❷ **死亡した人の肩書、氏名、死因、死亡日時を簡潔に**：亡くなった人、その理由、年齢などについて事務的に簡潔に知らせる。

❸ **生前の厚情への感謝の言葉**：形式にのっとり、たとえ生前に面識のない方であっても、故人になりかわって感謝の言葉を述べる。

❹ **葬儀、告別式のお知らせ**：葬儀、告別式を行う場合にはその日時、場所と仏式、神式、キリスト教式等を明記するとよい。

- 死亡通知は結びを省略
- 社葬などの際、喪主の前に会社名、葬儀委員長を記す。

応用入れ替え

●逝去のお悔やみ ❶❷❸❹

謹啓　貴社代表取締役会長、○○○○○様がこのたびご逝去なされたとの由、ここに謹んでお悔やみ申し上げます。

　ご遺族のかたがたをはじめ社内の皆様のお悲しみいかばかりかとお察し申し上げます。

　近々に参上しご弔問申し上げたく存じますが、ご悲報に接し、いまはひたすらご冥福をお祈りさせていただいております。

　別送いたしましたもの、ご霊前にお供えくださいますようお願い申し上げます。

　　　　　　　　　　　　　　　　　　　　　　　　　　　　　　　　合掌

文例2　応用 ● 新聞における死亡通知

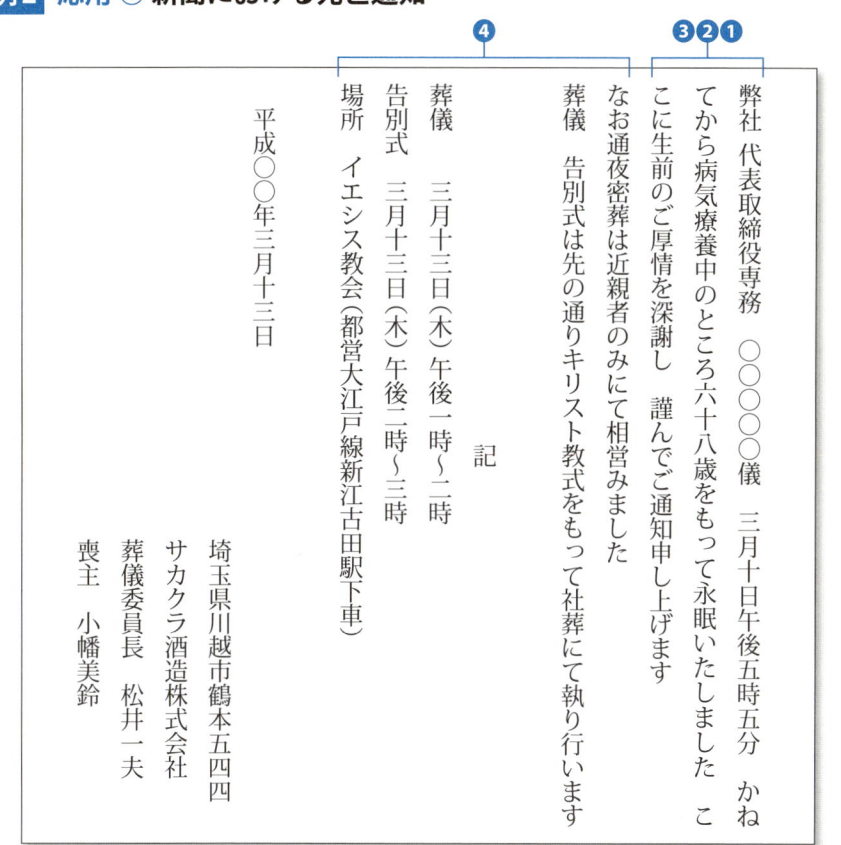

弊社 代表取締役専務　○○○○○儀　三月十日午後五時五分　かねてから病気療養中のところ六十八歳をもって永眠いたしました　ここに生前のご厚情を深謝し　謹んでご通知申し上げます

なお通夜密葬は近親者のみにて相営みました

葬儀　告別式は先の通りキリスト教式をもって社葬にて執り行います

記

葬儀　三月十三日（木）午後一時～二時
告別式　三月十三日（木）午後二時～三時
場所　イエシス教会（都営大江戸線新江古田駅下車）

平成○○年三月十三日

　　　　　　　　　埼玉県川越市鶴本五四四
　　　　　　　　　サカクラ酒造株式会社
　　　　　　　　　葬儀委員長　松井一夫
　　　　　　　　　喪主　小幡美鈴

お悔やみのポイント
- ●前文は書かないで、すぐに本文から入る。
- ●よく使われる言葉は、訃報・悲報・急逝・天寿・哀惜・愁惜など。
- ●使ってはいけない忌み言葉は、返す返す・重ね重ね・また・再び・いま一度など。

ビジネス社交文書・文例

弔辞への礼状

- 会葬礼状
- 亡父の友人に出す会葬礼状
- 四十九日の忌明けに出す礼状
- 社葬の会葬礼状

会葬礼状は、葬儀や告別式に参列していただいたこと、弔問に対するお礼です。香典返しは忌明けのあいさつと兼ねて行うのが一般的です。どちらも儀礼文なので、一定の書式に従い必要事項以外は書きません。

文例1 基本 ◉ 会葬礼状

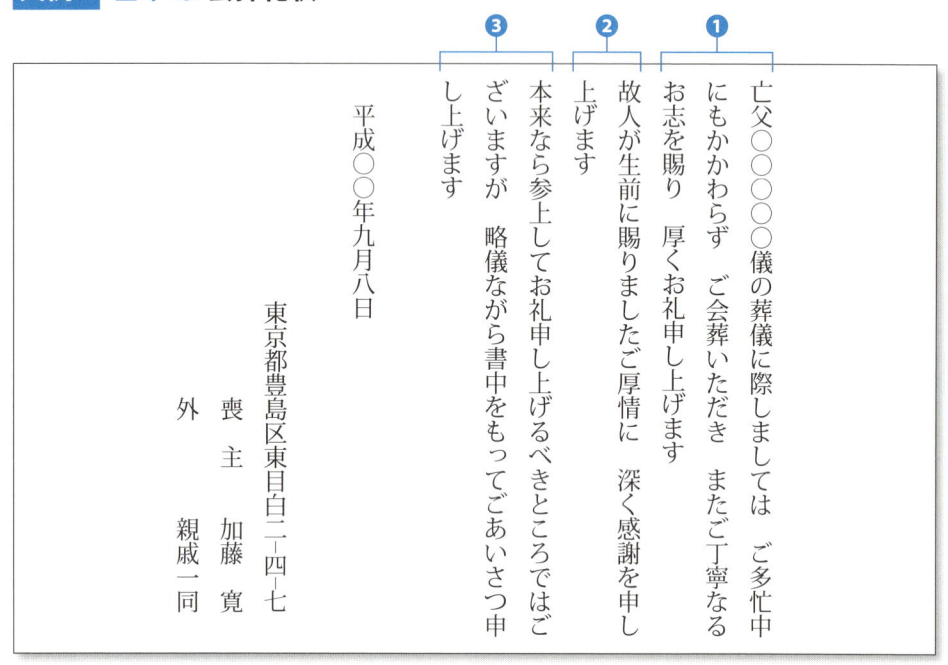

> ❶ 亡父〇〇〇〇〇儀の葬儀に際しましては ご多忙中にもかかわらず ご会葬いただき またご丁寧なるお志を賜り 厚くお礼申し上げます
> ❷ 故人が生前に賜りましたご厚情に 深く感謝を申し上げます
> ❸ 本来なら参上してお礼申し上げるべきところではございますが 略儀ながら書中をもってごあいさつ申し上げます
>
> 平成〇〇年九月八日
>
> 東京都豊島区東目白二—四—七
>
> 喪　主　加藤　寛
> 外　親戚一同

基本構成とポイント

❶ **会葬の弔問、香典へのお礼**：会葬礼状は縦書きが基本。頭語、前文は省略し、葬儀に参列していただいた方へのお礼の言葉を書く。また、供花や供物を辞退した際は「ご芳志を賜り」は入れない。

❷ **個人の生前における厚誼への感謝**：故人が生前お世話になったことへの感謝の意、弔辞などを受けた際にはそのお礼を感情を抑えて書く。

❸ **結び**

- 社葬などの不特定多数にあてる会葬礼状では、余分なことは一切書かず、必要事項のみにする。
- 堅苦しい文体を控え、わかりやすくが原則。
- 忌み言葉（重ね重ね、たびたび、再三、などの重ね言葉）を使わない。

応用入れ替え

●亡父の友人に出す会葬礼状　❶❷❸

　冠省　亡父〇〇儀告別式にあたりましては、酷暑の中、ご多用中にも拘わりませずご丁寧にご会葬賜りました上、立派なご供花を頂戴し、厚くお礼申し上げます。当日、何かと不行き届きの点もあったことと存じますが、ご寛容のほどお願い申し上げます。
　なお今後とも父〇〇生前時に変わらぬご厚誼を賜りたく母ともどもお願い申し上げる次第でございます。
　一度参上いたしましてお礼申し上げたいと存じておりますが、とりあえず書面にて失礼させていただきます。

　　　　　　　　　　　　　　　　　　　　　　　　　　　　　　　　　　　　　不一

平成〇〇年8月8日

　　　　　　　　　　　　　　　　　　　　　　　　　　　　　　　　　　　　若林学人

●四十九日の忌明けに出す礼状　❶❸

　謹啓
　弊社前社長　故　〇〇〇〇〇の社葬に際しましては、ご懇篤なご弔詞を賜りました上に、ご丁重な萩物をお供えいただきまして、ご懇情誠にありがたく厚くお礼申し上げます。本日中陰の忌明（七七日忌）を迎えるにつきまして、心ばかりの品をお届け申し上げました。何とぞご受納賜りたく存じます。
　略儀ながら書中をもってごあいさつ申し上げます。

　　　　　　　　　　　　　　　　　　　　　　　　　　　　　　　　　　　　　敬具

平成〇〇年10月25日

　　　　　　　　　　　　　　　　　　　　　　　　　　　　こしじ製作所株式会社
　　　　　　　　　　　　　　　　　　　　　　　　　　　　専務取締役　細川孝久
　　　　　　　　　　　　　　　　　　　　　　　　　　　　嗣　子　　　佐藤光利

文例2　応用　● 社葬の会葬礼状

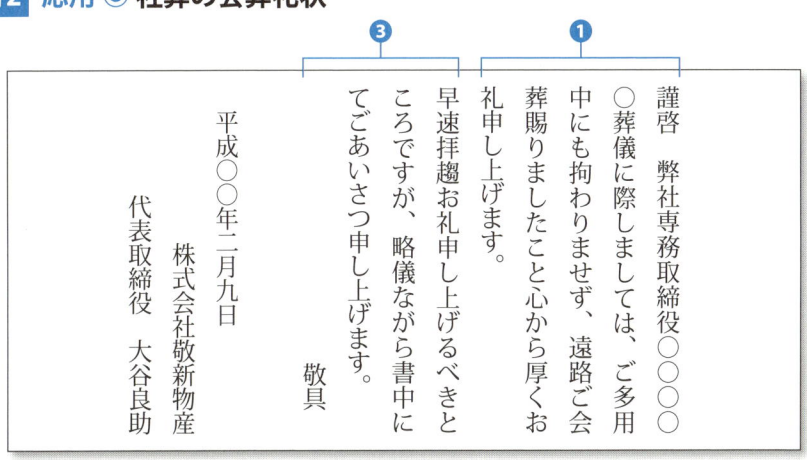

謹啓　弊社専務取締役〇〇〇〇
〇葬儀に際しましては、ご多用中にも拘わりませず、遠路ご会葬賜りましたこと心から厚くお礼申し上げます。
早速拝趨お礼申し上げるべきところですが、略儀ながら書中にてごあいさつ申し上げます。

　　　　　　　　　　　　　敬具

平成〇〇年二月九日

　　　株式会社敬新物産
　　　代表取締役　大谷良助

ビジネス社交文書・文例

Column

ときにはこんなスピーチを ❶

　学生時代に人前で話した経験のない人でも、社会人になると会社の社内・社外行事、パーティーなど、公的な場でスピーチを求められる機会が増えてくる。
　「スピーチは苦手」と逃げ腰にならず、会社や自分をアピールするよい機会として積極的にとらえたいものである。まして、会社を代表してスピーチをする場合、下手なスピーチは自分自身の問題のみならず会社のイメージや信用にかかわることになる。

実例1　◉ 新店舗開設披露会での店長のスピーチ

　店長の北沢と申します。本日はお忙しいところ、わかばチェーン多摩店の開店披露にお集まりいただき、またお祝いのお言葉を頂戴いたしまして、まことにありがとうございます。開店にあたりいろいろとご協力いただいた皆さまには、この場を借りて厚くお礼を申し上げます。
　ご存知のように、わかばチェーンは、日用雑貨を中心としたディスカウントストアの草分けとして平成元年に創業以来、他店より1円でも安く、また豊富な品揃えをモットーに、社員一同励んでまいりましたが、このたび、めでたく念願の多摩地域への出店がかないました。この多摩店の店長という責任ある立場に任命され、大変身の引き締まる思いでございます。
　多摩店は、これまでの「安く、豊富な品揃え」のモットーはそのままに、流行に敏感な若い主婦の方々にアピールするような商品開発にも力を入れ、地域の皆さまに愛される店づくりをめざして、がんばっていきたいと思います。どうぞ皆さま、これからのわかばチェーン多摩店をご支援のほど、よろしくお願いいたします。ありがとうございました。

実例2　◉ 支社長就任のスピーチ

　このたび、福岡支社長として、本社第2営業部から参りました代々木彬です。これまでもしばしばこちらへ足を運ぶことがあり、非常に明るい活気に満ちた職場だなという印象を持っていましたので、こうして皆さんと机を並べて仕事ができることになって、まことに嬉しく思っています。
　前任の柴田支社長のもとで、この支社が素晴らしい業績をあげたことは全社内で周知の通りでありますが、私はその後任としての責任の重大さを今、ひしひしと感じております。柴田支店長の築いてこられた業績をさらに伸ばすこと

が出来るよう、私も精一杯の努力をしていくつもりです。
　活気あふれるこの街の空気を吸って、私も自分の体のなかの活力が自然と湧いてくるような感じを受けました。この福岡支社の顔ぶれも、若く力にあふれた人材揃いのように見受けられますので、これから力を合わせて、さらなる高い目標に向かって、全力で前進していきましょう。よろしくお願いします。

実例3 ● 取引会社のセミナーでのスピーチ

　ホリー企画の菅原でございます。本日はお招きにあずかり、ありがとうございます。
　私も、この会合に参加させていただくようになりましてからすでに7回を数えますが、毎回貴重なご意見を拝聴いたしまして、大変勉強になります。マルチメディア時代における電子出版の今後の展開と問題点について、各界の専門家の方々にご指摘をいただくことで課題も明確になり、仕事の上でもおおいに役立っております。こうした会合を通じて横のつながりをもち、また情報交換の絶好の機会として、このセミナーが今後の業界全体の発展につながるものと期待しております。
　最後になりましたが、毎回セミナーの開催に労をとっていただいている御社の皆様に、厚くお礼申し上げます。

スピーチ原稿作成のポイント

- 短く簡潔に。400字詰め原稿用紙に1.5枚から2.5枚程度に下書きする。
- 話し言葉で、わかりやすい表現をこころがける。
- スピーチを行う場や目的、自分の立場などを考慮する。
- 起承転結など全体の構成を考える。
- エピソードやはなむけの言葉を盛り込む。
- ユーモアは品よく、流行語や俗語は入れない。美辞麗句や大げさな賛辞、常套句に頼らず、自分の言葉で。
- 立場をわきまえ、敬語や言葉づかいに注意する。
- 実際に練習してみる。話す速さは1分間に300字を読む程度が適当。
- スピーチの依頼を受けていなくても、突然の指名であわてないよう、何か1つでも話題を考えておく。

ビジネス社交文書・文例

Column

実例4 ● 新会社設立披露式典での招待者のスピーチ

　本日は、新会社設立披露パーティーにお招きいただき、誠に光栄に存じます。また、無事新会社を立ち上げられましたこと、心よりお祝い申し上げます。
　さて、私は、新しく立ち上げられた株式会社ラムダックの代表取締役である近藤君とは、近藤君が以前勤務されていた南東銀行時代の部長とその課長という間柄であります。近藤君は銀行の中枢であるソフト開発部の頭脳と呼ばれ、勤務ぶりは誠実にして仕事は迅速かつ正確で、社内での信頼は絶大でありました。また、人柄も温厚にして豪放磊落、部下の面倒みもよく、人情にあつい男でもあります。捨て猫や捨て犬を放っておけず、家に連れ帰っては母上に叱られていたという子供時代のままに、仕事上で重大な失敗をした部下を捨ておけず、自宅に連れ帰って住み込みでソフト開発の特訓をして、夫人に叱られたというエピソードも伝わっております。
　そんな近藤君のことですから、会社組織の一員に納まりきるわけもなく、起業の相談を受けたときは来るべきときが来たなという思いでした。有能な人材を失うことは会社にとっても私にとっても大変な損失です。しかし、彼は会社を設立するだけの能力や人徳を備えた人物です。彼が最大限、自分を生かせることを願い、涙を呑んで会社設立に賛成いたした次第です。
　しかしながら、彼がいかに有能な人物であっても、新会社を設立するにあたっては大変なご苦労とご努力があったことと思います。また、夫人をはじめご家族の方々にもひとかたならぬご苦労やご心労がおありになったことと拝察いたします。彼ならかならずやり遂げてくれると確信いたしておりましたが、新会社を無事設立され、今日ここに設立披露の宴を設けられましたことを心よりお祝い申し上げますとともに、今後のご発展をお祈り申し上げます。

実例5 ● 新社屋完成披露式典での招待者のスピーチ

　ただいまご紹介にあずかりました、私は杉山建築資材の杉山と申します。
　社長様をはじめ社員の皆様、威風堂々たる新社屋の完成、誠におめでとうございます。また、日ごろ仕事の面で大変お世話になっておりますことを、この場をお借りいたしましてお礼申し上げます。
　創業30年という節目のときに、このような堂々たる新社屋を完成されましたことは、ひとえに社長様をはじめ社員の皆様方のご努力と精励の賜物と存じます。社会情勢厳しき折、建築業界もまた強風にさらされているなか、しっかりとした基礎の上に築かれた建物のみが生き残れるように、30年の実績という基礎の上に建つ御社はさらに真価を発揮し、ますます発展されますことを確信い

たします。余談ではありますが、御社の新社屋には当社の最新建築資材が使用されておりますので、地震や火災に強いことは保証付きです。
　御社の今後のご発展とご繁栄をお祈りいたしまして、私の祝辞といたします。

実例6　◉ 転任者送別会主催者のあいさつ

　皆さま本日は、大森さんの送別会にご出席ありがとうございます。大森さんは10月1日付で、東京本社事業開発部に転任なさいます。
　大森さんが名古屋に転勤して来られたのが3年前。それまで本社営業部でばりばりと仕事をこなしておられたとの評判通り、こちらでもすばらしい仕事ぶりを見せてくださいました。慣れない土地で、またご家族とも離れての3年間はご苦労も大変多かったと思いますが、そのような苦労は微塵も感じさせない明るい笑顔で、いつも私たちを引っ張っていってくださいました。実にさまざまなことを大森さんからお教えいただいたと、感じております。どうもありがとうございました。
　大森さんと一緒に仕事ができなくなることを考えると私どもは寂しい限りですが、慣れ親しんだ本社に戻られ、また愛するご家族のもとに戻られるのですから、大森さんにとってこんなに喜ばしいことはございません。どうか、本社に戻られても、健康にお気をつけになって、一層お力を発揮なさってください。大森さんのますますのご活躍をお祈りして、お別れの言葉とさせていただきます。

実例7　◉ 転任者送別会での転任者のあいさつ

　本日は皆さまお忙しいなか、私のためにこのような盛大な送別会を開いていただき、ありがとうございます。
　4月1日付で、神戸支店営業部に転任することになりました。本社企画部に参りまして5年間、中野企画部長をはじめ皆さまには、大変お世話になりました。企画という、私にとっては初めての分野の仕事をまかされ、はじめはとまどいと不安の連続でした。そんな折に部長から「はじめから完璧にやろうと思うな」との励ましの言葉を頂戴し、またほかの皆さまにもさまざまなアドバイスやフォローをいただき、おかげさまでこれまで何とか責任を果たすことができました。夏の新製品キャンペーン成功を祝って、皆さまとともに飲んだあのビールの味は、いまだに忘れられない思い出です。
　神戸へ参りましても、本社で培った経験を十分に生かすことが出来るよう、大いに努力していくつもりでおります。今後とも、どうかよろしくご指導ご鞭撻をお願いいたします。

ビジネス商用文書・文例

Column

実例8 ● 新入社員歓迎会での新入社員のスピーチ

　本日は私たち新入社員のために、このような盛大な歓迎会を開いていただき、本当にありがとうございます。部長をはじめ諸先輩方のお心のこもった励ましのお言葉をいただいて、いよいよ社会への第一歩を踏み出したという実感が胸にせまってまいりました。

　気楽な学生の身分から、はじめて社会人という名前をあたえられ、まだ不安と緊張でいっぱいですが、業務部の先輩方のあたたかいお人柄にふれて、少しほっとしております。

　1日も早く仕事を覚えて、1人前の社員として皆さまのお役に立てるよう、精一杯がんばりたいと思います。まだまだ至らない点ばかりだと思いますが、どうか、ご指導のほど、よろしくお願いいたします。

実例9 ● 社葬告別式での葬儀委員長のあいさつ

　ご会葬の皆さま、本日は三元物産社長井上太郎の社葬ならびに告別式にご参列くださいまして、まことにありがとうございます。葬儀委員長といたしまして、またご遺族、ご親戚一同になりかわりまして、厚く御礼申し上げます。

　故人は猿蟹物産の創設者として、たゆまぬ努力と強い信念をもって30年来社業に邁進し、今日の業績を築いてこられました。仕事への情熱のみならず、温厚篤実な人柄が社の内外を問わず多くの人に慕われておりましたことは、皆さまもご存じのとおりです。

　このたび、ご遺族のご看病のかいなく、不幸にも病のために逝去されました。私ども社員一同、痛恨のきわみではございますが、今後は故人の偉業を継いで会社の発展のために力を尽くすことで、社長の死に報いる所存でございます。

　最後に、ご遺族ならびにご親戚の皆さまには、今後とも故人に賜りましたと同様のご厚誼を賜りますよう、お願い申し上げます。

　はなはだ簡単ではございますが、これをもちまして皆さまにご会葬のお礼のごあいさつとさせていただきます。

4 ビジネス社内文書・文例

報告書1・2／始末書と顛末書1・2・進退伺い
申請する・伺う1・2／届け出る1・2
入退社を通知する1・2／連絡する1・2
指示する・通達する1・2／雇用契約書
伝票類1・2／財務諸表／議事録／企画書
社内論文／通知する

ビジネス社内文書・文例

報告書1

- ●販売業績の月報
- ●業務日報
- ●月間報告書 など

定期的に書く報告書なので、報告すべき事柄を、わかりやすく簡潔に記します。数字、製品名、顧客名など、大切なデータは正確に記入します。多くの場合定型用紙があり、これに沿って記入することになります。

文例1 基本 ● 販売業績の月報

月間業務報告書(9月期)

平成○○年10月3日
営業一課　小林　愛　印

件名　「おそうじ・レディ」売上報告

❶
概況
1. 9月期の月間売上額は1500万円。前月比は3％減となるものの、対前年同月比は7％増。毎年売上げが落ちる秋口にしては、好調な滑り出しといえる。
2. 9月1日にＴＶスポットを開始。これを期に、とくに地方都市での売上げが増加している。
月間実績推移(グラフ省略)

❷
今後の施策
　雑誌・新聞広告に合わせて、首都圏で実施している販促キャンペーンを、大阪、名古屋、札幌、仙台市内の大型スーパー、デパートでも開催。地方都市での業績向上を目指し、一層のPR効果を引き出す。

❸
感想
　これまで知名度が低かった地方都市での売上が伸びているが、まだまだ楽観はできない。ＴＶスポットに加え、より積極的なPR活動と、販売店の協力を仰ぐことが必要だと思われる。

備考
　添付資料　9月度売上統計
　　　　　　年間売上推移表

基本構成とポイント

❶ **概況**：概況説明では数字やデータを正確に記入し、売上の月報などの場合、単にその月の数値を記載するだけでなく、前月比、前年同月比など、あらゆる角度からの分析を加えたい。

❷ **施策、見通し（予定）**：月報における今後の施策や見通しは、短い文章で簡潔に、かつできる限り具体的に報告する。

❸ **感想、意見**：意見・感想欄がある場合は、漠然とした表現を避け、自分の考えをはっきり的確に記す。

応用入れ替え

●業務日報 ❶❷

　本日13時、7月8日発表の○○○システムの資料一式を東京本社に持参。本社総務部の柳田和夫総務部長と面談し、6月21日14時〜16時に、本社12階会議室において、同システムのプレゼンテーションを行う約束を取り付けた。
　当日は技術開発部の遠野主任が同行する予定。
備考
　織部精器は、平成○○年3月に現在建設中の新本社ビルに移転する予定で、近々、新社屋の設備、備品の検討をはじめるとの情報を入手。明日、調査に入る予定。

●月間報告書 ❶❷

1. 概況
　一部の業界を除き、未だ停滞している景気を反映し、消費者の出足が鈍かった。とくに昨今の消費意欲低下傾向の影響が著しい本年は、各社とも売上減を取り戻そうと熾烈な年末商戦が展開された。
　こうした状況のなかにおける当地区の月間売上高は2億4000万円、前年同月比3％増という結果だったが、目標を1000万円下回った。
2. 反省と今後の見通し
　今回で「歳末七福神キャンペーン」も4年目となり、毎年売上げを伸ばしてきたものの、若干マンネリ化傾向がみられた。宣伝方法、目玉商品開発など、より効率を上げるための見直しを図ると同時に、新企画を考案する必要性がある。
3. 添付資料
　　12月度売上統計
　　年間売上推移表
　　年間製品別売上推移表

　　　　　　　　　　　　　　　　　　　　　　　　　　　　　　　　　　　以上

文例のポイント
- 営業や販売などの月報では、月間の売上の推移を記すグラフの項目などもある。
- 業務日報では、その日の業務・作業の内容を記すが、単なる行動記録で済まさず、その日の成果なども記しておきたい。
- 日報の場合は、単に明日の予定などを記すだけのフォームが多い。
- 一般に、日報には感想・意見の項目は設けられていないが、上司に伝えたい意見、提案などがある場合は、備考欄などを使って積極的に伝え、自己アピールに役立てたい。
- 報告内容を裏付ける資料はかならず添付する。

ビジネス社内文書・文例

- 販売促進の出張報告書
- 出張報告書
  （新製品の生産設備の開発に工場へ）
- セミナー参加報告書

> いつ、どこへ、誰が、何をしに行ったのか。そして、その結果、何を得たのか。出張の目的、研修のテーマに沿った結果を上司がイメージしやすいよう報告します。今後の見通し、対策など、意見や感想の提示も大切です。

文例2　基本　● 販売促進の出張報告書

平成○○年11月16日

営業部長　畑山貴雄殿

営業部販売促進課
田中　順也　印

出張報告書

❶ 出張先　山形県山形市
出張期間　平成○○年11月11日〜14日
❷ 出張目的　山形エリアへの新製品PPX2000の販売促進
報告事項
❸
1）市内および周辺のヤマガタ電気、クラックスの全支店と、市内の丸越デパートを訪問。消費者の反応についての情報を収集すると同時に、売場のディスプレイ、販促キャンペーンについて協議した。
2）ヤマガタ電気、クラックスではPPX2000のコーナーを他社製品より目立つ位置に設置してあり、各支店とも消費者の反応も良好である。ヤマガタ電気では次回の納品個数を2倍にするようにとの要請を受けた。
3）丸越デパートでは川口販売主任より、同様に好調な反応であるとの報告を受け、販促用のサンプルプリントを要請された。
❹ 所感
　製品の特徴についてきめ細かなPRが必要であり、サンプルプリントの配布と販促キャンペーンの開催を至急行う必要を感じた。

基本構成とポイント

❶ **前付、期間、場所**：いつ、誰が、どのくらいの期間、どこへ行ったのか、といった基本的なデータは記入もれがないように注意。同行者がいる場合は、その氏名、部課なども記す。

❷ **目的、テーマ**：何をしに行ったのか、出張の目的を簡潔に記す。研修受講の場合は講習のテーマを記し、テーマ別に講師名とその肩書きなども書き添える。

❸ **結果報告**：出張の結果、得た情報はトラブルを含め、もらさず端的に報告する。情報が多い場合は、箇条書きにしたほうがわかりやすい。研修受講では何を学んだかという講習の内容がこれにあたる。

❹ **意見・感想**：結果以上に大切なのが本人の所感。出張先で得た情報、結果について、どう考えるか、どうすべきかといった、意見、感想などを提示する。研修の場合は、受講した感想に加え、自分や会社にとってプラスになった点を強調する。

応用入れ替え

●新製品の生産設備の開発のための工場出張の報告書 ❷❸❹

ＭＳ-2000の生産設備の開発状況を調べるため出張いたしましたので、下記の通りご報告いたします。

記

1. 出張先　アルク電気関西工場
2. 出張期間　平成○○年６月16日〜19日
3. 同行者　　設計課　川口志郎
4. 出張目的　ＭＳ-2000の製造工程のシステム開発
5. 開発状況
　　△△行程において、±0.08㎜の組み込み誤差がある。△□の処理速度を20％高めると、許容範囲すれすれの摩擦熱が生じて危険である。
6. 所感
　　△△行程は、ＸＸＰロボットに制御させ、誤差を±0.04㎜の範囲に収めたい。○○○における処理速度は、現在のまま維持すべきである。

以上

●商用英語セミナー参加報告書 ❷

　英語による商談のシーンなど、さまざまなシチュエーションを想定した、実践的な講習が中心であった。
　鈴木浩太教授による、効率的な英語学習法についての講義があった。１日15分でかまわないので英語を聞き、耳に慣れさせること。そして、書くよりも話すことからはじめること。商用英語は、聞き慣れない単語を使うので、覚えることが大事。

ビジネス社内文書・文例

報告書 2

- 新店舗建設候補地の調査報告書
- 会議報告書
- クレームの調査報告書

調査目的を明確に把握し、先入観のない調査、正確かつ簡潔な報告を行います。調査結果に対して、適切な意見を提示することも必要です。報告書が数ページにおよぶ場合は、最初に概要を記しておきます。

文例1 基本 ● 新店舗建設候補地の調査報告書

平成○○年3月9日

❶ 企画開発部長
菅原宏志殿

企画開発部開発室
松方公康　印

❷ 「西砂地域アンテナショップ」建設候補地についての調査報告
「西砂地域アンテナショップ」建設候補地について、平成○○年2月1日より3月1日まで調査した結果を報告します。

記

❸
1. 所在地　東京都江東区吉田町1丁目5番地
2. 土地所有者　高野光太郎氏（江東区吉田町10丁目に在住）
3. 土地総面積　2,500㎡（757坪）
4. 地価　3.3㎡当たり1万8000円
　　　　総額1362万6000円
5. 周囲の環境
　1) 同地はJR南部線と営団地下鉄東西線が乗り入れる水無月駅西口から徒歩5分。弥生銀座商店街の中ほどに位置し、日中の通行量は平日で平均約5万人、休日平均約10万人に達する（別紙添付資料A参照）。
　2) 弥生銀座商店街の商店舗数は合計500軒（商工会議所資料より）。種類は青果屋、精肉店などの生活に根ざした商店から若者向けのブティック、飲食店まで多彩で、ファーストフードチェーンのMSバーガー、LLコーヒーもある（商店街の詳細な構成は別紙添付資料A参照）。

❹
6. 本物件についての意見
　同地一帯は、西砂エリア最大の商業地区で、通行量も多く、その年齢層も幅広い。西砂エリアでの当社製品の反応をさぐるアンテナショップの建設地には、適した物件である。地価の販売価格についても、適切と思われる。
7. 添付資料
　資料A　弥生銀座商店街および水無月駅西口駅前通行量調査結果報告書（略）

以上

応用入れ替え

●会議報告書 ❷❸❹

1. テーマ
   新宿ミレナリオ5階店の売場リニューアルについて
2. 日時　平成○○年9月25日(水)15時～17時
3. 場所　9階会議室
4. 出席者
   営業部販売企画課　森田勇、斎藤陽子、藤井素子、藤田護
   総務部　三沢守男、宣伝部、古沢純二
   新宿ミレナリオ5階店店長　川島さゆり
5. 決定内容
   1) リニューアル箇所は、階段側の売場CブロックとFブロックのみとする。
   2) リニューアルの実施は平成○○年1月15日～25日
   3) 売場レイアウトとデザインは○○事務所が提案したGタイプを採用(別紙添付資料参照)。
6. 意見
   実施時期を1月のバーゲン終了後に変更することで、売上げの損失は当初予定額より減少すると思われる。
   ○○事務所提案のGタイプのデザインは、20代OLをターゲットにしたCFブロックの製品イメージに合致する。

●クレームの調査報告書 ❷

調査理由
　11月13日、戸田電気川崎工場の橋本所長より、先月我が社が納入したXP-□型について、クレームを受けた。同機導入以降、生産ラインが突然停止する事故が2度も生じており、その原因が同機の欠陥にあるのではないかとの内容なので、11月14日に技術開発部の笹塚晋吾とともに同工場へ出張し、同機の調査を行った。

基本構成とポイント

❶ **前付**
❷ **調査方法・目的・テーマ**：調査の目的・方法、会議のテーマなどを簡潔に記す。目的・テーマは、標題の形で提示してもよい。
❸ **成果・結果**：主観や感想を交えず、客観的な事実だけを簡潔に報告する。提示する情報は多角的であることが望ましいが、街のうわさなど、不確かな情報は避ける。また、情報ごとにその出所も明示すること。
❹ **意見・要処置事項**：必要なのは的確な意見。漠然とした感想ではなく、成果に対する客観的な評価、具体的な提案を提示する。
● 報告内容が多く、報告書が数ページに及ぶ場合は、最初にアウトラインを説明する概要の項目を設ける。

ビジネス社内文書・文例

- 業績良好の営業所の業務診断報告書
- 業務診断調査報告書
- 新製品の売れ行き状況調査報告書
- 業績不振の営業所の業務診断報告書

> 調査目的を把握し、指示された内容に沿って的確に報告します。必要に応じてグラフ、図版なども用います。報告書の様式をもつ会社では、用紙にのっとって作成すればいいのですが、記入項目のもれには十分注意を払います。

文例2 基本 ● 業績良好の営業所の業務診断報告書

平成○○年9月10日

❶ 営業部長
山本謙次殿

営業部営業三課
山田一郎　印

❷ 　　　　　　　弘前営業所の業務診断調査報告書
標記の件につき報告いたします。
　　　　　　　　　　　　記
❸ 　北東北エリアにおける弘前営業所の販売実績は順調で、業務内容は良好。
報告事項
❹ １）同支店の販売実績は、別表の通り、平成○○年以降3年間連続して伸び続けており、本年4月には、対前年度同月比15％の伸び率をあげております。（添付資料A参照）
２）同支店では、平成○○年度に従来の販売方法を見直し、別紙の販売マニュアルを考案しました。以来この策にのっとり、一貫した販売計画を実施しており、その主旨は、所員全体に浸透しています。（添付資料B参照）
添付資料
Ａ．平成○○年度〜平成○○年度の営業実績表、同グラフ
Ｂ．販売マニュアル写し

以上

基本構成とポイント

❶**前付**

❷**目的**：調査目的はタイトルの形で表現してもいいが、一見して内容・目的がわかるよう工夫する。

❸**結論**：調査結果は企業の死活にかかわる大切なもの。紛らわしい表現は極力避け、一目瞭然の簡潔な言葉でずばりと評価を報告する。

❹**理由**：結論を導いた理由・根拠を、客観的な事実だけで説明する。報告の内容によっては、図、グラフ、写真など、ビジュアルな資料を活用したい。例えば文例1の販売実績の報告などは、言葉で説明するより、実際の数値を表やグラフで示したほうが効果的だ。

- 理由を述べる項目は、客観的事実のみを書き、本人の意見は入れてはいけない。そのため、どうしても伝えたい意見、提案などがある場合は、「備考」「所感」などの項目を最後に設けて提示する。

応用入れ替え

●業務診断調査報告書 ❷❸❹

宝塚支店の業務診断調査報告書

　7月10日に部長よりご指示を受けました標記の件につき、次のような実情を報告します。
　当地では他社の同様製品が伸び悩んでいる中、本支店は、平成○○年度以降相当数の販売実績を上げています。
添付　別表1　グラフ1　棚卸表1
　この件につき、さらに実態を打診、調査の結果、次の情報を得ました。
　［1］本支店は、首脳部より末端まで人事関係が良好である。
　［2］一貫した販売拡張策を計画・続行している。計画書は入念に作成され、末端までわかりやすく浸透している。
添付　計画書の写し1　出荷現場の写真1

●新製品の売れ行き状況調査報告書 ❷❸❹

　新製品「FK」の売れ行き状況についての調査結果を左記の通り、ご報告いたします。
記

1. 実施期間　平成○○年8月1日～31日
2. エリア　JR中央線第一エリア
3. 売れ行き状況　当エリアの5月の出荷数は1万台。発売から4カ月間は、前月比約30％増で順調に売上げを伸ばしていたが、3月以降、現在までは前月比4～6％と横ばい状態（添付資料参照）。
4. 所感　類似品のなかったことが、発売当初の好成績の原因。売上げ落ち込みの要因は、A社、B社の競合製品（2～3割安）の発売によると考えられる。
5. 対策　商品特徴のアピール不足を痛感。量販店などでは商品特徴を盛り込んだ提案型販売を展開することが望まれる。性能的には優れているが、他社との価格差が大きい。早急に競合製品との比較検討を行い、製造コストダウンも図る。

●業績不振の営業所の業務診断報告書 ❷❸❹

アメリカ・ロイド営業所の業務診断報告書

1. 現況
　経済摩擦の影響が大きく、業績が落ち込む。
　長期的にも自力回復は期待できない。
2. 報告事項
　アメリカ支社の報告によると、ロイド営業所の業績は低落の一途をたどっている。
　ロイド地区は他企業の進出が極めて多い激戦区であるのに加え、ここ数カ月の急激な円高も、業績低落に追い打ちをかけた。
　本営業所は、支社および本社の強力な支援をもってしても、業績が回復することは困難といえる。

ビジネス社内文書・文例

始末書と顛末書 1

- ●取引停止を詫びる始末書
- ●資料紛失の念書
- ●無断欠勤で欠勤理由を加える始末書（理由書）

始末書は過失、不始末などで、会社に損害を与えた場合に提出する、懲戒の性質をもつ文書です。素直な反省の気持ちで作成することが何より大切です。主に天災などを理由に提出する始末書を理由書ともいいます。

文例1　基本 ● 取引停止を詫びる始末書

平成○○年7月31日

始末書

❶ 営業部長
　飯田大助殿

営業部営業二課
角田真平　印

❷　平成○○年7月20日、私は片山商会に提出すべき産業用プラント購入の見積書類を、誤って横田商事に提出してしまいました。

❸　その結果、当社と片山商会との間に、取引停止という事態を発生させ、会社に多大な損害を与えることになりました。

❹　私はこのたびの不始末を深く反省し、心からお詫び申し上げるとともに、今後二度とこのような不始末を繰り返さないことを、固くお誓い申し上げます。

基本構成とポイント

❶**前付**：始末書は「殿」、念書は「様」を相手の氏名のあとにつける。

❷**不始末の実態**：弁解がましい内容は一切書かない。自分のおかした不始末や過失の実態を簡潔に書く。ただし、始末書、念書の性質上、文章は「です・ます」調の丁寧な表現で、正しい敬語を使ってまとめる。

❸**損害の内容**：始末書では会社に与えた損害の内容を、具体的に書く。

❹**反省とお詫び**：まずはきっちり反省とお詫びの気持ちを記す。始末書の場合は、これに続き、再び同様のミスを起こさないという決意と誓約の文章が不可欠となる。

●「会社に多大なご迷惑をおかけした」「誠に申し訳なく」「心からお詫び申し上げます」「深く反省し」「今後二度と繰り返さない」など、始末書の文章は、慣用的な語句、表現を多用するのがポイント。

応用入れ替え

◉資料紛失の念書 ❷❸❹

　このたび、私は資料室より拝借しておりました『消費者動向統計』を、通勤時に車内に置き忘れ、紛失いたしました。
　この件に関し、室長ならびに関係各位に対し、多大なご迷惑をおかけし、申し訳ございませんでした。
　今後は二度とこのような不始末を繰り返さないよう、十分に注意いたしますので、ここに念書をもってお詫び申し上げます。

◉無断欠勤で欠勤理由を加える始末書（理由書） ❷

本日、通勤途中にバイクと接触し、軽い脳しんとうをおこし、念のためにと病院に行ってまいりました。幸いたいした怪我もなく、入院はせずに帰りましたが、携帯電話が壊れてしまい、会社へ連絡することができず、無断欠勤という形になり申し訳ございませんでした。

始末書と念書の違い

　始末書が対会社であるのに対し、念書は、軽度のミスで誰かに迷惑をかけた時、その個人あてに書くお詫びの文書。そのため、お詫びの気持ちを素直に伝えることが第一で、始末書と違い慣用語句を多用しない。慣用句を使いすぎると形式的にまとめた印象を与えてしまう。また、あて名に付ける敬語は「殿」ではなく「様」。念書では提出の日付を、横書きの場合でも、文末に書くのが決まりとなっている。

ビジネス社内文書・文例

始末書と顛末書 2

- 不良品を仕入れた顛末書
- 研修所における食中毒の顛末書
- 業務上の交通事故を起こした部下の顛末書

顛末書は主に人為的な要因により生じた事故・過失に対して提出する文書です。事故の因果関係、過失の場合は経緯の説明が柱となり、お詫びや反省の言葉はつけ加えません。

文例1 基本 ◉ 不良品を仕入れた顛末書

顛末書

商品仕入部長
河原秀樹殿

商品仕入部YG課長
岡島純一　印

❶　○○スポーツより不良な商品を仕入れ、これを販売した件について、調査の結果、下記の通り原因が判明いたしました。

記

❷
1. 問題の商品とその数量
　YGスポーツ製ランニングシューズSP-X　50足
2. 仕入れ日
　平成○○年3月1日
3. 商品の不良点
　シューズ裏底のラバーが欠損
4. 販売日と販売個数
　平成○○年4月1日　3足
5. 販売済み商品への対応
　3足ともに、販売翌日、購入客が来店したためすでに正規商品と交換しております。

❸
6. 不良商品を仕入れた原因
　(1) ○○スポーツの調査結果
　　別紙にて添付。
　(2) 仕入れ担当者のチェックミス
　　商品を当社倉庫に収める際、仕入れ担当の江川卓人が、規定通りのチェックを怠ったため。
7. 添付書類
　　○○スポーツの調査結果報告

応用入れ替え

●研修所における食中毒の顛末書 ❶❷❸

　平成〇〇年5月20日に発生した、郡山研修所での集団食中毒の件につき、調査の結果、下記の通り、原因が判明いたしました。

記

1. 食中毒発生場所
　丸亀物産郡山研修所
2. 発生日時
　平成〇〇年5月20日（水）　午後8時頃
3. 被害状況
　同研修所にて研修中の社員10名が下痢、腹痛、嘔吐を訴え、郡山市内の郡山中央総合病院にて治療を受けました。入院者はなく、午後10時頃、30名全員が研修所に帰所。症状は比較的軽度で、翌日には全員回復しています。
4. 発生の原因
　(1) 5月20日、昼食に出した弁当のイカフライより、サルモネラ菌が発見され、これが感染源である可能性が濃厚です。
　(2) 調理の際の加熱が不十分であった可能性があります。
　(3) サルモネラ菌が付着した手で、食品に触った可能性があります。

●業務上の交通事故を起こした部下の顛末書（今後の対策をつける場合） ❸

(1) 営業車を利用している部員には、今後、定期的にミーティングを開かせ、安全運転について、日頃から認識を高めさせます。
(2) 負傷した先方のドライバーおよび同乗者については、見舞金について十分な配慮を考えております。

基本構成とポイント

❶前付
❷**事故・過失の実態**：いつ、どこで、誰が、何をし、その結果どんな事態が生じたか、事故・過失の実態を正確かつ具体的に示す。言葉づかいは「です・ます」調とし、丁寧な表現を心がける。
❸**発生理由・顛末**：発生した事故・過失の原因、経緯を徹底的に究明し、その結果明らかになった事実を、わかりやすく正確に伝える。本人にとって都合の悪い事実でも、故意に隠したり、粉飾を加えることは絶対にタブー。文章は簡潔、的確を心がけ、報告が長くなる時は箇条書きにする。
●理由書、顛末書ともに、あくまで客観的な事実のみを書き、お詫び、いいわけ、反省などは書かない。
●事故・過失の原因によって、末尾に今後の対策を書く場合もある。

ビジネス社内文書・文例

始末書と顛末書（進退伺）3

- 部下の横領の責任をとる進退伺
- 機密情報を外部にもらした部下の責任をとる進退伺
- 事故の始末書

など

始末書や顛末書の提出で済まない状況では、進退伺の提出もやむを得ません。過失に対する率直な反省とともに辞職する意を表明しながら、進退については相手にゆだねます。

文例1　基本　● 部下の横領の責任をとる進退伺

進退伺

❶ 平成○○年4月9日
代表取締役社長
堀内隆行殿

関東南支社長
高橋　剛　印

❷　このたび、発覚しました当支社経理部員南部総太による3000万円におよぶ業務上横領事件は、小職の管理不行き届きによるものであります。この不始末により会社に多大な損害を与え、当社の信用失墜につながることになりましたことを、深くお詫び申し上げます。

❸　このたびの不始末はすべて小職の失態によるものでありますので、職を辞して責任をとる所存であります。

❹　何分の儀ご決裁を仰ぎたく、ここに辞表を同封し、ご指示をお待ち申し上げます。

以上

基本構成とポイント

❶ **前付**：あて先は通常、会社の最高責任者あてで、あて名、提出社名ともにフルネームで正式な役職名を付して記す。

❷ **過失・事故の状況**：進退伺が必要になるほどの事態では、すでに事件についての詳細な報告がなされている。そのため、改めて詳細な報告をする必要はなく、アウトラインのみを簡潔に書く。

❸ **責任の明示**：事件の責任が自分にあることを明示し、「職を辞して責任をとる」意思を表示する。

❹ **指示を仰ぐ**：「何分の儀ご決裁を仰ぎたく……」といった、進退について指示を仰ぐ、慣用的な文章で結ぶ。

- 通常、役職者が提出する書類のため、自称は「私」ではなく「小職」とする。
- 進退伺は提出の際にかならず「辞表」を同封する。

応用入れ替え

● 機密情報を外部にもらした部下の責任をとる進退伺 ❷

　このたび、発覚しました当技術部開発課本山武雄による、新製品に関する機密情報の流出は、小職の監督不行き届きによるものであります。
　上記により会社に多大なる損害とご迷惑をおかけいたしましたこと、誠に申し訳なく、深くお詫びを申し上げます。

● 事故の始末書 ❷❸

　平成○○年10月19日午後3時30分頃、成町の西部ビル建築現場にて、搬入機器の操作を誤り、搬入途中のガラスD-223を落下させ、うち2枚を破損いたしました。さいわい敷地内でのできごとで、通行人、作業員、社員のいずれにも怪我はありませんでしたが、当日の予定作業に遅れが出ました。
　この件は、直接的な原因といたしましては私が搬入機器の操作に不慣れだったために起きたことですが、製品の取り扱いに対する不注意も免れ得ないことも重々承知いたしております。このような事態を引き起こし、会社に損害とご迷惑をおかけしましたことを深くお詫びいたします。

● リコール商品の責任をとる進退伺 ❶❷❸❹

代表取締役社長
丹波啓介殿

　　　　　　　　　　　　　　　　　　　　　　　　川崎工場長
　　　　　　　　　　　　　　　　　　　　　　　　横山孝史　印

　このたび、当工場製造・出荷の商品がリコールとなりました件は、小職の製造および検品作業の管理に手落ちがあったために生じたものであり、会社にも多大なる損害とご迷惑をおかけいたしましたことを、深くお詫び申し上げます。
　このたびの不始末はすべて小職の管理、指導の不徹底に基づくものであり、職を辞して責任を負いたく存じます。
　何分の儀ご決裁を仰ぎたく、ここに辞表を同封し、しかるべくご指示をお待ち申し上げます。
　　　　　　　　　　　　　　　　　　　　　　　　　　　　　　以上

進退伺の慣例的な表現

　このたびの不始末につき如何ようにご処分を受けても異議はなく、ここに辞表を同封し、今後の小職の進退についてご指示をお待ち申し上げる次第でございます。

ビジネス社内文書・文例

申請する・伺う1

- 運動会実施の稟議書
- イベント参加の稟議書
- スポーツクラブ法人入会の稟議書
- アルバイト雇用の稟議書

など

稟議書は上司や上級機関に対し、案件の承認、決裁を求める文書です。「起案書」「伺い書」ともいい、取り扱いは「稟議規定」「文書取扱規定」などで決められていることが多いので、起案の前にはこれらを確認しておきます。

文例1　基本 ● 運動会実施の稟議書

❶ 総務部長
平岡　学殿

平成〇〇年9月1日
庶務課長
丸山剛士　印

❷ 　　　　　　　　秋の社内運動会実施について

❸ 　昨年、平成〇〇年度より一時中止していた社内運動会を再開したところ、予想以上に好評で、是非本年度も実施して欲しいという要望が社員から多く寄せられております。
　今年も昨年同様、社内運動会を開催し、社員およびその家族相互間の親睦をはかりたいと思います。社内チームワークと愛社精神を高める目的で、運動会実施を伺い申し上げます。

　　　　　　　　　　　　　　記

❹
1. 実施日　　平成〇〇年10月6日（日）
2. 場所　　　多摩川グラウンド（昨年度と同）
3. 実施要領　総務部庶務課が計画・運営
4. 参加者　　当社社員およびその家族
5. 予算　　　50万円（昨年度の運営費用48万円）

基本構成とポイント

❶ **前付**：起案年月日、提出先、起案元の部署名、起案責任者名などの基礎項目をもれなく記載する。

❷ **タイトル**：簡潔、かつ起案内容が一目でわかるタイトルをつける。

❸ **起案の主旨**：起案の要旨を、その案件が業務上必要である理由とともに簡潔に書く。「是非とも実現させたい」という意欲が伝わるように、文章表現を工夫するのもポイントだ。過去に前例のある案件なら、その時の成果なども書き添えたい。

❹ **具体的な内容**：案件の執行方法、日時、期間、場所、参加者、必要経費など、執行に必要と思われるデータを具体的に記載する。

応用入れ替え

●イベント参加の稟議書 ❸

　10月20日～23日の4日間、スーパー三木で恒例の「秋の電気祭り」が開催される予定です。このイベントには○○人の人手が見込まれ、○○電気、○○電工など、ライバル各社も大規模な販売促進キャンペーンを行う見込みです。
　当社製品のPRのため、下記内容で「秋の電気祭り」に参加したいと思いますので、お伺い申し上げます。

記

1. 実施日：平成○○年10月20～23日
2. 場所；スーパー三木
3. 実施要領：営業促進部が計画
4. 参加者：営業部
5. 予算：30万

●スポーツクラブ法人入会の稟議書 ❸

　去る9月10日、我が社向かいのKビル3階にスポーツクラブ「XYZ」がオープンしました。現在我が社には健康増進施設がなく、社員からスポーツクラブへの入会を希望する声が多く寄せられています。社員の健康増進と福利厚生、さらに、社員間の親睦を図るため、「XYZ」スポーツクラブへ法人会員として加入したく、お伺い申し上げます。

●アルバイト雇用の稟議書 ❸❹

　補佐スタッフとして、昨年同様、下記要領でアルバイトを雇用したいと思いますので、伺い申し上げます。

記

1. 雇用期間
　　平成○○年12月6日～12月30日
2. 雇用時間
　　午後13時～20時の7時間
3. 雇用職種と人員
　　販売補佐スタッフ：平日各店5名　土日各店8名
4. 支給額
　　日給8,000円
5. 募集方法
　　11月10日、アルバイト情報誌「SOS」第53号に求人広告を掲載
6. 昨年度の雇用実績
　　販売補佐スタッフ：平日各店3名　土日各店6名

ビジネス社内文書・文例

文例2 基本 ● パソコン購入の稟議書

総務部長
境祐介殿

           平成○○年9月2日
           人事部　小暮相太　印

      パソコン購入について

　10月より、当人事部に新入社員2名が配属されるにあたり、両名が使用するパソコンが必要となりますが、現在当部の保有するパソコンは現部員6名が使用中の6台のみとなっております。よって、新たに下記の機種2台を購入したいと思いますので、お伺いいたします。

        記

1. 希望機種
　TCC社製「PH-2400」（添付資料参考）

2. 選定理由
　現在当部が使用している機種と同じもので、システムが組みやすい。

3. 数量
　2台

4. 価格
　260,000円（130,000円×2台）

5. 添付資料
　購入希望機のカタログ1部、見積書1部

               以上

応用入れ替え

●リース更新の稟議書 ❷❸❹

コピー機リース更新の件

　9月30日をもって現在使用しているコピー機のリース期間が満了するにともない、下記のとおり、新コピー機のリースを更新してよいかお伺いいたします。

記

1. 希望機種　　MSPT-1500
2. 数　　量　　1台
3. 購　入　先　　○○○事務機
4. 月額基本リース料
　　14,000円（3年リース）（現　19,000円）
5. ランニング費用
　　カウンター料金（白黒）　　6.2円（同額）
　　カウンター料金（カラー）　30円（同額）
6. 機種選定の結果
　　　現在使用しているコピー機のリースをしてみて、当部ではあまり使用しない機能などがありましたので、コピー機の見直しをはかりました。リース料も現在のものより5,000円安くなるタイプの機種がありましたので、コストダウンにもつながるかと思いますので、お伺い申しあげます。

ビジネス社内文書・文例

申請する・伺う 2

- 新製品開発チーム設置の提案書
- 工場機器の整備回数についての提案書
- ファイリングシステムの改善と提案書

など

上申や提案を認めてもらうには、着眼点と内容が大切です。そのためには幅広い資料を入手し、具体的な数字やデータを活用します。その案が実施されるとどんな効果が見込まれるか、具体的に示しておくと説得力が増します。

文例1　基本　◉　新製品開発チーム設置の提案書

提案書

平成○○年9月8日

近藤電気株式会社
常務取締役　近藤公二郎様

販売部長　沖田新太郎　印

新製品開発チーム新設の提案

❶　このたび営業企画部の要請により、エフ社のIHクッキングヒーターよりさらに高品質な「IHクッキングヒーターM」を、当社にて開発することになりました。これに伴い、常設の開発チームを新設していただきたいので提案いたします。

記

❷　1. 現状
　これまで新製品の開発は、石神井南工場の技術スタッフが、本社からの要請に応じる形で、随時、プロジェクトチームを組んで行っていた。

❸　2. 改革への提案
　本社内に独立した新製品の企画開発チームを編成・常設し、市場の動向や消費者の指向を把握した新製品の企画開発に取り組むようにする。
3. 企画開発チームの人員配置（略）
4. 推薦人氏名（略）
5. 設置希望年月日　平成○○年10月1日

❹　6. 設置後の効果
　(1) 市場の動向や消費者の指向を把握した、すぐれた製品を開発できる。

以上

> 応用入れ替え

●工場機器の整備回数についての提案書　❷❸

1. 現状
　現在、藤吉岡工場の機器の定期整備は、第1レーンの○○機と○△関連機器が2カ月に1回、第2レーンの□□機が4カ月に1回で、そのほかの機器はすべて6カ月に1回となっています。
　調査記録によれば（別紙添付資料1参照）、平成○○年度～○○年度の過去3年間に同工場で発生した事故のうち、整備不良が原因とみられる事故が全体の○％、回数にして○回発生しています。
2. 提案
　整備不良による事故をゼロとし、藤田沢工場の安全管理を万全とするために、第1レーン○△関連機器と第2レーン□□機については○○機と同じ2カ月に1回、現在6カ月に1回のそのほかの機器についても、3カ月に1回に、定期整備の回数を増やすことを提案いたします。
3. 定期整備要領（略）

●ファイリングシステムの改善の提案書　❷❸❹

1. 現状の問題点
　①不要な情報が多い
　②現在の分類方法が不親切
　③バインダーの保管場所が狭く不便
2. 改善案
　①不要な情報の整理
　②分類項目を追加
　③窓際の広い棚にファイル保管をする
3. 備考
　半年に1回、ファイルの整理の機会を設ける

> 基本構成とポイント

ポイント：年月日、提出先、差出人の部署名、氏名などの基礎項目をもれなく記載する。

❶**タイトルと主旨**：タイトルは上申・提案の内容が一目瞭然となるよう工夫する。前文である要旨では、上申・提案のアウトラインを示す。

❷**現状報告**：現在の仕組み、状況を、わかりやすく的確に説明する。説得力のあるデータや資料を添えると効果的だ。

❸**上申・提案の内容**：何をどうして欲しいのか、いつ何をして欲しいのか、上申・提案の内容は可能な限り具体的に提示する。例えば制度・規則の改革なら、新制度・規則を具体的に提示することが必要だ。

❹**効果**：提案実施によって生じる効果をあげておくと、提案が採用されやすい。

●上司、上層部への提案・上申なので、言葉づかいには気を配り、丁寧な文章にまとめる。

ビジネス社内文書・文例

文例2 基本 ● 提案制度導入の上申書

上申書

平成○○年2月9日

鳥山工業株式会社
常務取締役　村上竜一様

庶務部長
野村克典　印

企画提案制度導入の上申

❶　会社の業務改善、新製品開発などに対する提案を、所定の書式により提案できる制度の設置を下記により上申いたします。

記

❷
1. 現状
　課員が業務に関する意見やアイデアを申し出る場合、直属の上司である課長の決裁を得て、上申という形で部長に提出する。その後、部長会、常務会などを経て、社長の決裁という手順が必要。

❸
2. 提案
　個人の段階で埋もれている、新製品、システムに関する斬新なアイデア、業務効率化への改善点などを提案させ、会社のために積極的に活用する。
　所定の提案書を用意することで、社員がいつでも自分の意見、アイデアを提案できるようにする。
3. 提案制度の具体案（略）
4. 提案書の書式（略）

❹ 5. 導入後の効果（略）

以上

応用入れ替え

●ユーザーサポート新設の上申書 ❷❸

1. 現状
　(1)現在、ユーザーサポートは販売部が兼任しており、担当商品によりA～D課がそれぞれに行っている。
　(2)顧客管理が重複し、業務上のロスが多い。
　(3)商品により問い合わせ先が異なるということで、ユーザーからの苦情が多い。
2. 提案
　業務のロスを減少すると同時に、ユーザーサポートの質を高めるために、顧客管理を統合したユーザーサポート課を、新たに販売部内に設置する。
3. 人員配置（略）
4. ユーザーサポート課の業務案（略）
5. 設置希望年月日（略）

●新卒者採用計画の上申書 ❶❷

　来年度は当社の事業拡大との方針なので、新規採用の予定人数を例年よりも多少増やすこととして、新卒者採用計画を立案いたしましたので、下記のとおり上申いたします。

記

1. 採用職種および人員
① 総務課　男子：6名　女子：3名
② 営業課　男子：3名　女子：1名
③ 庶務課　男子：2名　女子：4名

以上

●海外事業部の人員増員の上申書 ❶❷❹

　標記の件につき、下記の通り、上申いたします。

記

1. 要旨：海外事業部の人員2名増員
2. 詳細：来年度の当社の事業拡大との方針のため、これまで以上に海外支店を増やすとのこと。現在、3名で欧米諸国をまわり、営業をしております。来年度は、海外支店を増やすため未介入だったアジア諸国への展開が期待できます。そこで、アジア担当としての人員を増員していただくことで、更なる業績の伸長と支店拡大へとつながることを見込んでいます。

以上

ビジネス社内文書・文例

届け出る 1

- ●遅刻届 ●早退届 ●欠勤届
- ●入院のための欠勤届
- ●休職願

など

遅刻、早退、休暇など就業に関する届け出は、忘れず迅速に提出するのが基本です。多くの場合、会社に所定の書式が用意されているので、その書式に沿って正確に記入しましょう。理由は簡潔、明解に伝えます。

文例1　基本 ● 遅刻届／所定の用紙を使った例

❶
　　　　　　　　　　　（遅刻）
　　　　　　　　　　　早退　願
　　　　　　　　　　　外出

　　　　　　　　　　　　　　　申請　平成○○年3月10日
　　　　　　　　　　　　　　　承認　　　年　月　日

　本宮企画課長　殿
　　　　　　　　　　　　　　　　所属　営業部企画課
　　　　　　　　　　　　　　　　氏名　江崎　卓　㊞

　所属承認印

部長	課長	人事部長	人事課長

❷
遅刻日時　　3月20日11時30分まで（1.5）時間
早退日時　　　月　　日　　時　　分から（　）時間
外出日時　　　月　　日　　時　　分から
　　　　　　　月　　日　　時　　分まで（　）時間

❸
区分　（私用）　公用
事由　歯科医院通院のため
備考

基本構成とポイント

❶**前付**：届け出の種類、日付、提出先のあて名、届け出人の所属・氏名などの記載、捺印もれに注意し、提出前に再チェックする。

❷**予定時間・期日**

❸**理由**：理由は具体的かつ明確に。会社所定の書式では、くどくど説明せず、「○○の手続きのため」「○○通院のため」など、簡潔に仕上げる。入院で長期欠勤する場合は診断書を添付するなど、理由によってはそれを証明する書類の添付も必要になる。

応用入れ替え

文例2 応用 ● 早退届／便せんなどを使った例

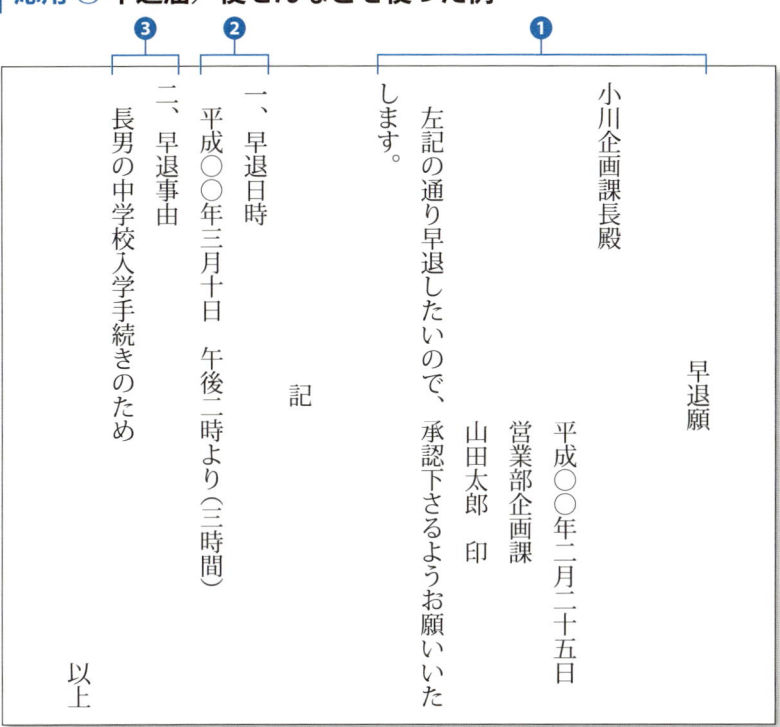

```
小川企画課長殿

                                        早退願

                              平成○○年二月二十五日
                              営業部企画課
                              山田太郎　印

左記の通り早退したいので、承認下さるようお願いいたします。

          記

一、早退日時
　平成○○年三月十日　午後二時より（三時間）

二、早退事由
　長男の中学校入学手続きのため

                                            以上
```

● 欠勤届 ❶❷❸

欠勤届

下田課長殿

平成○○年7月9日
営業部販売促進一課
上村　薫　印

　下記の通り欠勤したいので、ここにお届けいたします。
記

1. 期間　平成○○年7月12日から7月14日まで（以上3日間）
2. 事由　7月初旬の近畿地方集中豪雨により、生野区弥生町2-5の自宅が床上浸水の被害にあい、事後処理のため。
3. 緊急連絡先　自宅電話03-2566-○○○○

以上

ビジネス社内文書・文例

文例3 基本 ● 入院のための欠勤届

❶
欠勤届

山下経理課長殿

平成○○年6月5日
総務部経理課
川口惣一　印

左記の通り欠勤いたしたいので、お届けいたします。

記

❷
1. 期間
　平成○年6月15日から6月30日まで（15日間）

❸
2. 事由
　5月10日に受けた社内の検診で大腸にポリープが認められ、その摘出手術・入院が必要となったため。
3. 入院先
　東京都立横縞病院　電話０３-３５２４-○○○○
　東京都足立区横縞2-2-2
4. 添付書類
　診断書　入院許可書コピー

以上

文例のポイント

● 例えば、出社時に事故に遭遇したとか、高熱で動けなくなったなど、不意の事故・事情で遅刻・欠勤をする場合は、まず会社に電話連絡をいれ、必要に応じて事後に届け出を出す。事故の場合はこれを証明できる「事故証明書」、電車の「遅延証明書」などの添付が必要。

応用入れ替え

◉特別休暇届／所定用紙利用の例 ❶❷❸

特別休暇届

所属承認印

部長	課長	人事部長	人事課長

平成○○年6月9日
所属　営業部販売促進課
氏名　中山幸太郎　印

区分　結婚　(忌引)　出産　その他（　　　）
期間　平成○○年6月10日より
　　　平成○○年6月13日まで（4日間）
事由　義父死亡のため
連絡先　告別式　平成○○年6月13日午前10時より
　　　　場所　妻方実家　岩手県花巻市丸内99-9
　　　　電話　019-728-○○○○
備考

◉休職願 ❶❷❸

平成○○年8月9日

取締役社長
北山興一殿

企画開発課
山口　茂　印

休職願

　下記の通り休職を願い出ます。
記

1. 期間　平成○○年9月10日から
　　　　平成○○年1月31日まで
2. 神経疾患による脚部機能麻痺により就業が困難であり、治療に専念するため。
3. 備考　添付書類（医師診断書）

ビジネス社内文書・文例

届け出る 2

- ●住所変更届
- ●出生届
- など

身上の異動・変更の届け出は、すみやかに提出することが大切です。届けを怠ると、各種手当の面で不利になる上、事故の場合に取り返しがつきません。多くは会社に所定の書式が用意されているので、規定通り正確に記入します。

文例1　基本　● 住所変更届

住所変更届

平成○○年3月31日

❶ 流山商事株式会社
　総務部長　井上慎介殿

販売部販売二課
木下英夫　印

❷　下記の通り、住所を変更しましたので、お届けします。

記

❸
1. 新住所
　〒222-8912　東京都品川区太崎町1丁目2番3号
　コーポ大山201号室
2. 旧住所
　〒178-0023　東京都中野区東杉並1丁目3番3号
　山水荘302号室
3. 移転年月日
　平成○○年5月20日
4. 通勤経路
　自宅ー徒歩10分→JR新子安駅ー（京浜東北線）→新橋駅
5. 通勤時間　約50分
6. 地図（略）
7. 新住所からの通勤定期代（略）

❹
8. 添付書類
　住民票・通勤定期券（各1通）

基本構成とポイント

❶**前付**：「住所変更届」「出生届」などのタイトル、届け出の日付、提出先のあて名、届け出人の所属・氏名など記すが、くれぐれも提出先を間違えないよう、事前に確認する。

❷**届け出文書の慣用句**：「下記の通り○○をお届けします」というような慣用句を記す。

❸**届け出の内容**：何がどう変わったかをもれなく正確に記入する。住所変更届などでは、通勤経路、時間、新居の地図なども書き添えたい。

❹**添付書類**：住民票、身分証明書、出生証明書、免許証、死亡診断書など、届け出に応じて必要な各種書類を添付する。

応用入れ替え

●出生届／会社の所定用紙を使う ❶❸❹

```
                    身上異動届
結婚届  改姓名届  住所変更届  資格取得／喪失届 (出生届)(扶養家族増減届) 死亡届
身元保証人変更届  その他
                           日付  異動日   平成○○年10月△日
                                 届け出日  平成○○年10月□日

                                 届け出者  氏名  鈴木一郎  印
                                          所属部署名  販売部販売三課
内容
1.出生届
   氏名  鈴木ゆかり
   性別  女
   生年月日  平成○○年9月26日
   続柄  次女
2.扶養家族増減届
   異動した扶養家族氏名  鈴木ゆかり
   異動年月日・続柄  上記に同じ
   年齢  0歳
   異動理由  出生のため
添付書類
   出生証明書  住民票(各1通)
```

届け出る 2

●免許取得届 ❷❸❹

下記の通り資格を取得しましたので、お届けします。
                            記
1.取得資格名 乙種第4類危険物取扱者免状
2.取得年月日 平成○○年4月27日
3.有効期限   平成□□年4月27日
           (○年ごとの更新)
添付書類
  乙種第4類類危険物取扱者免状コピー

文例のポイント ●この種の届け出は、会社に所定の書式が用意されていることが多いので、まずはその有無を確認する。所定の書式にそって丁寧に記入し、記入もれがないように再確認する。

ビジネス社内文書・文例

入退社を通知する 1

- 入社誓約書
- 身元保証書
- 採用試験の通知（本人あて）

雇用の際に必要となる入社誓約書などの書類は、通常、提出する側が署名、捺印するだけの状態に仕上げておきます。また、採用試験の結果を知らせる通知は、くれぐれもミスのないよう、わかりやすくを心がけます。

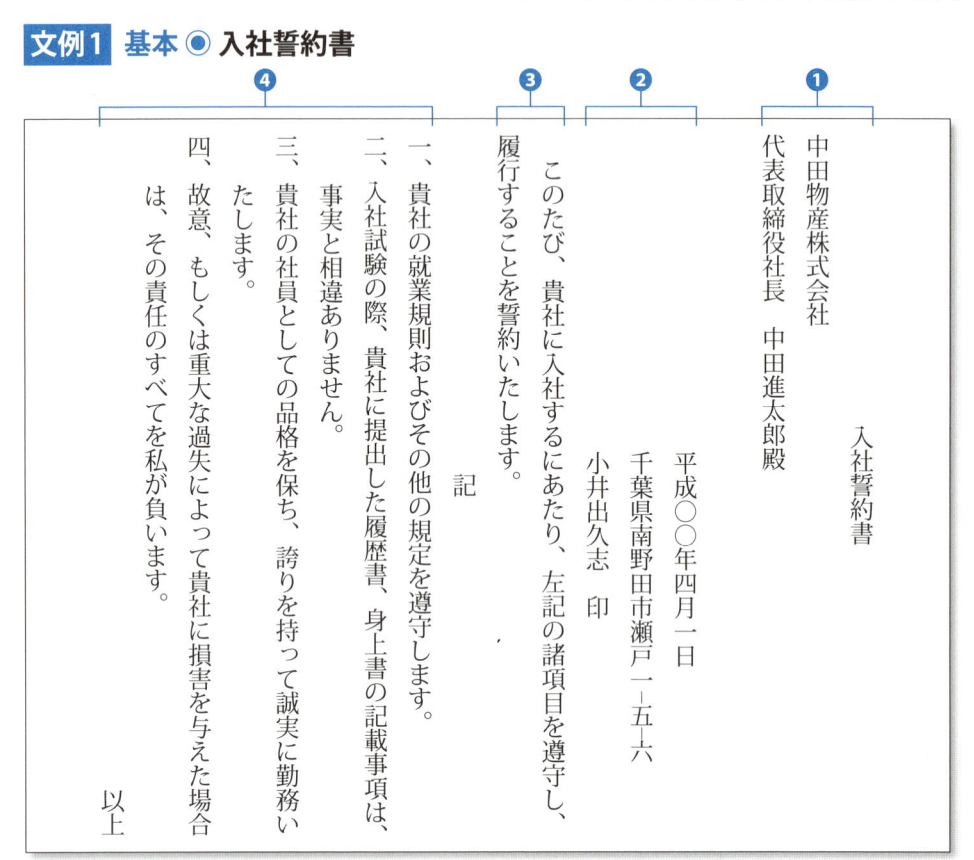

文例1　基本　入社誓約書

入社誓約書

❶
中田物産株式会社
代表取締役社長　中田進太郎殿

❷
平成〇〇年四月一日
千葉県南野田市瀬戸一‐五‐六
小井出久志　印

❸
このたび、貴社に入社するにあたり、左記の諸項目を遵守し、履行することを誓約いたします。

記

❹
一、貴社の就業規則およびその他の規定を遵守します。
二、入社試験の際、貴社に提出した履歴書、身上書の記載事項は、事実と相違ありません。
三、貴社の社員としての品格を保ち、誇りを持って誠実に勤務いたします。
四、故意、もしくは重大な過失によって貴社に損害を与えた場合は、その責任のすべてを私が負います。

以上

基本構成とポイント

❶ **タイトル・日付・あて先**：あて先にはかならず会社の正式名を入れ、会社の最高責任者の正式な役職名とフルネームの氏名を続ける。

❷ **本人署名欄**：誓約する本人、身元保証書では保証される社員の住所、氏名、捺印の欄を作る。生年月日欄を加えることもある。

❸ **慣用語句容**：誓約、保証文の慣用語句を書く。

❹ **誓約・保証内容**：あいまいな表現は避け、簡潔、的確な文章を心がける。就業規則を遵守することと、社員としての自覚、品性の保持を約束することを柱にする。

応用入れ替え

●身元保証書 ❸❹

　私こと西光一郎は、身元保証人として、貴社が採用されました小井出久志が下記の事項を厳守・履行することを保証いたします。

記

1. 貴社の就業規則およびその他の服務規則の遵守。
（略）

　万一、本人が上記事項を履行せず、故意または過失により、貴社に損害を与えたときは、本人と連帯してその損害を賠償いたします。

以上

文例2　基本　● 採用試験の通知／本人あて

❶ 平成〇〇年四月十日
　　清田竜也様
　　　　下町商事株式会社
　　　　人事部長　山本考児　印

❷ 採用試験のご通知

　拝啓　時下ますますご清栄のこととお慶び申し上げます。
　さて、このたびは当社の社員採用試験に応募いただき、ありがとうございます。つきましては、以下の要領で採用試験を実施いたしますので、お知らせ申し上げます。

❸ なお、当日やむを得ない事情で遅れる場合は、人事課までご連絡くださいますようお願いいたします。

敬具

記

❹ 日時　平成〇〇年五月一日(月)
　　　　午後十三時〜十六時
　場所　下町商事本社ビル
　　　　東京都品川区海岸南一ー一二ー三
　　　　TEL〇三ー五三三一ー〇〇〇〇

❺ 必要な品　各書類　筆記用具

以上

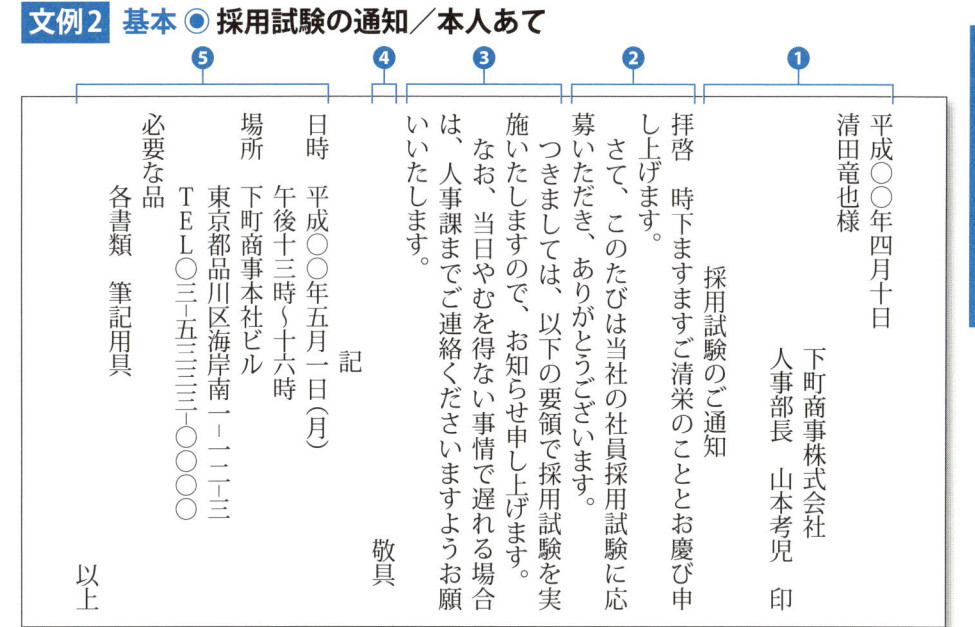

基本構成とポイント

❶**前付・タイトル**

❷**頭語とお礼**：頭語、時候のあいさつなどに続き、応募に対するお礼の言葉を記す。学校あての試験通知の場合は、例年の引き立てに対するお礼の言葉を記す。

❸**通知の内容**：通知の内容はわかりやすく簡潔に。採用試験では試験日時、場所、持参するものなどを箇条書きで記し、会場の地図なども添付する。不採用を通知する文書では、「希望に添いかねる結果」など、相手の気持ちを考慮した表現を用いたい。

❹**結び**

● 文体は「です・ます」調を用い、丁寧な文章に仕上げる。慣用的な表現を多用する。

ビジネス社内文書・文例

入退社を通知する 2

- ●退職願(横書き) ●休職願
- ●定年退職の通知
- ●解雇予告の通知

> 本人から願い出る退職願と、会社が退職を通告する解雇通告があります。どちらもズバリと主旨を述べ、退職の期日を明確に、理由を簡潔に示します。解雇通知は労働基準法に準拠して作成します。

文例1 基本 ◉ 退職願／横書き

退職願

❶
平成○○年6月30日
藤沢商事株式会社
代表取締役社長　小山鉄雄殿

営業部営業二課
藤田和夫　印
私儀

❷
一身上の都合により、来る平成○○年7月31日をもって退職いたしたく、ここにお届け申し上げます。
　なお、退職後の連絡先は下記の通りです。

〒116-0000
東京都荒川区小久9-1-1
電話　03-1234-○○○○

基本構成とポイント

❶ **前付・タイトル**：タイトルは「退職願」「退職届」どちらでもよく、通常は会社の慣例に従う。縦書きの場合は日付、あて先、提出者名を書く位置が本文の後ろになるので注意したい。

❷ **主旨・理由**：本文にはかならず、主旨、理由、期日を入れる。退職願の場合、慣習的に書き方が決まっていて、「私儀」「私こと」「私は」などの始まりの言葉を、冒頭行の最後に書くか、行頭に他の文字より小さめに記すのが礼儀とされている。

● 退職願の理由は慣例的表現を用いるのが一般的。寿退社、家事の事情などのほか、会社や上司に不満があって辞める場合も「一身上の都合」で構わない。

● 解雇通知の理由では、就業規則や労働基準法に準拠することを記す。

● 定年退職のお知らせなどでは、長年の労をねぎらう言葉をつけ加えたい。

応用入れ替え

◉休職願 ❷

下記のとおり休職したいので、ここにお届けいたします。

記

1. 期間　平成○○年3月20日から
　　　　平成○○年3月31日まで
2. 事由　□□病により就業が困難であり、治療に専念するため。
3. 添付書類　診断書

◉定年退職の通知 ❷

　貴殿は平成○○年4月1日、満60歳に達するため、当社就業規則第○条により、定年による退職を迎えられますことをお知らせいたします。
　昭和○○年に入社されて以来、□□□においてひとかたならぬご活躍をなさり、当社に多大なる業績を残されたことを深く感謝し、ここにお礼申し上げます。

◉解雇予告の通知 ❷

　このたび、就業規則第○条により、平成○○年9月15日付をもって、貴殿を解雇します。これは労働基準法第○条に基づく解雇予告です。

ビジネス社内文書・文例

連絡する 1

- 退職準備相談室開設の案内
- 新転入社員歓迎パーティーの通知
- 指定業者変更の通知
- 社員慰安旅行についての案内

案内文、通知文は伝達事項を確実に知らせるための文書なので、何よりも正確さが大切です。連絡後、すぐに行動に移ってもらえるように簡潔で平易な文章を心がけます。

文例1　基本 ● 退職準備相談室開設の案内

❶
　　　　　　　　　　　　　　　　　　　　　平成○○年4月10日
関係者各位
　　　　　　　　　　　　　　　　　　　　　　　総務部厚生課

❷
　　　　　　　　退職準備相談室の開設について
　このほど厚生課の業務の一環として、「退職準備相談室」を開設することになりました。これは定年を間近に控えられた方々に、定年後の新しい人生をより生きがいのある日々にしていただくための相談窓口です。内容は下記の通りとなっていますので、何でもお気軽にご相談ください。

　　　　　　　　　　　　　　記

❸
1. 相談内容：「退職準備生涯生活設計」全般
2. 相談日時：毎月第2、第4木曜日（ただし12月は第1木曜日のみ）
　　　　　　午後1時～午後4時
3. 相 談 員：税務相談＝顧問税理士　西先生
　　　　　　法律相談＝顧問弁護士　沢村先生
　　　　　　年金相談＝社会保険労務士　長嶋先生
　　　　　　健康相談＝診療室　金本先生
　　　　　　就職情報＝総務課長
　　　　　　その他〈資格取得〉〈趣味〉〈ボランティア〉等についての情報
　　　　　　＝厚生課長
4. 備　　考：相談内容については、所定の用紙に必要事項を記入の上、相談日の
　　　　　　1週間前までに厚生課へお届けください。

　　　　　　　　　　　　　　　　　　　　　　　　　　　　以上

基本構成とポイント

❶ **日付・通知の対象者・通知者**：連絡に関するものは誰が誰に対して何を発するものなのかがとくに重要なのではっきり書く。

❷ **通知内容の前文**：社外に通知する場合は丁寧な文体で時候のあいさつを入れ、書き始めとするが、社内通知の場合は時候のあいさつを省略してもいい。何を伝えたいのか一読してわかるように手短に書く。

❸ **通知内容**：日時、場所、詳しい内容などは必要項目。連絡内容が一目でわかるように、箇条書きにする。最後に、問い合わせ連絡先を記載しておくとよい。

応用入れ替え

●新転入社員歓迎パーティーの通知 ❷❸

毎年恒例の新転入社員歓迎パーティを下記の通り実施します。参加を希望する方は4月10日までに総務課に参加費用を添えて申し込んでください。
1. 日時　4月15日（金）17～19時
2. 場所　レストランキンザ
3. 参加費　3000円

ビンゴ大会や福引きなどもあります。ふるってご参加を。

●指定業者変更の通知 ❷

賛助会員会社に関する取り扱い業務を下記の通り変更・実施することとします。各社とも業務処理の迅速化を図るため、格別のご協力をお願いします。

Eメールの場合　●社員慰安旅行についての案内

宛先：総務部、人事部、営業部
CC：
件名：社員慰安旅行について

社員各位

　紅葉の季節を迎えようとしております。
　恒例の社員慰安旅行は下記の通り行うことに決定いたしました。不参加の方は、8月末日までに厚生課までご連絡ください。

記

1. 日　　時　9月28日（水）～29日（木）
2. 集合場所　東京駅丸の内北口
3. 集合時間　9月28日午前8時30分
4. 行　き　先　南房総・館山

よくない文例　（必要以上の敬語を使わない）
　社員の皆様には毎日ご多忙ご苦労様に存じます。皆さま全員のご参加を期待しておりますので、厚生課までご連絡をお願いいたします。

ビジネス社内文書・文例

連絡する 2

- ファイリングシステムの照会
- 照会へ回答する
- 社内規定改定の疑問を照会する

など

照会文は箇条書きが原則です。不要な語句や表現は省略します。その回答である照会回答文は、求められていること以外の文は不要です。これも箇条書きが望ましいです。

文例1 基本 ● ファイリングシステムの照会

❶ 第一営業課長殿

庶務課長　堀田良夫

❷ 　　　　　　　　ファイリングシステムの照会

❸ 　すでに実施されているファイリングシステムについて他課の参考といたしたいので、下記の事項についてお返事ください。平成○○年8月3日までにご回答いただければ幸いです。

記

❹
1. ファイリングシステムについて
   1) 文書分類の方法
   2) 文書リストの作成法
   3) 検索と索引の体裁
2. 文書管理担当者について
   1) 文書整理の分担
   2) 管理担当者のデイリーの業務

　なお、後日庶務課の担当、内藤がシステム調査のために貴課に出向くことがあるかと思いますが、その折にはよろしくお願いします。

以上

❺ （庶務課担当　内藤百恵　内線356）

基本構成とポイント

❶ **先方と発信側の名称**：誰から誰へ発するものか明確にしておく。
❷ **照会内容のタイトル**：わかりやすく、はっきりと照会内容を示す。
❸ **照会内容**：照会の目的や理由、回答の形式や期限など必要事項を書く。
❹ **照会項目**：箇条書きでまとめる。備考が必要なら末尾にまとめる。
❺ **照会担当者名**：担当課や担当者を明確にするため、文書の末尾に課名および電話番号を記入しておく。
- 社内向けの場合は「お手数かけますが」や「ご多忙中恐縮ですが」といった慣用句は必要ない。

応用入れ替え

●照会へ回答する ❷❸❹

大阪支店の在庫処分について
　平成○○年6月13日営業第19号にて照会のありました標記について、下記の通り回答いたします。
1. FF製品については加山商事を通じて在庫一掃処分セールを5月10〜14日に実施。
2. CC製品については当支店の倉庫に配送済み。
3. その他の在庫製品については博多商事と交渉中。

以上

●社内規定改定の疑問を照会する ❸❹❺

標記の規定中下記の事項について、運用上疑義を感じましたので、回答をお願いします。
1. 第5条の「…………」とある部分は当課の実状にそぐわない。この場合「…………」のように解釈しても差し支えないか。

新潟支所総務課　田中　TEL 0433-56-○○○○

●販売調査の中間報告照会への回答 ❸❹

　平成○○年5月10日付の営業日報をもって照会のありました標記については、左記の通りです。
1. No.21製品　30ケース（残り2ケース）
2. No.22製品　15ケース（残り4ケース）
3. No.23製品　27ケース（残り6ケース）
4. No.24製品　30ケース（残り8ケース）
　なお、No.25製品については、各支店から集計が遅れているため6月1日までに回答いたします。

●社員研修の講師の依頼 ❸❹

　本年度社員研修会を別紙プログラムの通り実施いたします。
　つきましては人員の省力化、販売の効率化などの分野で数々の試案を成功させた貴職に同研修会の講師を依頼します。
　社員の志気の向上を促し、強いては当社の発展に寄与することでもありますので、下記事項を検討の上ご出講いただけるようお願いいたします。

記

1. 日時　10月3日（土）
2. 場所　本社3階会議室
3. テーマ　発想の転換

以上

> **よくない文例**　（依頼文は丁寧に、が原則だが、行き過ぎもよくない）
> 　社員研修会を実施することに致しましたので、お知らせ申し上げます。

ビジネス社内文書・文例

指示する・通達する 1

- ●社内規定
- ●定款

社内規定文は企業運営の根幹にかかわる重要なものです。用語は簡単明瞭とし、誤解を受けないような言い回しで作成します。書式は法令文に準ずるように書くと間違いがありません。

文例1 基本 ● 社内規定

❶ 企画提案制度規定

❷ 第一章　総則
第一条（目的）
　この規定は企画制度要綱を規定したものであり、小川製めん株式会社に勤務する社員の創意工夫を奨励し、個性豊かな優良企業としての発展を目的とするものである。
第二条（企画提案の意義）
　企画提案とは、採用することにより業務に有益となると考えられる企画、工夫、アイデアなど一切の着想および意見。
❸ 第三条（企画の種類）
　企画事項は次の内容を有するものとする。
　1. 商品、原材料に関するもの
　2. 作業効率に関するもの
　3. 衛生に関するもの
　4. 事務手続きに関するもの
第四条（企画提出の方法）
（略）
第五条（褒賞）
（略）
以上

基本構成とポイント

- ❶**社名・規則名**：名称は間違いのないように正確に記す。
- ❷**編・章・節・款など**
- ❸**本則と付則**：本則は条からなっており、読みやすくするためさらに節、款、目、項などに細かく区分することもある。条の前の右肩にはかっこで見出しを付ける。
- ●成文の順序としては主題、目的、内容、運用・手続き・細則、付則の流れに従うとよい。
- ●実用本位を心がけ、紋切り型は避ける。
- ●規定文は本則と付則から構成されることが多い。

応用入れ替え

●定款 ❷❸

第一章　総則
第一条　当社は株式会社トイトイ製作所と称する。
第二条　当会社は次の事業を営むことを目的とする。
　　1. 玩具の製造、販売業
　　2. 上記に付帯する輸出入を含む一切の業務
第三条　当社は本店を東京都墨田区に置く。
　　　なお、必要な場合は取締役会の決議・承認により営業所を適当な地に設けることができる。
第二章　株式
第一条　当会社の発行する株式の総数は20万株とし、額面株式の1株は○○円とする。
第二条　当社の株券はすべて記名式とし、その種類は1株券、100株券、500株券の3種とする。
第三章　株主総会…………（略）
第四章　役員………………（略）
第五章　付則………………（略）

　　　　　　　　　　　　　　　　　　　　　　　　　　　　　　　　　　　　以上

よくない文例
（語句の使い方に気を配る）
「AならびにBおよびC」は「AおよびBならびにC」に直す。「および」は比較する語句が同格の場合に用いるものであって、「ならびに」は「および」よりも上位の結びの用語として使うのが一般的。

指示する・通達する1

ビジネス社内文書・文例

指示する・通達する 2

- ●夏期休暇の通達
- ●新製品販売促進の指示
- ●創立記念パーティーの通達

上部から下部組織に伝達する文書が通達文です。企業の運営に欠かせない重要な事柄が含まれます。指示文は一方的な文書なので、ともすれば権威主義的な表現になりやすいのですが、表現はあくまでソフトに。

文例1 基本 ◉ 夏期休暇の通達

平成○○年7月5日

❶ 各課御中

総務課長

夏期休暇に関する通達

❷ 本年度夏期休暇は下記の要領で実施します。

夏期休暇取得期間　平成○○年7月20日〜9月30日
休暇取得日数　5日間とする。

実施要綱

❸
1. 有給休暇とする。
2. 連続で取得することが望ましい。
3. 所定の届け出用紙を使用し、所属長の許可を得て各課庶務担当者に提出すること。
4. 各課庶務担当者は課員の休暇取得表を7月15日までに総務課に提出のこと。

以上

基本構成とポイント

❶**あて先と発信者名**：全社あてなのか、個別の課あてなのか、あて先を明確にする。

❷**通知内容**：通達したい事項を端的に伝えるような簡潔な文章でまとめる。

❸**通知内容の詳細**：詳細内容は箇条書きにすると読み手がわかりやすいばかりでなく、書き手にとっても通達もれを防ぐのに便利である。実施期間や日数といった必要不可欠なことだけでなく、有給なのか、連続が可能なのか、届け出はどうするのかなども詳しく書くとよい。

●社内に一斉に通達する場合は、ミスや通知もれがないか入念にチェックする。

応用入れ替え

●新製品販売促進の指示 ❷❸

新製品の販売促進について(指示)

　8月1日から1カ月間下記商品についての販売促進月間とするので、下記要領で積極的な販売活動を実施願います。

対象商品：大福アイス
　　　　　イチゴアイス
　営業各課別販売目標額の設定
　販売促進の具体案を7月20日までに課長に提出

Eメールの場合　●創立記念パーティーの通達

宛先：	営業部、総務部
CC：	
件名：	創立記念パーティーについて

会社創立35周年記念パーティーの開催について

　このたび当社は創立35周年を記念し、下記の通り式典を開催します。社員の皆様およびご家族様には万障お繰り合わせの上、ご参加いただくようにお願いいたします。

1. 日時　平成○○年11月2日(土)
　　　　16時～
2. 開催地　レインボーホテル「暁の間」
3. 式次第
　　1　会長あいさつ
　　2　社長あいさつ
　　3　来賓祝辞
　　4　成績優秀者表彰
　　4　歓談タイム　17時～

ペーパーレス化が進む

　最近では、書類のペーパーレス化が進んでいる。社内ランを用いて、パソコン上で「申請」「承認」などを行うことで、ペーパーレスにつながっている。
　ペーパーレス化すると、デジタルデータとして残るので、整理がしやすい。また、紙と違いかさばることなく場所をとらずに保管することができ、検索性にも優れている。

ビジネス社内文書・文例

雇用契約書

- 労働契約書
- 退職手続きについて
- 誓約書

労働者側と経営者側が信頼関係を結ぶ最初のステップとなる大事な書類です。法的規制などに配慮するためにも両者とも労働基準法は知っておきましょう。文書は簡潔で的確な表現が望ましい。

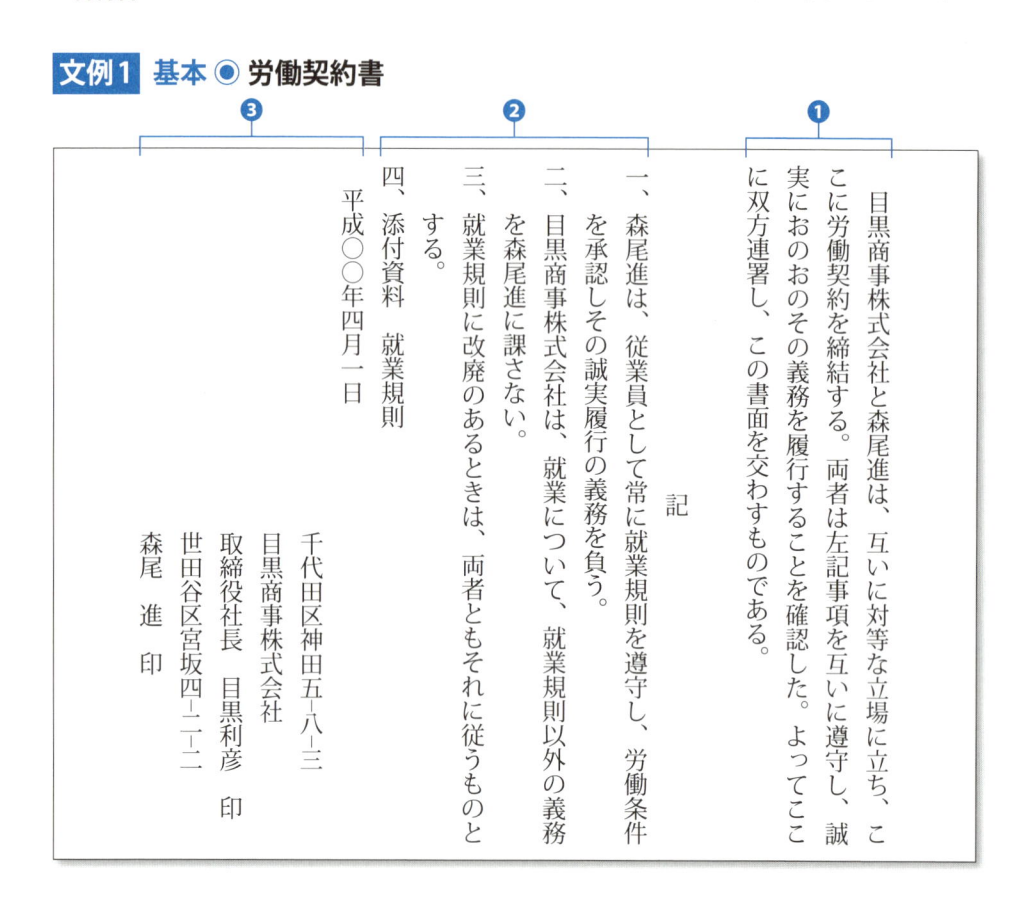

文例1　基本　●　労働契約書

❶

目黒商事株式会社と森尾進は、互いに対等な立場に立ち、こに労働契約を締結する。両者は左記事項を互いに遵守し、誠実におのおのその義務を履行することを確認した。よってここに双方連署し、この書面を交わすものである。

記

❷

一、森尾進は、従業員として常に就業規則を遵守し、労働条件を承認しその誠実履行の義務を負う。

二、目黒商事株式会社は、就業について、就業規則以外の義務を森尾進に課さない。

三、就業規則に改廃のあるときは、両者ともそれに従うものとする。

四、添付資料　就業規則

❸

平成○○年四月一日

　　　千代田区神田五－八－三
　　　目黒商事株式会社
　　　取締役社長　目黒利彦　印

　　　世田谷区宮坂四－二－二
　　　森尾　進　印

基本構成とポイント

❶ **契約確認**：雇用者と被雇用者が労働契約を結ぶ基本的な確認事項を簡潔な文章でまとめる。

❷ **契約内容**：労働における就業規則の取り扱いについて、最低限の取り決めを書く。就業規則の細目については別紙を添付するとよい。

❸ **雇用者名と被雇用者名**：捺印がないと契約は成立しない。日付、雇用者名はもちろんだが、お互いの住所も明記してあるとなおよい。

● 労使の合意の上で交わされる契約書なので、法的知識を必要とされる。十分な知識を身につけて文書作成にあたりたい。

応用入れ替え

●退職手続きについて ❶❷

　退職者は就業規則により、退職前に下記の手続きを済ませることになっております。下記の手続きに不備がある場合、退職金が減額されるか支給されないことがありますので、完全に手続きを済ませ、円満退職されるようお願いします。

1. 業務引き継ぎ
　　所定の業務引継書に引き継ぎ事項を記入の上、総務課に提出すること。
2. 返還するもの
　　健康保険証
　　身分証明書
　　社員章
3. 受領するもの
　　厚生年金保険被保険者証
　　雇用保険被保険者証

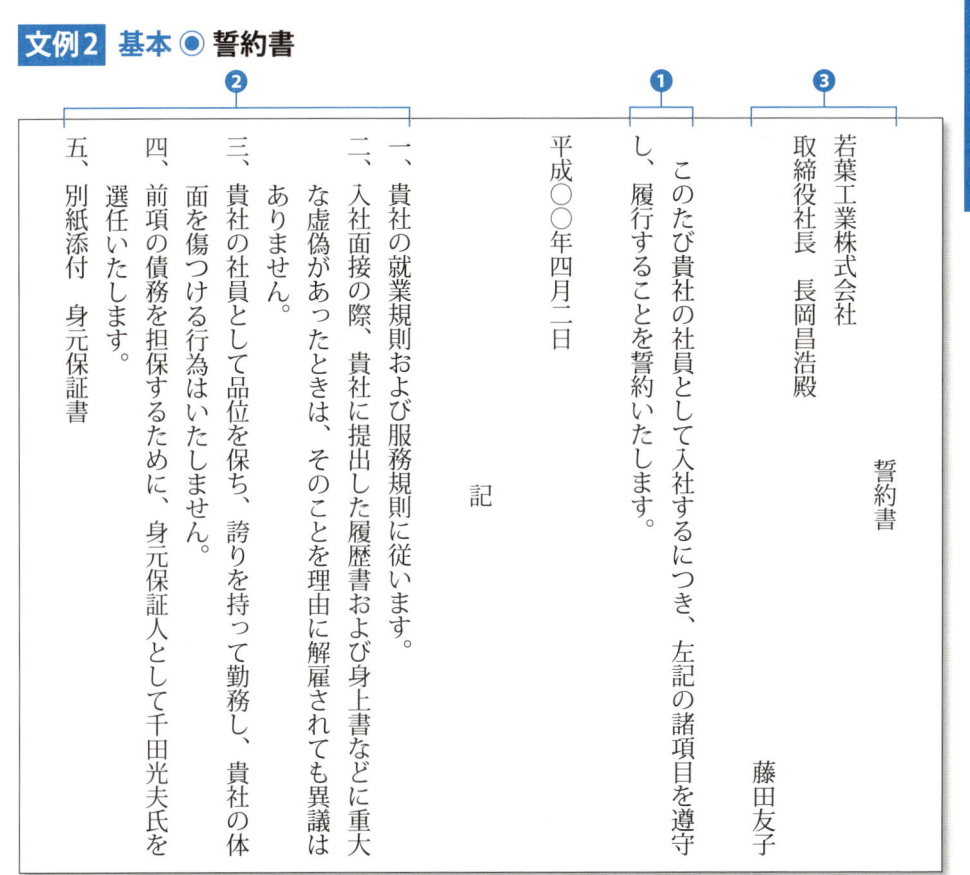

文例2　基本 ● 誓約書

誓約書

若葉工業株式会社
取締役社長　長岡昌浩殿

　このたび貴社の社員として入社するにつき、左記の諸項目を遵守し、履行することを誓約いたします。

平成○○年四月二日

藤田友子

記

一、貴社の就業規則および服務規則に従います。
二、入社面接の際、貴社に提出した履歴書および身上書などに重大な虚偽があったときは、そのことを理由に解雇されても異議はありません。
三、貴社の社員として品位を保ち、誇りを持って勤務し、貴社の体面を傷つける行為はいたしません。
四、前項の債務を担保するために、身元保証人として千田光夫氏を選任いたします。
五、別紙添付　身元保証書

ビジネス社内文書・文例

伝票類1

- 入金伝票
- 出金伝票
- 見積書
- 振替伝票

経理は会社のかなめ。伝票を見ればその会社の運営状況がわかります。能率向上を図るなら、まず伝票記入の整理から始めます。

書式例 入金伝票

入金伝票						No. 221
平成○○年3月15日		承認印	主張印	会計印	係印	
科目	売り上げ	入金先			㈲鈴木文具店　様	
摘　要					金　額	
コピー用紙（500×20）＋税					￥10,500	
合　計						

書式例 出金伝票

出金伝票					No. 163
	所属長	部長	課長	確定日付印	
勘定科目	摘　要		金　額		会計課
通信費	支払先　小野坂急便		￥15,000		財務課
					出納簿
合　計					発行者
平成○○年4月20日　部課名　庶務課					

基本構成とポイント

- 正確さを期す。
- 具体的に書き記す。帳簿は原則として勘定科目ごとに分かれているが、勘違いして違う科目に記入したりすることのないように注意したい。
- 数量、金額など数字の間違いは絶対にないようにする。確認を怠らないように。
- 合計金額の計算はかならず検算をして計算違いを防ぐ。
- 記帳のケアレスミスにはくれぐれも気をつけたい。

書式例 見積書

見積書

平成○○年3月15日

社長印	専務印	経理部長印	担当印

町野出版様
¥80,7450

編集部　佐藤憲二

「小鳥の育て方」制作総経費について

品　名	数　量	単　価	金　額
原稿料	200枚	@ 2,000	¥400,000
版下料	20点	@ 3,000	¥60,000
組版料	P200	@ 500	¥100,000
製版料	30頁	@ 300	¥9,000
編集費			¥200,000
税			¥38,450
合　計			¥807,450

書式例 振替伝票

振替伝票

平成○○年6月9日

No.

承認印	主張印	会計印	係印

金　額	借方科目	摘　要	貸方科目	金　額
¥ 400 000	仕入	事務用デスク 岡文具店	支払手形 約束手形 期日2/21 世田銀行	¥ 400 000
¥ 400 000		合　計		¥ 400 000

数字の間違いに気を付ける

　現金払いをしない場合には、振替伝票を使う。現金授受なら金額を間違えてもすぐにわかるが、約束手形のような場合には記帳にミスがあると、事後処理が大変面倒なことになるので気を付けたい。手書きの場合は、とくに数字の「1」と「7」、「0」と「6」など間違えやすいので念には念を入れる。

伝票類1

ビジネス社内文書・文例

伝票類 2

- 仮払金請求伝票
- 経費伝票
- 出張旅費精算書
- 接待交際費精算申請書

仮払伝票や経費伝票は、支払先や支払日を明記のうえ、領収書とともに経理に提出します。会社によっては、作業別や勘定科目別に書き分けて提出する場合もあります。

書式例　仮払金請求伝票

仮払金請求伝票						
社名							
請求月日	請求者氏名		所属長	部長	承認	経理
10/5	和田昌紀　㊞					
使用目的			仮払請求金額			
取材用旅費・交通費			80000			
精算予定日							
平成○○年　9月　30日							
備考							
						受領印

書式例　経費伝票

経費伝票　　　　　　　　　　No.						
請求月日	請求者氏名	所属長	部長	承認		経理
6/7	和田昌紀　㊞						
作業名	月日	支払先	摘要		金額	
得意先名	10 1	橋本文具	画材		5800	
山本印刷	10 2	木下カメラ	フィルム		6200	
作業名							
商品パンフレット							
作業コード							
011015							
年月日	借方科目		貸方科目		合計	12000

書式例　出張旅費精算書

出張旅費精算書

庶務課長殿　　　　　　　　　　　　　　　　　　　平成○○年10月30日

下記日程による出張旅費をお支払いください。

所　属	営業一課販売グループ係長　村田真由子			
出張期間	10月25日～10月26日			
用　件	関西地区販売会議参加のため			
内訳	名　目	日　付	金　額	備　考
	交通費	10/26	26,440	東京～大阪（新幹線往復）
	宿泊費	10/26	9,000	村口ホテル
	日　当		30,000	2日×15,000
	合計金額		¥65,440	

書式例　接待交際費精算申請書

精算申請書

提出日　平成○○年6月10日

経理部長	経理課長	所属部長	所属課長

申請者	営業一課販売グループ係長　村田真由子	
種　別	接待費	
関連事業	社外との合同プロジェクト「A」	
内　容	［接待日時］　平成○○年6月5日 ［接待相手］　株式会社フリーク　輸出部の計4名 　　　　　　　岡崎部長　川田課長　嶺課長　福岡氏 ［接待場所］　新橋・中華飯店 ［当方出席者］　二課　池田課長　沼田係長　小林　海野の4名　以上	
精算	仮払い	10万円
	費　用	飲食費 126,000円（消費税○%込み） 交通費 20,000円（5,000円×4人） 合　計 146,000円　　　　　　　　　　　　　　以上
		精算額 -146,000円
備　考	領収書一式と詳細な精算報告書を添付	

伝票類2

ビジネス社内文書・文例

財務諸表

- 貸借対照表
- 損益計算書

貸借対照表や損益計算書などの財務諸表は、一定期間内の会社の財政状況や営業成績をあらわしたものです。経理担当者以外あまり作成することはないですが、項目くらいは知っておきましょう。

文例1　基本　貸借対照表

貸借対照表の要旨
（平成○○年3月31日現在）
単位：万円

資産の部	金　額	負債・資本の部	金　額
流動資産	26,480	流動負債	15,350
現金預金	7,250	支払手形・買掛金	8,340
受取手形・売掛金	12,460	短期借入金	2,220
棚卸資産	5,820	未払金	750
前渡金	730	未払費用	510
貸付金	350	未払消費税	1,500
貸倒引当金	△880	源泉税預り金	390
前払費用	750	賞与引当金	1,040
固定資産	27,240	未払法人税等	600
有形固定資産	22,980	固定負債	9,990
車両運搬具	3,170	退職金引当金	2,530
什器備品	830	長期借入金	7,460
建物	8,520	資本金	15,000
建物付属設備	1,350	準備金	8,310
減価償却累計額	△1,130	利益準備金	8,310
土地	10,240	剰余金	5,070
無形固定資産	340	別途積立金	3,200
電話加入権	40	繰越利益剰余金	1,870
借地権	300	（うち当期利益）	600
投資等	3,920	負債の部合計	25,340
保証金	50	資本の部合計	28,380
投資有価証券	1,210	負債・資本合計	53,720
長期前払費用	2,660		
資産合計	53,720		

基本構成とポイント

- 貸借対照表では、ある時期に企業のもつすべての財産や負債、資本を項目に分けて純利益を計上する。この時期以降に資産や負債を繰り越すために作成し、損益計算書の正確さを期すためにも必要とされる。
- 標題、会社名、決算日、資産や負債を項目別に記入する。
- 損益計算書には臨時的な得失も計算する包括主義と、期間損益だけで計算する当期業績主義の2つがある。
- 貸借対照表、損益計算書とも勘定式と報告式があるが、報告式のほうが誰が見てもわかりやすいという理由でこちらを採用している会社が多い。

書式例 損益計算書

損益計算書
(自平成○○年4月1日)
(至平成○○年3月31日)

単位:万円

〈経常損益の部〉		
営業損益の部		
売上高		54,110
売上原価		
期首商品棚卸高	4,320	
仕入高	35,600	
期末商品棚卸高	△5,820	34,100
売上総利益		20,010
販売費および一般管理費		
給料手当	8,500	
法定福利費	940	
（略）		
広告宣伝費	1,110	
雑費	870	19,060
営業利益		950
営業外損益の部		
営業外収益		
受取利息	430	
雑収入	210	640
営業外費用		
支払利息	880	880
経常利益		710
〈特別損益の部〉		
特別利益		
固定資産売却益	1,200	1,200
特別損失		
盗難損失	510	510
税引前当期利益		1,400
法人税等充当額		800
当期利益		600
前期繰越損益		1,270
当期未処分利益		1,870
売上総利益		20,010
営業利益		950
経常利益		710
税引前当期利益		1,400
当期利益		600
当期未処分利益		1,870

ビジネス社内文書・文例

議事録

- 販売会議議事録
- 定時株主総会議事録
など

会議の発言の内容や経過を記録する文書です。正確さはもちろんですが、発言の中から、要点をかいつまんで簡潔にまとめることが大切です。決定事項を箇条書きにするとあとで読みやすい。

文例1 基本 ◉ 販売会議議事録

平成○○年10月15日作成

販売会議議事録

企画調査課
石橋涼子

❶
1. 日時　　平成○○年10月12日　10～12時
2. 場所　　第2会議室
3. 出席者　山田販売部長、鈴木販売課長、佐藤営業課長、
　　　　　墨田広告課長、江戸川宣伝課長

❷

❸ 4. 議題　　新製品「ぶどう・オレ」の販売計画について

❹ 5. 決定事項
　12月上旬発売予定の新商品の販売方針はテレビ、新聞、雑誌などパブリシティーを活用することに決定。
　キャンペーンのキャッチフレーズは次回検討。

❺
6. 資料　　販売活動方針企画書
7. 次回予定　10月20日14時から、第1会議室にて。

基本構成とポイント

❶ **作成日と記録者**：作成年月日と記録者氏名を記入。
❷ **日時・場所・出席者**：会議の開催日時・場所、出席者の氏名と役職名などを記入。
❸ **議題**：議題ははっきり具体的に記す。
❹ **決定事項**：決定事項は、要点を整理するためには箇条書きにしたほうがよい。
❺ **資料と次回予定**：参考資料もここに書いておく。次回の予定が決まっているなら、日時を記録しておく。
- テープレコーダーを持ち込んだり、メモで箇条書きにしてもあとで清書してもよい。

応用入れ替え

●定時株主総会議事録 ❶❷❸❹

　　　　　　　　　　　第8回定時株主総会議事録
　平成○○年6月1日午後1時より東京都千代田区八番町1-3-7当社本社6階会議室にて第8回定時株主総会を開催した。
　　　発行済み株式総数　　　○○○
　　　株主総数　　　　　　　○○○
　　　出席株主数および株数　○○○
　定刻、代表取締役会長青島裕也は議長席に着き、出席株主数およびその所有株式数を前記の通り報告した。
　次に議長は取締役社長阿波野哲平に第15期営業報告書の概況説明を求め、詳細に報告した。
第1号議案　第8期（自平成○○年6月1日　至平成○○年5月31日）
貸借対照表、損益計算書承認の件
　議長は上記議案の承認の件を付議し、まず社長から貸借対照表についての説明があった。続いて監査役下田仁から貸借対照表と損益計算書については会計帳簿を報告した。結果、適法かつ正確であることを認めた旨を述べた。
　そこで議長は議案に対する採決を求めたところ絶対多数をもって原案通り承認可決した。
　以上により議案は全部終了したので、議長は午後2時閉会を宣言した。右の議事の経過ならびに結果を明確ならしめるため本議事録を作成し、議長ならびに出席取締役は次に署名押印をする。
　　　平成○○年6月1日
　　　議長　　　　　青島裕也
　　　取締役社長　　阿波野哲平

●定例会議議事録 ❷❸❹❺

日時	平成○○年9月1日
場所	第3会議室
出席者	宮島委員長　尾張副委員長　唐木委員　室井委員
議題	紙資源節約について
決定事項	コピー用紙の裏面使用
	封筒類の再利用
	社内通達事項（お知らせ、案内状など）は、ペーパーレス化を図り今までの掲示をとりやめEメール添付とする
次回予定	日時10月5日　15〜17時

ビジネス社内文書・文例

企画書

- ●新製品広告企画案
- ●海外研修ツアーの企画書
- ●販売促進重点SPの企画案

> 新しい仕事の第一歩はよい企画書作りからです。内容もさることながら、企画を通すには説得力ある文面を作成することが大切です。多くは決まった書式がないので、作成者はセンスの見せどころです。

文例1 基本 ● 新製品広告企画案

「ミクロA」の広告展開企画案

❶　現在当業界においては競合しているA社から夏に向けて新製品「ホワイト」が発売されました。当社においても同様の製品「ミクロA」を6月9日発売を予定していますが、後発になるため思い切った広告展開が必要と思われます。そこで、これまでにない訴求対象の絞り込みによる以下のような広告展開を企画しました。

❷
1. 広告展開
　本製品の訴求対象を25〜30歳の女性に絞り込み、テレビコマーシャルを中心に広告展開し、商品イメージの確立、商品名の認知度を高め、同種商品のトップブランドを目指す。
　テレビコマーシャルは話題性のあるものとする。たとえば大物ミュージシャンに曲を作ってもらうなど。
　同時に2カ月間のキャンペーンを展開し、商品名の告知徹底をはかる。消費者参加型のイベントを開催し、潜在需要も掘り起こす。

2. 内容
　テレビコマーシャルの制作
　　恋愛失恋編（資料、絵コンテ別紙参照）

基本構成とポイント

❶ **現状把握と分析**：新製品の置かれている状況の現状把握と分析を解説し、この企画の必要性を訴える。問題点を抽出して、それに対処する方法をポイントを押さえつつ紹介する。

❷ **企画内容**：この企画によってどんな成果が上げられるかを具体的事例を挙げ、説得力ある展開にする。実行方法や手順は別紙にしてもいいだろう。写真や図表などビジュアルに訴える資料を添付するとなおよい。

● せっかくの企画を「絵に描いた餅」にさせないためには、豊富な情報と分析力、それと周到な根回しが必要である。

応用入れ替え

◉海外研修ツアーの企画書 ❶

　不況下にあって毎年業績を伸ばしている当社ですが、さらにステップアップを図るためには、海外に目を向けなければならないと思われます。
　そこで、社内で希望者を対象にした海外研修を企画したいと思います。これは一昨年実施し、好評をいただいた海外研修ツアーの第2弾になるものです。社内各方面からの強い要望に応えて今回の企画となったものです。
　本趣旨をご理解いただき、ご参加下さるようお願い申し上げます。
1. 日程：6月4日～10日
2. 場所：香港、上海、タイ
3. 趣旨：近隣であるアジア諸国の視察

一昨年はヨーロッパとアジアを視察したところ、各国への滞在が短くよく見られなかったとの反省を踏まえ、今年はアジア諸国のみにしぼりました。

◉販売促進の企画案 ❷

1. 企画意図
　　新製品「オニオンマフィン」の全国販売に先駆けて、販促重点地区での話題づくり。
2. 販促重点地区　東京、大阪、福岡
3. キャッチフレーズ
　　「グッドモーニング・オニオンマフィン、花のお皿プレゼント」
4. 実施期間
　　4月1日～5月1日
5. 実施内容
　　テレビ　　スポットCMを流す。「オニオンマフィン」のイメージづくり、商品名の浸透を図る。
　　　　　　東京ギガテレビの「お姫様のキッチン」の新商品コーナーで取り上げてもらう。
　　新聞　　　イメージづくり、商品名の浸透。
　　雑誌　　　おいしい食べ方のアレンジを料理研究家小林はるみが紹介する。花のお皿を使ってオニオンマフィンを盛りつけ、新しい朝食の提案をする。プレゼントの告知。
　　インターネット
　　　　　　ホームページを立ちあげて、オニオンマフィンのレシピ紹介、開発秘話などを載せる。また、ホームページ上からもプレゼント応募ができるようにする。

注意点　予算のことも十分に頭に置いておく。5W1Hは詳細に記したい。

ビジネス社内文書・文例

社内論文

●人材育成についての論文 | 自分の意見や研究を発表するために書くのが社内論文です。読み手が誰なのか想定して、事実を重視し、論理的にまとめます。

文例1　基本 ◉ 人材育成についての論文

❶
　　　　　　　　　10年先につながる人材を育てる

　　　　　　　　　　　　　アイビーエヌ出版　人事部係長　宇部健介

　企業の繁栄と発展は一にも二にも、人がカギとなる。業績を伸ばすのも人、不振になるのも人によって決まる。有能で貴重な人材を育てることが今一番重要なことだと思われる。そこで、現在と今後の人事部での人材育成について述べたい。

❷
第1章　企業の発展のために必要な人材とは
　企業を発展させるために必要な人材とは、どんなタイプの人間であろうか。一口に人材といっても、職種によって求められる人材は違う。以下当社にとって必要とされる人材を考えていきたい。
（図入る）
企業の成長→人-顧客-協力各社
　（略）

❸
　以上をもって私の論文を終わらせていただきます。

参考文献　『成功する企業の人材育成』枝元克則（○○出版）

基本構成とポイント

❶**序文**：本論に入る前には100字前後の要約文をつける。どんな趣旨で書かれたものかをつかめるように簡単にまとめる。

❷**本論展開**：本論は事実に沿って、論理立てて持論を展開し、流れがスムーズになるように構成する。データを自分の都合のよいように歪曲したり、過大評価してはならない。

❸**結び**：簡単な末尾の文と参考文献を明記しておく。

●真実性を印象づけるためにはデータの積み重ねが大切。データ収集には十分時間をかけたい。

論文のヒント

●論文を書く前に

　最近は昇進昇格試験の一環として論文提出を義務づける会社もあり、書くのは苦手という人も避けて通れないものになってきた。
　論文は書き方のコツさえつかめば、それほど大変な作業ではない。基本はあくまでわかりやすく客観性のある書き方をすることである。
　自分でテーマを決めて書くこともあれば、あらかじめ決まったテーマに沿って書くこともある。書き出す前にテーマをよく理解しておくこと。図書館や資料室、インターネットなどで必要な資料を十分に揃えてから取りかかろう。また、社内で過去に同じテーマの論文が発表されていないか、総務部などを通して調べておくことも忘れずに。

●論文は4パターン

　読み手が誰になるのかによって書き方もおのずと変わってくる。読み手の専門知識に合わせて注をつけたり、専門用語の解説をしたりする。
　論文のパターンとしては、次の4つの書き方に集約される。

1. 序文→本論→結び
2. 序文→事実・裏付け→分析→結び
3. 概略→事実の発生→展開→予測
4. 批判序説→破壊的解釈→建設的見解

　このうち、最もスタンダードでよく使われるのが1だが、論文の内容を考え最も適していると思われるものを選ぶ。2の進め方だと説得力ある論文ができる。3はある重要な事実に基づいて、論旨を展開するときに有効だ。4は意表を突いた論旨の展開で、インパクトを与える論文に仕上がる。

●仕上げはスマートに

　本論に入る前に要約文を添える。論文内容の理解を早めるし印象もよいので、できるだけつけて提出しよう。
　データを図式化したり、表を駆使したりして、読みやすくする工夫も怠りなく。具体性をもたせるためには、形容詞の多用は避けたい。起承転結を念頭におき、簡潔な文章を心がけてまとめよう。

社内論文

ビジネス社内文書・文例

通知する

- 新年会の通知
- 社員旅行の通知
- 定期健康診断の通知
- 送別会の通知

社内での通知文は、形式よりいかに正確に早く伝えるかが大切です。社内のコミュニケーションを図るために使用される通知もあるので、リラックスしたレイアウトを考えるのもいいでしょう。

文例1　基本　● 新年会の通知

❶ 営業課員各位

新年会幹事

❷　新春を迎え、皆様方には新たな抱負を抱かれていると思います。

❸　そこで、毎年恒例となりました新年会を営業課員の親睦を兼ねて、下記のように催したいと思います。お忙しいことと思いますが、皆様お誘い合わせの上、多くの方にご参加いただけるようお願いします。

記

❹
日時　　　1月18日（金）午後6～8時
場所　　　満腹飯店　渋谷区南渋谷1-2-3
　　　　　　TEL03（3666）○○○○
会費　　　3000円
幹事　　　斎藤ゆかり、野坂昭良（内線123）

以上

基本構成とポイント

❶**通知者**：通知を受け取る側はそれに基づいてしかるべき行動を始めるので、誰から誰へ向かって発信するものなのか明らかにする。

❷**頭語**：時候のあいさつは簡単に。形式張らないものがいい。対外的な文書ではないので、過度な敬語は使わないほうが自然である。

❸**通知内容**：親睦行事などは堅苦しくならずに明るく軽やかな表現を使う。

❹**通知事項**：内容が一目でわかるように、日時や会費などは箇条書きにする。

● 一方的に用件を伝えるものなので、返事を必要としないことにも配慮する。

応用入れ替え

●社員旅行の通知 ❷❸❹

　一年で最も美しい季節、新緑の時を迎えようとしております。
　さて恒例になりました社員旅行は今年も下記の通り行うことに決定しました。多くの方の参加をお願いします。残念ながら不参加の方は4月20日までに総務課までご連絡ください。
日　　時：平成○○年5月9日(土)～11日(日)
集合場所：本社ビル前
集合時間：5月9日(土)午前8時30分
旅 行 地：西伊豆温泉
宿泊場所：ニュー西伊豆ホテル
　　　　　TEL0465-22-○○○○
※夜はカラオケ大会など楽しい余興を用意しておりますので、ご期待ください。

●定期健康診断の通知 ❸❹

　平成○○年度の定期健康診断を下記の要領で実施します。対象者各位はもれなく受診願います。
1. 日時　平成○○年11月1日(金)9～16時
2. 場所　○○クリニック
3. 実施検査　体重測定・血圧測定・視力検査・胸部レントゲン撮影・心電図
4. 対象者　30歳以上の社員全員。ただし、今年度健康診断をすでに受診した人は除く。
5. 申し込み方法　所定の用紙に必要事項を記入の上、総務課まで提出する。

Eメールの場合　●送別会の通知

宛先：	営業部　加藤順様
CC：	営業部　高橋美奈様
件名：	埼田課長送別会に関して

　9月に入ったというのにまだまだ暑い日が続いています。皆様にはお元気で、仕事に励んでおられることと思います。
　さて、このたびの異動で埼田企画課長が10月から稚内支店に転勤されることになりました。
　つきましては、これまでのご指導に感謝するとともに、これからのますますのご活躍を激励する送別会を左記の要領で開きたいと思います。お忙しいことと思いますが、ぜひご参加くださいますようお願いいたします。
　　日時　9月20日(木)　18時30分～
　　場所　割烹くりはら　http://www.kurihara.co.jp
　　会費　4000円
　　幹事　伊藤町子(内線456)　itou@kpd.co.jp
※参加される方は9月10日までに幹事までお伝えください。

ビジネス社内文書・文例

Column

乱用を避けたいカタカナと言い換え例

　カタカナで表記される外来語や外国語のなかには、すでに日本語として定着しているものもあるが、国際化を背景に急速に新語が増えている状況にある。それらの新しいカタカナ表記は、使う相手によっては言葉の意味が通じないものや、誤解を与えてしまうようなものも多い。

　そこで、時と場合によってはカタカナ表記を日本語に置き換える必要がある。以下は、その言い換え例である。

アーカイブ➡保存記録　記録保存館　記録資料　史料
アイデンティティー➡独自性　自己認識　自己同一性　帰属意識
アウトソーシング➡外部委託　外注　外部調達
アカウンタビリティー➡説明責任
アジェンダ➡検討課題　議題　行動計画
アセスメント➡影響評価　事前評価　評価査定
アメニティー➡快適環境　快適さ　快適空間
イニシアチブ➡(1)主導　率先　主導権（自ら率先して先頭に立ち、他を導くこと）(2)発議　構想　行動計画　住民発議（率先して提唱する政治の方針）
イノベーション➡技術革新　経営革新　事業革新　革新
インキュベーション➡起業支援　起業家育成　新規事業支援
インサイダー➡内部関係者　会社関係者　内部者　部内者
インセンティブ➡意欲刺激　誘因　動機付け　奨励金　報奨金
インタラクティブ➡双方向的　対話的
インフラ➡社会基盤　産業基盤　交通基盤　通信基盤　金融基盤

エンパワーメント➡能力開化　権限付与　権限委譲
オブザーバー➡(1)陪席者　意見参考人　傍聴人　観察者（会議などで、議決権はないが、ある目的のために参加を許された人）(2)監視員　監督者　審判員　視察者（国際間の取り決めなどにおいて、ルールが正しく守られているかを監視する人）
オンデマンド➡注文対応　受注対応　注文即応　受注生産
ガイドライン➡指針　運用指針　手引き
ガバナンス➡統治　企業統治　統治能力
キャッチアップ➡追い上げ　追い付くこと
キャピタルゲイン➡資産益　資産収益　資産売却益　資産値上がり益
グランドデザイン➡全体構想
コミットメント➡(1)関与　かかわり（責任ある関与のこと）(2)確約　公約（責任ある関与を名言した約束）
コラボレーション➡共同制作　共同事業　共同研究　協働
コンセプト➡基本概念　基本理念　基本発想　概念
コンセンサス➡合意
コンテンツ➡情報内容　内容　中身　番組
コンプライアンス➡法令遵守　服薬遵守　遵守

- サマリー➡要約　要旨　総括　概要
- シフト➡移行　切り替え　転換
- シミュレーション➡模擬実験　想定実験　模擬行動　模擬訓練
- シンクタンク➡政策研究機関　調査研究機関
- スキーム➡計画　枠組み
- スキル➡技能　技術　能力　習得技能
- スクリーニング➡ふるい分け　選別　選別検査　選抜
- スタンス➡立場　姿勢
- セーフティーネット➡安全網　安全保障制度　安全対策
- セクター➡部門　区域
- ゼロエミッション➡排出ゼロ　廃棄物ゼロ　ごみゼロ　完全再利用
- ソリューション➡問題解決　解決支援　解決策
- タスク➡作業課題　課題　作業　処理
- ダンピング➡不当廉売
- ツール➡道具　手段
- デジタルデバイド➡情報格差
- デフォルト➡(1)債務不履行（債務が履行できない状態）(2)初期設定（コンピューターなどの利用者が、利用方法の設定をしなくてもよいように、提供者があらかじめ設定しておく状態）
- ドクトリン➡原則　基本原則　政策原則
- トレーサビリティー➡履歴管理　履歴管理制度
- ノーマライゼーション➡等生化　共生化　福祉環境作り
- ハザードマップ➡災害予測地図　防災地図　災害危険予測地図
- バックアップ➡(1)支援　援護　うしろだて（他人の行動を、うしろだてとなって支援すること）(2)控え（事故にそなえて控えを作ること。また、その控え）
- ビジョン➡展望
- フェローシップ➡研究奨学金　研究奨学生資格
- フォローアップ➡追跡調査　事後点検　後の手当て
- プライオリティー➡優先順位　優先権　真っ先にすべきこと
- フレームワーク➡枠組み
- プロトタイプ➡原型　試作モデル　試作品
- ベンチャー➡新興企業　起業　起業家
- ボーダーレス➡無境界　脱境界　境界なし　無国境　脱国境
- ポートフォリオ➡(1)資産構成　投資配分（投資を配分してできた資産の組み合わせ。また、その投資の配分）(2)作品集（図画や文章などの作品を集めたもの）
- ポジティブ➡積極的　肯定的　前向き
- マーケティング➡市場戦略　市場活動　市場調査　市場分析
- マクロ➡巨視的
- マスタープラン➡基本計画
- マネジメント➡経営管理　運営管理　管理
- マンパワー➡人的資源　労働力　人材
- ミッション➡使節団　使命　使節　派遣団　任務
- メンタルヘルス➡心の健康　精神保健　精神衛生
- モータリゼーション➡車社会化　車社会
- モチベーション➡動機付け　意欲　やる気　士気
- モビリティー➡移動性　移動利便性　移動しやすさ　流動性
- モラルハザード➡倫理崩壊　倫理欠如
- ユニバーサルデザイン➡万人向け設計　誰にでも使いやすい設計
- ライフサイクル➡生涯過程　一生涯　循環過程
- ライフライン➡生活線　生命線　命綱　光熱水路
- リアルタイム➡即時　同時　同時進行　実時間
- リテラシー➡読み書き能力　活用能力　情報活用能力
- リニューアル➡刷新　改装　新装　一新

ビジネス社内文書・文例

Column
英文で用いる役職名

　ビジネス文書のやりとりでは、発信者と受信者がどのような役職名であるかということが最上級の重要事項になる。よって、先方の役職名を書き間違えることは禁物である。

　これは英文でも同様。欧米のビジネス社会では、日本以上に肩書きがステイタスをもつともいえよう。

　日本語の肩書きを英語に直訳したり、そのまま置き換えてしまうことのないようにくれぐれも気をつけたい。英文で用いる代表的な役職名は以下の通り。

● 日英の役職名比較一覧

会長	Chairman of the Board
社長	President
副社長	Vice President
専務取締役	Senior Managing Director
常務取締役	Managing Director
監査役	Inspector
大阪支店長	Osaka Office Manager
工場長	Factory Manager
営業部長	Sales Manager
〃	Manager, Sales Department
総務部長	Administrative Manager
〃	Manager, Administrative Department
庶務部長	General Affairs Manager
経理部長	Accountants Manager
人事部長	Personnel Manager
企画部長	Planning Manager
生産部長	Production Manager
国際部長	International Manager
営業課	Sales Division
〃	Sales Section
営業課長	Manager, Sales Division
営業係長	Assistant Manager, Sales Division

5 日常の社交文書・文例

時節の手紙／年賀状／縁談1・2／婚礼1・2
葬礼1・2／通知する1・2／案内状1・2／礼状1・2
祝い状／贈答状／見舞状／推薦状
依頼状／断り状／催促状／抗議状
そのほかの書状1・2

日常の社交文書・文例

時節の手紙

- 寒中見舞い
- 寒中見舞いへの返信
- 暑中見舞い
- 暑中見舞いへの返信
- 年賀状の返信を兼ねた寒中見舞い

時候のあいさつ状は年賀状同様、儀礼的な傾向が強い文書です。まず、時候のあいさつの慣用句を書き、続いて相手の安否を気づかう文章や日ごろの無沙汰を詫びる文章で構成するのが一般的です。

文例1 基本 ● 一般的な寒中見舞い

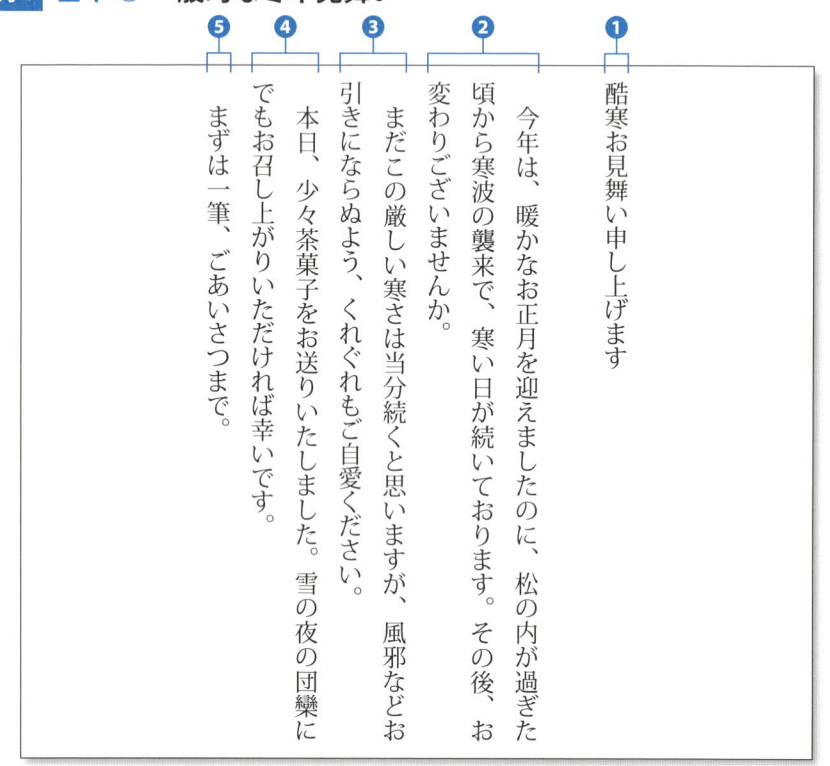

❶ 酷寒お見舞い申し上げます

❷ 今年は、暖かなお正月を迎えましたのに、松の内が過ぎた頃から寒波の襲来で、寒い日が続いております。その後、お変わりございませんか。

❸ まだこの厳しい寒さは当分続くと思いますが、風邪などお引きにならぬよう、くれぐれもご自愛ください。

❹ 本日、少々茶菓子をお送りいたしました。雪の夜の団欒にでもお召し上がりいただければ幸いです。

❺ まずは一筆、ごあいさつまで。

基本構成とポイント

❶ **時候**：礼儀を重んじ、形式を整える。「厳寒の候、いかがお過ごしでいらっしゃいますか」「寒中お見舞い申し上げます」などの慣用句を用いる。

❷ **天候のことを含めたあいさつ**：とくにお年寄りや寒冷地へ送る場合は、相手を思いやる気持ちを述べる。

❸ **相手を気づかう言葉**：相手を気づかう気持ちを述べる。あまり大げさにならないように。

❹ **贈り物をした場合はその告知**：贈り物をした場合に書き添える。

❺ **結び**：結びの言葉。

応用入れ替え

● 寒中見舞いへの返信 ❷❸❺

　ご丁寧なお見舞い状をいただき、ありがとうございました。
　寒さには慣れている私どもでも、今年の寒さはことのほか厳しく感じられます。皆さまお健やかにお過ごしのご様子、何よりとお喜び申し上げます。
　おかげさまで私どもも、風邪も引かず元気で過ごしておりますので、どうかご安心ください。
　春の訪れまで今しばらくあります。どうぞお体をお大事に、風邪など召されませんようお祈り申し上げます。
　まずは一筆、お礼まで。

● 暑中見舞い ❶❷❸❺

暑中おうかがい申し上げます
　炎暑厳しき折、皆さまにはお変わりなくお過ごしのこととお喜び申し上げます。
　私どもも皆、元気で過ごしておりますので、他事ながらご休心ください。
　暑さはこれからが本番です。くれぐれも御身ご自愛のほどお祈り申し上げます。

● 暑中見舞いへの返信 ❶❷❸❺

酷暑お見舞い申し上げます
　ご丁寧なお見舞い状をいただき、恐縮に存じます。
　皆さまお変わりなくお元気なご様子、何よりとお喜び申し上げます。
　おかげさまで、私ども家族一同、暑さにめげず元気に過ごしております。どうぞご安心くださいませ。
　記録的な暑さが続きますが、どうか皆さまもご自愛くださいますようお祈りいたしております。
　取り急ぎまして、一筆お礼まで。

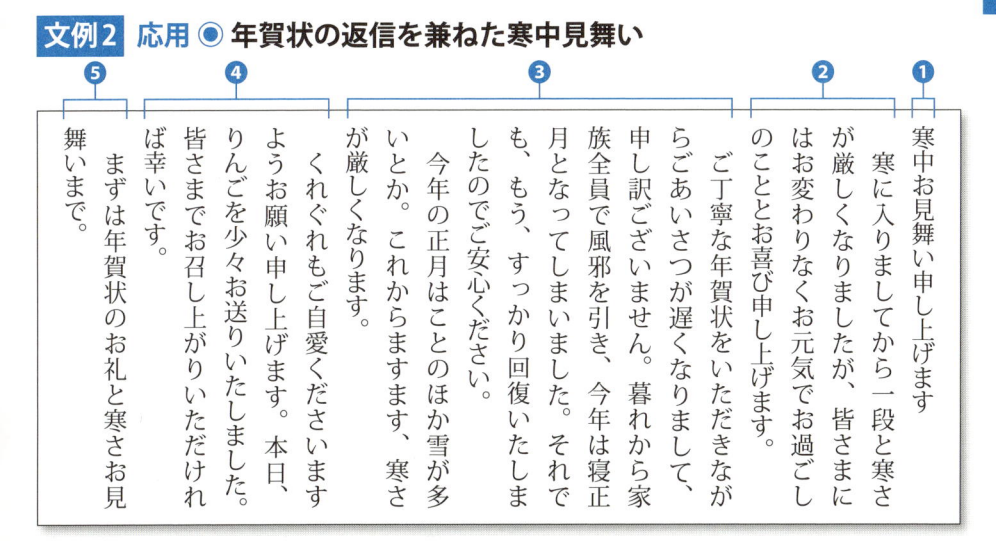

文例2　応用 ● 年賀状の返信を兼ねた寒中見舞い

❶ 寒中お見舞い申し上げます

❷ 寒に入りましてから一段と寒さが厳しくなりましたが、皆さまにはお変わりなくお元気でお過ごしのこととお喜び申し上げます。

❸ ご丁寧な年賀状をいただきながらごあいさつが遅くなりまして、申し訳ございません。暮れから家族全員で風邪を引き、今年は寝正月となってしまいました。それでも、もう、すっかり回復いたしましたのでご安心ください。
今年の正月はことのほか雪が多いとか。これからますます、寒さが厳しくなります。

❹ くれぐれもご自愛くださいますようお願い申し上げます。本日、りんごを少々お送りいたしました。皆さまでお召し上がりいただければ幸いです。

❺ まずは年賀状のお礼と寒さお見舞いまで。

日常の社交文書・文例

年賀状

- 一般的な年賀状
- 喪中の人へ年賀状に代えて出すあいさつ
- 喪中に届いた年賀状への返事
- 喪中の人へ年賀状を出した詫び状　など

年賀状は新年を祝い、旧年中のお世話に感謝し、今年一年の厚情、お世話、指導などを願い出る手紙です。縦書き・横書き、とくに決まりはありません。印刷年賀状の文面には自筆を添えます。

文例1　基本 ◉ 一般的な年賀状

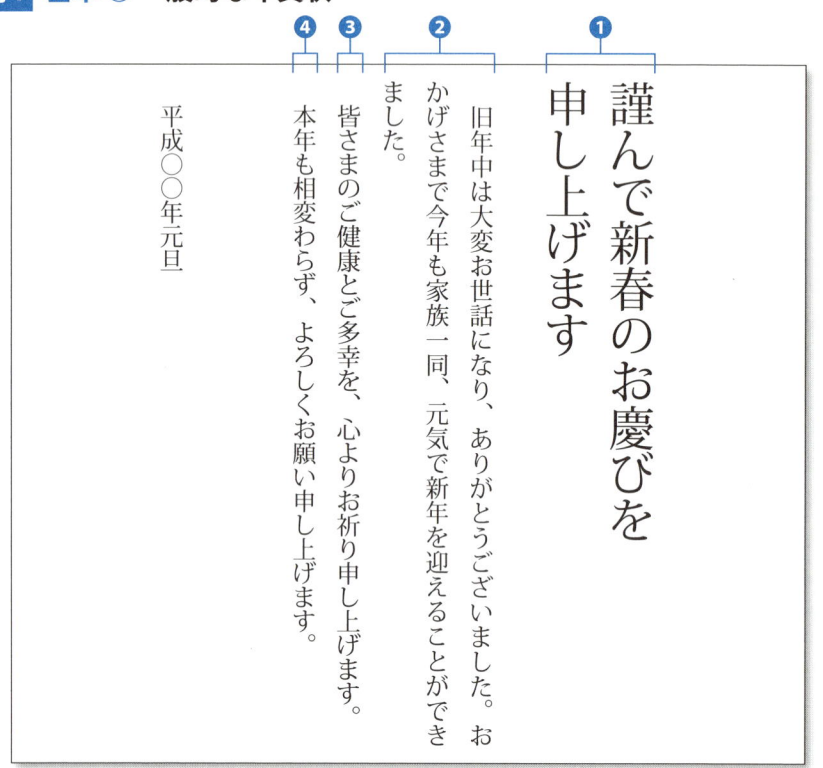

❶ 謹んで新春のお慶びを申し上げます

❷ 旧年中は大変お世話になり、ありがとうございました。おかげさまで今年も家族一同、元気で新年を迎えることができました。

❸ 皆さまのご健康とご多幸を、心よりお祈り申し上げます。

❹ 本年も相変わらず、よろしくお願い申し上げます。

平成〇〇年元旦

基本構成とポイント

❶ **新年のあいさつ**：「謹賀新年」「恭賀新年」「賀正」「迎春」「賀春」「頌春」などの言葉で新年のあいさつの気持ちをあらわす。目上の人には「賀正」「迎春」などは使わない。

❷ **旧年中の感謝の気持ち**：相手に対する新年を祝う気持ちを述べつつも、家族の近況や我が家のニュースを短めに入れてもよい。

❸ **相手の新年を祝う**：旧年中の感謝の気持ちを述べるとき、目上の人に対して「厚誼」という言葉を使うのは失礼なので「厚情」を使う。

❹ **今年一年の指導を願う**：今後の指導やつき合いを願う言葉を書き添える。

応用入れ替え

●喪中の人へ年賀状に代えて出すあいさつ ❷❸❹

　ご喪服中の報に接し心からお悔やみ申し上げます。皆様のお悲しみいかばかりかとご推察申し上げます。
　寒さ厳しき折、ますますご自愛の上、お静かに新年をお迎えられますよう、心からお祈り申し上げます。
　平成○○年　師走

●喪中に届いた年賀状への返事 ❷❸❹

　年頭のごあいさつありがとうございました。皆さまにはお健やかにご越年とのこと、なによりと存じます。
　実は昨年3月、母○○が他界いたしまして喪服中のため年賀欠礼させていただきました。
　とりあえずお礼かたがたごあいさつ申し上げます。

●喪中の人へ年賀状を出した詫び状 ❷❸❹

　ご喪服中とも存じませずに年賀状を差し上げ、誠にご無礼申し上げました。
　さぞお寂しいこととご推察いたします。謹んでご冥福をお祈り申し上げます。
　寒さ厳しき折、なにとぞご自愛ください。

文例2　応用 ● 年賀状の返事

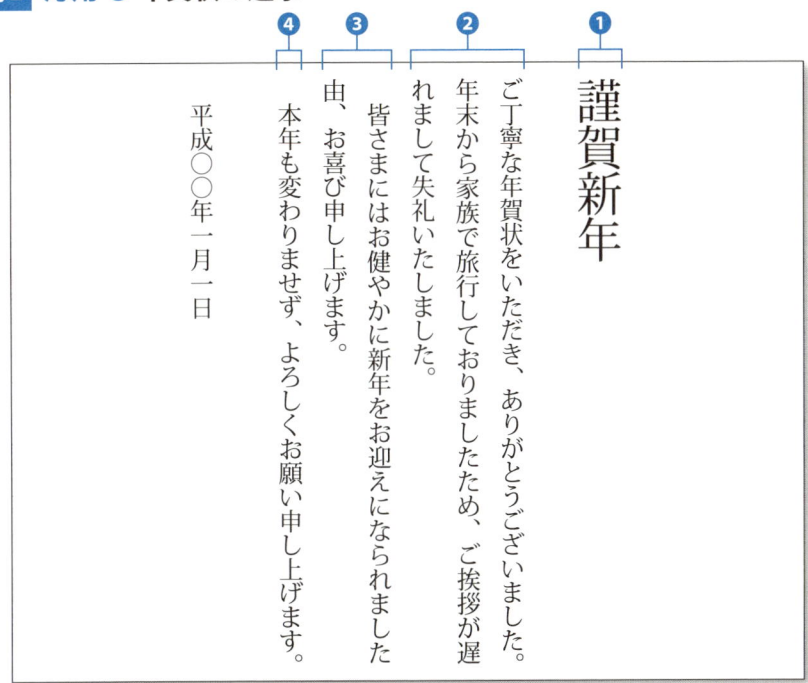

❶謹賀新年

❷ご丁寧な年賀状をいただき、ありがとうございました。年末から家族で旅行しておりましたため、ご挨拶が遅れまして失礼いたしました。

❸皆さまにはお健やかに新年をお迎えになられました由、お喜び申し上げます。

❹本年も変わりませず、よろしくお願い申し上げます。

平成○○年一月一日

日常の社交文書・文例

縁談 1

- 見合い後に縁談を断る1・2
- 親から縁談話を断る
- 婚約を通知する

縁談に関する手紙は出す人の立場や内容によってさまざまなバリエーションがありますが、個人的な内容を書くので、相手の気持ちを思いやって書くことが大切です。

文例1 基本 ● 見合い後に縁談を断る1（男性から）

❶ 拝啓　先日はご多忙のところ、私のためにお見合いの席を設けていただきまして、誠にありがとうございました。

❷ ご紹介いただいた陽子様は実に聡明な方で、話題も豊富で楽しいひとときを過ごすことができました。このような方とのお話をお世話いただきましたこと、心より感謝いたしております。

❸ 本来ならば、先方のお気持ち次第でこのままお話を進めていただきたいところですが、いずれは郷里の長野に帰り、家業の旅館を継ぐ予定でおります。これまで看護師としてキャリアを積んでこられた陽子様には、旅館業をともにと望むことはご無理ではないかと考え、今回のお話、誠に残念ではありますがお断りさせていただく次第です。

❹ すばらしい方とのお話をお世話いただきながら、こちらの勝手な事情でお断りすること、お許しください。陽子様にもどうかよろしくお伝えください。

敬具

基本構成とポイント

❶ **頭語とお礼**：「拝啓」「拝復」などの頭語を入れ、簡単なお礼の言葉を述べる。時候のあいさつを入れてもよい。

❷ **相手に対する感謝**：仲人の労をとってくれたことへの感謝の気持ちを述べる。

❸ **縁談の断りとその理由**：断りの一文は、ストレートな表現はやめて、相手を思いやる表現に。見合いの断りの理由は相手に納得のいくような理由にし、相手への不満を羅列するのは避けるべき。

❹ **結び**：結びのあいさつとしてお詫びの気持ちを述べ、その後「敬具」「謹言」などの結語を添える。

- 見合い後の断りは、縁がなかったと思える理由をしっかりと伝える。

応用入れ替え

●見合い後に縁談を断る2（女性から） ❶❷❸❹

拝啓　いまだ暑さが残ります今日この頃、山中様にはますますご多忙のほどお慶び申し上げます。いつもお心にかけていただき、ありがたく存じます。
　さて、先日は私のために足をお運びいただきまして、誠にありがとうございました。身にあまるご高誼をいただき、厚く感謝申し上げます。
　高井様の件、その後十分に考えましたが、なかなか決心がつかず煩悶しておりました。先輩や友人にも相談してみましたところ、迷いがあるのは、縁がなかったということではないかとのアドバイスを聞き、せっかくいただいたご縁を無にするのは憚られますが、ご返事が延びても先様にご迷惑がかかることと思い、思い切ってご辞退申し上げたく筆をとりました。
　すべて私の不徳と致すところで誠に申し訳なく存じております。なにとぞご了承くださいまして、先方の高井様にもよろしくお申し越し下さい。非礼をお許しいただき、今後ともご高配を賜りますようお願い申し上げます。
　　　　　　　　　　　　　　　　　　　　　　　　　　　　　　　　敬具

●女性側の親から縁談話を断る ❶❷❸❹

拝復　先日はお手紙をありがたく拝見しました。皆様もお健やかにお過ごしとのこと、お喜び申し上げます。
　娘、有美の縁談の件ではいろいろとお気づかいいただきましてありがとうございました。あれから本人とも十分に話し合ったのですが、しばらくは結婚する意思はないという気持ちを変えることはできませんでした。
　社会人となって3年目、ちょうど仕事が面白くなってきたようで、今後の仕事に活かしたいとパソコンの資格取得に夢中になっているようです。親としましては、一日も早く温かい家庭を築いてくれたらと願っておりますが、本人の自覚がないことにはどうしようもなく、何度も話し合いましたが、お話をお断りさせていただく次第です。
　せっかくのお話にこのようなご返事を差し上げるのははなはだ心苦しいのですが、どうかご容赦いただきたく存じます。○○様へもくれぐれもよろしくお伝えくださいますようお願い申し上げます。
　　　　　　　　　　　　　　　　　　　　　　　　　　　　　　　　敬具

●婚約を通知する ❶❷

前略　このたび、私たち婚約しました。大学時代から含め8年の交際期間を経て、長かった春にピリオドを打ち、ついに6月結婚することが決まりました。
　これもひとえに皆様の温かい励ましと変わらぬ友情があったからこそと心より感謝申し上げます。

縁談1

日常の社交文書・文例

縁談 2

- 学生時代の恩師への仲人を依頼する
- 仲人を承諾する
- 友人に娘の縁談依頼する　など

文例1　基本 ● 学生時代の恩師へ仲人を依頼する

❶ 拝啓　日に日に暖かくなってまいりましたが、いかがお過ごしでしょうか。本日はお願いしたいことがあり、お手紙を差し上げました。

❷ 　実は私、この10月に結婚することになりました。相手は先生もご存じの河田浩雅さんです。先生のゼミで知り合ってから意気投合し、卒業後もおつきあいが続いていたのですが、ついに長かった春にピリオドを打ち、結婚することを決めました。つきましては先生ご夫妻のような家庭を築きたいと思い、ぜひご媒酌をお願いしたいと思います。

❸ 　私たちのなれそめがそもそも先生のゼミだったのですから、先生以外にお仲人は考えられません。彼も、両家の親たちも、是非とも先生にお願いしたいと申しております。

❹ 　後日あらためて、ふたりでおうかがいするつもりですが、まずは書面にてお願い申し上げます。

　　　　　　　　　　　　　　　　　　　　　　　　　　　　　　かしこ

基本構成とポイント

❶ **頭語とお礼**：時候のあいさつを入れ、率直にお願いしたい旨を伝える。

❷ **相手に対する感謝**：結婚する相手を簡単に紹介する。なぜお願いしたいかその理由もひと言入れておくとよい。また、結婚式までの日程を示しておくと、諾否の判断材料になる。

❸ **仲人の依頼とその理由**：依頼者だけでなく、結婚相手、互いの両親もそれを願っていることを伝える文章を添える。

❹ **結び**：正式にはお宅にうかがってお願いするが、とりあえず書面での打診が必要である。

応用入れ替え

●仲人を承諾する　❶❷❸❹

　拝復　ご令息秀徳様と水沢明美様のご婚約が整われましたとのこと、心からお祝い申し上げます。御両親様のお喜びもいかばかりかと存じます。
　つきましては、私どもに媒酌の大役をとのお話、田中様とは父の代からおつき合いいただいておりますし、ほかならぬ秀徳様のご結婚とのこと、妻とも相談の上、喜んでお引き受け申し上げます。
　いずれ日をあらためまして、詳細をおうかがいいたしたいと存じます。ご都合のよい日に拙宅へおいでくださるようお伝えくださいませ。

敬具

●結婚披露宴の招待状を出してからの婚約解消のお知らせ　❷❸❹

　このたび、私どもの婚約の儀相整い7月に挙式予定でおりましたが、双方のやむをえない事情により、婚約を解消することとなりました。
　心よりの祝福をいただきながら誠に心苦しく、またご多忙中のところご来臨をお願い申し上げておきながら、このような事情になりましたこと、心よりお詫び申し上げます。
　双方とも、今回のことを教訓に、今後それぞれの道に邁進したい所存でございますので、今後ともどうかよろしくご厚誼ご鞭撻のほどお願い申し上げます。

敬具

●友人に娘の縁談を依頼する　❶❷❸❹

　立春を過ぎ、ようやく春めいてまいりました。いかがお過ごしでしょうか。
　さて、突然のお願いで恐縮ですが、私どもの娘恵子の縁談についてご相談したく、ご連絡いたしました。
　恵子も、芳和物産に勤め始めて今年で7年目。来月には30歳となります。親としましてもそろそろ嫁がせたいと考えておりまして、本人もよい方がいらっしゃればと思っているようです。
　そこで、ご交際範囲の広いあなた様なら、どなたかご存じないかと思いましてお願いする次第でございます。
　近く本人を連れて伺いたいと存じますが、とりあえず書面にてお願い申し上げます。

●息子の結婚について相談する　❷❸❹

　突然ですが、どうしても貴方様のご意見をおうかがいしたいことが生じました。実は、長男健介が結婚したいと言い出したのです。ご存じの通り、健介はまだ学生の身。しかも、相手方は34歳。息子よりもひとまわりも年上で、離婚歴がある方なのです。息子は年の差なんて関係ないなどと申しておりますが、私は相手の積極的な態度におされているようにしかみえないのです。
　12歳も年上となると正直申しまして賛成はできませんが、息子の選んだ方なので双方が幸せになればと思ってもおります。そこで息子さんが年上の方と結婚された貴方様にご相談にのっていただきたく、ご連絡いたしました。
　お忙しいところ恐縮ですが、よろしくお願いいたします。

草々

日常の社交文書・文例

婚礼 1

- 友人への結婚通知
- 結婚式を内輪で済ませた結婚通知
- 転居通知を兼ねた結婚通知
- 一般的な結婚披露宴の招待状
- 披露宴へ招待する ● 披露宴招待を断る など

結婚の通知は、「いつ、どこで、誰が、何を、どうしたのか」ということを明確に簡潔に書きます。印刷する場合でも、肉筆で一言書き添えましょう。招待状は形式を重んじ、基本要素を盛り込みます。

文例1 基本 ● 友人への結婚通知

❶ 拝啓　さわやかな初夏となりました。お元気にお過ごしのことと思います。

❷ 　さて、このたび私たちは江口泰之様ご媒酌により、5月25日、私の郷里の福岡市内にて挙式いたしました。

❸ 　まだまだ未熟な私たちですが、ふたり手をたずさえて明るい家庭を築いてまいる所存です。今後とも、よろしくご指導ご鞭撻のほどお願い申し上げます。

❹ 　なお、結婚を機に下記の住所に転居いたしました。近くに多摩川が流れ、緑あふれるところです。お近くへお越しの節はぜひお立ち寄りください。
　略儀ながら書面にてお知らせ申し上げます。

❺ 　　　　　　　　　　　　　　　　　　　　　　　　　　　　　　　敬具

平成○○年6月18日

　　　　　　　　〒182-2323　東京都調布市多摩原5-3-4
　　　　　　　　　　　　　　コーポ多摩原307号室
　　　　　　　　　　　　　　電話0424（○○）2345
　　　　　　　　　　　　　　寺岡謙太郎
　　　　　　　　　　　　　　　　遥（旧姓石川）

基本構成とポイント

❶ **頭語と時候**：頭語と時候のあいさつなどを入れて構成する。
❷ **結婚のお知らせ**：いつ、どこで、誰の媒酌により挙式したかを簡潔にまとめる。
❸ **今後のおつき合いのお願い**：新しい生活に向けての心構えを述べ、今後のおつき合いを願う言葉を添える。
❹ **新居先へのご案内**：新居先がどんなところか簡単に知らせ、同時に訪問してくれるような表現を添える。
❺ **結び**：結びの言葉。
- 相手が既婚者ならば、新生活へのアドバイスをお願いする言葉を入れてもよい。

応用入れ替え

◉結婚式を内輪で済ませた結婚通知 ❶❷❸❹❺

拝啓　新緑がまぶしい季節となりましたが、いかがお過ごしでしょうか。
　さて、このたび私たちは新たな生活の一歩を踏み出しました。結婚式は５月５日に平沢大ご夫妻のお介添えにより西南記念会館で、内輪だけのささやかな結婚式を挙げました。夫は伊藤博高、28歳。コンピューターソフト会社に勤務しています。
　まだまだ何事にも未熟な私たちですが、お互いに力を合わせてよい家庭を築き上げていきたいと思います。結婚生活の先輩である吉田様からは、これからもいろいろとアドバイスをいただけたらありがたく思います。
　新居は左記に定めました。京急線○○駅から歩いて８分のところでございます。お近くにお越しの節にはぜひお立ち寄りください。
　末筆ながら、皆さまのご多幸をお祈り申し上げます。

敬具

◉転居通知を兼ねた結婚通知 ❷❸❹

　さて、私たちは、11月22日に結婚いたし、新しい人生の第一歩を踏み出しました。２人力を合わせてよりよい家庭を築いてまいりたいと思います。何とぞこれまでにもまして温かいお心添えをおよせくださいますようお願い申し上げます。
　なお、新居は左記に定めました。都心からは少し離れておりますが、緑の多い閑静なところです。狭い我が家ですが、お近くにおいでの際は、どうかお越しください。

婚礼1

日常の社交文書・文例

文例1 基本 ◉ 一般的な結婚披露宴の招待状

本多忠純様
御令室様

❶ 謹啓　春暖の候、皆さまにはご清栄のこととお喜び申し上げます。

❷ 　さて、このたび前島平助様ご媒酌により、
飯島静夫　長男　数馬
酒田峰之　長女　貴美子
との婚約が相整い、来る６月７日ホテル竹林楼にて結婚式を挙げることとなりました。

❸ 　つきましては、今後とも幾久しくご厚誼を賜りますよう、披露かたがたささやかなパーティーを催したく存じます。ご多忙中誠に恐縮でございますが、ぜひともご臨席賜りますよう謹んでご案内申し上げます。

❹ 　　　　　　　　　　　　　　　　　　　　　　　　　　　　　　　敬具
　平成○○年４月１日

　　　　　　　　　　　　　　　　　　　　　　　　　　　　　　飯島静夫
　　　　　　　　　　　　　　　　　　　　　　　　　　　　　　酒田峰之

　　　　　　　　　　　　　　　　　記

❺ 　日時　平成○○年６月７日（日曜日）午後１時
　場所　ホテル竹林楼８階「芙蓉の間」
　　　　ＪＲ川越駅下車、徒歩５分
　なお、お手数ながらご都合のほどを４月末日までに、同封のはがきにてご一報賜りますようお願い申し上げます。

基本構成とポイント

❶ **頭語と時候**：結婚式や披露宴の招待状は形式を重んじるのが一般的。「拝啓」「謹啓」などの頭語と、時候のあいさつなどを入れて構成する。

❷ **結婚のお知らせ**：いつ、誰が、どこで結婚式・披露宴を挙げるかという事実を簡潔に述べる。

❸ **今後のおつき合いのお願い**：結婚式・披露宴のご案内で構成する。ここでも礼儀を重んじて形式を整える。

❹ **結び**

❺ **会場へのご案内**：日時・会場の場所をわかりやすく知らせる。地図を添えることも忘れないように。

● 披露宴で祝辞をいただきたい人へは、招待状のほかに、その旨を別紙に記し同封する。

応用入れ替え

◉披露宴へ招待する ❷❸❺

　さて、私たちはかねて婚約中でございましたが、このたび田原芳伸様ご夫妻のご媒酌により、5月25日に聖マリア教会にて結婚式を挙げることとなりました。
　つきましては、人生の新しい出発にあたりまして、皆さまにごあいさつを申し上げたく、挙式に続き、下記によりささやかではございますが、披露宴を催します。
　お忙しいなかを恐れ入りますが、ぜひともご出席いただきたく、ここにご案内申し上げます。

記

日時：平成○○年5月25日（日曜日）午前10時
場所：ガーディアナウエディング「ローズ」
　　　ＪＲ東京テレポート駅下車　徒歩10分

出欠：ご出欠は別紙により、5月3日までにご一報くださいませ。

以上

◉披露宴招待を断る ❷❸

拝復　このたびはご結婚おめでとうございます。また、ご披露宴へご招待いただきありがとうございます。長い間のご交際が実って、これからふたりだけの生活が始まるのですから、佐智子さんも、さぞうれしいことでしょう。
　6月3日の挙式には、なにをおいてもかけつけなければならないのですが、当日ははなはだ残念なことに先約があり、おうかがいできません。と申しますのも、郷里の仙台で中学校の同窓会があり、家族で里帰りする予定でおります。せっかくのお招きではありますが、悪しからずご了承ください。
　今後ともご夫婦おそろいでのご健康、ご活躍を心よりお祈り申し上げます。

◉披露宴を後日開く場合の友人・知人への招待状 ❷❸❺

　わたしたちは、6月16日、ハワイのマウイ島にあるセント・イグナチアス教会でふたりだけの結婚式を挙げました。

　　　知之
　　　恵里子

　つきましては、ささやかな披露宴パーティーを開きたいと思います。ご多忙中とは存じますが、ぜひご出席くださるようお願い申し上げます。

日時：7月25日（日）15時より
会場：AGKホール3階スピカの間

出欠：ご出欠は別紙により、7月10日までにご一報ください。

日常の社交文書・文例

婚礼 2

- 結婚祝い 1・2・3
- 主賓への礼状
- スピーチをした招待者への礼状
- 仲人への礼状

結婚する当人を祝福する場合には、形式にとらわれることなく素直にお祝いの言葉を述べます。目上の人や仕事関係での知人の家族を祝福する場合には形式に従い、丁寧な言葉づかいを心がけます。

文例1 基本 ● 結婚祝い1

❶ 謹啓　平素より格別のご厚誼を賜り、厚くお礼申し上げます。

❷ 承りますれば、ご令息の幸敬様にはご良縁が整われ、めでたく華燭の典を挙げられたとの由、心からお祝い申し上げます。

ご新婦の美佐絵様には上城女子大学のご卒業で、幸敬様と同じ商社に勤務されていたご才媛とのこと。職場の理解者から人生の理解者へとなられ、幸敬様には誠にお似合いのご好配と存じ上げ、ご本人様をはじめ、ご一家のお喜びもいかばかりかと拝察申し上げます。

❸ つきましては本日、心ばかりのお祝いをお送りさせていただきました。ご笑納いただければ幸いに存じます。

❹ 略儀ながら、書中をもちましてお祝い申し上げます。

敬具

基本構成とポイント

❶ **頭語と時候**：手紙の形式に従い、「拝啓」「謹啓」などの頭語と時候のあいさつなどを入れて構成する。

❷ **お祝いの言葉**：簡潔で素直な賛辞を入れる。お祝いの言葉は、大げさな称賛にならず、丁寧な言葉づかいを心がける。

❸ **祝い品送付のお知らせ**：あくまでもお祝いの気持ちを述べることが目的なので、お祝いの品を贈る場合は、本文の末尾にその旨を書き添える。

❹ **結び**：結びの言葉。

- **忌み言葉**（別れる、切れる、返す、帰る、離れる、去る、出る、もどる、さめる、終わる）を使わない。

応用入れ替え

◉結婚祝い２ ❷❸❹

　真紀ちゃん、ご結婚おめでとうございます。
　体調を崩して、ご披露宴に出席できなかったのが本当に残念です。真紀ちゃんの選んだ方だから、きっとすてきな男性でしょうね。お目にかかれる日を今から楽しみにしています。
　どうかおふたりで力を合わせてすばらしい家庭を築かれるように祈っております。
　なお、ささやかなお祝いの品を送らせていただきました。おふたりの末永いお幸せをお祈りしています。
　まずはお祝いまで。

◉主賓への礼状 ❷❹

　さて、先日は私どもの結婚披露宴に、遠路はるばるお運びいただき、誠にありがとうございました。また、身にあまるご祝辞をいただきましたこと、心からお礼申し上げます。
　おかげさまで一昨日、グアムへの新婚旅行から無事に戻ってまいりました。
　結婚したとはいえ、まだまだ未熟なふたりですので、今後ともこれまでと変わらぬご指導のほど、よろしくお願い申し上げます。

◉スピーチをした招待者への礼状 ❷❹

　このたびは私たちの結婚披露宴で祝福の言葉をいただき、本当にありがとうございました。温かい励ましを胸にふたりで力を合わせて新生活を築いていこうと思っております。まだまだ未熟な私たちですので、これからもいままで同様、叱咤激励をいただきたいと思いますので、よろしくお願いいたします。

◉仲人への礼状 ❷❹

　さて、このたびは私どもの結婚に際しひとかたならぬお世話になりまして、厚くお礼申し上げます。
　新婚旅行、双方の引っ越しと慌ただしい日が続きましたが、おかげさまで無事に新生活をスタートさせることができました。これからいろいろと大変であろうと思いますが、ふたりで協力して明るい家庭を築いていきたいと思っております。今後ともよろしくご指導くださいますようお願いいたします。
　近いうちにあらためてお礼に伺うつもりでおりますが、まずは書中にてお礼申し上げます。

◉結婚祝い３ ❷❸❹

　土田くん、ご結婚されたそうでおめでとうございます。
　先日、高校のクラス会に出席したら、岡田くんが教えてくれました。それまでまったく知らなかったので、お祝いの言葉も言えずに失礼いたしました。
　いろいろといきさつをお聞きしたいなと思っているので、近々にでも食事に行きましょう。
　私たち２年Ｂ組の仲間から、心ばかりのお祝いをお送りしました。
　みんなを代表して、一筆、お祝いまで。

日常の社交文書・文例

葬礼1

- 死亡通知を兼ねた葬儀・告別式の通知
- お悔やみ状　● お悔やみへの礼状
- 葬儀後に出す死亡通知

弔事をめぐる通知状やあいさつ状は、形式やしきたりを重んじると同時に、故人の尊厳をそこなうような言葉づかいは避けなければなりません。

文例1　基本　● 死亡通知を兼ねた葬儀・告別式の通知

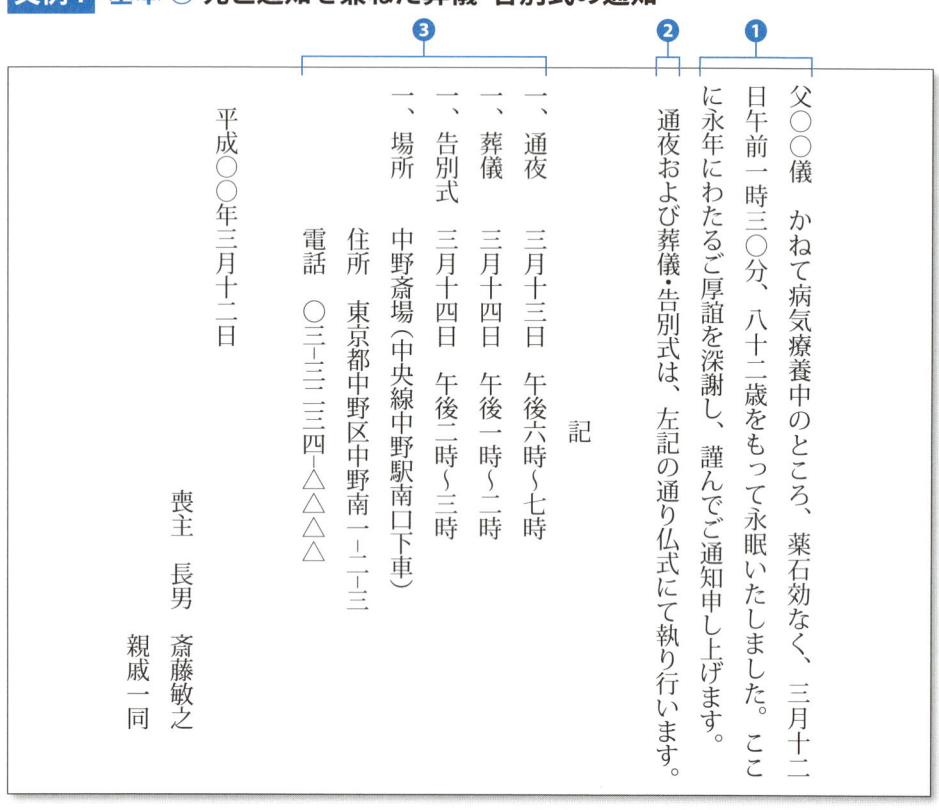

❶ 父○○儀　かねて病気療養中のところ、薬石効なく、三月十二日午前一時三○分、八十二歳をもって永眠いたしました。ここに永年にわたるご厚誼を深謝し、謹んでご通知申し上げます。

❷ 通夜および葬儀・告別式は、左記の通り仏式にて執り行います。

記

❸
一、通夜　　　三月十三日　午後六時〜七時
一、葬儀　　　三月十四日　午後一時〜二時
一、告別式　　三月十四日　午後二時〜三時
一、場所　　　中野斎場（中央線中野駅南口下車）
　　住所　　　東京都中野区中野南一ノ二ノ三
　　電話　　　〇三ｰ三三三四ｰ△△△△

平成○○年三月十二日

　　　　　　喪主　長男　斎藤敏之
　　　　　　　　　　　親戚一同

基本構成とポイント

❶ **前文抜きで事実を述べる**：感情表現は一切避ける。本人の年齢は書かないのが一般的だが、高齢の場合は書いてもよい。病名を記すこともある。生前の厚誼を感謝する。

❷ **通夜・葬儀・告別式の案内**：通夜・葬儀・告別式の案内をする。

❸ **場所日時**：日時・場所・住所だけを記す。喪主側の意向により、香典・供物・献花を辞退する場合には、一切拝辞する言葉を添える。

- 忌み言葉（浮かばれない、迷う）を使わない。
- キリスト教式では、通夜は「前夜祭」になる。

応用入れ替え

●お悔やみ状 ❶❷

● 奥様のご逝去の知らせを聞き、あまりの突然のことに呆然といたしております。
　日ごろから健康に留意していらっしゃったにもかかわらず、急性心不全でお亡くなりになるとは、お慰めする言葉もございません。
　奥様には、入社時から今日まで何かにつけ心にかけていただき、お世話になっておりますし、すぐにでも駆けつけてお手伝いさせていただきたいのですが、何分にもこうした遠隔の地にいるためそれもかないません。なんのお役にも立てず申し訳ございません。
　心ばかりの香典を同封させていただきましたので、ご霊前にお供えください。取り急ぎお手紙にてお悔やみ申し上げます。

● ご主人様ご逝去の報に接し、悲しみにたえません。謹んでお悔やみ申し上げます。奥様をはじめご家族のご悲嘆はいかばかりかとお察し申し上げますが、どうお慰めしていいものか、言葉も見あたりません。

●お悔やみへの礼状 ❶❷

● このほどは暑さ厳しいところを遠路もいとわず、さっそくお心のこもったお悔やみのお言葉とご丁重なるお香典を賜り、厚くお礼申し上げます。
　生前、親しくおつき合いいただいた皆さまのおかげで、楽しい人生を送ることができましたことが、せめてもの慰めです。
　ここにあらためて生前のご厚誼に深く感謝申し上げます。

● さっそくご丁重なるお悔やみをいただきましてありがとうございます。
　生前は皆さまにひとかたならぬお世話になり、ありがとうございました。あらためてお礼申し上げます。

文例1 基本 ● 葬儀後に出す死亡通知

前略　用向きのみ申し述べます。
父○○は、十月より肝硬変のため松山病院に入院加療中でございましたが、一月二十日午前七時永眠いたしました。葬儀は一月二十二日当地で営みました。
早速ご連絡申し上げなければならなかったのですが、遠隔の地でもあり、葬儀のご通知はあえて差し上げませんでした。お許しください。
父はこの春までたいそう元気でございまして、帰省された折にはお目にかかれるのを楽しみにしておりました。
生前はなにかとご厚情を賜りましたこと、あらためてお礼申し上げます。
まずは略儀ながら書面をもちましてお知らせ申し上げます。
　　　　　　　　　　草々

日常の社交文書・文例

葬礼2

- 香典返しのあいさつ
- 友人・故人をしのぶ追悼会の通知
- 喪中による年賀欠礼のあいさつ
- 一周忌法要に招くための通知

香典返しは通常の手紙の形式に沿って書きますが、時候のあいさつは省くのが普通です。仏式では七七日（四十九日）、神式では五十日祭までの服喪中に行うのが通例です。法事の案内通知では、日時・場所を正確に伝えます。

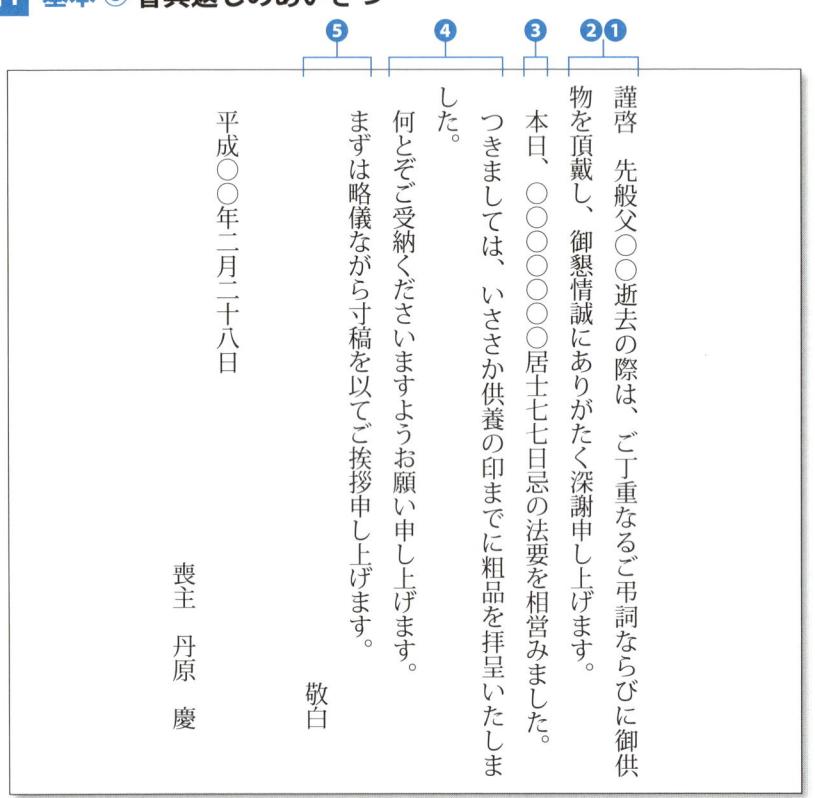

文例1 基本 ● 香典返しのあいさつ

謹啓　先般父〇〇逝去の際は、ご丁重なるご弔詞ならびに御供物を頂戴し、御懇情誠にありがたく深謝申し上げます。

本日、〇〇〇〇〇〇〇居士七七日忌の法要を相営みました。

つきましては、いささか供養の印までに粗品を拝呈いたしました。

何とぞご受納くださいますようお願い申し上げます。

まずは略儀ながら寸稿を以てご挨拶申し上げます。

敬白

平成〇〇年二月二十八日

喪主　丹原　慶

基本構成とポイント

❶ **頭語**：頭語のみ入れ、時候のあいさつは省くのが一般的。
❷ **会葬、供物、香典の礼**：葬儀のときの礼を述べる。
❸ **法要を済ませた報告**：戒名を入れる。七七日忌法要（忌明け）が済んだという報告をする。
❹ **香典返しの送付**：香典返しを送る旨を記す。
❺ **結び**：結びの言葉。

応用入れ替え

● 友人・知人が故人をしのぶための追悼会の通知 ❷❸❹

　さて、早いもので私たちの友人○○○○君が亡くなってから、2年になろうとしています。
　つきましては、三回忌に先立ち、4月26日午後1時から大和ホテルの会議室にて、○○君をしのぶ会を催し、皆さんとともに思い出を語りたいと思います。
　何かとご多忙とは存じますが、皆さんそろってご来会くださいますようお願い申し上げます。

● 喪中による年賀欠礼のあいさつ ❷❸❹

● 本年11月20日、祖父○○が他界いたしましたため、新年のごあいさつを申し上げるべきところ、喪中につき差し控えさせていただきます。
　ここに平素のご厚情を感謝いたしますとともに、明年も変わらぬご厚誼のほどよろしくお願い申し上げます。
● 喪中につき年末年始のごあいさつをご遠慮申し上げます
　去る8月9日、父○○が85歳にて永眠いたしました。
　本年中に賜りましたご厚情に深謝いたしますとともに、明年も変わらぬご厚誼のほど、お願い申し上げます。

文例2　基本 ● 一周忌法要に招くための通知

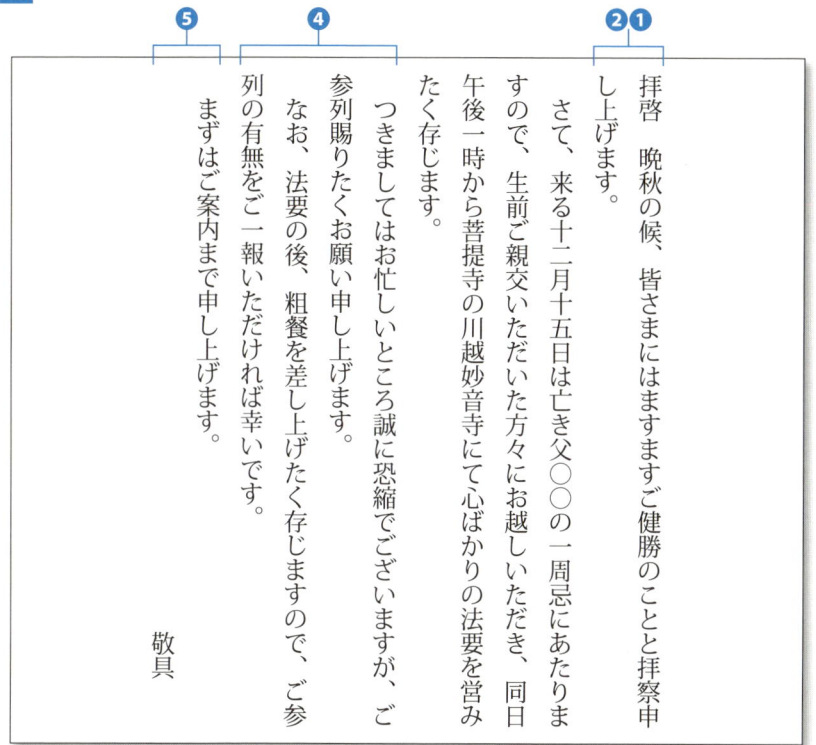

　拝啓　晩秋の候、皆さまにはますますご健勝のことと拝察申し上げます。
　さて、来る十二月十五日は亡き父○○の一周忌にあたりますので、生前ご親交いただいた方々にお越しいただき、同日午後一時から菩提寺の川越妙音寺にて心ばかりの法要を営みたく存じます。
　つきましてはお忙しいところ誠に恐縮でございますが、ご参列賜りたくお願い申し上げます。
　なお、法要の後、粗餐を差し上げたく存じますので、ご参列の有無をご一報いただければ幸いです。
　まずはご案内まで申し上げます。

敬具

日常の社交文書・文例

通知する 1

- ●転居を通知する
- ●海外転勤を通知する
- ●転勤を通知する
- ●転職を通知する

など

伝えたい用件を過不足なく、正しく伝えるのが通知のポイントです。一般用件は「いつ」「誰が」「どこで」「なぜ」「どのようにして」「何をした」という項目に沿って書きます。通知内容のあとにあいさつ文を書き添えます。

文例1 基本 ● 転居を通知する

❶ 拝啓　新涼の候、皆さまにはご健勝のこととお喜び申し上げます。

❷ 　さて、このたび私どもは長年住み慣れた川崎市を離れ、左記に転居いたしました。お手数とは存じますが、お手元の住所録をお書き換えいただければ幸いに存じます。

❸ 　新居は京急線新逗子駅から徒歩20分。逗子の海岸が一望できる高台にあります。家はお恥ずかしいほどの手狭なものですが、窓から見える景色が唯一の取り柄です。

❹ 　こちらの方面へお出向きの節はぜひお立ち寄りください。
　とり急ぎ転居のお知らせまで。

❺
　　　　　　　　　　　　　　　　　　　　　　　　　　　　敬具

　　平成〇〇年9月24日

　　　　　　　　　　　　　　〒249-0052
　　　　　　　　　　　　　　神奈川県逗子市東逗子5-9-2
　　　　　　　　　　　　　　草村陽・道代・哲太
　　　　　　　　　　　　　　電話0456-78-〇〇〇〇

基本構成とポイント

❶ **頭語と時候**：頭語と時候のあいさつなどを入れて構成する。

❷ **通知内容**：転居のお知らせ。住所録を書き換えてもらうことになるので、その旨を伝え、手を煩わせることへのお詫びの言葉を添える。

❸ **近況報告**：転居先の感想・まわりの風景などを述べる。あまり自慢にならないよう気をつける。

❹ **今後のおつき合いのお願い**：ぜひ遊びにきてほしい旨の言葉を伝える。

❺ **結び**：結びの言葉。

● 新住所、新電話番号を間違えないように明記する。また、メールアドレスを添えてもよい。「転居のお知らせ」など、標題をつけるのも親切。

応用入れ替え

●海外転勤を通知する ❶❷❸❹❺

　新緑の美しい頃となりましたが、いかがお過ごしでしょうか。おかげさまで私のほうは家族一同変わりありません。
　さっそくですが、このたびの人事異動により、スウェーデンのストックホルム支店へ赴任することになりました。少なくとも数年は在任する予定ですので、家族も同行することになりました。
　残念ながら当分はお会いできなくなり、せっかく親しくなれたばかりなのに残念です。今日までのご厚誼を深く感謝いたします。
　はじめての海外生活で、多少不安もありますが、子どもたちにも私どもにもきっとよい経験になることと思います。
　まずはお知らせまで。

●転勤を通知する ❷❸❹

　さて、このたび私こと6月10日付けで大阪支店に転勤を命ぜられ、家族とともに転居いたしました。
　本社勤務中は大変お世話になり、ありがとうございました。お目にかかってお礼申し上げるべきところ、急な発令だったため、ごあいさつにうかがう余裕もなく、大変失礼いたしました。
　今では、荷物も片付き落ちついてきたところです。大阪方面にお越しの際には、ぜひお立ち寄りくださいませ。

●転職を通知する ❷❸❹

　さて私儀、このたび株式会社カギヤマ物産を円満退社し、日東旅行に入社することになりました。
　学生時代からの趣味でもあり、かねてより希望であった旅行業界での再スタートとなりますが、新天地では、決意新たに仕事に取り組む所存でございます。
　今後とも一層のご指導ご鞭撻を賜りますようお願い申し上げます。

●独立創業を通知する ❷❸❹

　さて私こと、このたび東京書店を円満退社し、長年の夢でありました飲食店経営に踏み切ることとなりました。東京書店在職中は、ひとかたならぬお世話になり心より感謝申し上げます。
　今後は料理編集部での取材経験を生かし、学生時代の友人で料理人でもある山田忍氏との共同経営で、保土ヶ谷に小さな店を出す予定でおります。その節は改めてご案内させていただきますので、よろしくお願いいたします。

日常の社交文書・文例

- 被災を通知する
- 病気を通知する
- 被災の通知とお願いをする

など

相手に心配を与える通知は、出す人はごく親しい人に限られます。被災、事故、病気の場合、被災状況やけが、病気の状況、入院の事実を告げ、患者の様子を知らせます。感情的にならず事実を淡々と伝えるとよいでしょう。

文例1 基本 ◉ 被災を通知する

❶ 取り急ぎお知らせいたします。

❷ 先ごろの台風28号の影響で、こちらは3日間豪雨が降り続き、県内各所で土砂崩れが懸念されていたのですが、2日目の夜に避難勧告が出され、以来、身ひとつで近くの中学校の体育館での避難所暮らしを余儀なくされております。3日目の朝、自宅に戻ったところ、近隣3戸が土砂にのみ込まれ、拙宅も半壊しておりました。

❸ 当分は体育館暮らしが続きそうですが、家族全員が怪我もせず、避難できたことが不幸中の幸いと思っております。

❹ 着の身着のままの状態で避難生活をしておりますので、衣類を少しばかりお送りいただけませんでしょうか。突然のお願いで申し訳ございませんが、何とぞよろしくお願い申し上げます。

❺ 取り急ぎ書面にて失礼します。

基本構成とポイント

❶ **頭語**：急を要する場合は、頭語などを省いて本題に入る。
❷ **被災・病気の状況**：被害状況の説明をする。事実をありのまま伝え、できるだけ感情的にならないようにする。
❸ **本人の様子**：現在の様子と家族の無事を伝える。
❹ **なぜ通知するのかその理由**：お願いしたいことをできるだけ具体的に伝える。
❺ **結び**：結語も省いてよい。
- 被害が大きい場合は、相手はすでにニュースなどで事態を知っている場合もある。こういった手紙は、急を要するものだけに、形式にのっとっていなくてもよい。現在の状況、お願いの要件を具体的に書く。

応用入れ替え

●病気を通知する ❶❷❸❹❺

　前略　お知らせしてよいものかどうか思案いたしましたが、夫にかわりまして申し上げます。
　去る９日、夫は会社より帰宅の途中、吐血し、緊急に入院しました。入院先は、勤務先近くの築地病院です。
　目下、応急の処置をし、精密検査結果を待っている状態です。医師の説明によると、病状はあまり油断ができないとのことで、どうやら長期療養が必要になりそうです。
　お知らせいたせばご心配をおかけすると存じましたが、ほかならぬあなたさまにだけはお耳に入れておくのがよいと、私の一存でご通知させていただく次第です。
　なお、しばらくは面会できませんので、お見舞いはご遠慮ください。面会ができるようになりましたら、改めてご連絡差し上げたいと存じております。
不一

●被災の通知とお願いをする ❷❸❹

　火災により、一瞬にして住む家を失い、この先どうしたらよいかと途方に暮れてしまいました。しかし、幸いにも家からほど近いところに都営住宅の空きがあり、一昨日そこに落ちつきました。
　何から何まで失ってしまい、これからの生活を考えますと不安でたまりませんが、一家全員無事だったのがせめてもの慰めです。そのようなわけで誠に申し上げにくいのですが、30万円ほどお貸しいただけませんでしょうか。窮状をお察しいただいてよろしくお願い申し上げます。

●入院と本人の様子を通知する ❷❸

　実は、先週の月曜日の深夜、夫が倒れました。すぐに県立病院に運びましたが、高血圧が原因とのことで、そのまま入院することになりました。
　当面は薬による治療と食事療法が中心となるそうで、退院の予定は立っておりません。ただ、命にかかわることはないということです。ご安心ください。

●退院を通知する ❷❸

　先日はお見舞いありがとうございました。ご心配をおかけいたしましたが、一昨日、無事退院してまいりました。
　温かい励ましのお言葉とご丁寧なお見舞いを頂戴いたしまして、心より感謝申し上げます。

●病気全快後の見舞いへの礼状 ❷❸

　長らく病気療養中でしたが、このほど全快いたしましたのでお知らせ申し上げます。
　入院加療中は、何かとお世話になりました。ご多忙にもかかわらず何度もお運びいただき、激励のお言葉をいただいた上、過分なお見舞いまで頂戴し、誠にありがとうございました。衷心より深謝申し上げます。

日常の社交文書・文例

通知する 2

- 第三者からの私的な死亡通知
- 出産通知　● 就職の通知
- 死亡通知　● 子どもの命名の通知

出産、死亡、離婚など、人生の重大な節目に関わる通知は、個人的な通知であっても、感情を抑えて冷静に事実を伝えます。また相手によっては、これまでの感謝なども盛り込みます。

文例1　基本 ● 第三者からの私的な死亡通知

❶ ごぶさたしておりますが、いかがお過ごしでしょうか。

❷ 　早速で恐縮ですが、悲しいお知らせがあります。私たちの高校時代の恩師である、岩本六郎先生が、3月21日、旅先で交通事故に遭われ、急逝されました。

❸ 　23日に、同級の山下君らとともにお通夜に参加しましたが、あまりにも早すぎる永遠の別れに、教え子一同ただただ呆然とするばかりでした。

❹ 　すぐに貴君にもご連絡したのですが、あいにくご不在の様子でしたので、本日改めてお知らせした次第です。後日、お別れの会があるそうです。詳細がわかりましたらまた、ご連絡いたします。

❺ 　岩本先生のご冥福を祈りつつ、ご連絡まで。

基本構成とポイント

❶ **頭語**：急を要する場合は省略してもよい。
❷ **通知内容**
❸ **状況**
❹ **なぜ通知するのかその理由**：通知が遅れた経緯などを説明する。また、相手によっては、日頃の感謝や具体的なお願いごとなどを明記する。
❺ **結び**
- 親族以外の人が死亡通知を出す場合、プライバシーに関わることなので、封書を用いるのが一般的。

応用入れ替え

●出産通知 ❶❷❸❹❺

拝啓　うららかな春の日が続いております。安倍様ご夫妻にはご健勝のこととお喜び申し上げます。
　去る3月28日、妻由紀子が無事第1子を出産いたしました。
　体重3400グラムの丸々とした元気な男の子でした。母子ともに健康です。陣痛が来てから、4時間で産声を上げました。初産にしては安産だったのではないかと思います。
　安倍様のご媒酌で式を挙げてから早3年、ようやく子どもを授かり、喜びとともに父親としての責任をひしひしと感じております。安倍様には、今後とも私たち家族を見守ってくださいますよう、改めてお願い申し上げます。
　まずはご報告まで。

敬具

●就職の通知 ❷❸❹

　先日来ご相談に乗っていただいておりました私の就職の件ですが、緑川商会に就職が決まりましたのでご報告いたします。
　先生のアドバイスにしたがって商社をいくつか受験しましたが、女子の就職は厳しいといわれているとおり、当初はなかなか決まりませんでした。しかし先生にご助言をいただいたとおりに業界情報を収集したおかげで、なんとか内定にこぎつくことができました。本当にありがとうございます。

●死亡通知 ❷❸❹

　母容子、かねてより入院療養中でしたが、昨日午後3時10分、不帰の客となりました。
　ここ数ヵ月は小康状態が続いておりましたが、2週間ばかり前、急に涼しくなった折りに体調をくずし病状が急変、ついには帰らぬ人となりました。
　秋山様には、幾度も病室にお見舞いいただくなど、生前は格別のご厚情を賜り、誠にありがとうございました。謹んでお礼申し上げます。

●子どもの命名の通知 ❷❸

　さて、先日、妻の亜希子が第2子を出産したことをお知らせいたしましたが、このたび子どもの名前が決まりました。
　命名　実
名前の通り、実り多き人生を歩んでいってほしいと考えて命名しました。姓名判断の本を読み、考えに考えたものです。
　もう少し落ちつきましたら、ご挨拶がてらお顔見せにおうかがいできればと考えております。

日常の社交文書・文例

案内状 1

- 新築披露への案内状
- 古希の祝いへの案内状
- 歓迎会の案内状
- 同窓会の案内状

案内状は、催しが開催されることを知らせるとともに参加を呼びかける手紙です。会合の趣旨と日時、場所、会費の有無・金額などを明記します。案内状の文面次第で参加者が増減するので、文面にひと工夫を加えます。

文例1　基本 ● 新築披露への案内状

❶ 拝啓　新緑が美しい季節となりましたが、いかがお過ごしでしょうか。

❷ さて、このたび横浜市鶴見区にささやかな住まいを新築し、先月末引っ越しました。通勤時間は1時間ほど余計にかかるようになりましたが、近隣には緑が多く、子どもたちはのびのびと遊び回っています。

❸ つきましては、左記の通り、ささやかながら拙宅にて、新築披露をさせていただきたいと思います。ご多用中とは存じますが、ぜひご一家でお出かけください。

❹ 　　　　　　　　　　　　　　　　　　　　　　　　　　　敬具

平成○○年5月12日

　　　　　　　　　　　　　記

　　　日時　5月21日（日曜日）午後1時より
　　　場所　横浜線鶴見台駅徒歩10分

　　　略図を同封いたしましたので、ご参照ください

基本構成とポイント

❶ **頭語と時候**：頭語と時候のあいさつ。「新築披露の案内」として、頭語を省略してもよい。
❷ **会合の趣旨と目的**：新築のお知らせ、付近の環境、家族の感想で構成する。あまり自慢が過ぎる内容になるといやみになるので気をつける。
❸ **案内**：どこで何をするか、その案内と参加を呼びかける内容にする。
❹ **結び**：日時と場所は別記するほうがわかりやすい。スピーチをお願いしたい場合は、その旨を書き添え、あらかじめ承諾を得ておくようにする。

応用入れ替え

●古希の祝いへの案内状 ❶❷❸❹

謹啓　菊薫る季節となり、皆さまにはますますご健勝のこととお喜び申し上げます。
　さて、このたび父、三島将友が古希の齢を迎えることとなりました。これもひとえに、皆様方の長年にわたるご厚情のたまものと感謝申し上げます。
　つきましては、近親者一同で、ささやかな祝宴を催したいと存じます。ご多忙のところ恐縮ですが、万障お繰り合わせの上、何とぞご来臨賜りますようお願い申し上げます。

敬具

●歓迎会の案内状 ❷❸

　トルコ支社に赴任していた阿部徹直君が、5年の任期を終え、本社営業部に帰ってまいりました。
　そこで同期入社組が中心になり、阿部君の歓迎会を催します。
　海外での長年にわたる激務の労をねぎらい、阿部君のトルコ支社での奮闘ぶりを酒の肴に楽しい会にしたいと思います。

Eメールの場合　● 同窓会の案内状

宛先：森川大介様
CC：
件名：同窓会のご案内

森川さん

　さて、私たちが岸中学校を卒業してからはや25年になります。久しく同窓会を開いていないので、お互いの活躍ぶりがわからず、体型もかなり変わってきたのではないかと思います。
　そこで、久しぶりに恩師の先生方をまじえ、思い出話に花を咲かせたいと思いますので、ふるってのご参加をお待ちしております。

幹事　田中
090-2233-□□□□
tanaka@abcde.co.jp

日常の社交文書・文例

案内状2

- 受賞パーティーの案内状
- 忘年会のお知らせ
- 新年会のお知らせ

案内状は行事、催し物、会合などを知らせますので、簡潔で事務的な文面に仕上げるのが一般的です。縦書きのほうが儀礼的ですが、内輪の案内状なら横書きでも。遅くても開催の2週間前に発送するようにしましょう。

文例1 基本 ● 受賞パーティーの案内状

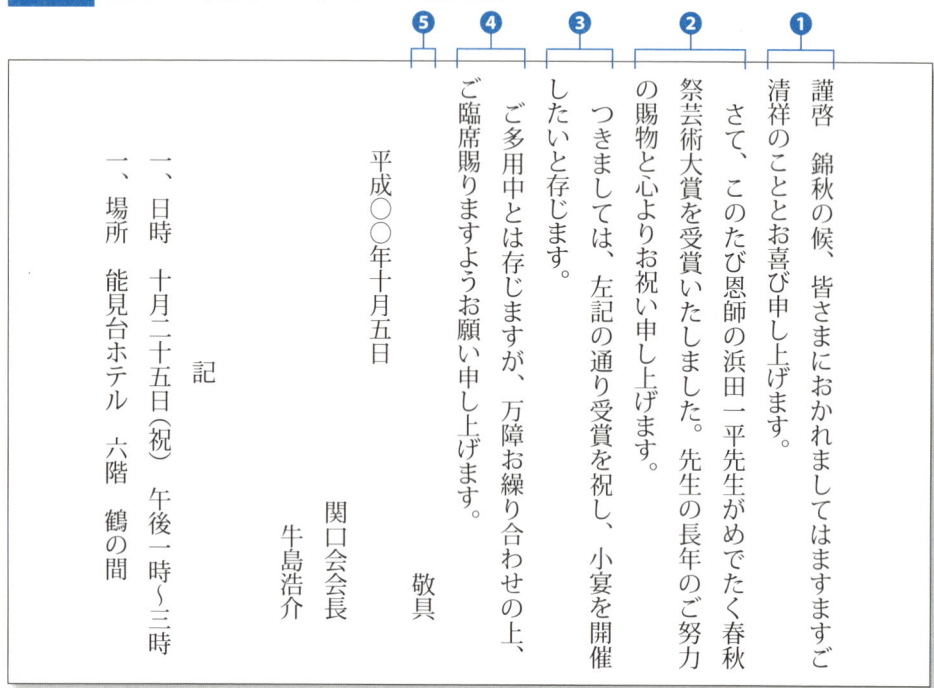

❶ 謹啓　錦秋の候、皆さまにおかれましてはますますご清祥のこととお喜び申し上げます。

❷ さて、このたび恩師の浜田一平先生がめでたく春秋祭芸術大賞を受賞いたしました。先生の長年のご努力の賜物と心よりお祝い申し上げます。

❸ つきましては、左記の通り受賞を祝し、小宴を開催したいと存じます。

❹ ご多用中とは存じますが、万障お繰り合わせの上、ご臨席賜りますようお願い申し上げます。

　　　　　　　　　　　　　　　　　　　　敬具

平成〇〇年十月五日

　　　　　　　　　　　　　　　関口会会長
　　　　　　　　　　　　　　　牛島浩介

　　　　　　記

一、日時　十月二十五日(祝)　午後一時〜三時
一、場所　能見台ホテル　六階　鶴の間

基本構成とポイント

❶ **頭語と時候**：頭語と時候のあいさつ。
❷ **受賞の通知と感謝**：受賞のお祝いを述べるときは、「長年のご研究の賜物」「ご努力が認められ」といった言葉を使う。
❸ **会合の趣旨と目的**：受賞を祝い宴を催すこと、みんなで祝うという気持ちをあらわす。
❹ **案内**：会への招待と案内。
❺ **日時・場所・費用**：日時・場所は別記明記する。
● 改まった招待状なので、縦書きにするのが望ましい。文面は簡潔に、文章は明確さを心がける。

> 応用入れ替え

●忘年会のお知らせ ❷❸❹

●三笠市写真愛好会では、講師の小若順二先生を囲んで、この1年を振り返り、来る年への抱負をともに語り合う、忘年会を開きたいと存じます。
　年の瀬を迎え何かとお忙しい時期とは思いますが、皆様ふるってご参加くださいますようお願いいたします。

●第35期東西大外国語学部ドイツ語学科樋口ゼミの忘年会を次の通り行います。
　新年までカウントダウンをしながら、行く年を惜しみ、来る年をみんなで祝いたいと思います。ご多忙のところ恐縮ですが、ぜひご参加ください。

●新年会のお知らせ ❷❸❹

●さて、新年の初顔合わせを兼ねて、「日本橋ネットワーククラブ」の新年会を開きたいと思います。ともに集い、語り合って新たなスタートとしようではありませんか。

●校門の桜並木をくぐり抜けてからはや15年が過ぎ、毎年恒例の新年会も今年で15回目を迎えました。
　つきましては、15周年を記念して今年は、熱海で新年会を開きたいと思います。新鮮な魚介料理を楽しみながら、新たな年を迎えて大いに語り明かしましょう。

案内状2

日常の社交文書・文例

礼状 1

- 出産祝いへの礼状
- 入学祝いへの礼状
- 就職祝いへの礼状
- 新築祝いへの礼状
- 病気見舞いへの礼状 1・2
- 災害見舞いへの礼状
- 火事見舞いへの礼状
- 延焼見舞いへの礼状

礼状は受領したことを通知するという役割もありますので、お祝いをいただいたらすぐに出します。目上、仕事の関係者に対しては、形式にのっとって封書で出します。贈り物への印象を書き添えるとよいでしょう。

文例1 基本 ● 出産祝いへの礼状

❶ 拝復　このたびは、私ども息子の誕生についてお祝いのお手紙をいただき、誠にありがとうございます。いつもながらのお気遣いに、妻ともども心より感謝いたします。

❷ 　そのうえ、おしゃれなベビーカーまで頂戴し、なんとお礼申し上げてよいかわかりません。いただいたベビーカーに乗せて外出する日が早くこないかと、その日が待ち遠しい限りです。

❸ 　人生最高の喜びである出産を、皆さまからお祝いいただけることは、この上ない大きな喜びであり、厚くお礼申し上げる次第です。

❹ 　初産でしたので心配していましたが、幸い安産ということで、おかげさまで母子ともに順調な経過をたどっております。出産前は何かとご心配をおかけいたしましたが、まずはご安心ください。

❺ 　改めてごあいさつさせていただく所存ですが、とりあえず書面にて略儀お礼申し上げます。

　　　　　　　　　　　　　　　　　　　　　　　　　　　　　敬具

基本構成とポイント

❶ **頭語とお礼**：頭語の後、最初に祝辞のお礼を書き、続けて品物へのお礼を書く。
❷ **お祝い品の感想**：祝い品に対する感想、喜びを素直に表現する。
❸ **出産の喜び**：親となったことへの感慨に触れるなども、十分祝意への返礼となる。
❹ **母子の様子**：産後の様子、育児について、出産に関する経験などや自分の思いを知らせる。
❺ **結び**：結びの言葉。
- 出産を知らせてない人からのお祝いに対しては、誕生日時、性別、体重などを明記する。命名については、名前の由来を添えて、きちんと紹介する。

応用入れ替え

●入学祝いへの礼状　❶❷❸❹❺

　拝啓　代々木公園の桜が満開になり、桜吹雪の中、先週末に雅人の入学式が無事行われました。幼いとばかり思っていた息子も、はや小学生です。
　さて、先日は素敵な入学祝いをいただきまして、ありがとうございました。お義父さま、お義母さまにはいつも心にかけていただいて、親子ともども感謝の気持ちでいっぱいです。
　いただいたランドセルを背負って、雅人は毎日元気で通学しております。学校がよほど楽しいらしく、帰宅すると学校であった1日の様子を話してくれるのが日課となっております。
　ゴールデンウィークには帰省する予定でおりますので、その折にでもゆっくりお目にかかれればと思っております。近々、お電話いたしますのでご都合などお聞かせください。
　簡単ですがまずはお礼まで。

敬具

●就職祝いへの礼状　❷❸❹

●さて、先日は美津子の就職祝い、本当にありがとうございました。お兄さまご夫婦には学生時代に引き続き、社会人となってからもなにかとお世話をおかけいたしますが、何とぞよろしくお願いいたします。

●このたびの私の就職につき、さっそくお祝いとご激励を賜り、心からお礼申し上げます。お祝いに頂戴した万年筆は大事に使わせていただきます。
　いよいよ4月からは社会人です。期待半分、不安半分というのが正直な気持ちです。今後は、社会人の先輩としてアドバイスをいただく機会も増えると存じますが、今まで以上によろしくお願い申し上げます。

●新築祝いへの礼状　❷❸❹

●さて、先日は新築祝いのお品をいただき、本当にありがとうございました。いただいたアンティーク時計はさっそく、ダイニングに飾らせていただきました。
　7月12日に親しい方数人にお出でいただき、拙宅披露を予定しております。近々、お電話させていただきますので、ご都合をお知らせください。

●先日は拙宅落成に際し、わざわざお運びいただきまして、誠にありがとうございます。
　念願の二世帯同居が実現し、遅ればせながらようやく親孝行ができたのではないかと安堵している次第です

日常の社交文書・文例

文例2　基本 ● 病気見舞いへの礼状1

❶ 拝啓　日ましに秋が深まってまいりますが、ご健勝のことと存じます。

❷ このたびの私の入院に際しましては、ご心配をおかけいたしましたこと、心からお詫び申し上げます。ご多忙中のところわざわざお見舞いくださった上、心のこもったお見舞いの品まで頂戴いたしまして、誠にありがとうございました。

❸ おかげさまをもちまして、その後病気の経過は順調で、こうして手紙を書けるまでに回復しました。年内には退院できるかもしれないというところまできました。これもひとえに皆さまのお励ましのたまものと存じ、深く感謝申し上げます。

❹ 職場復帰には、今しばらく時間がかかるかと存じますが、秋からは出社いたし、職務に復帰したいと思っております。何とぞお許しのほど伏してお願い申し上げます。

　回復の具合を見て参上いたし、改めてお礼申し上げる所存でございますが、まずは書面をもってお礼申し上げます。

　　　　　　　　　　　　　　　　　　　　　　　　　　　　　　　　敬具

基本構成とポイント

❶ **頭語とお礼**：「拝啓」「拝復」などの頭語と時候のあいさつで構成する。ただし直接見舞いにこられた直後の礼状は、前文を省く。
❷ **お祝い品の感想**：見舞いの礼状なので、お礼を中心に書く。個人的感情は控える。
❸ **出産の喜び**：病状報告、退院予定といった情報を知らせる。
❹ **母子の様子**：入院中などに業務で迷惑や世話をかけたことへのお礼、お詫びの言葉を述べる。
● 本人が書くときは、目上の人に対してもはがきでかまわない。代筆で出すときは、その理由を書いて、最後に本人の名前の後に「代筆」と記す。

応用入れ替え

●災害見舞いへの礼状 ❶❷❸❹

拝復　このたびの台風に際しましては、さっそくお見舞いくださいまして、誠にありがたく厚くお礼申し上げます。

　おかげさまで家族は、誰ひとりたいした怪我もせずに済みました。ただ、今度の台風はとにかく雨台風で、近くの西駒川の堤防が決壊したため、我が家も床下が水に浸りました。丹精込めて作っていた家庭菜園も全滅です。それでも、さらに大きな被害を受けた方々がいたことを思えば、不幸中の幸いでした。

　ようやく水も引いたので、家族総動員で、泥だらけになった家や庭の後始末に追われています。しかし、意外に被害は少なかったので、ほどなく復旧できる見込みです。

　ご心配をおかけいたしましたが、以上のような次第ですのでどうにかお力を借りることなく済みそうです。このたびのお心づかいに深謝いたします。

　まずはお礼かたがたご一報まで。

敬具

●病気見舞いへの礼状2 ❷❸❹

　先日は、お忙しいにもかかわらず、わざわざ病院までお見舞いをいただき、誠にありがとうございました。おかげさまで術後の回復も順調で、一昨日、退院しました。しばらくは通院しながら、治療にあたります。

　すっかり回復いたしました折には、おうかがいしてごあいさつ申し上げたいと考えておりますが、とりあえず手紙にてお礼かたがたご報告まで。

●火事見舞いへの礼状 ❷❸❹

　このたびはさっそくの火事見舞い、ありがとうございました。

　不審火による火災だったのですが、幸い発見が早く、全焼はまぬがれました。また、ご近所への延焼が防げたことがせめてもの慰めです。

　後片づけに手間取り、すっかりお礼が遅くなってしまったことお許しください。

●延焼見舞いへの礼状 ❷❸❹

　さっそくのお見舞いと激励のお言葉、ありがとうございました。

　未明の火事で、しかも空気が乾燥していたことが災いして、火元を中心に前後左右6軒が焼け出されるという大火になってしまいました。

　お見舞いにいただいた肌着一式はたいへん重宝いたしました。温かいお心づかいに、心からお礼申し上げます。また、なかなか落ちつかずにお礼が遅くなりましたこと、お許しください。

礼状1

日常の社交文書・文例

礼状2

- お歳暮への礼状1・2
- お中元への礼状
- パーティー招待への礼状
- 就職斡旋の結果報告　　など

贈り物の礼状は、贈られた喜びが薄れないうちに書きます。目上の人へは封書が望ましいですが、通常ははがきでも失礼になりません。就職先の紹介や保証人への礼状は、結果にかかわらずかならず出すのが礼儀です。

文例1　基本 ● お歳暮への礼状1

❶ 拝復　いよいよ今年も年の瀬となり、なにかと気ぜわしい毎日をお過ごしのことと存じます。

❷ 　さて、先日はご丁寧なごあいさつならびに結構なお品をご恵贈くださり、深謝申し上げます。ズワイガニはかにすきにして家族一同大喜びで、さっそく風味を堪能させていただきました。

❸ 　平生ご無沙汰ばかりいたしておりますのに、いつもお心にかけていただいておりますこと、ありがたく存じます。

❹ 　師走に入り、お風邪など召しませんようくれぐれもご自愛くださいまして、よい新年をお迎えくださいますようお祈り申し上げます。

　　　　　　　　　　　　　　　　　　　　　　　　　　　　　　　　　敬具

基本構成とポイント

❶ **頭語と時候**：頭語と時候のあいさつ。時候のあいさつを省いてお礼の言葉から入ると、感謝の気持ちがよりストレートに伝わる。

❷ **お祝い品のお礼**：贈っていただいた品物へのお礼の気持ちとその感想を述べる。いただいたもののおいしさ、便利さ、必要性などを強調する。

❸ **近況報告**：日ごろの無沙汰を詫び、今後のおつき合いを願う。

❹ **結び**：本年の無事や健康を喜び、新年の多幸を祈る。結語。

- 封書が丁寧だが、はがきやメールでも気持ちは伝わる。歳暮・中元をいただいたらすぐに礼状を書くのが礼儀。

応用入れ替え

◉お歳暮への礼状2　❷❹

　さて、本日は大変結構なお歳暮を本当にありがとうございます。また、家族にも過分のお心配りをいただきまして恐縮しております。
　貴家におかれましては、来る年も喜びに満ちたお幸せな年でありますようご祈念申し上げる次第です。

◉お中元への礼状　❶❷❸❹

拝復　毎日厳しい暑さが続いておりますが、皆さまお変わりなくお過ごしのご様子、何よりとお喜び申し上げます。
　さて、本日はご丁寧なお中元のごあいさつに加え、ひやむぎをたくさんお送りくださり、ありがとうございます。
　こちらこそご無沙汰しておりますのに、いつもお心にかけていただき、恐縮しております。
　これからますます暑さが厳しくなってまいりますが、くれぐれもお体ご自愛くださいますようお祈り申し上げます。

敬具

◉パーティー招待への礼状　❷❸

　昨日は、大変楽しいひとときを過ごさせていただき、本当にありがとうございました。
　あまりの楽しさに時を忘れてすっかり長居をしてしまいましたが、ご迷惑ではなかったかと少々反省しております。

◉就職斡旋の結果報告　❷❸

　先日の大手商事の件ですが、大変残念なことに私の力がおよばず、採用には至りませんでした。
　岸本様のご推薦をいただきながら、ご迷惑のみお掛けすることとなり、誠に申し訳ございませんでした。

◉本人から出す就職先紹介への礼状　❷❸

　さて、このたびは私の就職に際しましてお骨折りいただき、誠にありがとうございました。
　おかげをもちまして、本日、採用内定の通知を受け取ることができました。この数年、就職氷河期を迎えておりますのに、第1希望の企業から内定をいただけるとは、これもひとえに先生のお力添えによるものと、心より感謝いたしております。
　改めてご挨拶させていただく所存ですが、とりあえず書面にて略儀お礼申し上げます。

礼状2

> 日常の社交文書・文例

Eメールの場合　◉ 歓待への礼状

宛先：	南雲さん
CC：	
件名：	ありがとうございました。

　本日はありがとうございました。突然おじゃましたにもかかわらず、お言葉に甘えて奥様の手料理までごちそうになり、恐縮至極に存じます。おかげさまで帰りの車は、たいした渋滞にもならずスムーズに帰宅することができました。

　奥様のベトナム料理、とてもおいしくいただきました。子どもたちも気に入った１品があったらしく、家内が奥様にレシピをお伺いしていたようです。また、南雲さんのアジア旅行のお話や民族楽器の実演など、大変興味深く拝聴しました。

　おいしい料理と楽しいお話に時間を忘れ、長々とおじゃましましてご迷惑おかけいたしました。帰りには子どもたちにおみやげまで頂戴し、いたれりつくせりのおもてなしに大変感激いたしました。帰りの車中では家内と、南雲さんご夫婦のような夫婦になりたいねと話しておりました。

　ご家族皆様がご健康で、仕事に学校にご活躍のご様子、何よりと存じます。お近くにお寄りの際には、ぜひ拙宅にもいらっしゃってください。

田中健吾
　　美由紀

基本構成とポイント

❶**頭語と時候**：時候のあいさつを省略してお礼から始めてもよい。
❷**もてなし、世話などを受けたお礼**
❸**もてなし、世話などに対する感想**：批判的な感想は禁物。忠告や励ましをもらった場合には、その後の心境の変化や状況などを伝える。
❹**結び**
●お礼が遅くなってしまったときには、その旨を丁重にわびる。

応用入れ替え

●励ましへの礼状　❶❷❸❹

拝啓　新緑が鮮やかな季節となりました。その後いかがお過ごしでいらっしゃいますか。
　さて、過日はお忙しいところ、ご相談に乗っていただき、どうもありがとうございました。
　小野田様のお話をうかがいまして、ずっと抱いていたもやもやした気分がどこかに吹き飛び、いっぺんに晴れ晴れとした気持ちになりました。小野田様のご忠告の通り、やはり私は会社に甘えていたように思います。現在の職務に全力を尽くし、さまざまなことを学んでいきたいと思い直しました。自分の未熟さを深く反省するとともに、力一杯仕事に取り組む意欲が湧いてまいりました。
　ともすれば安易な道に進みたがる私を、小野田様はいつも叱咤激励してくださいます。これからもどうぞご指導のほど、お願いいたします。

敬具

●蔵書貸し出しへの礼状　❷❸❹

　さて、先日は貴重な蔵書をお貸し下さいまして、まことにありがとうございました。お礼がすっかり遅くなってしまい申し訳ございません。
　おかげさまで、学園祭での研究発表を無事に終えることができました。参加者からの評判も上々で、研究内容が非常にわかりやすいとの言葉をいただきました。発表内容の概要を同封いたしますのでご査収ください。
　お借りした蔵書を、できれば直接お返しにお伺いしたいのですが、ご在宅のご予定などをお教えいただけますと幸いです。近日中にお電話いたします。
　遅ればせながら研究発表のご報告と御礼を申し上げます。

●入院中世話になった医師への礼状　❷❸

　入院中は親身にお世話いただきまして、本当にありがとうございました。おかげさまですっかり完治し、今は元気に過ごしております。
　入院当初、私は絶望感から自暴自棄になっておりました。しかしそんな私を先生は決して見放さず、毎日温かい言葉をかけてくださいました。
　こうして退院できましたのも、ひとえに先生のご高診と優しいお心遣いのお陰にほかなりません。心より厚く感謝申し上げます。

●旅先で介助してくれた恩人への礼状　❷❸

　先日は、ひとかたならぬお世話になり、誠にありがとうございました。
　日頃から人一倍元気なつもりでしたが、見知らぬ土地で体調を崩したときの不安は、想像以上のものでした。あのとき深田様にお会いできなかったら、せっかくの旅行も台なしになっていたかもしれません。
　おかげさまで、その後数日で体調も回復し、残りの観光を楽しむことができましたのも、深田様のご親切のおかげと深く感謝しております。

礼状2

日常の社交文書・文例

祝い状

- ●上司への栄転祝い
- ●仕事上の知人への栄転祝い
- ●先輩の栄転への返信
- ●甥への就職祝い　など

目上の人に出す場合は、形式や言葉づかいに気を配ります。親しい相手にはともに喜ぶ気持ちを素直に伝えましょう。ただし、いずれも出すタイミングを逃さないように気をつけたいものです。

文例1　基本 ◉ 上司への栄転祝い

❶ 拝啓　長らくご無沙汰して申し訳ありません。おかげさまで、なんとか元気にやっております。

❷ 　さて、このたびは神戸支店へのご栄転、おめでとうございます。加えて、課長ご昇進を、心よりお喜び申し上げます。
　神戸は激戦地区ですが、大学時代に青春を過ごされた土地柄、課長には腕を振るわれる絶好の場。さらなる飛躍のチャンスかと思われます。また、私ども以上に奥様がお喜びに違いないと拝察いたします。

❸ 　今後も敏腕を振るわれ、営業成績の飛躍的な向上に貢献されるものとご期待申し上げます。くれぐれもお体にはお気をつけになり、ご奮闘下さるよう期待しております。

❹ 　なお、デパートよりお送りさせていただきました品、ご笑納いただければ幸いです。

❺ 　略儀ではございますが、寸書にてご昇進のお祝いまで申し上げます。
　　　　　　　　　　　　　　　　　　　　　　　　　　　　　　敬具

基本構成とポイント

❶ **頭語と時候**：頭語と前文。時候のあいさつや簡単な近況報告で構成する。
❷ **お祝いと今後への期待**：お祝いの言葉は、大げさな称賛や美辞麗句は避ける。簡潔で素直な賛辞を入れる。栄転を祝うと同時に家族に対するひとことを加えると、さらに丁寧になる。
❸ **期待と健康への気づかい**：新しいポストでの今後の活躍を期待し、健康を案じ注意を促す。
❹ **お祝い品送付のお知らせ**：贈り物を送る場合は、書き添える。
❺ **結び**：結びの言葉。

応用入れ替え

●仕事上の知人への栄転祝い ❶❷❸❹❺

　拝啓　ようやく春らしくなってまいりましたが、ますますご健勝のこととお喜び申し上げます。
　さて、このたび本社営業部第一課課長にご栄転の由を拝承し、心からお祝いを申し上げます。
　当地ご在任中は、ひとかたならぬご厚誼をいただきまして、深く感謝申し上げます。お別れは、誠に残念でございますが、ご栄転とあらば笑顔でお見送りいたさねばなりません。
　これまで以上にご手腕を振るえるお立場になられ、より大きな抱負をもたれておられることと存じます。このうえは存分にお力を発揮され、一層のご活躍をなされますよう期待申し上げております。
　ただ、いよいよご多忙になられることと存じますが、ご健康にはどうぞお気をつけください。また今後ともよろしくおつきあいのほどお願い申し上げます。
　まずは略儀ながら、書中にてお祝い申し上げます。

敬具

●先輩の栄転への返信 ❶❷❸

　拝復　このたびは大阪支店にご栄転、おめでとうございます。ご家族の皆さまにもお喜びのことと思います。
　これまでの努力が認められてこその栄転であり、さぞ会心の笑みを浮かべていらっしゃることでしょう。積み重ねていらした努力に敬意を払うとともに、その結実をともに喜びたいと思います。
　これから先は、これまで以上の業績や責任が求められると思いますが、それだけにやりがいもあるというものです。大いに手腕を発揮して、一層活躍されることを期待しております。

●甥への就職祝い ❷❸❹

　岳人君、朝昼新聞社への就職が決定したそうで、おめでとう。前々からジャーナリスト志望と聞いていたけれど、難関の入社試験を見事突破し、君の希望どおりの道に就職が決まったと聞いたときは、本当に我がことのようにうれしかったよ。
　赴任地は入社式までわからないそうですが、どこへ赴任しようと、子どもの頃からの夢であった新聞記者として新たな人生が始まるのだから、大いに飛躍してほしいと願っています。
　お祝いに電子辞書を送ったので、これからの仕事に役立ててください。

●友人の息子への合格祝い ❷❸

　このたびは、則友くんが海北附属中学校の入学試験に合格とのこと、おめでとうございます。ご希望の学校に入学されることとなって、ご本人はもとより、あなたのお喜びもひとしおでしょうか。
　もっとも息子さんは、幼稚園の頃から利発でしたから、このたびの合格も当然だったのかも知れませんね。

日常の社交文書・文例

文例2 基本 ● 上司へあてる新築祝い

❶ 拝啓　寒さもようやくゆるみはじめましたが、皆さまにはお変わりなく、お元気でご活躍のことと思います。

❷ 　さて、このたび、かねてより建築中のご新居が完成との由、誠におめでとうございます。さぞご立派なお家が完成されたものと拝察し、心よりお祝い申し上げます。

❸ 　ご家族の皆さまも、さぞかしお喜びのことと存じます。すばらしいご新居を得られ、貴家のお幸せもさらに大きくふくらむことでしょう。

❹ 　心ばかりのお祝いですが、本日観葉植物を送らせていただきました。ご笑納いただきますようお願い申し上げます。

❺ 　近いうちにお尋ねして、ぜひご新宅を拝見させていただきたいと存じます。とりあえず書面をもちましてお祝いを申し上げます。

　　　　　　　　　　　　　　　　　　　　　　　　　　　　　　　　　敬具

基本構成とポイント

❶ **頭語と時候**：頭語と前文。時候のあいさつを入れて構成する。
❷ **お祝いと今後への期待**：新築は一生の一大事業。大いにお祝いの気持ちを伝える。苦心したところや自慢したい箇所を察して、称賛する。家族に対するひと言を加えると、さらに丁寧になる。
❸ **期待と健康への気づかい**：今後の活躍、発展を期待する。
❹ **お祝い品送付のお知らせ**：贈り物を送る場合は、書き添える。
❺ **結び**：結びの言葉。
● 全文を通して忌み言葉（倒れる、崩れる、つぶれる、揺れる、焼ける、燃える、煙、炎、火）を避ける。

応用入れ替え

●義父へあてる長寿祝い ❶❷❸❹❺

　清々しい初秋の風がうれしい季節となりました。久しくご無沙汰しておりますが、皆さまには日々お健やかにお過ごしのことと存じます。
　さて、この秋、お父様には、ご壮健にて喜寿を迎えられる由、謹んでお祝い申し上げます。
　毎食後の散歩と規則正しい生活、そして趣味の将棋を楽しんでおられるとお聞きして、お元気な姿が目に浮かぶようでございます。
　今後も一層ご自愛いただいて、米寿、白寿へと、さらにご長生を得られることを、お祈り申し上げております。
　なお、別便にてお送りいたしました品、心ばかりのお祝いのしるしでございます。ご受納ください。
　まずは書面にてお祝い申し上げます。

●初節句を祝う ❷❹

　さて、来月5日は、健太くんの初節句ですね。健太くんの健やかな成長と将来への期待を込めて、鯉のぼりをお送りすることにいたしました。
　後日丸山デパートよりお届けに上がると存じますので、ご笑納いただければ幸いです。

●金婚式を祝う ❷❸

　さて、このたび浦賀様ご夫妻には、めでたく金婚式を迎えられました由、謹んでお喜び申し上げます。
　半世紀におよぶ長きに渡り、ともに人生を歩まれてこられたことを思いますと、改めておふたりの歴史の重さを感じます。
　どうか、これからもおふたり仲良くお元気に過ごされますことをお祈りいたしております。

●退院祝い ❷

　このたび、奥様のご病気が全快され、めでたくご退院されたとのこと。心からお喜び申し上げます。ご主人様はもとより、お子様やご両親様もどんなにかお喜びと、拝察申し上げます。

●受賞祝い ❷❸

　今日の夕刊で先生が、本年度の大宝文学賞を受けられることを知りました。心からお祝い申し上げます。
　今回の受賞は先生と先生のご一家のご名誉でありますとともに、教え子の私どもにとりましても大いなる喜びでもあります。

| よくない文例 | （忌み言葉を使わない）
――これで山中家もますますご繁昌し、決して傾くことはないでしょう。 |

祝い状

日常の社交文書・文例

贈答状

- 世話になった人へのお歳暮に添える送り状
- お歳暮の送り状
- お中元の送り状
- 退職祝いへの添え状

など

送り状は贈答のお知らせを相手に伝えるものです。添える手紙は贈り物の中に封書で入れてかまいません。また、別便で送る場合は、いつ、何を、どんな方法で送ったかを明記します。

文例1 基本 ● 世話になった人へのお歳暮に添える送り状

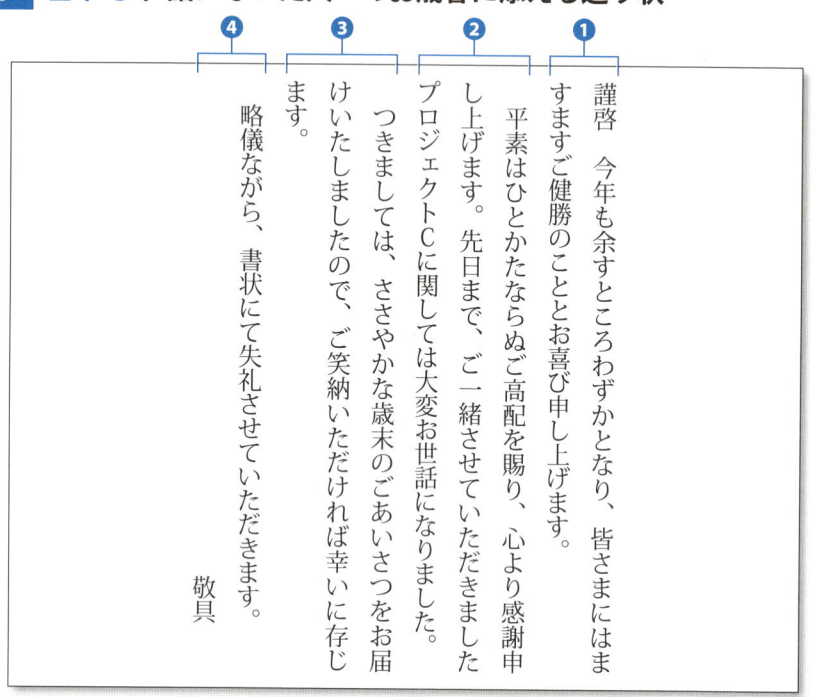

❶ 謹啓　今年も余すところわずかとなり、皆さまにはますますご健勝のこととお喜び申し上げます。

❷ 平素はひとかたならぬご高配を賜り、心より感謝申し上げます。先日まで、ご一緒させていただきましたプロジェクトCに関しては大変お世話になりました。

❸ つきましては、ささやかな歳末のごあいさつをお届けいたしましたので、ご笑納いただければ幸いに存じます。

❹ 略儀ながら、書状にて失礼させていただきます。

敬具

基本構成とポイント

❶ **頭語と時候**：礼儀を重んじて形式を整える。「拝啓」「謹啓」などの頭語、時候のあいさつなどを入れて構成する。

❷ **感謝の気持ち**：日頃の感謝の気持ちを素直にあらわす。

❸ **贈答品のお知らせ**：贈り物を送ったことを書く。贈り物を「粗品」「粗末な品」などと謙遜しすぎるのもよくない。

❹ **結び**：結びの言葉。

応用入れ替え

●お歳暮の送り状 ❶❷❸❹

拝啓　今年も残り少なくなり、心せかれるこの頃でございます。
　皆みなさまにはお変わりもなくお過ごしのことと存じます。主人がいつもお世話さまになっております。心にかけながらも、ついついご無沙汰を重ね、誠に申し訳ございません。
　お歳暮のしるしに、本日、新巻鮭1本を丸越デパートからお送りいたしました。ご笑納くださいませ。
　皆々さまお揃いでよいお年をお迎えになられますよう、お祈り申し上げます。
　まずはごあいさつまで。

かしこ

●お中元の送り状 ❷❸

　今年の暑さは格別に厳しいようですが、皆さまお健やかにお過ごしのことと存じます。
　平素は何かとお世話になり、心より感謝申し上げます。
　本日は暑中うかがいのしるしに、別便にて素麺を本丸デパートより送らせていただきました。お口に合えば幸いでございます。
　暑さに向かう折から、ご自愛のほどお祈り申し上げます。

●退職祝い ❷❸

　入社以来、緑川様には何かと面倒を見ていただき、本当にありがとうございました。心から感謝申し上げます。
　退職後は、大好きな庭いじりが思う存分できるとおっしゃっていましたね。
　つきましては、別便にて桜の苗木を送らせていただきました。記念樹としてお庭に植えていただければ幸いです。桜の花が咲く頃には、職場でのことをなつかしく思い出されることと思います。
　長い間、本当にお疲れ様でした。第二の人生が幸せに満ちたものでありますように、心からお祈り申し上げます。

●退職祝いへの添え状 ❷

　ご退職にあたり、これまでお世話になりましたことを心からお礼申し上げます。今後ともご懇情を賜りたくよろしくお願い申し上げます。

●結婚祝い ❷

　このたびはご結婚おめでとうございます。うれしいお知らせ、心からお喜び申し上げます。
　ご両親様もどんなにお喜びのことでしょう。母校のチャペルで恩師の神父様の手によってお式を挙げられるなんてお幸せですね。
　改めてお祝いにうかがいたいのですが、一言お祝いをと思い筆をとりました。末永くお幸せに。

日常の社交文書・文例

見舞状

- 入院中の人への見舞状
- 怪我入院の見舞状
- 地震で被災した人への見舞状
- 陣中見舞い

など

見舞い状は相手の病気や災禍を知ったらできるだけ早く出します。儀礼的すぎるとかえって反感をもたれるので注意しましょう。また、簡潔にまとめるよう心がけます。病気見舞いは封書で送るのが原則です。

文例1 基本 ● 入院中の人への見舞状

❶❷ 拝啓　ご入院されたとうかがい、大変驚いております。その後お体の調子はいかがでしょうか。ご案じ申し上げます。

❸　要職にある真鍋様ですので、お仕事のご心配も多くおありかと存じますが、この際仕事のことは忘れてゆっくり休養なさることに専念してください。妻とともに、真鍋様の一日も早いご復帰を願ってやみません。

❹　近々お見舞いにうかがいたく存じますが、まずは寸書にてお見舞いを申し上げます。

敬具

基本構成とポイント

- ❶❷ **頭語（前文は省略）／見舞いの言葉**：頭語のあとすぐに本文に入る。相手の病状を聞き、慰めの言葉や激励の言葉を述べる。病気の経過をストレートに尋ねないのが礼儀。
- ❸ **相手へいたわりの言葉**：要点を手短にまとめ、長い手紙にならないよう気をつける。1日も早い退院を祈る言葉を添える。できるだけ明るい雰囲気の表現を心がける。
- ❹ **結び**：見舞いに訪れるときは、その旨を知らせる。
- 忌み言葉（死、枯れる、倒れる、衰える）や「くり返し」を意味する言葉、「重ね言葉」を使わない。

応用入れ替え

●怪我入院の見舞状　❶❷❸❹

　拝啓　このたびは不慮の事故に巻き込まれ、右足をご負傷とのこと、心よりご案じ申し上げます。
　大事には至らず軽傷と承りましたが、さぞや驚かれたことでしょう。それにしても突然、赤信号を無視して交差点に進入してきたとのこと、交通法規を守らない輩には、腹立たしさを覚えます。
　つねに安全運転を心がけておられる小泉さんが負傷し、相手が無傷というのは、なんと理不尽なことでしょうか。
　一日も早いご快癒を、心よりお祈り申し上げております。すぐにもお見舞いに駆けつけたく存じますが、遠路ままなりません。
　とりあえず書面にて、一言お見舞いまで申し上げます。

敬具

●地震で被災した人への見舞状　❷❸❹

　ニュースで、そちらを襲った大地震のことを知りました。
　かなりの家屋が倒壊した模様ですが、貴邸はいかがでしたか。ご家族の皆様はご無事でしょうか。怪我などされずに避難されたとうかがい、ひとまず安心しております。まだ余震の心配があるそうですので、どうかお気をつけ下さいますよう。
　電話が不通で、お手紙を差し上げました。可能でしたら、ご一報ください。

●母校のサッカー部への陣中見舞い　❶❷❸❹

拝啓　準決勝進出、おめでとうございます。心からお祝い申し上げます。
　今年のチームのご活躍は、新聞の報道で拝見し、我がことのように心躍らせています。
　怪我のため主力を欠き、ご不安もあろうかと思いますが、チーム団結してぜひ最高のプレーを披露してください。
　ご健闘を心よりお祈りいたします。

●台風災害で被災した人への見舞状　❶❷❸❹❺

　台風15号にともなう集中豪雨により、信濃川の堤防が決壊したとのニュースを聞き、ご心配申し上げております。
　多数の負傷者を出した土砂崩れ現場は、長岡町の尊宅から離れていないようにお見受けいたしますので、大いに案じております。
　暑い時期ですので、お体のほうにも十分ご注意くださるようお願い申し上げます。
　なお、何かのお役に立てることがございましたら、何なりとお申し付けください。

日常の社交文書・文例

推薦状

- 就職の推薦状
- 求人の推薦状
- 就職の自薦状

推薦する人物と推薦人の関係を明らかにした上で、推薦する人物がどのような人物かを紹介します。どんなに近しい相手でも、過大評価にならないように気をつけましょう。かならず本人自筆の履歴書を添えます。

文例1 基本 ● 就職の推薦状

❶ 拝啓　向暑のみぎり、ますますご隆盛のこととお喜び申し上げます。平素は格別の引き立てをいただき、誠にありがとうございます。

❷ 　さて、先日お電話でお話しいたしました私の甥にあたる岸本大和をご紹介いたしたく、筆をとりました。

❸ 　本人は、現在、東央大学法学部法律学科の４年に在学中で、優秀な成績を修めており、また新聞部では部長を務めております。大学入学以来、ジャーナリストを志望し、新聞社への入社を望んでおります。数ある新聞社のなかでも、とりわけ経済に強い御社への入社を第１希望としていることから、ここにご推薦する次第です。

❹ 　つきましては、ご多忙中ご無理をお願いいたしますが、本人の履歴書を同封いたしますので、ご高覧の上、格別のご高配を賜りますようお願い申し上げます。

　　　　　　　　　　　　　　　　　　　　　　　　　　　　　　　　敬具

基本構成とポイント

❶ **頭語と時候**：礼儀を重んじて形式を整える。頭語と時候のあいさつなどを入れて構成する。
❷ **推薦する人物との関係**：推薦人と本人の関係を述べ、紹介する。
❸ **人物評価と推薦理由**：本人の簡単な履歴と就職の志望動機を書き、推薦理由を添える。人物評は過大評価しすぎたり、過小評価しすぎたりしないよう簡潔に記す。
❹ **依頼のお願い**：本人自筆の履歴書を添えたことを知らせ、お願いの言葉をつけ加える。
- 押しつけがましくならないように、言葉づかいには細心の注意を払う必要がある。過大評価はトラブルがあったときに問題になるので控える。

応用入れ替え

●求人の推薦状 ❶❷❸❹

● 拝啓　春暖の候、ますますご隆昌のこととお喜び申し上げます。平素は格別のお引き立てを賜り、厚くお礼申し上げます。
　さて、先日ご依頼のありましたCADオペレーターの件につきまして、小倉みすずさんをご紹介いたします。
　詳細は同封しました履歴書をご高覧いただきたく存じますが、実は私の姪で、北南女子短期大学英文科を卒業し、西北西建築株式会社に在職しておりました。当初は総務部におりましたが、手に職をつけたいと勤務のかたわら専門学校に通い、設計部に移りCADオペレーターとして6年間仕事をしておりました。しかしこの不況により配転を迫られているとのことで、転職を希望しております。
　先日、的場様の会社のことをお話しいたしましたところ、ぜひ一度お目にかかりたいと申しております。ご引見の上よろしくご高配を賜りますれば、幸いに存じます。
　まずは右ご推薦まで。

敬具

● 先日お申しお越しの若手営業マンの件で、大学の後輩である幸田新太くんを紹介いたします。
　幸田くんは大学卒業後、和歌山銀行の情報管理部に在籍して6年になります。これまでの経験を生かし、情報通信の世界で仕事をしたいと転職希望しております。
　待遇、本人の希望条件等は尋ねておりませんが、何とぞご引見の上ご高配を賜りますようお願い申し上げます。

●就職の自薦状 ❷❸❹

● さて、私は甥御さんの三木洋平君と高校時代に同級だった者です。先日、武田君にお会いした折、伯父上様が、設計事務所を開いておられ、経験者をお探しとお聞きしました。
　私は現在、在阪の大供設計事務所に在籍しており、これまでおもにインテリジェントビルの設計に携わってまいりました。しかし、老親のこともあり、年明けには故郷に戻る予定でおります。できれば、今後は住宅・商業ビルを手がけていきたいと思っております。
　履歴書を同封させていただきますので、ご高配いただければ幸いです。よろしくお願い申し上げます。

● 恩師黒沢高男先生のご紹介でお手紙を差し上げました。
　英検準一級程度の秘書をお探しとのことですが、私は学生時代、3年間のイギリス留学の経験があり、TOEICは860です。秘書経験はございませんが、性格は几帳面で、責任感は強いほうだと自負しております。
　履歴書を同封させていただきますので、面接の機会をお与えくださいますよう、お願い申し上げます。

日常の社交文書・文例

依頼状

- 就職先を依頼する
- 身元保証人を依頼する
- 就職先斡旋を依頼する　など

依頼の手紙は、頭語や時候のあいさつなどの前文から末文まで、形式に従って書き、封書で出すのが原則です。返事を求める場合には、切手を貼った返信用封筒を同封します。

文例1　基本　● 就職先を依頼する

❶ 拝啓　早春の候、ますますご健勝のこととお喜び申し上げます。久しくご無沙汰いたしまして申し訳なく存じております。

❷ 　さて、誠に唐突のことで恐縮に存じますが、本日は私事のお頼みを申し上げます。ただいま私は新たな就職先を探しており、お力添えをいただきたく、お手紙を差し上げる次第です。

❸ 　実は、これまで勤務いたしておりました会社が業務不振により人員整理を行い、昨年末に退社して以来、就職先を探す日々を続けております。しかし、私の希望する総務部門の求人は少なく、特別の資格や技術もないため、未だ就職先が見つかっておりません。

❹ 　つきましては、お心当たりのところがございましたら、ぜひともご紹介いただきたく、心よりお願い申し上げます。
　なお、勝手ながら履歴書を同封いたします。よろしくご配慮のほどお願い申し上げます。

❺ 　まずは書中にて失礼ながら、お願い申し上げます。

敬具

基本構成とポイント

❶ **頭語と時候**：依頼の手紙は、形式に沿って書く。前文は頭語と時候のあいさつで構成する。
❷ **依頼の経緯**：お願いの言葉は丁寧に。礼儀を重んじること。
❸ **依頼理由と事情**：職探しの経緯を伝える。これまでの職種、いかに苦労しているかを書くのも相手の心を動かすポイントになる。
❹ **就職先斡旋のお願いなど**：就職先斡旋のお願いをする。具体的な職種、待遇面を申し出てもよい。「どんな仕事でもやります」というのでは、相手は困ってしまう。
❺ **結び**：結語。

応用入れ替え

●身元保証人を依頼する ❶❷❸❹❺

拝啓　浅春の候、皆様お変わりなくお過ごしでしょうか。
　さて、突然のことながら、あらたまってのお願いを申し上げます。私の息子の元気も今春、大学を卒業し、いよいよ社会に巣立つまでになりました。就職先は、高知市に本社のある、土佐建設株式会社と申します。就職に際しましては、県内在住の身元保証人を求められております。
　勝手な申し出で恐縮ですが、高知県内には身内がおらず、あなた様をお頼りする以外ございません。万が一にもご迷惑をおかけするような不始末はさせませんので、何とぞよろしくお願い申し上げます。
　本来であれば参上の上でお願い申し上げるところでございますが、遠方のこととて、まずは書面にておうかがい申し上げます。

敬具

●就職先斡旋を依頼する ❷❸❹

　本日は娘の就職先についてお願いいたしたく、一筆申し上げます。
　娘の由美は、来春、南北女子短期大学を卒業の予定です。大学では、栄養学を専攻し、栄養士の資格も取得しました。これまで就職活動に奔走してまいりましたが、昨今の不況の風は厳しく、未だに就職先が決まっておりません。
　ぶしつけなお願いですが、長年、病院勤務をされている新倉様ならと思い、お願い申し上げる次第です。

依頼状

日常の社交文書・文例

文例1 基本 ● 借金を依頼する1

❶ 拝啓　新緑の候、貴兄にはますますご健勝のこととお喜び申し上げます。

❷ 　さて、いつものことながら、今一度助けていただきたく、手紙を書きました。昨年末以来、資金繰りに追われていましたが、事業再建の目途がつかず、ついに店を閉めることになりました。

❸ 　この後は、妻の郷里である佐賀に戻り一から出直す所存でおりますが、その引っ越し費用にさえ窮する有り様です。

❹ 　なんとか30万円ほど用立てていただけないでしょうか。このようなお願いができますのは伯父上様をおいてほかにありません。返済期日は限れませんが、落ちつき次第、かならずお返しいたします。

❺ 　本来ならば直接おうかがいすべきところですが、残務処理が山積しております故、書面にてお願い申し上げます。大変申し訳ございませんが、よろしくお願いいたします。

　　　　　　　　　　　　　　　　　　　　　　　　　　　　敬具

基本構成とポイント

❶ **頭語と時候**：前文のあいさつ。頭語と時候のあいさつで構成する。
❷ **依頼の経緯**：通常の手紙ではないことを知らせてから、本題に入る。借金理由は相手を納得させるだけの内容でなければならないので、詳細に述べる。
❸ **依頼理由と事情**：なんのために必要なお金かということを明記する。
❹ **就職先斡旋のお願いなど**：金額、返済期日、利息について書く。返済のあてのない場合は、返す努力をする旨を伝え、誠意を示す。
❺ **結び**：参上することができない事情を説明し、非礼を詫びる。
● 相手に負担を強いる手紙なので、たとえどんなに親しい間柄であっても、礼儀を忘れずに。

応用入れ替え

●借金を依頼する2　❶❷❸❹❺

　秋冷の候、ますますご清栄のことと存じます。おかげさまで当事務所も順調に顧客が増え、多忙な毎日を送っております。
　ところで、先月当社に入った大口の仕事が諸般の理由から納期が遅れ、あてにしていた今月末の入金が見込めなくなりました。
　当座の資金として友人から援助を受けましたが、なお60万円必要なのです。平素のご厚情に甘えるようで心苦しいのですが、貴兄から右金額のご援助をいただければと存じまして、一筆したためた次第でございます。
　何とぞこの急場をお助けいただきたくお願い申し上げます。なお、納品の件、今月中には完了いたしますので、来月中にはかならず返済いたします。ご援助いただけますなら、さっそく参上したいと存じております。
　まずは書中にて、取り急ぎお願いまで。

●物品借用を依頼する　❹❺

　そこでお願いなのですが、気に入った写真データを保存したいと思いますので、Eメールにてデータ転送をしていただけませんでしょうか。
　よろしければ、下記アドレスまでお送りください。よろしくお願いいたします。
高井武史　t-takai@asdf.ne.jp

●原稿を依頼する　❹❺

　さっそくですが、卒業記念会報に載せる卒業生の言葉の欄に原稿をお願いいたしたくお手紙差し上げました。400字詰め原稿用紙2枚程度に「私と荒川学院大学」というタイトルでご執筆いただけないでしょうか。締切り日は○月○日です。
　お忙しいところ恐縮に存じますが、同封いたしました返信はがきにて、ご返事をいただければ幸いです。

●取扱説明書送付を依頼する　❷❹❺

　先般、貴社製品のパーソナルコンピュータ（DAMWIN　G-9000　09年製）を購入いたしましたが、引っ越し中にマニュアルを紛失してしまいました。
　販売店に問い合わせたところ、説明書だけを分けるわけにはいかないとのことでしたので、貴社あてにお尋ねする次第です。コピーでも結構ですので、なんとかご便宜を計っていただけないでしょうか。
　返信用切手を同封いたしますので、ご連絡いただければ幸いです。

日常の社交文書・文例

断り状

- 就職の依頼を断る
- 身元保証人を断る
- 就職斡旋を断る
- 借金を断る

> 断りの手紙は書きにくいものですが、いたずらに返事を延ばさずに、すみやかに出すのが礼儀です。断る理由・事情を簡潔かつ具体的に述べて、はっきり断ることが大事です。依頼を断る場合は、力になれないことを詫びます。

文例1 基本 ◉ 就職の依頼を断る

❶ 拝復　新緑の候、お健やかにお過ごしのことと思います。先日は丁重なお電話ありがとうございました。

❷ 　さて、ご依頼の件ですが、誠に残念ながらご希望に添えそうもありません。ご承知のように来春に大学を卒業する学生の就職は困難をきわめており、我が社でも今のところ欠員補充という形でしか採用は行っておりません。

❸ 　残念ながら、当社への入社ご希望にはなんのお力にもなれず申し訳なく思っておりますが、同業他社の情報提供については多少なりともお力になれるのではないかと思います。今後も心がけておきますので、折を見てご連絡ください。

❹ 　希望する仕事にめぐり合えるようお祈りしています。

❺ 　取り急ぎご返事まで。

敬具

基本構成とポイント

❶ **頭語と時候**：頭語と時候のあいさつ。形式の上では、前文を省いても構わない。
❷ **断りとその理由**：はっきりと自分の断りの意思を伝える。
❸ **お詫び**：断る理由を述べる。その際、相手のプライドを傷つけないように言葉づかいには気をつける。力になれないことを詫びる。
❹ **断りの理解を促す言葉・励ましの言葉**：励ましの言葉を添える。
❺ **結び**：結びの言葉。

- 返事を遅らせると、承諾したのかと誤解されることもあるので、早めに出すことが肝心。自分の非力を詫びる言葉を忘れずに書き添える。

応用入れ替え

●身元保証人を断る ❶❷❸❹❺

　拝復　晩冬の候、お元気にお過ごしのこととお喜び申し上げます。このたびは、ご子息がめでたく就職先を決められたことをうかがい、心からお祝い申し上げます。
　ところで、ご子息の身元保証人の件、私のようなものへのご指名をありがたく存じますが、ご辞退させていただきます。お力になれず申し訳ございません。
　実は、保証人というものはどなたにもお断りしている次第です。それと申しますのは、あるとき以来、保証人には一切なるまいと固く心に決めております。他意はございません。
　このようなお返事しか差し上げられず、大変心苦しく思いますが、何とぞご了承のほどお願いいたします。
　取り急ぎ、ご返事まで。

敬具

●就職斡旋を断る ❷❸

　さて、先日お申し越しのご子息のご就職の件ですが、残念ながらご期待に添えそうもありません。せっかくご相談くださったのに、我が身の力のなさをお詫びするほかございません。

●借金を断る ❷❸❹

　お役に立ちたいのはやまやまですが、お申し越しの件、どうにもご要望にお応えすることができません。お恥ずかしい話ですが、当方もこの春、長男を地方の大学に入れたばかりで、まったく余裕がありません。
　このようなお返事しかできず大変心苦しく思いますが、事情をご賢察の上、ご容赦のほどお願いいたします。

断り状

日常の社交文書・文例

催促状

- 借金返済を催促する1・2
- 物品返却を催促する
- 代金未払いを催促する　　など

目的は、相手の責任を追及することではなく、相手に早く対応してもらうことにあります。こちらが困っていることを説明し、要点を簡潔に述べ、実行を促します。金銭の催促は封書でします。

文例1　基本 ● 借金返済を催促する1

❶　拝啓　陽春の候、ますますご清栄のこととお喜び申し上げます。

❷　さて、大変申し上げにくいのですが、昨年暮れにご用立てした金銭の件で、お手紙いたしました。

❸　お約束では返済期限は先月末でしたが、未だなんのご連絡もありません。ご都合もあるかと今日までお待ちしておりましたが、いかがなさったのでしょうか。

❹　実はお返しいただける予定のもので、息子の高校入学金を月末に支払わなければなりません。あなたのご事情もいろいろとおありでしょうが、なにとぞよろしくご配慮ください。

❺　近日中のご連絡、重ねてお願いいたします。

　　　　　　　　　　　　　　　　　　　　　　　　　　　　　敬具

基本構成とポイント

❶ **頭語と時候**：「前略」としないで、頭語と時候のあいさつを述べる。
❷ **事実関係**：返済についての手紙であることを伝える。
❸ **催促の内容**：返済期限を過ぎても、返済がない旨を書く。その際、くどくどと相手を非難するような言葉は避ける。
❹ **実行へのお願い**：返金を見込んでの予定があることを述べ、丁重に返済を促す。
❺ **結び**：結びの言葉。

- 催促状は、相手の不誠実さや無責任さを責めるのではなく、こちらの事情を説明して、行動を促すことが大事。強硬な態度に出るのではなく、相手に敬意をもった書き方をする。

応用入れ替え

●物品返却を催促する ❶❷❸❹❺

　春たけなわの季節となりましたが、その後、お変わりありませんか。
　さて、先日お貸ししたスーツケース、お役立ていただけましたでしょうか。典子さんの卒業旅行でヨーロッパへ行かれたということでしたが、初めての海外旅行はいかがだったでしょうか。きっと学生最後のすばらしい思い出になったことでしょう。
　ところで、実はゴールデンウイークにタヒチへ家族旅行を計画しておりまして、お貸ししたスーツケースをご返却いただけないでしょうか。すでにご用済みかと思いますので、よろしくお願いいたします。
　お返しいただくのはいつでもいいですといっておきながら、こちらの勝手な事情で急がせてしまって、ごめんなさい。
　お忙しいようでしたら、こちらから受け取りにうかがいますので、ご連絡ください。
　　　　　　　　　　　　　　　　　　　　　　　　　　　　　　　　　かしこ

●代金未払いを催促する ❷❸❹

　先日、お電話で申し上げました代金の未払いの件ですが、未だに銀行に振り込まれておりません。たびたび催促するようで恐縮ですが、私も引っ越しでなにかと物入りでして、至急お手配のほど重ねてお願いいたします。

●就職斡旋を催促する ❸❹

　このたびはあつかましくも就職斡旋のお願いを申し上げましたが、その後なにか進展はございましたでしょうか。首を長くしてご連絡をお待ちしておりましたが、ご返事がございませんので毎日気をもんでおります。
　ご多用中、誠に恐縮ですが、よろしくご配慮のほど重ねてお願い申し上げます。

●原稿執筆を催促する ❸❹

　先日お願いいたしました原稿の件、いかがでしょうか。すでに締め切り日が過ぎております。ご多忙中の折、大変申し訳ございませんが、今月30日までに、ご執筆いただきますようお願い申し上げます。

●借金返済を催促する2 ❷❸❹

　さて、誠に申し上げにくいのですが、昨年9月にご用立てした60万円の件、お約束では、先月中にお返しいただけるとのことでご連絡をお待ちしていたのですが、未だに何のご連絡もありません。いかがしたものかと思案しています。
　催促申し上げるのは心苦しいのですが、このたびどうしてもまとまったお金が入用になり、はなはだ困っている状態なのです。
　つきましては、今月の末までには、なんとしてもご送金いただきたいと思います。

日常の社交文書・文例

抗議状

- 欠陥商品へ抗議する
- 騒音に対して抗議する
- 学校に対して生徒への注意を要請する
- 路上駐車に対して抗議する
- 再度の抗議をする

初めから詰問調で書くのではなく、問い合わせの体裁をとるほうが望ましいです。感情を抑えて事実を正確に伝え、こちらの要望をつけ加えます。それでも相手が誠意を見せない場合は、重ねて抗議の手紙を書きます。

文例1 基本 ◉ 欠陥商品へ抗議する

❶ 前略

❷ 　5月3日、テレビショッピングで、御社商品「サイクロン」(商品番号09-12345)を注文し、本日手元に届きました。その商品について、お問い合わせいたします。

❸ 　サイクロンについている、カウントの部分のことでお尋ねします。使用説明書を読みますと、ペダルを踏むとその回数と時間、消費カロリーが表示されるとのことですが、その数字が表示されません。電池切れではないかと調べましたが、もともと電池式ではないようです。

❹ 　確認いただくために現物を送りますので、お調べの上、ご返事いただきたく思います。また、配送伝票番号も書き添えておきました。
　お手数ながら、至急、ご回答下さるようお願い申し上げます。なお、調査結果についてのご返事は電話でも構いませんので、お願いいたします。

❺ 　右、取り急ぎ要件のみにて失礼します。
　　　　　　　　　　　　　　　　　　　　　　　　　　　　草々

基本構成とポイント

❶ **前文**：「前略」だけでよい。または、「貴社商品についてのお問い合わせ」などタイトルをつけてもよい。
❷ **問い合わせ**：商品名、商品到着の日付、商品番号を明記し、商品について問い合わせたい旨書く。
❸ **事実関係**：不良部分の事実を明確に述べる。感情的にならず、具体的事実を詳細に。
❹ **要望**：商品を送ったこと、調査を依頼する内容で構成する。
❺ **結び**：至急、回答を要求する旨を伝える。
- 不良品について調査依頼する場合、回答方法についても書き添えるとよい。返品する場合は、料金の返済を求める旨を具体的に書き添える。

応用入れ替え

●騒音に対して抗議する ❶❷❸❹❺

前略　突然の手紙で失礼します。
　貴社の田町社員寮の右隣に住む者ですが、社員寮の騒音に悩まされております。
　4月に入ってから、毎晩、夜中の1時頃までものすごいボリュームで音楽が流れています。さらに、多人数で騒いでいる様子で、大声での話し声も聞こえてきます。新入社員歓迎会などなさっているようですが、夜間10時以降は、静かにしていただけないでしょうか。
　私事ながら、寝たきりの老父がおりますので、深夜の騒音には大変迷惑しております。
　早急にご配慮いただきますよう、お願い申し上げます。
　取り急ぎ要件のみにて、失礼します。

草々

●学校に対して生徒への注意を要請する ❶❷❸❹❺

前略　京浜中学校の通学路沿いに住む浦沢と申します。貴校の生徒で我が家の玄関先に空き缶を投げ捨てる者がおり、大変迷惑しております。
　これまでにも目撃するたびに口頭で注意し、看板を出して投げ捨て禁止を訴えてきましたが、いっこうにやむ気配がありません。
　この上は先生方から全校生徒にゴミの投げ捨てをやめるよう注意を促してくださいますようお願いいたします。

草々

●路上駐車に対して抗議する ❶❷❸❹❺

前略　辺見様のお車、毎日のように路上に駐車されておりますが、大変困っております。
　狭い道路ですので辺見様のお車のため、自宅前の停車もままならない状況です。ご面倒でも、かならず車庫収納をしていただけないでしょうか。よろしくお願いいたします。

草々

●再度の抗議をする ❶❷❸❹❺

　再度お手紙申し上げます。
　先日、貴店から輸入食器セットを購入した宮島です。
　今月20日に、調査依頼と代替品の発送をお願いいたしましたが、未だその報告もいただけず、割れたお皿5枚の代わりのお品もいただいておりません。
　先日は、売場主任の関口様にご連絡申し上げましたが、お返事をいただけないので、再度のお手紙を店長様宛に差し上げます。一刻も早く善処くださいますようお願い申し上げます。

日常の社交文書・文例

そのほかの書状1

- ●パーティー欠席の返事をする
- ●通信販売を解約する1・2
- ●同窓会欠席の返事をする　　など

パーティー主催者にとって、出欠の返事は早ければ早いほどありがたいものです。欠席する場合は、理由とお詫びの言葉を添えて、返事を出します。解約の場合、クーリングオフの期限内に解約理由を添えて出します。

文例1　基本　パーティー欠席の返事をする

❶ 拝復　このたびは出版記念パーティーへのお誘いを賜りまして、誠にありがとうございました。

❷ 　ミクロネシアをカメラ片手に旅して、5年。数年来の夢がついに、現実のものとなりましたね。心からお喜び申し上げます。

❸ 　ぜひ出席させていただきたいのですが、あいにく当日は、取材で金沢ロケに出かけており、残念ながら出席することができません。どうぞお許しください。

❹ 　また心ばかりですが、河内さんの出版第一号を記念して、心ばかりのお祝いをお送りいたしましたのでお納めください。

❺ 　まずは右、ご返事まで。

敬具

基本構成とポイント

❶ **頭語と前文**：頭語と前文。誘いを受けたお礼の言葉を添える。
❷ **お祝いまたはお詫び**：お祝いの言葉は、大げさにならないよう、簡潔で心のこもったものにする。
❸ **出欠の有無と理由**：出欠の判断とその理由。欠席する場合は、お詫びの言葉を述べる。
❹ **お祝い品送付のお知らせ**：贈り物を送ったことを併記する。
❺ **結び**：結びの言葉。
- 招待への礼を述べ、欠席する場合はその理由をわかりやすく伝えるとともに、欠席することを詫びる。

応用入れ替え

◉通信販売を解約する1　❶❸❺

前略　いつも御社の通信販売を利用させていただいております。このたびも、先週末に電話で注文しました酸素供給機（商品名空気フレッシュ　商品番号8878-8）1台が、本日届きました。
　その酸素供給機ですが、解約をお願いいたします。到着後すぐに寝室においてスイッチを入れてみましたが、想像以上に音がうるさく、とてもゆっくり休めるような状態ではありません。
　商品は本日別便にて送りましたので、よろしくお取りはからいください。
　右、取り急ぎ解約お願い申し上げます。

早々

◉通信販売を解約する2　❶❸❺

前略　昨日、お送りいただきましたナイロンシャツ（色／茶、サイズ27、商品番号22-3488）ですが、解約をお願いいたします。
　商品到着後、すぐに試着しましたが、サイズが合わない上、色もカタログの見本とはかなり異なっております。
　本日、商品を返品いたしましたので、よろしくお願いいたします。

◉同窓会欠席の返事をする　❶❷❸❹

前略　先日は同窓会のご案内ありがとうございます。
　中村先生をはじめ、なつかしい顔ぶれが久しぶりにそろうとのことですが、あいにく出張の日と重なってしまい、出席することができません。どうぞ、お許しください。
　後日にでも、幹事である小森さんのご都合がよろしければ当日のご様子をお知らせいただけるとありがたく思います。
　皆様によろしくお伝えください。
　まずは、取り急ぎご返事まで。

◉パーティー出席の返事をする　❶❷

拝復　このたびは、異業種交流会「リトル＆アース」の暑気払いパーティーにお招きいただきありがとうございます。喜んで出席させていただきます。
　社会人7年目ともなると、なかなか異業種の方々とお目にかかる機会もないので、楽しみにしております。
　まずは、右お返事まで。

敬具

クーリングオフ制度とは

　「消費者に与えられた契約を解除する権利」のことであり、購入した商品・サービスについて良く考え直す期間を消費者に与え、この一定の期間内であれば消費者が事業者との間で締結した契約を一方的に契約解除ができるという制度のこと。

日常の社交文書・文例

そのほかの書状2

- 受験生への陣中見舞い
- 人身事故を慰める
- 転職のアドバイスをする

> 陣中見舞いや激励、慰め、忠告などの書状では、手紙を出すタイミングが重要です。また、相手の性格や気持ち、状況などを考慮し、決して押しつけがましくならないように気をつけましょう。

文例1 基本 ● 受験生への陣中見舞い

❶ 拝啓　街路樹のイチョウの葉が、黄色いじゅうたんをつくる季節になりました。お元気ですか。

❷ 　11月も末になり、志望校の受験日程も決まり、毎日受験勉強にがんばっていることと思います。

❸ 　しかし受験は長距離走のようなものだから、無理は禁物です。焦って詰め込むよりも、毎日少しずつ継続して勉強していくことが大切だよ。
　それとたまには息抜きも必要。体を動かしたりして、上手に気分転換をしてみてください。

❹ 　秀一くんなら、落ち着いて準備していけば大丈夫。むしろ健康に十分注意して、試験にのぞまれるよう願います。

　　　　　　　　　　　　　　　　　　　　　　　　　　　　　　　　　敬具

基本構成とポイント

❶ **頭語、時候のあいさつ**：定型の季節の言葉よりも、自分が感じた季節感をあらわす。
❷ **手紙の趣旨**：相手の苦労をねぎらったり、心中を察する気持ちをあらわす。
❸ **激励や慰め、忠告などの内容**：陣中見舞いの場合、受験生にプレッシャーを与えすぎるのは逆効果。また、慰めの手紙では、落ち込んでいる人に希望を与えるような文面を心がけ、場合によっては具体的な支援を盛り込む。
❹ **結び**
- はがきの場合は「陣中お見舞い申し上げます」と陣中見舞いである旨を一文入れておいたほうがよい。

応用入れ替え

●人身事故を慰める ❷❸

先日、悟くんが事故を起こしたことを知りました。さぞつらい気持ちでいることと思います。
　法律的には悟くんの不注意が責められるのでしょうが、普段、悟くんがいかに安全運転を心がけていたかを知っている者としては、本当に不幸な出来事としか思えません。
　誠実な悟くんのことですから、怪我をされた方への補償や今後のことで頭がいっぱいかと思いますが、心痛のあまり体をこわさないかと心配です。どうか私にできることがあれば何でもおっしゃってください。

Eメールの場合　●転職のアドバイスをする

宛先： 太郎くん
CC：
件名： 先日の話に関して

春とは名ばかりで寒い日が続いています。お元気ですか。
　さて、先日家内から、太郎君が仕事を変えようかと迷っているということを聞きました。性格的に営業の仕事に向かないのではないかと悩んでいるそうですが、もしそれが原因ならば、少し立ち止まって考えてほしい。
　どんな仕事であっても、一人でできる仕事はない。いろんな人と関わりながら仕事を進めていくことを思うと、人間は誰でも自分という人間を売り込むセールスマンなんだよ。押しの強さだけでなく、相手の話をじっくり聞くこともセールスマンの大切な資質なんだ。
　太郎君の実直な性格を生かして、相手に喜ばれるセールスマンを目指してはどうですか。仕事をとおして、太郎君が人間的に成長されることを願っています。また何かあれば遠慮せずに、連絡ください。

山田直太

そのほかの書状2

> 日常の社交文書・文例

Column

新しいコミュニケーション手段「ツイッター」

最近、ホームページやブログなどに続いて利用者数を増やしているものにツイッターと呼ばれるものがあります。これは、140字以内の短い文章を入力して、気軽にさまざまな人と共有するサービスのことです。新しいコミュニケーション手段として注目されています。

特徴としては、ホームページのように作成が難しいものではなく、サイトで登録をすることですぐに利用ができます。また、140字と制限があるのでブログのように長く文章を書きこむことができませんが、簡潔かつ迅速に伝えられる表現媒体として有効で、ちょっとした時間で簡単に発言ができます。
また、自分が直接知らない人とでも、相互に認証してから発言をするという機能がないため、気軽に発言したり、発言を見ることができます。その便利さから企業が広告宣伝に利用したり、消費者の情報収集に活用したりしています。中には、社内での議論を活発にさせるため社員全員がツイッターに登録する企業もあります。

メリットとしては、つねに新しい情報の順に並んでいるということ。旬な情報や発言がページを開くと一番先に飛び込んできます。

ツイッターはホームページやブログより登録や利用が簡単で、チャットより開放的です。「ゆるく」コミュニケーションをとることができます。今後、ますますツイッターの利用者は増えることと思います。

6 学校・地域・趣味の文書・文例

学校へ提出する文書／学校へ連絡する1・2
学校へ相談する1・2／学校への詫び状
ＰＴＡ・子ども会1・2／各種クラブ
町内会1・2／同窓会

学校・地域の文書・文例

学校へ提出する文書

- 病気による欠席届
- 早退届
- 遅刻届
- 法事による欠席届
- 体育見学届

子どもが学校を休んだり、遅刻・早退する場合には、その旨を文書で届けます。要件は書式に沿って、理由を添えて簡潔に書きます。届けのあて名はクラス担任、または内容に応じて教科担当の先生や校長先生あてにします。

文例1 基本 ● 病気による欠席届

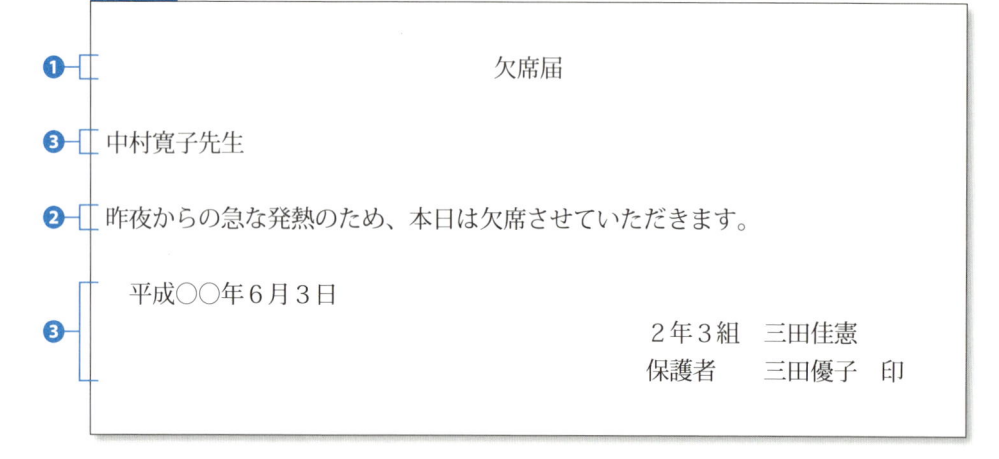

❶　　　　　　　　　　　欠席届

❸　中村寛子先生

❷　昨夜からの急な発熱のため、本日は欠席させていただきます。

❸　　平成〇〇年6月3日

　　　　　　　　　　　　　　　　　　2年3組　三田佳憲
　　　　　　　　　　　　　　　　　　保護者　　三田優子　印

基本構成とポイント

❶ **〇〇届**：届けのタイトル。

❷ **理由**：その理由を書く。

❸ **日付・学年組・子どもの氏名・保護者名・あて名**：日付・学年組・子どもの氏名と保護者名を書き、その後に印鑑を押す。あて名は、クラス担任の先生にする。

- 書式や用紙が決まっている場合は、それに従って書く。事前に欠席させることがわかっている場合は、前もって届ける。
- 子どもが日ごろ世話になっている先生への文章なので、丁寧で礼儀正しい言葉づかいを心がける。

応用入れ替え

●早退届 ❶❷

早退届

　本日は通院のため、２時間目終了時に早退させていただきます。迎えに参りますので、よろしくお願いします。

●遅刻届 ❶❷

遅刻届

　本日、朝から腹痛を訴えておりまして、３時間目から出席させていただきますので、よろしくお願い申し上げます。

●法事による欠席届 ❷

　父の実家大分での法事に出席するため、本日から10月15日までの３日間欠席させていただきます。来週月曜日から出席させますので、よろしくお願いいたします。

●体育見学届 ❷❸

　昨日、野球部の練習中、左足首を捻挫しました。しばらくの間、体育の授業は見学させていただきたくお届けいたします。

平成○○年10月4日
野中恵子先生

　　　　　　　　　　　　　　　　　　　　５年２組　中山平太
　　　　　　　　　　　　　　　　　　　　保護者　　中山晴子　印

学校・地域の文書・文例

学校へ連絡する 1

- 臨海学校の不参加届け
- 遠足の不参加届け
- 各種行事の不参加届け
- 家庭訪問の変更の願い

形式にとくに決まりはなく、短い文章で参加できない理由を述べます。またそれによって迷惑をかけることを詫びる言葉を添えます。参加できないことがわかったら、かならず集合時間までには届けます。

文例1 基本 ◉ 臨海学校の不参加届け

❶ 　前略　取り急ぎ申し上げます。いつも娘がお世話になり、感謝しております。
　実は麻美が昨夜より発熱いたしました。今朝もまだ38度の熱があり、本日からの臨海学校に参加できそうにありません。本人は、以前から楽しみにしておりましたので、大変残念がっておりますが、これからさっそく医者に連れて行きます。

❷ 　急なことで誠に申し訳ございません。不参加のご連絡を同じクラスの向井秀則君を通してお届けいたします。

❸ 　クラスの皆様にはご迷惑をおかけいたしますが、よろしくお願いします。
　　　　　　　　　　　　　　　　　　　　　　　　　　　　　　　　早々

基本構成とポイント

❶ **不参加の理由**：頭語は不要。日ごろお世話になっていることを述べ、すぐに本題に入る。不参加になったこと、その理由を短くまとめる。

❷ **不参加のお詫び**：不参加のお詫びをし、届けを誰に託したか書き添える。

❸ **結び**：クラスの児童・生徒への迷惑を一言詫びる。

- 行事不参加は、不参加が決まり次第すみやかに届ける。形式よりも参加できないという事実とその理由を知らせることが大切。

応用入れ替え

◉遠足の不参加届け ❶❷❸

取り急ぎ申し上げます。
　息子の新一が明後日からの日光登山の遠足に参加できなくなりましたので、ご連絡申し上げます。昨日帰宅後、左足が痛いと申します。さっそく近所の外科に連れて行きましたところ、捻挫しているとのことでした。
　なんでも、公園で遊んでいるときに、鉄棒から落ちて転んだということで、そのとき、足首を痛めたようです。
　本人はこの遠足を以前から心待ちにしておりましたが、このような事情で参加できませんので、よろしくお願いいたします。
　クラスの皆様には先生からよろしくお伝えくださいますようお願いいたします。なお、通学には支障なさそうです。

◉各種行事の不参加届け ❶❷❸

● 昨日、正子にとりましては父方の祖父が急逝し、その葬儀に出席するため、来週からの修学旅行に参加できなくなりました。
　小学時代最後の思い出と、前々から箱根行きを楽しみにしておりましたのに、誠に残念です。
　クラスの皆様にもご迷惑をおかけいたしますが、よろしくお伝えくださいませ。
　取り急ぎ要件のみにて失礼いたします。

● 息子の茂が昨夜からひどい腹痛を訴えました。さっそく病院に連れていきましたところ、急性盲腸炎と診断され、昨夜入院いたしました。手術は本日行う予定でおります。
　このような事情で、来週の水泳大会は参加できません。
　メドレーリレーの選手に選ばれていたとかで、クラスの皆様にもご迷惑をおかけすることになってしまいました。本当に申し訳ございません。

◉父母から先生への家庭訪問の変更の願い ❶❷❸

● 家庭訪問の日時を変更してくださいますようお願いいたします。先日、10日午前にお出でいただくことでご連絡申し上げましたが、その後の家庭の事情で当日は出かけることになってしまいました。12日以降15日まででしたら、いつでも結構です。
　当方の勝手な都合で申し訳ございませんが、よろしくご配慮のほどお願いいたします。

● 先日の家庭訪問の予備調査で、15日午後のお約束をさせていただきましたが、日時変更をお願いできませんでしょうか。
　15日から3カ月の予定で、主人が急遽、ロスに出張することになり、成田まで見送りに行かなくてはなりません。急なお願いで大変恐縮ですが、よろしくご配慮くださいませ。

学校・地域の文書・文例

学校へ連絡する2

- ●長期欠席に際してのお願い
- ●退学のお願い
- ●休学のお願い　●復学の連絡
- ●退学の理由と報告

> 必須記入事項は、学年とクラスと児童・生徒氏名、保護者名、日付、あて名です。何の届け出か、その理由を簡潔に書きます。詳しい事情を知ってもらいたい場合は、手紙形式にします。

文例1　基本 ◉ 長期欠席に際してのお願い

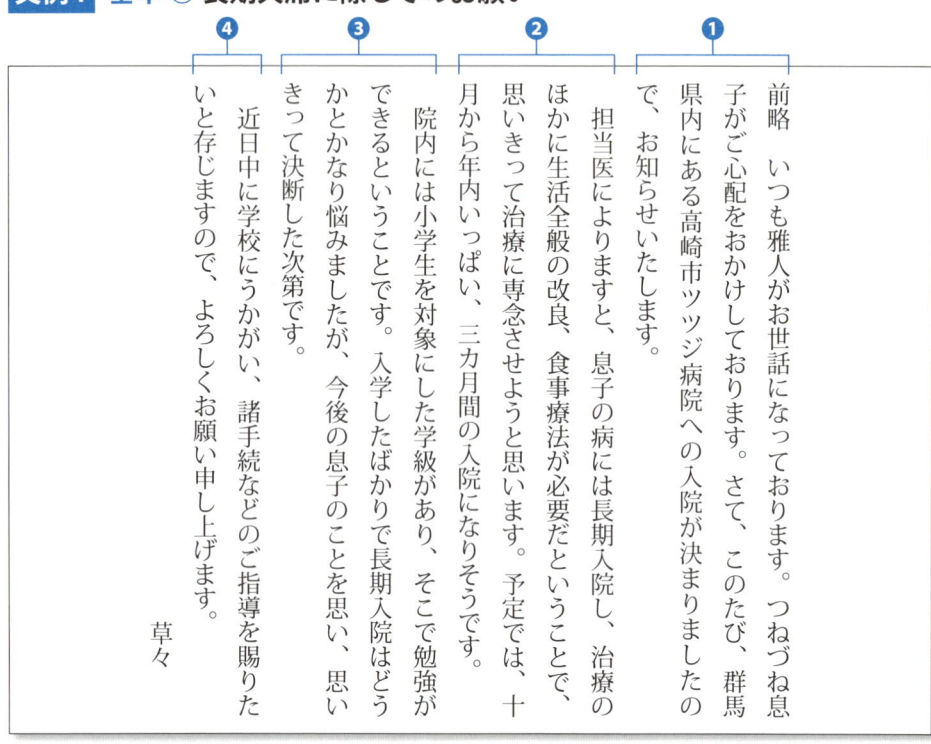

❶ 前略　いつも雅人がお世話になっております。つねづね息子がご心配をおかけしております。さて、このたび、群馬県内にある高崎市ツツジ病院への入院が決まりましたので、お知らせいたします。

❷ 担当医によりますと、息子の病には長期入院し、治療のほかに生活全般の改良、食事療法が必要だということで、思いきって治療に専念させようと思います。予定では、十月から年内いっぱい、三カ月間の入院になりそうです。

❸ 院内には小学生を対象にした学級があり、そこで勉強ができるということです。入学したばかりで長期入院はどうかとかなり悩みましたが、今後の息子のことを思い、思いきって決断した次第です。

❹ 近日中に学校にうかがい、諸手続などのご指導を賜りたいと存じますので、よろしくお願い申し上げます。

草々

基本構成とポイント

❶**連絡内容**：報告の概要を伝える。頭語や時候のあいさつは省略して、日ごろ世話になっていることへのお礼を述べる。

❷**その理由**：欠席の理由を述べる。欠席の期間を明示し、今後の予定も書き添える。

❸**事情**：入院先の概要、勉強できる環境であるなど、その事情が納得いくように心がける。

❹**今後のお願い**：今後のお願いを申し出る。

●どのような内容であれ、学校への連絡は、事実に沿ってその連絡理由を明確に述べなければならない。この種の手紙は、直接面会する前の予備的なものと考え、わかりやすく簡潔にまとめることを心がける。

応用入れ替え

●退学のお願い ❶❷❸❹

前略　息子清二がいつもお世話になっております。
　さて、息子の退学についてお手紙を差し上げました。入学以来、本人もかなり悩み、親子で何度も話し合いを持ってまいりましたが、本人の希望で、来年3月に高校をもう一度受験させることにいたしました。
　入学してまだ半年しか過ごしておりませんが、本人の今後の人生設計への強い思いを考えますと、親としては精一杯応援したい気持ちでおります。
　来週にでも学校におうかがいし、必要な手続をさせていただきたく存じますが、とりあえず書面にてご報告申し上げます。

草々

●休学のお願い ❷❸

　このたび、急に、主人の海外転勤が決まり、9月1日から2年間の予定で、リオデジャネイロの研究所に勤務することになりました。これに伴い、家族そろってリオデジャネイロに移り住むことにいたしました。
　つきましては、真理を2年間休学させたく、お願い申し上げる次第です。

●復学の連絡 ❷❸

　息子正は長期療養中でしたが、このほど退院の運びとなりました。長い間休学をさせていただき、ご迷惑をおかけいたしました。
　つきましては、正を予定どおり4月の新学期から復学させていただきたいと存じますので、ご連絡申し上げます。

●退学の理由と報告 ❶❷❸

前略　息子卓のことでは、先生にいつもお世話になっております。
　本日は卓の退学についてご報告申し上げます。夫が急逝して2年。先日無事、3回忌法要を済ませました。
　息子はこれを機に思い切って退学し、家業を継ぐと申しております。病弱な私と小学生の弟たちのことを思って、自分が働かないと一家の暮らしが立ちゆかないことを息子なりに考えてくれたようです。

学校・地域の文書・文例

学校へ相談する 1

- ●進路の相談　●授業の相談
- ●成績の相談　●中学受験の相談
- ●家庭教師をさがす相談

> 口頭で相談する前に、前もって相談内容を伝えておくつもりで、要件をまとめます。形式よりも重要なのは、相談のポイントを整理し、簡潔にまとめることです。相談の手紙なので、言葉づかいは丁寧に書きます。

文例1　基本 ● 進路の相談

❶ 前略　いつもお世話になっております娘、春子のことでご相談いたします。

❷ 　実は、春子が高校進学をやめて、アメリカ留学したいと言い出したのです。将来は通訳になりたいという希望は中学入学以来もっていたようで、アメリカに留学して、現地の高校に通いたいと申しております。

❸ 　親としては、安全面や生活面を考えると、高校よりは大学生活中に留学してもいいのではないかと思い、娘との話し合いは平行線が続いております。

❹ 　そこで、ご相談申し上げます。高校からの留学と大学からの留学とでは、どのような違いがあり、どちらが娘にとりまして、適切な進路なのかご相談させていただきたく存じます。

　お忙しいときに大変申し訳ございませんが、お時間をいただけませんでしょうか。よろしくお願い申し上げます。

草々

基本構成とポイント

- ❶**あいさつ**：相談したい旨知らせる。前文は省略してもよい。
- ❷**子どもの様子**：子どもの考えていること、現在の様子を知らせる。
- ❸**相談内容**：現在の状況を説明し、親の考え方を示す。
- ❹**相談のお願い**：相談内容をわかりやすくまとめ、相談を願い出る。
- ●言葉づかいは丁寧に、要点をわかりやすく説明する。口頭で相談する前の予備的なものとして書くとよい。親ではなく、直接子どもに相談に乗ってほしい場合は、その旨を書き添える。

応用入れ替え

●授業の相談　❶❷❸❹

前略　ごめんください。山口萌子の母でございます。いつも娘がお世話になっております。本日は、娘の体育のことでご相談申し上げます。

　娘は体育の授業前になると、いつもおなかが痛くなると申しております。娘に聞いてみますと、今月から鉄棒が始まったとのことで、どうしても逆あがりができないので、体育は欠席したいと申します。

　親といたしましては、苦手なことにも挑戦して、それを乗り越えて成長していってほしいと願っておりますが、「鉄棒は怖い」との理由から、精神的に悩み、腹痛を起こしているようです。

　このままでは体育そのものが嫌いになってしまうのではないかと心配しております。娘がこの問題を乗り越えるいい解決策がございましたら、ぜひ教えていただきたく存じます。よろしくお願いいたします。

草々

●成績の相談　❶❷❸❹

　息子がいつもお世話をおかけしております。

　息子の学習のことでご相談申し上げます。息子はどうも国語に苦手意識をもっているようで、成績も芳しくありません。冬休み期間中に、一度これまでの復習をさせたいと思いますが、適当な参考書やドリルなどございましたら、推薦してください。

　お手を煩わせて恐縮でございますが、どうぞよろしくお願いいたします。

●中学受験の相談　❶❷❸❹

　娘えりかの中学受験についてご相談申し上げます。3歳上の兄が、中学受験をし、充実した中学生活を送っておりますので、娘にも中学受験をさせたいと考えております。

　受験させるのなら、5年生になるいまからそれなりの態勢をとらせたいと考えておりますので、娘の学力に合ったレベルの学校、受験勉強の方法、親の心構えなどお教えください。よろしくお願いいたします。

●家庭教師をさがす相談　❸❹

　最近は本人も勉強が少しおもしろくなってきたようです。

　そこでお願いですが、どなたか卒業生で息子にあった家庭教師の方をご存じないでしょうか。こんなご相談をするからといって、先生の教え方に疑問をもっているわけではございませんので、決して誤解なさらないでください。今後、より一層の学力の向上を目指したいと考えている次第です。

　どうか真意をおくみとりいただき、よろしくお願いいたします。

学校へ相談する1

学校・地域の文書・文例

学校へ相談する 2

●不登校の相談　●いじめの相談1・2　●いじめの謝罪の相談

文例1　基本　◉ 不登校の相談

三波晴子先生

❶　前略　昨夜は息子の欠席につきましてお電話を頂戴し、ありがとうございました。この1週間、病欠の届けを出しておりましたが、実は息子が登校したくないと言って、毎朝親子げんかが続いております。

❷　息子は、一日中、自分の部屋にこもってマンガを読んだり、友だちとメールのやりとりをしているようです。とにかく、学校へは行きたくないの一点張りで、その理由を聞いても何も話してくれません。

❸　学校で何かあったのでしょうか。お恥ずかしい話ですが、親とはまともに口も聞いてくれない有り様なのでどう対処したものかと頭を痛めております。

❹　お忙しいところ申し訳ございませんが、近日中に一度ご相談におうかがいいたしたく存じます。お手間をとらせますが、何とぞよろしくお願い申し上げます。

　　　　　　　　　　　　　　　　　　　　　　　　　　　　　　かしこ

平成○○年11月9日

　　　　　　　　　　　　　　　　　　　　　　　　2年3組　鈴木　裕
　　　　　　　　　　　　　　　　　　　　　　　　保護者　鈴木京子

基本構成とポイント

❶**あいさつ**：頭語は省き、まずは日ごろ、お世話になっていることへの感謝を記す。
❷**子どもの様子**：現在の状況を正直に話し、子どもの家庭での様子などを正確に伝える。
❸**相談内容**：相談の内容は、焦点を絞り要領よく、簡潔にまとめる。親の考えについても記す。
❹**相談のお願い**：相談をお願いする一文を書く。
●登校拒否やいじめの相談は、問題がデリケートなので、とくに事実を述べるときは、情報を正しく記す必要がある。また、告げ口への配慮から、情報源の秘匿を要請することも忘れないようにする。

応用入れ替え

●いじめの相談1　❶❷❸❹

前略　息子高正のことでご相談したいことがあり、お手紙を差し上げます。
　実は昨夜、息子が祖母の財布からお金を抜き出しているところを発見し、問いつめましたところ、野球部の先輩にお金を持ってくるように命令されたのだそうです。今回が初めてではなく、これまでにも二度ほどお金を要求され、自分で貯めたお年玉から渡していたと申します。
　お金を持っていかないと何をされるかわからないからと、息子は泣いておりましたが、先輩の名前までは聞き出せませんでした。先生にはどんなことがあってもいわないようにと息子にはいわれましたが、事実を知った以上、このまま見過ごすわけにはまいりません。
　今後、どのような対処をしたらよいのか、ご相談申し上げる次第です。なお、いじめを恐れる息子の気持ちを察して、慎重な対処をお願い申し上げます。

草々

●いじめの相談2　❷❸

　新学期になってから、娘の様子がおかしいのです。上履きやたて笛、傘を立て続けになくし、仲良しだったクラスのお友だちとも遊ばなくなってしまいました。
　様子がおかしいと思って聞いてみたのですが、なにも申しません。もしや、いじめにあっているのではないかと心配でなりません。もともと気が弱い子だけに、誰にも言えずに悩んでいるのではないかと思います。

●いじめの謝罪の相談　❸❹

　我が子がいじめに加わっていることを知り、正直驚いております。
　すぐにでもその子とご両親様に謝罪にうかがわなければと思っておりますが、もし先生がご存じないとしたら、まずはご相談すべきではないかとお手紙を差し上げた次第です。

学校へ相談する2

学校・地域の文書・文例

学校への詫び状

- 子どもの不始末を謝罪する1・2
- 反省書
- 始末書

手紙による詫び状は、誠意が伝わるように言葉を選びます。謝罪の言葉だけでなく、本人も反省していることと、親の監督不行き届きをお詫びし、必要に応じて賠償や弁償の意思があることを伝えます。

文例1　基本 ◉ 子どもの不始末を謝罪する1

❶ 前略　息子の伸也が同級生の横島一幸君に怪我を負わせてしまったこと、誠に申し訳ございません。中村先生には大変なご迷惑をおかけしましたことをお詫びしますとともに、適切な処置をおとりいただきましたことにお礼申し上げます。

❷ 昨夜、息子を伴って横島様のお宅へお詫びにまいりました。額を５針も縫う怪我をさせてしまって、本当にお詫びのしようもございませんでした。一幸君のご両親からは、不慮の事故だから気にしないようにとのお言葉をいただきましたが、伸也は自分の責任を感じているようで、深く反省しております。

❸ 先生にはいつもご迷惑をおかけしておりますが、何とぞ今後とも息子をよろしくご指導くださいますよう、お願い申し上げます。

　　　　　　　　　　　　　　　　　　　　　　　　　　　草々

基本構成とポイント

❶ **頭語と謝罪・お礼**：「前略」の後、すぐに不始末を詫びる言葉を述べる。その後、先生への謝罪とお世話になったお礼を記す。

❷ **本人の謝罪**：相手の家庭へ謝罪に行ったときの様子を伝える。さらに本人が反省していることを加える。

❸ **今後のお願い**：不始末を詫び、今後の指導をお願いする言葉で締めくくる。

- 子どもの不始末を知ったら、相手の家庭に対して謝罪するだけでなく、先生に対しても謝罪文を送る。お詫びとお礼、今後のお願いをすることで、こちらの誠意を伝える。

> 応用入れ替え

●反省書 ❶❷❸

●私は、9月12日に深夜まで近所のコンビニエンスストアー前で友だち5人と喫煙をしていて、上立川警察署に補導されました。仲間がしているからとつい気が大きくなり、悪いこととは知りながら、喫煙してしまいました。
　法律を犯したこと、私の不始末で先生方にまでご迷惑をおかけしたこと、本当に申し訳ございませんでした。今は大変いけないことをしたと、心から反省しております。
　今後二度と同じような過ちはしないことを約束し、ここに反省書を提出いたします。

●私は、去る7月3日にスーパーセイトーで、万引きをして江東南警察署に補導されました。一緒にいた先輩に強制され、悪いこととは知りながら、スナック菓子、チョコレートを万引きしました。
　法律に違反することをしてしまい、学校にまでご迷惑をおかけして、申し訳ございませんでした。
　二度とこのようなことはいたしません。

●子どもの不始末を謝罪する2　❶❷

●前略　娘のあさこが、クラスで飼っているウサギを逃がしてしまったことで、大変なご迷惑をおかけいたしました。
　クラスで大切に飼っていただけに、不慮の事故とはいえ、誤って死なせるようなことになってしまい、クラスの皆様にも大変なショックを与えてしまったことに、娘も心を痛めております。
　　　　　　　　　　　　　　　　　　　　　　　　　　　　　　　　　　　草々

●前略　先生には息子の不注意によってご迷惑をおかけしたことで、お手を煩わせて恐縮しております。誠に申し訳ございませんでした。
　息子から、休み時間に講堂で遊んでいるうちに、ふざけて緞帳を破ってしまったと聞きました。
　明日の放課後、5時以降におうかがいいたしますので、そのときに緞帳の弁償代のことなどご相談させていただきます。
　　　　　　　　　　　　　　　　　　　　　　　　　　　　　　　　　　　草々

●始末書　❶❷

　○月○日、英語の中間試験で、カンニングをしたことは本当に申し訳ございませんでした。二度とこのような不正はいたしません。この件につきましては、どのような処分にも従います。ここに同じ過ちはくり返さないことを誓い、始末書を提出いたします。

学校への詫び状

学校・地域の文書・文例

PTA・子ども会 1

- PTA総会の案内
- 講演会のお知らせ
- バザーの案内　など

PTA・子ども会の案内状は、形式に従い、会合の趣旨、必要事項を簡潔にまとめて、参加を呼びかけます。出欠をとる場合は、別記欄に切り取り線を入れ、出欠票欄を設けるとよいでしょう。

文例1　基本 ● PTA総会の案内

PTA総会のご案内

❶ 拝啓　満開の桜の頃に入学した子どもたちもすっかり学校生活に慣れ、勉強に遊びにはりきっているようです。御父母の皆様には、ますますご健勝のことと拝察いたします。

❷ 　さて、PTA活動も新しい年度を迎え、各クラスの役員さんも決まったところで、第15回PTA総会のご案内をさせていただきます。お忙しいこととは存じますが、ぜひご出席くださいますよう、ご案内申し上げます。
　なお、当日ご都合のつかない方は、委任状を各クラス担任まで、5月20日までに届くよう、お出しください。

　　　　　　　　　　　　　　　記
❸ 　日時：5月30日(土)午後1時から
　場所：本校体育館
❹ ※恐れ入りますが、上履きをご持参ください。
　………………………… 切り取り線 …………………………
　　　　　　　　　　　　委任状
❺ 　年　　組
　PTA会員氏名
　第22回PTA総会における議事審議および議決に関する一切の件を○○に委任いたします。
　　　　　　　　　　　　　　　　　　　　平成○○年　月　日

基本構成とポイント

❶ **時候**：頭語と時候のあいさつで構成する。
❷ **会合のお知らせ**：総会の案内をし、出席を呼びかける。催しの趣旨、目的、内容を明記。
❸ **日時・場所・内容**：日時・場所を明記する。
❹ **注意事項**：用意する物があるときは、忘れずに書く。
❺ **委任状などの別記**：欠席の場合の委任状をつける。学年・組・氏名等書き込みをする場合は余白を十分にとること。氏名欄は子どもか親の名前のどちらを書くのか、出席者の名前を書くのか、迷うところなので、わかりやすくする。
- イラストを入れたり、デザインを考えるなど読みやすくする。

応用入れ替え

● 父母懇親会のお知らせ ❶❷

父母懇親会のお知らせ

　卒業までの日数も残り少なくなり、ご家庭におきましてもなにかと慌ただしい日々をお過ごしのことと存じます。卒業を前に、6年間、今日まで子どもたちをご指導くださった先生方への感謝の気持ちは、どなたもお持ちだと思います。
　そこで、卒業対策委員会では、学年合同の子どもたちの「お別れ会」に続き、担任の先生を囲んで、各クラス別の懇親会を開きたいと思います。この機会に、6年間の思い出に花を咲かせましょう。
日時：3月20日（金）午後2時半～3時半
会場：各クラスの教室
会費：500円（茶菓子代）※当日役員が集めます。
　なお、準備の都合上、3月15日までに同封の出欠票を多田宛に提出してください。

● 講演会のお知らせ ❶❷

　子育てにはこれといったマニュアルはないからこそ、難しいとお思いの保護者の皆様も大勢いらっしゃるかと思います。
　そこでPTAでは、「子育ては自分育て」と題する講演会を企画いたしました。講師には、西北大学社会学部教授で『男だって子育て』『女たちの自分育て』等の著書をおもちの、水野晴子先生をお招きします。
　ぜひとも多くの方々にお聞きいただき、今後の子育ての参考にしていただきたいと思います。

Eメールの場合　● バザーの案内

宛先：	小池さん　中島さん　松尾さん
CC：	
件名：	バザーの案内

　今年も恒例となりました〈チャリティーバザー〉を開催いたします。バザーの売上金は、毎年ユニセフ協会を通じて世界の恵まれない子どもたちに送られています。
　どうぞ今年もたくさんの皆様のご協力をお願い申し上げます。
　昨年の〈チャリティーバザー〉では、売上金25万円をユニセフ協会に寄付させていただきました。ワクチンとして子どもたちに送られたそうです。ご協力ありがとうございました。

学校・地域の文書・文例

PTA・子ども会 2

● 夏休みラジオ体操のお知らせ　● ハイキング大会のお知らせ　● 花火大会のお知らせ　など

文例1　基本 ● 夏休みラジオ体操のお知らせ

平成○○年7月17日

父母の皆様へ

中野区江古田地区
担当　沢田　康子

夏休み朝のラジオ体操のお知らせ

❶　待ちに待った夏休みまであとわずかとなりました。

❷　今年も、江古田地区では夏休み期間中、朝のラジオ体操を下記の通り行います。夏バテしない元気なからだづくりと規則正しい生活習慣を身につけて、夏休みを楽しく過ごしましょう。1日も休まずに来た人には、「早起き賞」を用意しています。

記

❸
期間　7月20日〜8月3日
　　　8月24日〜31日
時間　午前6時
場所　江原町緑地公園内児童公園

❹　※学校から配布されたラジオ体操カードを持参してください。終了後にスタンプを押します。

基本構成とポイント

❶ **時候**：時候に合わせた前文。
❷ **会合のお知らせ**：ラジオ体操のお知らせと参加を呼びかける。ひとりでも多くの人に呼びかけるため、ラジオ体操の趣旨、目的を明記する。
❸ **日時・場所・内容**：期間、時間、場所を書く。初めての参加者もいるので、地図をつけると親切。
❹ **注意事項**：必要な物を明記。
● 地域の行事や子ども会のお知らせは、催し物の案内と、参加者を募ることが目的なので、できるだけ魅力ある文章とイラスト、デザインになるよう工夫する。

> 応用入れ替え

●餅つき大会のお知らせ ❶❷

餅つき大会のお知らせ

　今年も残すところわずかとなり、なにかと気ぜわしい年の瀬ですが、皆様、お元気でいらっしゃいますか。
　さて、わんぱく子ども会では、今年も恒例の餅つき大会を開催いたします。当日は、餅つきの後には、つきたてのお餅を使ったお汁粉、安倍川餅、きなこ餅などを食べながら、楽しく過ごしたいと思います。皆様、ふるってのご参加をお待ちしております。

●ハイキング大会のお知らせ ❷❹

　池上子ども会の春の催しは、「森林浴を楽しむ」をテーマに考えてまいりましたが、稲葉山へのハイキング大会に決定いたしました。
　自然の中で親睦を深め、楽しい1日を過ごしたいと思います。ぜひ親子そろってご参加ください。
・お弁当・水筒
・セーター、トレーナーなどの防寒具
・レインコートまたは合羽
※当日は、動きやすい服装と履き慣れた運動靴でおいでください。

●花火大会のお知らせ ❷

　私たち緑山子ども会では、今年も北見子ども会と合同で恒例の花火大会を実施いたします。夏の夜空に咲く大輪の華を、みんなで楽しみたいと思います。多数のご参加をお待ちしております。

PTA・子ども会2

学校・地域の文書・文例

各種クラブ

- ボランティア募集
- バレー部員募集
- パントマイムサークル部員募集
- 絵手紙教室生徒募集
- 子育てサークル会員募集

クラブの参加を呼びかけるチラシでは、まず興味を持ってもらうことが大事です。色やイラストを使って親しみやすい雰囲気を演出するとともに、何のクラブか一目でわかるような工夫も必要です。

文例1　基本 ● ボランティア募集

❶

「つちのこ園」
ボランティア募集

❷
　福祉施設つちのこ園では、月に2回、地域の方々との交流会を開催しています。この機会にボランティアの世界に触れてみませんか。

❸
　交流会では、地元の幼稚園児や老人ホームの方々を招き、ゲームやダンスを楽しんだり、料理や農作業体験なども予定しています。
　ボランティアの方には、会場の設営や送迎などをお手伝いしていただきます。
　特別な資格は必要ありません。お気軽にお問い合わせください。

❹ ❺
◆交流会開催日
　第2、第4土曜日
◆連絡先　つちのこ園
◆電話　3567-○○○○
　（担当：杉山）

基本構成とポイント

❶タイトル：文字を大きくしたり色をつけるなど、レタリングにも工夫して目をひくようにする。
❷告知：クラブ名を紹介して、募集を呼びかける。
❸活動目的・内容：メンバーの紹介をはじめ、具体的な活動内容などクラブの雰囲気を伝える。
❹時間・場所：活動時間・場所を明記する。場合によっては地図を添える。
❺問い合わせ先：代表の氏名と連絡先を示す。

> 応用入れ替え

●バレー部員募集　❶❷❸❹❺

バレーボール部員募集
〜一緒に汗を流しませんか？〜

　私たちは、小川町の女性たちが集まって作ったバレーボールチーム「おがわアタッカーズ」です。私たちと一緒にいい汗を流してくれる部員を募集しています。

　メンバーは20代から50代まで、モットーは「いい汗流そう！」です。年に3〜4回、町外のチームと練習試合を行うほか、県の予選大会にも出場しています。これまでの対戦成績は、8勝12敗。決して強いチームではないけれど、チームワークのよさが取り柄です。

練習日　毎週水曜　夜7時から
練習場所　町民体育館
問い合わせ先　斉藤江利子　電話3445-○○○○
　　　　　　　中川恵子　　電話3445-○○○○

●パントマイムサークル部員募集　❶❷❸

　パントマイムサークル「キララ」では、ただ今部員を募集しています。

　「キララ」は山川あずさ先生を中心に結成したサークルで、メンバーは大学生から60代の主婦まで、幅広い世代が集まっています。現在は春の発表会に向けて準備中です。

　パントマイムって何？　という人も、前からやってみたかったという人も、私たちとパントマイムを楽しんでみませんか。

●絵手紙教室生徒募集　❶❷❸

　絵手紙が描けたらいいなと思ったことはありませんか。

　私たち絵手紙教室「桜」では、公民館で月に1回講師の先生を招いて教室を開催しています。生徒は現在8名ですが、もっと多くの方たちと絵手紙の魅力を分け合いたいと思っています。

　季節感あふれる絵手紙は、もらった人にも大変喜ばれます。また作品は、毎年市の文化祭に出展しています。お気軽に教室においでください。

●子育てサークル会員募集　❶❷❸

　私たちは子どもを持つお母さんたちが集まった子育てサークル「すくすくクラブ」です。

　週に2回、○○町の会議室に集まり情報交換をしたり、環境問題などの勉強会や絵本の読み聞かせ会などを開いています。

　現在メンバーは乳幼児から小学生までのお子さんを持つお母さん12人。育児で悩んでいる方、お母さん友だちがほしい方、ぜひ私たちと一緒に活動してみませんか。

各種クラブ

学校・地域の文書・文例

町内会 1

- ゴミ収集のお知らせ
- 自転車整理のお知らせ
- 放置自転車一掃協力のお願い
- 一斉清掃のお知らせ

など

町内会のお知らせは、文章を親しみやすいものにします。要件が一目でわかるように、デザイン的な工夫をします。住民全員に告知する場合は、より人目を引くものにしましょう。

文例1 基本 ◉ ゴミ収集のお知らせ

平成○○年12月20日

居住者の皆様へ

市ヶ谷町内会

❶ 年末年始のゴミ収集のお知らせ

❷ 　師走に入り、なにかと気ぜわしい日が続いておりますが、皆様にはいかがお過ごしでしょうか。

❸ 　さて、年末年始のゴミ収集日をお知らせいたします。年末年始は、町のゴミ収集日が変則的になります。カラス、野良猫などの被害を避けるためにも、ゴミ出しは決められた期日をお守りください。ご協力のほどよろしくお願いいたします。

❹
	年末	年始
可燃ゴミ	12月27・30日	1月4日から平常通り
不燃ゴミ	12月28日最終	1月5日から平常通り

基本構成とポイント

❶ **タイトル**：タイトルを目立つように大きくする。
❷ **前文**：前文は、簡単にまとめる。
❸ **要件・協力のお願い**：お知らせ内容は、わかりやすく書く。全戸配布の場合は、薄手の紙に、掲示板の張り紙は厚紙に。重要な箇所は、罫線で囲む、色をつけるなどして目立たせる工夫をする。
❹ **期日・場所など**：一目でわかるように、期日は見やすく配置する。
- 住民全員に知ってもらうためのお知らせは、誰が読んでもわかることを前提に書くことが大切。

> 応用入れ替え

● 自転車整理のお知らせ ❷❸❹

　長かった梅雨もようやく明けました。皆様には、いかがお過ごしでしょうか。
　さて、早速ですが、当マンションの駐輪場（自転車置き場）の整理のため、ステッカーを購入し、契約を締結していただきますようお願いいたします。今後、ステッカーを購入いただいていない区画の自転車は放置自転車とみなし、廃棄処分をすることとなりますので、ご協力ください。
　なお、都合で出席できない場合は、管理組合用ポストに名前、部屋番号、連絡先、希望日時を記入の上、提出してください。
　ステッカー購入は、下記の日時に管理人室にて実施いたします。
　平成○○月3月30日（土）午前10時〜11時
　〈1区画1枚800円必要です〉

● 放置自転車一掃協力のお願い ❸❹

　さて、宮島団地自治会では、毎年春秋の2回、団地内の放置自転車の整理をしております。今年も各階の委員の皆さんにシールを配布しておりますので、不用な自転車のある方は、シールを受け取り、所定位置に付けておいてください。
　○月○日、日曜午前9時より回収作業を開始いたします。ご協力をお願いいたします。

● 一斉清掃のお知らせ ❸

　毎夏恒例の九番祭りが間近になりました。祭りを盛り上げ、大いに楽しみたいものです。
　そこで、事前に町内一斉清掃を実施することになりました。ご多用中とは思いますが、下記日程で行いますので、皆様のご協力をよろしくお願いいたします。

● ボランティアのお知らせ ❸❹

　養護施設訪問のボランティア募集にたくさんのご応募ありがとうございました。日程が決まりましたので、お知らせいたします。
　当日は、施設内で月に一度のお誕生日会が開かれます。お誕生日のお手伝いとして、展示、料理サービスなどを行います。

日程：11月28日　12時〜
場所：養護施設　星風の丘　大広間にて
服装：動きやすい格好でお願いいたします。

町内会1

学校・地域の文書・文例

町内会2

- 文化祭のお知らせ
- 運動会のお知らせ
- 花見会のお知らせ
- 夏祭りのお知らせ
- フリーマーケットのお知らせ

催し物のお知らせは、たくさんの参加を呼びかけるものですから、文面は堅苦しいものは避け、できるだけ親しみやすい文章で構成します。イラストなどを入れ、楽しさをアピールするのもよいでしょう。

文例1　基本　◉ 文化祭のお知らせ

❶　第50回岡町町民文化祭
　　作品募集のお知らせ

❷　すっかり秋めいてまいりましたが、皆様にはお変わりありませんか。

❸　さて、今年も町民文化祭の季節がやってきました。回を数えること50回。半世紀の歴史を刻むまでになりました。

❹　そこで、岡町事務局では、町内の皆さんの作品を大募集いたします。募集作品は、下記の通りです。力作、大作、珍作なんでも結構ですので、たくさんのご応募お待ちしております。応募締切は、9月10日です。

〈募集作品〉
　絵画、版画、陶芸、絵手紙、パッチワーク、編み物、人形、その他

❺　　　　　　　　　　　　問い合わせ・申し込み先
　　　　　　　　　　　　岡町事務局　文化祭担当まで
　　　　　　　　　　　　電話　3912-○○○○

基本構成とポイント

❶ **タイトル**：タイトルを大きく書いて、一目でなんのお知らせかわかるようにする。
❷ **時候**：時候のあいさつは、堅苦しいものは避け、親しみやすく。呼びかけるように書くとよい。
❸ **催し物の告知**：お知らせは簡潔に要点を押さえて。
❹ **参加者募集**：誰でも気軽に応募したくなるように、文面はやさしい、気軽な表現で。
❺ **日時・場所・問い合わせ先など**：連絡先を忘れずに明記する。担当者が決まっている場合は、その名前も書いておく。
● 参加したくなるような雰囲気を大切に。イラスト、紙面レイアウトにもひと工夫を。

> **応用入れ替え**

●運動会のお知らせ ❷❸❹

　すっきりと晴れわたった青空のもと、スポーツに最適の季節となりました。
　今年も恒例の町内運動会の季節です。
　子どもたちから、おじいちゃん、おばあちゃんまで家族全員が楽しめる種目が盛りだくさんです。参加者の皆様には、素敵な商品もご用意していますので、ぜひご家族おそろいでご参加ください。

●花見会のお知らせ ❸❹

　さて、町内の桜の名所、北小森公園で町内花見会を開きます。
　当日は、ひとり一品のお料理を持ち寄って、桜を愛でながら交流を深めたいと思います。なお、飲み物（ビール、日本酒、ウイスキー、ジュース）とおにぎりをご用意しております。

●夏祭りのお知らせ ❸❹

　平井町団地恒例の夏祭りがいよいよ近づいてまいりました。会場の平井公園では、盆踊りが行われるほか、公園隣の噴水広場では、各種模擬店がでます。皆様、お誘い合わせの上、ご参加ください。
　なお、当日は公園西側の道路は、午後3時より通行止めとなります。皆様のご協力よろしくお願いいたします。

●フリーマーケットのお知らせ ❹

　井草5丁目町内会では、毎月第1土曜日に、商店街の朝市と併せて、丸山公園でフリーマーケットを行っています。
　食器から洋服、靴・バッグまで、まだ使えるのに物置や押入れの奥に眠っているもの、着なくなった洋服・着物など、自分でお店を出して売ってみませんか。

学校・地域の文書・文例

同窓会

- 同窓会の呼びかけ
- 同窓会開催のお知らせ1・2

同窓会のお知らせは、かつての同級生に向けてなので堅苦しくならない程度にします。幹事の連絡先は必ず明記するようにしましょう。久しぶりに開くときは連絡が取りにくくなっている場合が多いのでとくに気をつけましょう。

文例1 基本 ● 同窓会の呼びかけ

❶　ご無沙汰しております。突然にご連絡をいたしまして、驚かれたことと思います。高校卒業以来なので、10年ぶりでしょうか。いかがお過ごしですか？

❷　さて、先日、恩師である小林先生と偶然にも再会いたしました。そこで、久しぶりにみんなで会いたいという話になり、同窓会としてお声かけをしているところです。
　卒業時の名簿を見たり、未だに連絡を取り合っている方々の連絡網などから、ご連絡しております。詳細に関しては下記をご覧ください
　人数確認のため出欠をご連絡ください。お待ちしております。

❸　　　　　　　　　　　　　　　　　　　　　　幹事　小高かおり
　　　　　　　　　　　　　　　　　　　　　　090-3456-1234

❹　日時：6月16日（日）19：00〜
　場所：新宿駅東口駅前、○○ビル5階
　　　　「小花の香り」店内にて待ち合わせ

基本構成とポイント

❶ **あいさつ**：堅苦しくならない程度のあいさつにする。
❷ **理由**：久しぶりに同窓会を開くにあたってのきっかけや理由を述べるとわかりやすい。
❸ **問い合わせ先**：幹事の名前と連絡先を明記する。
❹ **日時、場所**：開催日、時間、場所を書く。わかりづらい場所の場合は地図も添付する。

応用入れ替え

Eメールの場合 ● 同窓会開催のお知らせ1

宛先：中川弘子、大井孝史、梅野亮子、若田ひろみ
CC：
件名：同窓会のお知らせ

中宮三小　92年度卒業生の皆様へ

暑い日が続きますが、皆様お元気でお過ごしでしょうか。
夏のイベントとしまして、恒例となりつつある同窓会を今年も開催いたします。
場所・時間等の詳細は添付の資料をご覧ください。
お忙しい中恐縮ですが、出欠のお知らせを8月19日までに、山田か植村までご連絡いただけますでしょうか。よろしくお願いいたします。

幹事　山田　090－6677－8899／yamada@asdf.gp
　　　植村　090－4455－1122／uemura@rtyu.er

Eメールの場合 ● 同窓会開催のお知らせ2

宛先：笹原四中　メーリングリスト
CC：
件名：同窓会のお知らせ

管理人こと、阿部恵子です。お久しぶりです。
あと4日もすると新年になる年の瀬ですが皆様いかがお過ごしでしょうか。
先日、寺本くん＆三田さんと飲んだ折、同窓会と称した新年会をしたいねという話になりました。新年スタートの落ちついた頃を予定しております。半世紀以上の年齢になった我々ですが、まだまだお互いの元気な顔を確かめ合いたいですね。

◎日時：20○○年1月26日（金）19：00〜
◎場所：新宿を予定。お店決まり次第、別途ご連絡します。
◎会費：4500円

お手数ですが、出欠を確認できればと思います。この掲示板に書き込んでも個人的にメールを送っていただいても結構です。1月10日ぐらいまでにご連絡ください。

阿部連絡先：keiko@tyu.op

学校・地域の文書・文例

Column

ときにはこんなスピーチを ❷

日常生活の行事「葬儀」におけるスピーチ

今回は、葬儀でのスピーチを例としてあげる。堅苦しいものではなく、故人に対する「お別れの言葉」として考え、自分らしい言葉で語りかけるようにすると心に響くものになる。ただし、忌み言葉には注意が必要。

【忌み言葉】

死や不幸がくり返されることを連想させる言葉はタブーとされている。つぎのような言葉は使わないようにする。

重ね重ね／重ねて／たびたび／またまた／しばしば／再三／再び／続いて

実例1　● 告別式での喪主のあいさつ

遺族を代表いたしまして、故人の長男田中春男が謹んでごあいさつ申し上げます。本日はご多用にもかかわらず、多数の皆様にご会葬いただきありがとうございました。おかげさまでとどこおりなく葬儀・告別式を執り行うことができました。

母を亡くした一昨年12月以来、父はすっかり元気をなくしておりましたが、こんなにも早く父まで見送ることになろうとは思いもよりませんでした。高齢の父でしたから、私どもとの同居を勧めておりましたが、生まれ育ったこの地、母と長年暮らしたこの家はどうしても離れがたくひとりでがんばっている矢先のことでした。最後まで子どもに面倒をかけることのなかった父らしい最期だったと思います。いまごろ母と再会している頃でしょう。

生前故人に賜りました温情に、厚くお礼申し上げます。本日はありがとうございました。

実例2　● 近所の知人の葬儀での弔辞

町内会を代表して、伊藤さんの御霊前に心より追悼の言葉を申し上げます。

先日会合で楽しく歓談させていただき、これからまだまだやりたいことがあるとおっしゃっていた伊藤さんが、急に体調を崩されて帰らぬ人となってしまわれ、私たちは深い悲しみにくれております。

伊藤さんがお亡くなりになった今、伊藤さんの存在がいかに大きかったかをあらためて感じております。

残された私たちは、伊藤さんから教えていただいたことを守り、次の世代に伝えていくことをここにお誓いいたします。どうかいつまでもこの町を見守りながら、安らかにお眠りください。

7
契約・商取引などの法的文書

売買契約書／金銭貸借契約書／支払い督促状
土地建物売買契約書／土地建物賃貸借契約書
覚書・念書／委任状／和解契約書／契約解除通知書
示談書／所有権・物権／特許・商標1・2／内容証明
小切手・手形／債権／押印／遺言状
そのほかの契約書

契約・商取引などの法的文書

売買契約書

● 商品売買契約書1・2　｜社会生活は契約によって成り立っていますが、契約で最も多いのが売買契約です。その証明になるのが契約書で、重要な法的文書です。

文例1　基本 ◉ 商品売買契約書1

❶ ［収入印紙］　　　　　　　　　売買契約書

❷ 　岸谷商事株式会社（以下、甲という）と株式会社川谷物産（以下、乙という）の間に、次の通り売買契約を締結する。

第1条　甲は乙に対して左記物件を継続的に売り渡すことを約し、乙は甲からこれを買い受けることを約した。

記

❸ 婦人服（スーツ、ブラウス、スカート、ワンピース等）

第2条　甲と乙との契約期間、取引数量、代金支払方法は次の通りとする。
　1、期間　本契約の日から満6カ年
　2、数量　期間中の取引数量は毎月平均200点以上とする。
　3、代金支払方法　商品受渡と同時に支払う。

❹ 本契約を証するため本書2通を作成し、各自署名、捺印の上各1通を保持する。

　平成○○年3月20日

❺ 　　　　　　　　甲（売主）　法人住所　東京都港区青山町2丁目7番地5号
　　　　　　　　　　　　　　法人名　　岸谷商事株式会社
　　　　　　　　　　　　　　代表者名　木田　太郎　印
　　　　　　　　乙（買主）　法人住所　東京都大田区羽川4丁目7番地7号
　　　　　　　　　　　　　　法人名　　株式会社川谷物産
　　　　　　　　　　　　　　代表者名　佐藤　次郎　印

基本構成とポイント

❶ **標題・収入印紙**：標題はかならず必要で契約によって異なるが、ここでは「売買契約書」と記載する。また、商品売買契約書には200円の収入印紙を所定の位置に貼付する。

❷ **前文で当事者名・契約名**：当事者名をフルネームで記載する。前文中で、当事者法人の場合は法人名のみで代表者名は記載しない。当事者名は何回もでてくるので2度目以降は略号（甲・乙）を使用する。次に何についての契約かを記す。

❸ **条文で契約目的・内容**：第1条から起案し、契約目的を記す。次に最重要事項である契約期間、もしくは引渡し時期、取引数量、代金支払方法を記載する。

❹ **末尾条文で契約履行を促す**：当事者らは各条項を履行するという条文を記し、締めくくる。

❺ **日付・署名・捺印**：民事訴訟法第326条により、所定の位置に署名、捺印をする。

応用入れ替え

●商品売買契約書2 ❷❸❹

●第1条　甲は左記商品を以下の約定に基づき乙に売渡し、乙はこれを買い受ける。
　品名　液晶テレビ
　数量　100台
　金額　金1000万円
　引渡　平成○○年7月10日　甲本店にて行う。
第2条　甲は商品の引渡しに当たっては乙より検品を受けなければならない。商品の受け渡しは、この検査を合格したときに、行われたものとする。
第3条　⑴乙は、商品代金を、甲の指定する月の翌月20日に甲の事務所において甲に支払う。
⑵乙が、代金の支払いを遅延したときは、完済まで日歩6銭の割合による損害金を支払う。
第4条　甲は商品について、受け渡し後2年間引き渡し前の原因によって生じた物品の品質不良、数量不足、変質等につき責任を負う。
第5条　甲又は乙が本契約に違背したときは、相手方は、催告を要せず直ちに本契約を解除し、被った損害の賠償を請求することができる。
第6条　本契約に定めのない事項については、甲乙で協議してこれを取り定める。
右の通り契約が成立したので、契約書2通を作成し、押印のうえ甲乙1通ずつを保有する。

●丸山株式会社(以下「甲」という)と株式会社角川(以下「乙」という)は、計測器(15台)の売買に関して次の通り契約を締結した。
第1条　甲は乙に対して計測器(15台)を売り渡し、乙はこれを買い受ける。
第2条　計測器の販売代金は金350万円とし、乙は甲に対し、次の通り支払う。
⑴本契約締結と同時に手付け金として50万円
⑵平成○○年6月10日までに、乙の本社に計測器を全納するのと引換えに残額金300万円
第3条
⑴甲は乙に対し、計測器が仕様書記載の品質・効果を有することを保証し、前条の引渡の日から3年間は、無料にて点検・修理を行う。
⑵計測器が仕様書記載の品質・効果を著しく欠くことが判明した場合、乙は直ちに本契約を解除し、すでに支払った代金の返還およびこれによる損害の賠償を請求することができる。
第4条　本契約に定めのない事項および疑義が生じた事項については、甲乙協議のうえ決定する。
以上、本契約の成立を証するため本証書2通を作成し、甲乙各押印のうえ各1通を保持する。

> **文例のポイント**　●まず、縦書きか横書きかの選択をする。基本記述と署名、捺印などの様式は同じであるが、企業では横書きを採用することが多い。なお、売主、買主、保証人などの人数に相当する数の書類を作成し、各自がそれぞれ1通ずつ保持する。

契約・商取引などの法的文書

金銭貸借契約書

- 金銭消費貸借契約書
- 借用書

金銭賃借は友人間の小額の貸し借りから住宅購入資金の借り入れまで生活の中で頻繁に行われています。法律的には消費貸借契約といいますが、その証明になるのが契約書で、トラブルを避けるために必要です。

文例1 基本 ◉ 金銭消費貸借契約書

❶❺ 収入印紙

金銭消費貸借契約書

❷ 貸主堀川　徹（以下、甲という）と借主石岡一朗（以下、乙という）との間に、次の通り金銭消費貸借契約を締結する。

第1条　甲は本日金300万円也を乙に貸し渡し、乙は確かにこれを受け取り借用した。利息は元金に対し年1割の割合とする。

第2条　乙は、利息を毎月末日限り、元金を平成〇〇年10月1日限り、いずれも甲の住所に持参して支払う。

❸ 第3条　乙は、次の場合には、甲からの通知催告がなくても当然に期限の利益を失い、元金を一時に支払わなければならない。

イ　1回でも利息を期限に支払わないとき。
ロ　乙が第三者より、仮差し押さえもしくは差し押さえを受け、または破産の申し立てを受けたとき。

❹ 上の契約の成立を証するため、本契約書2通を作成し甲乙各1通ずつ所持する。

❺ 　　　平成〇〇年12月13日

貸主　住所　東京都杉並区大西1丁目2番4号
　　　氏名　　　　　　堀川　徹　印
借主　住所　東京都荒川区築島町1丁目3番1号
　　　氏名　　　　　　石岡一朗　印

基本構成とポイント

❶ **標題**：標題は「金銭消費貸借契約書」とする。

❷ **前文で貸主名・借主名・契約名**：貸主名、借主名をフルネームで、次に契約名を記載する。

❸ **条文で契約目的・内容**：第1条から起案し、契約の目的を記す。返済期限、利息の定め方、利息支払いの遅延時についての対処法などを記載する。

❹ **契約の成立**：契約の成立を証し、各自証書を保持する旨を記す。

❺ **日付・署名・捺印・収入印紙**：所定の位置に署名、捺印し、収入印紙を貼付する。

応用入れ替え

●借用書 ❶❷❸❹

|収入印紙|

借用書

金　200万円也

　右金額を当社の営業資金として本日貴社より借用し、受領しました。
　右借用金は平成〇〇年3月の貴社決算期末までに返済し、利息は年一割で元金返済の際、併せて支払うことといたします。
　万一返済期に遅延した場合は、貴社に対しご請求に従い損害を賠償いたしますので、念のため一筆明記いたします。

❸に〈連帯保証人〉を付け加える場合
「連帯保証人北田宣昭は、借主の本件債務について保証し、借主と連帯して履行の責を負うものとする」を条文に加える。

❸に公正証書を作成する条文を付加する場合
借主が期限までに返済しない場合は、ただちに借主の財産に強制執行することができる。「借主は、本件債務を履行しない場合、全財産に対しただちに強制執行を受けても異議がないことを認諾し、この金銭消費貸借に基づく公正証書を作成する」を条文に加える。

文例のポイント
●縦書きか横書きかを選択する。なお、貸主、借主、保証人など人数分の証書を作成し、各自1通ずつ保持する。借主が会社の場合には、ただ会社名を記すのではなく、会社を代表する権限のある者の署名、捺印をしてもらうことが肝要である。

契約・商取引などの法的文書

支払い督促状

- 金銭貸借の督促状
- 再度の代金督促状
- 金銭債務の調停申立書

貸金や代金の支払いが行われないという金銭上のトラブルは多いものです。トラブルになったら裁判所に調停を申し立てる方法があります。その場合は、法律の専門家に相談あるいは依頼します。

文例1　基本　● 金銭貸借の督促状

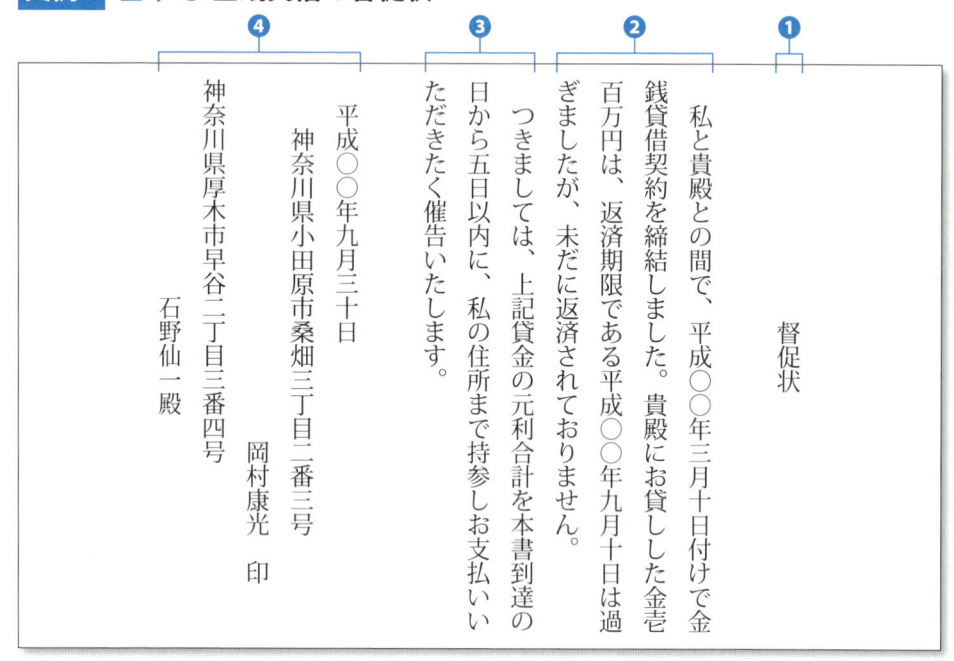

　　　　　　　　　　　　　　　　　　　　　督促状

私と貴殿との間で、平成○○年三月十日付けで金銭貸借契約を締結しました。貴殿にお貸しした金壱百万円は、返済期限である平成○○年九月十日は過ぎましたが、未だに返済されておりません。

つきましては、上記貸金の元利合計を本書到達の日から五日以内に、私の住所まで持参しお支払いいただきたく催告いたします。

　　　　　　　　　平成○○年九月三十日

　　　　　　　　　　神奈川県小田原市桑畑三丁目二番三号
　　　　　　　　　　　　　　　　　岡村康光　印

　　　神奈川県厚木市早谷二丁目三番四号
　　　　　　　　石野仙一　殿

基本構成とポイント

① 標題
② 前文で当事者名・契約内容
③ 契約履行の催告
④ 日付・署名・捺印

- 貸金や代金の支払いが滞っている場合は、まず請求書を送付する。それでも支払いがない場合は、督促状を送付する。ただちに支払うよう債務者の義務を明瞭かつ具体的に書くことが必要である。
- また、確かに督促状を送付したことを証明するために、内容証明郵便にする。
- 先方が催告に応じない場合は、地方裁判所または簡易裁判所に「支払命令申立書」を提出し、支払命令を出してもらう。

応用入れ替え

●再度の代金督促状 ❷❸

前略　本日はこうした書状による代金のお支払い督促は、これを最後にしたいと思います。

　このたびの用件は11月10日付経発第1650号にてお願いしております10月6日付納品のガスヒーター代金80万円也についてであります。

　その後、貴社より何らご回答がなく、このままの状態では私も責任をとらざるを得ない立場に追いこまれます。どうか当社の実情をご勘案の上、何とぞ誠意ある処置をしていただきますよう重ねて懇願申し上げる次第であります。

　　　　　　　　　　　　　　　　　　　　　　　　　　　　　　　　　　　　草々

文例1　基本 ● 金銭債務の調停申立書

❶　金銭債務の調停申立書

❷
申立人
東京都江東区砂吉三丁目三番三号
　　　　　　大田原慈

相手方
東京都足立区赤井町二丁目五番八号
　　　　　　伊達茂尾

❸
申立ての趣旨
相手方の申立て人に対する金一〇〇万円の債務、およびこれに対する平成〇〇年七月三十日より返済にいたるまでの年一割による利息支払いにつき、調停を求めます。

申立ての原因
申立て人は相手方に対し平成〇〇年七月三十日映像機器を売り渡し、代金一〇〇万円を請求したがいまだに支払いはされていない。

❹
平成〇〇年七月一日

申立て人　大田原慈　印

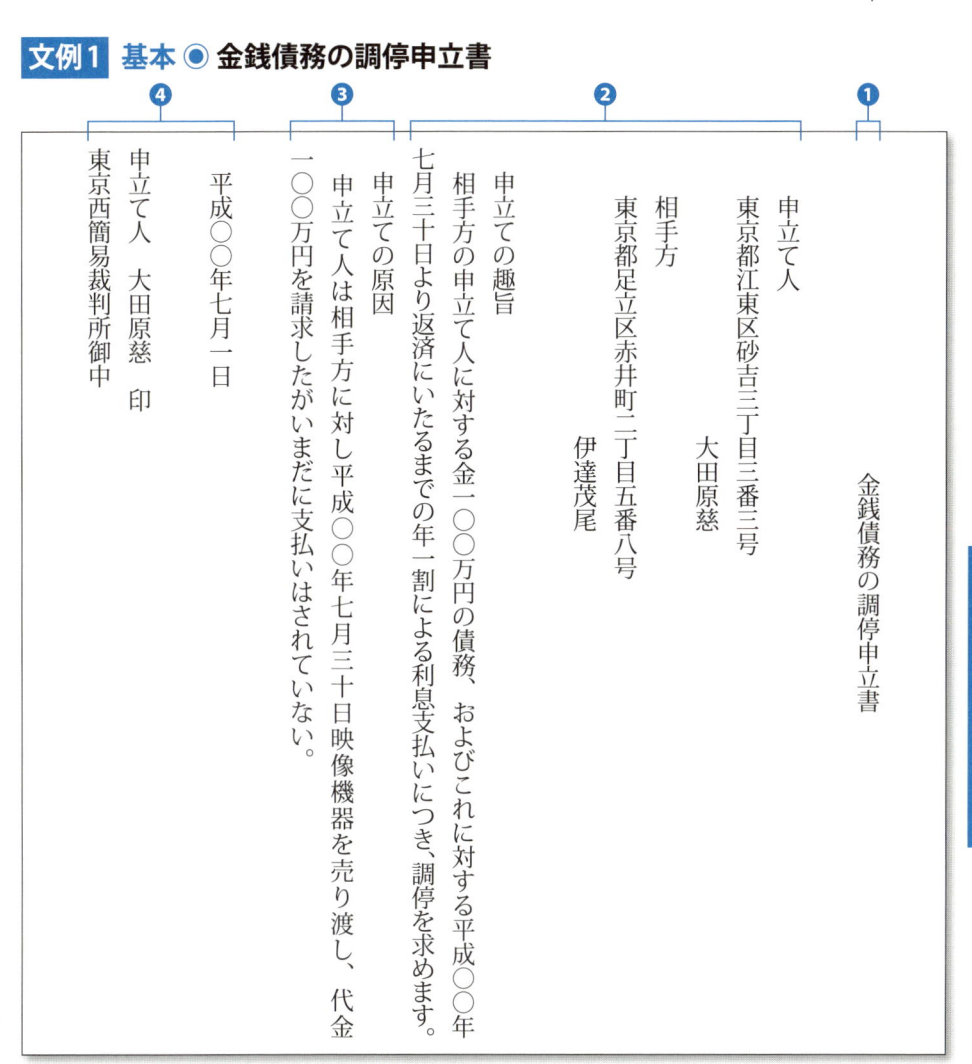

東京西簡易裁判所御中

契約・商取引などの法的文書

土地建物売買契約書

- 土地売買契約書
- 土地建物売買契約書

不動産は他の商品にくらべ高額なのでとくに注意が必要です。目的の土地、建物を明確に表示し、取引には登記簿の閲覧、公法上の制限についての調査が必要です。

文例1 基本 ● 土地売買契約書

❶ 収入印紙

土地売買契約書

❷ 　売主花山康夫（以下甲という）は買主小池一郎（以下乙という）との間において、次の条項により土地売買契約を締結する。

❸ 第1条　甲は次に記載の土地（以下本件土地という）を乙に売り渡す。乙はこの代金として金1億円（ただし、売買と価格は実測面積を基準とし、1平方メートルあたり金50萬円の割合とする）を甲に支払う。
　　不動産の表示
　　所在　東京都世田谷区田園2丁目
　　地番　1番5号
　　地目　宅地
　　地積　200平方メートル
第2条　手付金は金1000萬円とし平成○○年7月1日、乙より甲に交付した。この手付金は売買代金の内金とする。
　　甲は平成○○年9月30日までに、乙または乙の指定した者に対し、本件土地の完全な引き渡し、ならびに売買による所有権移転登記の手続きを完了しなければならない。
乙は、本件土地の引き渡し、ならびに登記手続完了時に甲に対して金9000萬円を支払わなければならない。
　　本件土地の所有権は代金支払い時に甲から乙に移転する。
　　本件土地に対し課せられる固定資産税その他の公租公課は、所有権移転の時期を境に日割りで甲と乙で清算する。
　　所有権移転手続きの費用は乙の負担とする。
　　当事者の一方がこの契約を違反した場合は、違反した相手に対し即時契約を解除することができる。
　イ　乙の違反で甲が契約解除した場合、乙は手付金の返還請求はできない。
　ロ　甲の違反で乙が契約解除した場合、甲は乙に対して手付金の倍額を支払わなければならない。

❹ 　本契約を証するため、証書を2通作成し各自1通ずつ保持する。
　　平成○○年7月1日

❺ 　　　東京都豊島区北千川2丁目5番1号　　売主　花山康夫　印
　　　東京都中野区上高宮3丁目3番2号　　買主　小池一郎　印

応用入れ替え

●土地建物売買契約書 ❸❹

第1条
　鈴木一郎（以下「甲」という）は、佐藤耕作（以下「乙」という）に対し左記の土地建物を現況融資のまま売り渡すこととし、乙はこれを買い受けた。

記

土地の表示
（所在、番地、地目、地積、実測、現況など略）
建物の表示
（土地の表示と同）
第2条．売買の条件は左の通りとする。
（代金、所有権移転登記、引き渡し、危険負担など略）
上の通り契約が成立した。
契約書2通を作成し、甲乙が1通ずつ保有する。

基本構成とポイント

● 縦書きか横書きかを選択する。当事者相当分の書類を作成し、各自が1通ずつ保持する。
❶ **標題**：標題はかならず記載するが、ここでは「土地売買契約書」「不動産売買契約書」などのようにつける。
❷ **前文で当事者名・契約名**：前文では当事者名をフルネームで記載し、何についての契約であるかを記す。
❸ **条文で契約の目的・内容・不動産の表示**：売買不動産の表示（末尾でも可）とその価格を明確にする。そして手付金、売主の引渡し義務、買主の代金支払い義務、固定資産税そのほかの公租公課の帰属、失権約款、違約金の内容を記載する。
❹ **末尾条文で契約履行を約す**：最後に契約を履行することを記す。
❺ **日付・署名・捺印・収入印紙**：所定の位置に日付を記し、署名、捺印をし、収入印紙を貼付する。実印の場合印鑑証明も必要とする。

失権約款
債務に対して不履行があった場合、債権者の特別な意思表示がなくとも、当然のこととして債務者が契約上の一切の権利もしくは特定のものに対する権利など、一定の権利を失う旨を契約に付随して定める約款。

固定資産税その他の公租公課の帰属
国または地方公共団体などの公的機関によって公の目的のために賦課される金銭負担、つまり固定資産税をはじめとする国税・地方税などが特定の人や団体のものになること。公租は租税、公課は租税以外の負担金を指す。

契約・商取引などの法的文書

土地建物賃貸借契約書

●土地賃貸借契約書1・2 ｜ 土地や建物の賃貸借契約の証書です。当事者一方に不利な条項を付加されることがあるので特約条項をしっかり確認します。土地の賃貸借期間は長いので、契約書は大切に保管します。

文例1　基本 ● 土地賃貸借契約書1

❶❺ 収入印紙

　　　　　　　　　土地賃貸借契約書

❷　賃貸人森晋一郎（以下甲という）と賃借人東郷英行（以下乙という）との間に、次の通り土地賃貸借契約を締結する。
　甲はその所有する次に表示の土地を普通建物所有の目的で、乙に賃貸する。

❸ 土地の表示
住所　神奈川県横浜市青葉区花畑台3丁目2番5号
宅地　170平方メートル
第1条　賃貸借の期間は本契約締結の日から20年とする。
第2条　賃料は1カ月25万円とし、毎月末日限り甲の住所に持参して払う。

❹ 第3条　乙が2カ月以上賃料を怠ったときは、甲は本契約を解除することができる。
第4条　次の場合、乙は甲の承認を得なければならない。
イ　乙がこの土地を他に転貸するとき。
ロ　乙がその所有建物を改築または増築するとき。
第5条　乙は、土地返還の場合はこれを原状に復さなければならない。
本契約を証するためこの証書を作成し、署名、捺印の上各自1通保存する。

❺ 　平成○○年3月18日
　　　　　　　　　　　神奈川県横浜市港北区紅葉台3丁目2番5号
　　　　　　　　　　　　　　　賃貸人　森晋一郎　印
　　　　　　　　　　　神奈川県横浜市港北区旭町1丁目7番2号
　　　　　　　　　　　　　　　賃借人　東郷英行　印

応用入れ替え

● 土地賃貸借契約書2 ❷❸❹❺

貸主山崎健太と借主伊藤友一は、貸主所有の下記土地につき、次の通り賃貸借契約を締結する。

土地の表示　東京都練馬区富士見一─二─三　宅地三〇〇㎡

第一条　借主は本件土地を店舗用建物所有の目的で使用し、他の目的のために使用しない。

第二条　賃料は一カ月二〇万円也とし、借主は毎月末日に当月分を貸主に持参して支払う。

第三条　賃貸期間は、平成〇〇年四月一日より満一〇年とする。

第四条　借主は、貸主の承諾なしに土地の現状に変更を加えたり、本件土地を第三者に転貸し、または本賃借権を第三者に譲渡することができない。

第五条　借主が、賃料の支払いを三カ月以上滞納したとき、その他本契約に違反したときは、貸主は直ちに本契約を解除できる。

以上契約の証として本書二通を作成し、当事者双方が署名、捺印の上、それぞれ一通を保有する。

平成〇〇年三月一日

　　　東京都杉並区上井戸一丁目二番三号
　　　　　貸主　山崎健太

　　　東京都中野区新田三丁目二番二号
　　　　　借主　伊藤友一

文例のポイント
● 縦書きか横書きかを選択する。建物所有の目的で土地を借りている場合、増改築禁止の特約条項を確認することが必要。印刷して市販されている契約書は一般に貸主に有利で、借主に不利にできているので注意し、内容により条項を訂正すべきである。

基本構成とポイント

❶ **標題**：標題はここでは、「土地賃貸借契約書」「家屋賃貸借契約書」などとする。
❷ **前文・当事者名・契約名**：前文は当事者名をフルネームで、契約名を記す。
❸ **契約の目的・土地表示・期間・賃料**：条文では第1条から起案し、契約の目的、土地の表示を明確にする。また、賃貸借の期間、賃料、土地返還の場合は原状に復すること、賃貸料滞納の場合は契約を解除できることなどを明確に記載する。
❹ **末尾条文で履行を促す**：本契約を証するために当事者相当分の書類を作成し、各自1通保管する。
❺ **日付・署名・捺印・収入印紙**：日付を記し、賃借人・賃貸人の署名、捺印をする。所定の場所に収入印紙を貼付する。

契約・商取引などの法的文書

覚書・念書

- 物品売買契約書に付随する支払覚書
- 請負代金債務の念書

契約は口頭だけでも成立するのが原則ですので、覚書に当事者の意思の合致が記載されていれば、実質は契約書であり効力はあります。

文例1 基本 ● 物品売買契約書に付随する支払覚書

❶ 平成○○年10月10日締結の物品売買契約書に付随する支払覚書

❷ 株式会社下崎酒店（以下甲と称す）と株式会社上田酒造（以下乙と称す）は、平成○○年10月10日付契約書第五条の支払条件について、双方合意の上、左記の件についてのみ例外として認め、覚書とする。

❸ 1、契約書第5条2項、甲が乙に対し支払う商品の代金は、各月末となっているが、支払代金が1カ月30万円を超えた場合には、30万円を各月末支払とし、残金は乙の決算期に当たる4月末日、および11月末日に半年分を一括支払とする。

❹ 平成○○年10月10日

神奈川県横浜市青葉区榎台5-1-1
株式会社下崎酒店
代表取締役社長　　下崎　進　印

新潟県村上市赤町4-7-2
株式会社上田酒造
代表取締役社長　　上田一郎　印

基本構成とポイント

❶標題
❷当事者名
❸覚書・念書の内容
❹日付・署名・捺印

- 覚書は、契約書調印の前段階に当事者双方の合致事項を書面にしておこうという場合や、契約書に盛り込まれなかった細かい事項や追加で浮上してきた問題点を記載するのに用いられる。契約書の名称はつかないが、実質的には契約書と同じなので、内容を守る義務を負う。これを守らない場合や訴訟時には主張の根拠ともなり、契約違反を理由に損害賠償を求めることができる。

- 覚書と同様に、念書も当事者の名称と住所の記載、捺印があれば、契約書と同じ法的効力をもっているため、署名、捺印は慎重にすべきである。

文例2 基本 ● 請負代金債務の念書

念　書

私、株式会社赤井鉄工所は次の事項を約定します。

1、当社は貴殿に対し本日現在金252萬円也の請負代金債務のあることを認め、これを後記の通り分割してお支払いすることをお約束します。

記

　　第1回支払い　平成○○年4月23日　金84萬円
　　第2回支払い　平成○○年5月31日　金84萬円
　　第3回支払い　平成○○年6月30日　金84萬円

右分割金の支払いを1回分でも怠った場合には、当然に期限の利益を失った日の翌日から全額完済するまでの間、延滞金として年5％の金利を負担して一括してお支払いいたします。なお、内谷二郎は右当社の債務に対して当社と連帯して支払いをなすことをお約束します。

　後日のため、本念書を差し入れます。

　平成○○年1月20日

　　　　　　　　　　　債務者　千葉県千葉市稲毛区穴山4-7-2
　　　　　　　　　　　　　　　株式会社赤井鉄工所
　　　　　　　　　　　　　　　代表取締役　赤井総太郎　印

　　　　　　　　　　　連帯保証人　埼玉県上尾市南上尾1-24
　　　　　　　　　　　　　　　　　　内谷二郎　印

文例のポイント

- 一時的な事項や第三者に知られたくない個人的な事項を念書にする場合が多く、あとで内容が分からなくならないよう標題は具体的に明記する。
- 念書（誓約書も同様）はまた、当事者の一方がある事項について「私は以下のようにすることを約束します」という形で、署名、捺印し、もう一方の当事者へ差し入れる形式がとられることが多い。
- 企業間または個人間で友好的な取引が行われた場合、文書の名称は一般的に契約書などとする。営利をともなわない約束ごとの場合は覚書や協定書とすることが多いが、これも厳密な決まりはない。
- 会社の代表者名と保証人氏名が同一の場合は代表者印と個人用印と別々の印鑑を使う。その場合、会社に支払い能力が無くなっても、会社の代表者は個人の立場で支払い義務を負うことになる。
- 捺印は、認印、実印どちらでもよいが、重要な文書の場合、実印と署名をする方が無難である。

契約・商取引などの法的文書

委任状

- ●売却の委任状
- ●購入の委任状
- ●議決権の委任状
- ●示談の委任状

委任内容を箇条書きにし簡潔に記します。法的文書なので形式を把握して作成することが重要です。

文例1　基本 ◉ 売却の委任状

委任状

❶　私は、東京都練馬区氷川２丁目３番１号春日初氏を代理人と定め、下記の事項を委任いたします。

❷
１、私個人所有の東京都練馬区桜町３丁目３番５号の土地を下記の条件で売却する件。
１、代金3000万円以上
１、引渡し期日　平成○○年８月10日以降
１、買主は住宅を建築する予定の個人に限る。
１、上記土地代金を受領する件。
１、上記委任状に捺印いたします。

❸
平成○○年６月９日

　　　　　　　　　　　　住所　東京都練馬区桜町３丁目２番１号
　　　　　　　　　　　　氏名　　　　　　生田孝高　印

基本構成とポイント

❶ **タイトル・代理人の住所・氏名**：タイトルは委任状とする。代理人の住所・氏名を記す。ここは形式に則し、「私は、(代理人の住所・氏名を記入)を代理人と定め」、あるいは「当社は、(代理人の住所・氏名を記入)を代理人と定め」で書き始める。

❷ **委任状内容**：委任する内容は箇条書きにし、どこまでを委任するのかを明確に記載する。最後に「上記委任状に捺印します」と記す。

❸ **委任者の住所・氏名・捺印**：書面作成の日付、委任者の住所を記し、委任者自身の署名、捺印をする。

応用入れ替え

●購入の委任状 ❶❷

　当社は、東京都北区青羽4丁目2番1号北野智則氏を代理人と定め下記の事項を委任いたします。
　当社を買主として、当社のために下記条件に則する土地の売買契約を締結する件。
代金は1億円以下であること。
土地面積は100平方メートル以上であること。
赤羽駅から徒歩15分以内であること。
登記関係書類一切を受領する件。
　上記委任状に捺印いたします。
　平成○○年3月9日

住所　東京都千代田区八段北2丁目5番3号
田岡弘　印

●示談の委任状 ❶❷❸

　当社は、東京都港区白坂2丁目3番3号城淳二氏を代理人と定め、下記の事項を委任いたします。
　原照一郎氏と当社間における平成○○年2月21日発生のロイヤルマイヤー社製壺の破損につき、示談交渉をする一切の件。
示談成立の際は弁償金を受領する件。
　上記委任状に捺印いたします。
　平成○○年2月21日

住所　東京都港区中板橋5丁目6番3号
中村幸一　印

●議決権の委任状 ❷❸

　私は、佐々木望氏を代理人として、次の権限を委任します。
1　平成○○年5月20日開催の株式会社　三光の第15回定期株主総会に出席して議決権を行使する一切の件。
　平成○○年5月6日

株主　佐藤　充

文例のポイント

●委任状は、第三者にあることを委任すると記載した文書で、本人に代わり第三者に代理権をもたせるものである。例えば、売買契約の委任、弁護士への訴訟の委任、専門家への登記書類作成の委任などがある。委任内容を明確に記すことが肝要で、白紙や不明瞭な委任状では重大なトラブルを招きかねないため注意が必要である。

契約・商取引などの法的文書

和解契約書

- 建物明渡和解契約書
- 即決和解申立書

和解契約は、当事者双方がお互いに譲歩しあって解決する契約の一種です。一方の主張を全部認める和解はなく、裁判所がかかわると即決和解となります。よって、譲り合いの内容がもっとも重要な要素となります。

文例1 基本 ● 建物明渡和解契約書

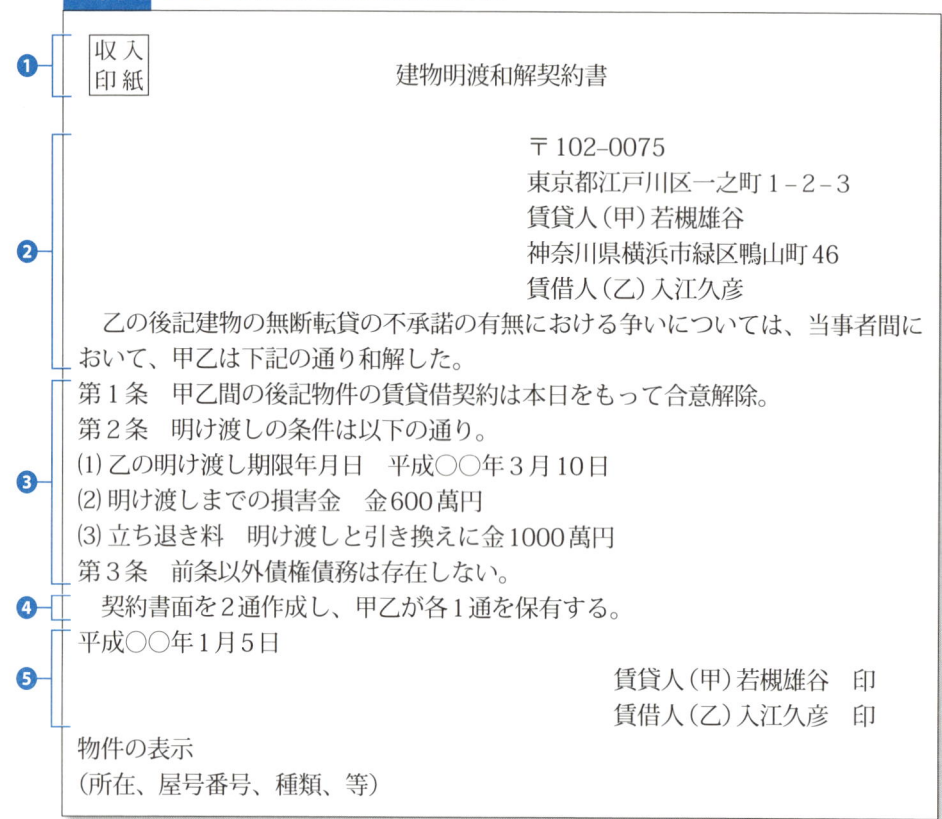

❶ 収入印紙

建物明渡和解契約書

❷
〒102-0075
東京都江戸川区一之町1-2-3
賃貸人(甲) 若槻雄谷
神奈川県横浜市緑区鴨山町46
賃借人(乙) 入江久彦

　乙の後記建物の無断転貸の不承諾の有無における争いについては、当事者間において、甲乙は下記の通り和解した。

❸
第1条　甲乙間の後記物件の賃貸借契約は本日をもって合意解除。
第2条　明け渡しの条件は以下の通り。
(1) 乙の明け渡し期限年月日　平成○○年3月10日
(2) 明け渡しまでの損害金　金600萬円
(3) 立ち退き料　明け渡しと引き換えに金1000萬円
第3条　前条以外債権債務は存在しない。

❹　契約書面を2通作成し、甲乙が各1通を保有する。

❺
平成○○年1月5日

賃貸人(甲) 若槻雄谷　印
賃借人(乙) 入江久彦　印

物件の表示
(所在、屋号番号、種類、等)

基本構成とポイント

❶ タイトル・収入印紙
❷ 前文・当事者名・契約名
❸ 和解の内容・条件
❹ 契約の成立
❺ 日付・署名・捺印

応用入れ替え

●即決和解申立書 ❶❸❹❺

売掛代金和解申立事件

価額　金100万円也
印紙　金1万円也
申立の趣旨
別紙和解条項の通り和解の勧告を求める。
申立の原因
（原因を記載する）
紛争の実情
当事者間で代金未払いの紛争があったが、別紙和解条項の通り和解が成立する見込みができたのでこの申立をする。
　　　平成○○年5月11日

申立人　唐沢武史　印

基本構成とポイント

- 和解は、紛争当事者が主張をお互いに譲歩することにより成立する。裁判所に判決をゆだねると、場合によっては控訴、上告を経ることになり、和解までに時間がかかるが、契約によるときは迅速な解決ができる。また、和解が成立し、その合意が和解調書に記載されることにより、判決と同じ効力をもつことになる。
相手が和解条件に違反した場合に強制執行をかけることができるため、調書に記載される和解条項が重要となる。そのためには弁護士など法律の専門家に相談したほうが安全である。
- 和解契約書は、冒頭にトラブルの経緯と原因について明確に記載し、和解の旨を書く。
- 和解の条件について、双方の責任に応じて賠償を負担、金額の支払い方法を決める。
- 和解後の取引について決めて、条文に盛り込む。
- 条文の最後に「本和解契約に記載された事項以外、甲乙間に債権債務がない」こと、「本件に関する事後の係争については、債権者の本社所在地を管轄する地方裁判所を第一審の裁判所とすることに同意する」と記入しておく。
- 当事者間で示談が成立したときは、それに基づいて簡易裁判所に和解の申し立てをしておくことも忘れてはいけない。
- 和解後にトラブルに関する新たな事実が発覚しても、無効となる。
- 即決和解申立書は、申し立ての趣旨、その原因、紛争の実情を要領よく記載し、相手の住所地の簡易裁判所に提出する。

契約・商取引などの法的文書

契約解除通知書

- 建物賃貸借契約解除通知書
- 手付放棄売買契約解除通知書
- クーリング・オフの通知書

契約当事者に契約違反が生じた場合、相手の履行を督促しますが、それに応じなければ解除となります。本通知には契約解除の理由を明記します。

文例1 基本 ● 建物賃貸借契約解除通知書

❶ 建物賃貸借契約解除通知書

❸ 沢田　隆殿
賃借人　東京都中野区薬師2丁目3番3号

❷ 　私が貴殿に対し、平成○○年4月1日東京都中野区薬師2丁目3番3号所在、木造2階建住居一棟、延べ床面積100平方メートルをお貸ししたところ、貴殿は平成○○年3月3日より竹中裕人氏に対し本建物の内30平方メートルを転貸している。私に無断での転貸であるため、私と貴殿との間の賃貸借契約は解除いたします。よって平成○○年7月4日までに本建物から立ち退いて明け渡してください。
　以上通告いたします。

❸ 平成○○年6月30日

賃貸人　東京都中野区薬師2丁目5番5号
飯尾哲直　印

基本構成とポイント

❶ **タイトル**：何についての契約解除なのかを明確に記す。

❷ **契約解除の理由**：契約違反で解除する場合は、その違反内容と理由を具体的に記し、明確にする。

❸ **日付・署名・契約者名**：作成した日付を記し、署名、捺印する。契約を解除する相手の住所、氏名を記す。

- 契約を解除する前段階として、契約履行を促す催告があるが、催告と解除の意思表示を一度で済ませることもできる。その場合には「その期間に履行がないときは、期間経過をもって契約を解除する」とする。

応用入れ替え

● 手付放棄売買契約解除通知書 ❷❸

　貴殿所有の土地について、平成○○年3月2日手付金100万円を差し上げ売買契約をいたしましたが、都合により先の手付金を放棄し土地売買契約を解除いたします。
　以上通知いたします。

● クーリング・オフの通知書 ❷

　平成○○年8月15日、貴社販売員鹿賀一郎様が当家を訪問され、△△△△と称する高齢者向け健康機材の購入を勧誘し、この健康機材の割賦購入申込書を持ち帰られました。しかしこの申込みは、当家の者はまだ全員若く健康であり、この健康機材を使用するまでには相当な時間があるとの考えにもかかわらず、鹿賀一郎様の強引な説得に負ける形で申込書に押印したものです。
　よって、訪問販売等に関する法律第○条第○項に基づき、同機材の割賦購入申込みを撤回いたします。
　つきましては、本書到着後ただちに私名義の申込書をご返送くださいますようお願いいたします。

> **クーリング・オフ**
> 一定期間であれば、消費者が業者との契約を一方的に解約できる権利。訪問販売では8日間。

契約・商取引などの法的文書

示談書

- 交通事故の示談書
- 労災事故の示談書

> 損害賠償で当事者同士が話し合い、示談が成立したときに作成する文書です。損害保険会社では交渉を代行してくれるところが多いです。

文例1 基本 ● 交通事故の示談書

❶
　　　　　　　　　　　　示談書
　　　　　　　　被害者住所　東京都世田谷区岡沢2-3-1
　　　　　　　　　　　　　被害者（甲）　米倉　功
　　　　　　　　加害者住所　東京都練馬区新町2-4-9
　　　　　　　　　　　　　加害者（乙）　橋本孝富

❷
　事故の概要
事故発生日時　平成○○年5月10日午後3時15分頃
事故発生場所　東京都世田谷区岡沢1丁目6番4号路上
事故発生状況　加害者乙の運転する車両が一時停止をせずに飛び出し、通行中の被害者甲に衝突した。
傷害の部位・程度　下腹部の打撲
加害車両　普通乗用車　練馬5○○た9999

❸
　示談内容
1、上記交通事故について、加害者乙は被害者甲に治療費一切を負担する。
2、見舞金ならびに慰謝料として金5万円を平成○○年5月31日までに支払う。
3、本件事故に起因する後遺症が後日被害者甲に生じた場合は、加害者乙は損害
　　を賠償する。
　甲ならびに乙は、本件に関し本示談に記載した以外の請求および異議申し立てしないことを確認する。
　以上の通り示談が成立し、本書面を作成する。

❹
　平成○○年5月20日
　　　　　　　　　　　　　　　　　　　（甲）米倉　功　印
　　　　　　　　　　　　　　　　　　　（乙）橋本孝富　印

基本構成とポイント

❶ **タイトル・当事者住所・氏名**：タイトルは示談書とする。被害者、加害者のフルネームを記載する。

❷ **事故の概要**：交通事故の概要を明確に記す。事故発生日時、場所、発生状況、傷害の部位・程度、加害車両を正確に記載する。

❸ **示談内容**：示談内容を記す。交通事故で傷害を負った場合、完治しないうちに示談すると、不利益な立場に陥ることになるので注意が必要。

❹ **日付・署名・捺印**：最後に日付を記し、署名、捺印する。

応用入れ替え

●労災事故の示談書 ❷❸

○○○○（社員）を甲とし、○○株式会社を乙とし、甲および乙は、平成○年○月○日に発生した下記の事故につき、次の通り示談する。

第1条
本件の事故は、次の通り発生した。
(1)　発生日時　平成○年○月○日　午後○時○分
(2)　発生場所　長野県○○市　株式会社○○　長野工場
(3)　事故概要　（省略）

第2条
乙は、本件事故が労働災害によるものと認め、次のように示談金を支払う。
(1)　示談金総額　金○○万円
(2)　支払方法　平成○年○月以降平成○年○月まで、毎月末日限り○万円を、○回の分割により支払う。

第3条
乙の安全管理責任者である○○○○の刑事事件にかかる管轄裁判所に対して、甲は寛大な判決に向けての嘆願書を提出する。

以上のように示談が成立したので、契約の証に本書2通を作成し、甲乙各自が署名捺印の上、各1通を所持する。

文例のポイント
- 加害者と被害者の当事者が話し合い、示談が成立するが、加害者側からの早急なる示談の申し出には注意が必要である。したがって、交通事故の場合は次のことに注意する。
- 治療費などの正確な金額が判明してから示談する。
- 後遺症が発生したときの対応を具体的に記載する。
- 賠償金の支払い方法・時期を明確に記す。保険会社の了解を得る。
- 示談書は被害者、加害者、保険会社、警察署用の4通作成する。

契約・商取引などの法的文書

所有権・物権

- 先取特権の通知
- 譲渡担保権実行通知書
- 抵当権実行通知書

所有権、物権に関する文書は法律用語が多いので、素人判断で作成するよりも、専門家に相談、依頼するのが安全です。

文例1 基本 ● 先取特権の通知

❶
株式会社桜葉不動産御中
東京都港区東3丁目2番3号

　　　　　　　　　　　　　　　　株式会社大中田物産
　　　　　　　　　　　　　　　　代表取締役　中田　満　印

❷
拝啓　貴社ますますご繁栄のこととお慶び申し上げます。
　さて、このたび貴社は、東京都足立区南3丁目4番1号所在の真山敬治氏に対し、その所有の家財道具を差し押さえられました。
　その中に当社が平成○○年3月20日に売却しましたペルシャ絨毯1枚が含まれております。が、その代金95万円は未だに支払われておりません。

❸
　つきましては、当社は上記ペルシャ絨毯の先取特権を行使いたしますので、競売代金の中から、上記の未払い代金を当社にお支払いいただきたくお願いいたします。
　まずは、ご通知申し上げます。

　　　　　　　　　　　　　　　　　　　　　　　　　　　　敬具

基本構成とポイント

ポイント：法律に当てはめ、意思を正確に相手方に伝えることが大切である。
❶**当事者**：目的物の特定が必要。
❷**支払期日・納期の経過の通知**：日付、自署、実印もしくは登録印が必要となる。
❸**支払いの督促**

応用入れ替え

●譲渡担保権実行通知書 ❷❸

　貴社は、平成○○年4月25日、当社から金3000万円を借り受けるに当たり、その担保として、貴社の所有にかかる下記物件につき譲渡担保権を設定され、当社は以後下記物件を引き続き無償で貴社に使用させてまいりました。

　ところが、約束の返済期日である平成○○年7月25日を経過しても貴社はその債務を返済されません。

　つきましては、ここに上記譲渡担保権を実行することといたしますので、至急、下記物件全部を当社に引渡されるようお願いいたします。もし、本書到達の日から1カ月以内に下記物件の引き渡しをされないときは、やむを得ず訴訟および強制執行の方法により引き渡しを断行いたしますが、そうなるとそのような法律手続に必要な費用をすべて貴社に請求せざるを得ないこととなりますので、上記期間内に是非、任意に物件を引き渡すように強く要求いたします。

物件の表示
（略）

以上

●抵当権実行通知書 ❷

　当社は、川崎市幸区北幸町3丁目2番地の土地について、一番抵当権を有している者であります。

　貴社は、債務者浅田慎吾より平成○○年6月3日、上記土地を買い受けられましたが、同債務者は当社に対し返済期日である平成○○年7月10日を過ぎても、抵当債務を履行しないままであります。

　したがって、当社は上記抵当権を実行いたしたくご通知いたします。

以上

文例のポイント
- 所有権は物を全面的に永久支配する権利である。商取引では商品所有権が重要で、利用すると生産や消費の過程で、また、処分すると流通の過程で行使される。
- 物権には10種類あり、所有権、占有権、地上権、永小作権、地役権、入会権、留置権、先取特権、質権、抵当権である。先取特権は、一般・動産・不動産の3つの特権がある。
- 先取特権を行使するためには、この特権を有する者があらかじめその旨を記した通知を出す必要がある。また抵当権は金融を獲得する手段となる。
- 専門的な法律用語が多いので、トラブルが発生しないよう専門家に相談、依頼したほうが無難である。

契約・商取引などの法的文書

特許・商標 1

- ●特許願 ●商標登録願

特許・商標の出願は、所定の手続きで作成した願書を特許庁に提出します。特許原簿に登録されなければ、効力はありません。特許と実用新案の出願には図面と要約書が必要です。

書式例1 特許願

```
┌──────┐
│ 特 許 │              特許願
│ 印 紙 │
└──────┘
```

❶
【書類名】
【整理番号】　　　　H2004-035
【提出日】　　　　　平成○○年4月1日
❷
【あて先】　　　　　特許庁長官殿
（【国際特許分類】）
【発明の名称】　　　真空保存容器
【請求項の数】　　　1
【発明者】
　【住所または居所】　神奈川県伊勢原市池本3丁目8番3号
　【氏名】　　　　　佐藤宜之
【特許出願人】
　（【識別番号】）
❸
　【郵便番号】　　　123-4507
　【住所または居所】　東京都世田谷区大丘2丁目3番4号
　【氏名または名称】　大石蔵人　印
　【電話番号】　　　　　03-3559-○○○○
【添付書類の目録】
　【書類名】　　　　明細書1
　【書類名】　　　　図面1

基本構成とポイント

●出願書は、その目的によって書式が異なるが、難しくはなく本人が作成するのが確実である。商標登録出願手続きの願書には、商標見本を5通添付する。また、特許登録出願手続きの願書には、発明を説明した明細書を添付する。そこに、発明の名称、特許請求の範囲、発明の詳細な説明、図面の簡単な説明にわけて発明の内容を書く。発明内容を理解するのに必要な場合は、図面要約書も提出する。用紙は日本工業規格A列5番を使用する。

❶**標題・特許印紙・書類名・提出日**：書類名を記す。ここでは、「特許願」とする。日付は特許庁への提出日を記載。郵送する場合は、郵便局で受領する日付である。

❷**あて先（特許庁）**：あて先は特許庁長官とする。

❸**発明の名称・発明者とその住所・特許出願人とその住所**：発明の名称、発明者とその住所、特許出願人とその住所、添付書類を明記する。

書式例2 商標登録願

```
    ┌──────┐
    │特許  │                商標登録願
    │印紙  │
❶   └──────┘                                        年　月　日
    (　　円)
❷  特許庁長官　　　殿
    1  指定商品(指定役務)ならびに商品および役務の区分
       第　類                      ㊞
    指定商品(指定役務)     商品登録を受け
     2  商標登録出願人     ようとする商標
        郵便番号           を表示した書面
        住所(居所)
        氏名(名称)                              ㊞
        業務
❸     (国籍)
     3  代理人
        住所(居所)
        氏名(名称)                              ㊞
     4  添付書類の目録
      (1)商標登録を受けようとする商標を表示した書面        ○通
      (2)商標登録を受けようとする商標を表示した書面の副本　　○通
      (3)(                                             通)
```

基本構成とポイント

〈商標登録願〉

- 特許印紙の下の位置にその額を記入する。
- 「指定商品(指定役務)ならびに商品および役務の区分」は、商標法施行規則の別表から該当するものを選び記載する。
- 「業務」は日本産業分類表の小分類や細分類により、出願人が現に行っている業務を記載し、業務を行っていないときは、その旨を記載し、「事業計画書」に願書を添付する。

〈同一商標の使用禁止〉

- 商標は法によって保護されており、商標登録されたものと同一または類似の商標をつけることは禁じられている。登録商標者は、違反者に対し商標侵害で賠償請求、差止め請求ができる。

契約・商取引などの法的文書

特許・商標 2

- 実用新案登録願　●意匠登録の図面　●意匠登録願

書式例3　実用新案登録願

```
┌──┐
│特許│
│印紙│
└──┘
```

【書類名】　　実用新案登録願
【整理番号】　○○○○
【提出日】　　平成○○年9月20日
【あて先】
（【国際特許分類】）
【考案の名称】　□□□□□
【請求項の数】　3項
【考案者】
　【住所又は居所】　東京都国立市二岡1-2-3
　【氏名】　中山隆平
【実用新案登録出願人】
　（【識別番号】）
　【郵便番号】　177-0022
　【住所又は居所】
　【氏名又は名称】
　【電話番号】　03-3457-9906
　【納付年分】　第1年分から第3年分
【添付書類の目録】
　【書類名】　　明細書1
　【書類名】　　図面1
　【書類名】　　要約書1

基本構成とポイント

- 【考案の名称】は容易で明瞭な名称を選ぶ。
- 【納付年分】は「第1年分から第3年分」として、出願時に3年分の登録料を納める。
- 【実用新案登録請求の範囲】は、まず【請求項1】と題して、その考案に関して必要最小限度の構成を記載する。

書式例4 意匠登録の図面

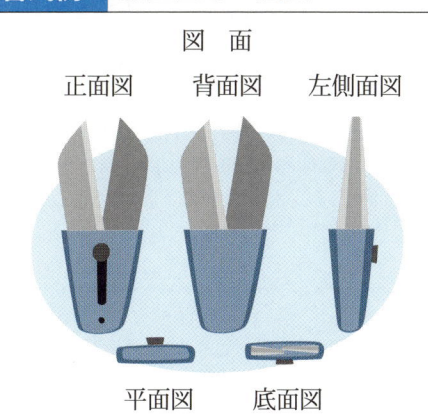

図　面

正面図　　背面図　　左側面図

平面図　　底面図

意匠登録出願人の氏名（名称）	熊本一郎	出願番号	
意匠に関わる物品	釣り用はさみ	出願日	

書式例5 意匠登録願

意匠登録願
平成○○年12月10日
特許庁長官　○○○○○殿
1　意匠に係る物品　　釣り用はさみ
　　　　　　　　　　（フリガナ　ツリヨウ）
2　意匠の創作をした者
　　フリガナ
　　住所（居所）
　　フリガナ
　　氏名　（意匠登録出願人と同じ）
3　意匠登録出願人
　　郵便番号150-0011
　　フリガナ　トウキョウトナカノクロクゴウ
　　住所（居所）東京都中野区六郷
　　　　　　　1-12-18
　　フリガナ　クマモトイチロウ
　　氏名（名称）熊本一郎
　　（国籍）
4　代理人
　　フリガナ　トウキョウトエドガワクナカマチ
　　住所（居所）東京都江戸川区仲町
　　　　　　　2-1-3
　　フリガナ　ミヤザキケンスケ
　　氏名（名称）　宮崎健介
5　添付書類又は添付物件の目録
　(1)図面　　　　2通
　(2)願書副本　　1通
　(3)(　　　　　通)
6　意匠に係る物品の説明
7　意匠の説明
　　右側面図は左側面図と対称にあらわれる

基本構成とポイント

- 図面の代わりに写真、ひな形または見本を提出するときは「添付書類の目録」の欄の「図面」の欄に写真、ひな形または見本の別を記載する。
- 「意匠の説明」の欄には、おもに図面を省略したときに、「右側図面は左側図面と同一にあらわれる」「背面図は正面図と左右対称にあらわれる」などと書く。

〈意匠登録の図面〉

- 図面は、濃墨や黒色インキ、褪色しにくいインクで鮮明に描く。
- 図面は正本1通と副本2通の3通が必要。いずれも複写したもので構わない。
- 意匠をあらわす図面は、正面図、背面図、右側面図、左側面図、平面図、底面図の6図が必要となり、1枚の用紙に同一縮尺で描く。このうち正面図と背面図が対称もしくは同一の場合は背面図を省略することができる。
- 平面的なものをあらわす図面は、表面図と裏面図をもって1組とし、1枚の用紙に描く。

〈意匠登録願〉

- 意匠を創作したものが意匠登録出願をする場合は、「意匠の創作をした者」の欄には「（意匠登録出願人と同じ）」と記載すればよい。「意匠に係る物品」「住所（居所）」「氏名（名称）」にはカタカナでふりがなをつける。

契約・商取引などの法的文書

内容証明

- 貸金請求書
- 催告書
- 家賃値上げ請求書
- 代金未払いを請求する

内容証明はだれが、いつ、だれに、どのような内容の文書を出したのか、取り扱った郵便局が証明する制度のことです。

文例1 基本 ● 貸金請求書

❶
　　　　　　　　　賃金請求書
　私は貴殿に対し平成〇〇年5月21日200萬円を、利息一割、返済期間平成〇〇年9月30日の約束でお貸ししました。返済期間が過ぎましたが、返済されておりません。

❷
　つきましては、本書面到着後10日以内に、金200萬円およびこれに対する平成〇〇年5月21日から完済まで年一割の割合による利息をお支払い下さいますよう、請求いたします。

❸
　　　　平成〇〇年11月9日
　　　　　　　　　　東京都千代田区神町1丁目1番1号
　　　　　　　　　　　　　　　　岸部秀治　印
東京都品川区四葉1丁目2番3号
佐藤正一殿

基本構成とポイント

ポイント：用紙は自由。縦書きか横書きかを選択し、1行を20字以内、1枚の用紙に26行以内に書く。横書きでは、1行を26字以内、1枚20行以内としてもよい。同文の手紙を3通作成するが、うち2通はコピーでも構わない。封をせずに郵便局の窓口に提出し、証明を受けてから封入する。原本1通を相手方に送り、残りの2通を差出人と郵便局がそれぞれ保管する。

❶**タイトル**：内容証明郵便にはタイトルがついているが、これはつけなくてもよい。差出人の自由である。タイトルをつける場合は、内容にあっていればよい。「通知書」「通告書」であればどんな内容証明郵便にも使用できる。

❷**請求内容**：使用できる文字に制限があり、漢字、かな、数字のほか、かっこ、句読点などがある。金額表示は縦書きの場合は壱、弐、参、拾などの漢字を使用。英字は固有名詞に限られる。また、訂正は、訂正箇所を二重の傍線で消すなどして正しい文字を書き加える。欄外に「何字削除、何字加入」と書きそこに差出人の印鑑を押す。

❸**日付・署名・捺印・受取人の住所・氏名**：文書の最後に受取人の住所・氏名、差出人の住所・氏名を書く。押印はしなくてもよい。

応用入れ替え

●催告書 ❷

　当方が、○○○○年4月9日に、弁済期を○○○○年○月○日、利率を年○パーセント、利息を毎月末日払、元本を期日一括払と定め、金○○萬円也を貴殿に貸与いたしましたが、弁済期を経過するも、貴殿は、元金はおろか、利息をも支払わず現在に至っていることは、誠に遺憾であります。
　本書到着後1カ月以内に、右元利金を、当方へ持参または送付お支払いください。さもないときは、裁判上の手続きをとりますので、念のため、申し添えます。

●家賃値上げ請求書 ❶❷

家賃値上げ請求書
　私は、貴殿に対し平成○○年4月1日より後記載建物を家賃1カ月金20萬円で賃貸しています。賃貸開始から6年が経過し、その間物価は上昇し、固定資産税などの税金も増額しております。つきましては、家賃を平成○○年6月分から、1カ月金22萬円に値上げさせていただきますので、よろしくお願いいたします。

●代金未払いを請求する ❷

拝啓　当社は貴社に平成○○年9月6日、T型コンピューター15台を金200万円で販売し、内金300万円を同日受領し、残代金の支払いを同年11月末日と定めておきましたが、貴社はその支払いをせずその後、貴社の申し入れにより残代金170万円を減額し、支払日を平成○○年1月末日と定めました。にもかかわらず、いまだに履行されず、当社としても貴社の誠意を疑っている次第です。
　つきましては、本書状到着の日より3日以内に上記代金の支払いを履行されたく、もしなんら履行なきときは、法的手段をとらざるを得ない状況に置かれます。
　取り急ぎご通知いたします。

敬具

契約・商取引などの法的文書

小切手・手形

● 小切手の振り出し
● 約束手形

小切手は、振出人が銀行に対して一定金額を持参人に支払うことを委託する有価証券です。法律で規定された用式にします。約束手形は、振出人が満期日に一定金額の支払いを約束する有価証券。商取引ではとても重要な手段ですので、トラブルを招かないよう現金同様慎重に扱いましょう。

書式例 小切手の振り出し

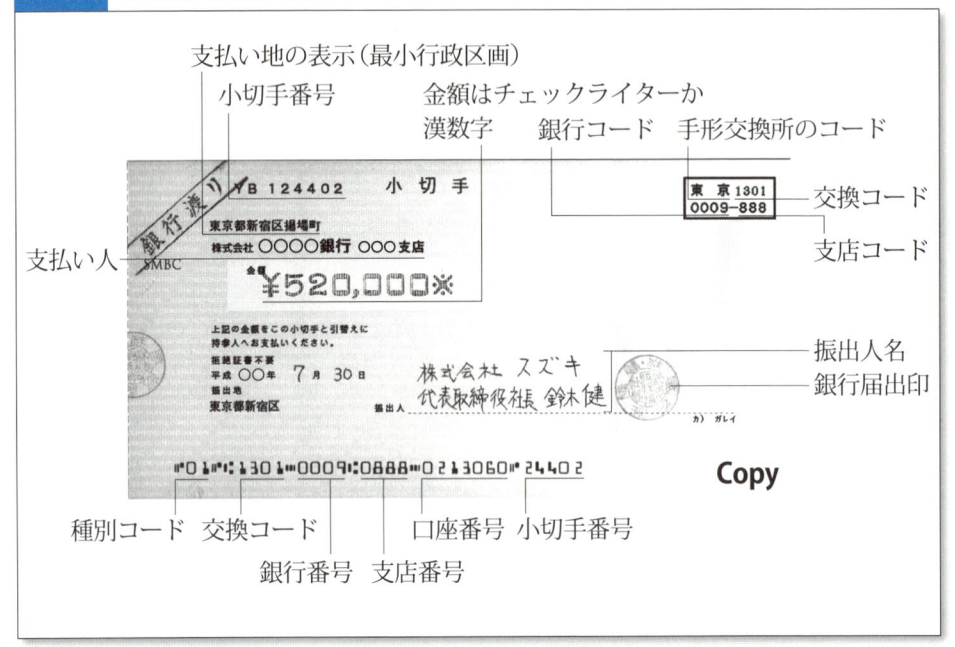

支払い地の表示（最小行政区画）
小切手番号
金額はチェックライターか漢数字
銀行コード
手形交換所のコード
交換コード
支店コード
支払い人
振出人名
銀行届出印
種別コード　交換コード　口座番号　小切手番号
銀行番号　支店番号

基本構成とポイント

- 小切手を振り出すには、まず、銀行に当座預金の口座をつくり、小切手契約を結ぶ。小切手契約を結ぶと、銀行から小切手帳が交付されるので、その用紙に必要事項を記して振り出す。振り出された小切手は銀行に持ち込めばすぐに支払いを受けることができる。呈示期間は振出日を含め10日以内。これを過ぎると無効になるので十分な注意が必要となる。
- タイトルを小切手とする。
- 支払う場所、支払人の名称を明示し、金額を記す。
- 「上記の金額をこの小切手と引替えに持参人にお支払いください」という一文がはいる。
- 振出日を正確に、そして忘れずに振出地を記載する。振出人の署名はフルネームで明示する。

書式例　約束手形

No.145　　　　　　　約束手形
　　　　　　　株式会社下妻工業　殿
　　　　　　金額
　　　　　　　　　￥6,500,000

支払期日	平成〇〇年3月10日
支払地	東京都渋谷区
支払場所 株式会社	南北銀行上原町支店

上記金額をあなたまたはあなたの指示人へこの
約束手形と引替えにお支払いいたします
平成〇〇年2月20日
振出地住所　東京都渋谷区上原町2丁目1番8号
振出人　　　株式会社郡山製作所
　　　　　　　代表取締役　郡山和男　印

基本構成とポイント

- 約束手形とする。
- 受取人と金額を明記する。
- 「上記金額をあなた、またはあなたの指示人へこの約束手形と引替えにお支払いいたします」と約束する文を記す。
- 支払い期日（満期日）、支払う場所を記す。
- 振出日、振出地を記載し、振出人の署名をする。
- 手形は、大きく分けて約束手形と為替手形がある。

　受取人は、支払い期日がきたら銀行に手形を呈示し支払いを受ける。手形を受け取った者は、満期日前でも裏書きをし、債権を譲渡してほかの返済に当てることができる。裏書きは、手形用紙の裏に自署あるいは署名、押印をすることにより行われる。受取人は、必要事項の記載を確認し満期日まで保管する。支払い期間（呈示期間）は満期後3日以内である。
　為替手形は一定金額の支払いを他人に委託する有価証券で、国際取引で使われる。

小切手・手形

契約・商取引などの法的文書

債権

- 債権通知
- 損害賠償請求
- 種類債権の特定の通知

債権は日常生じる権利ですので、発生年月日、当事社名、債権行為などの種類を明確に記載します。

文例1　基本　債権通知

平成○○年10月2日

住下商事株式会社殿

森吉工業株式会社
総務部長　幡野　圭　㊞

通知書

　貴社は、平成○○年8月12日、東京都品川区東青山3丁目2番3号の川浜物産株式会社から買掛金200万円で商品割り箸を購入しておられ、すでにその支払い期日はきております。
　当社は、上記川浜物産株式会社に対し、金200万円の売掛債権を所有しておりますが、同社はその後倒産し、貴社に対しても売掛金の支払いを催促した様子は見られません。
　つきましては、上記債務を当社にお支払いいただきたく、ご通知いたします。

以上

基本構成とポイント

❶日付・債務者・債権者
❷支払期日・納期期日の経過の通知
❸支払いの催促

- 債権はある人に対しある行為を請求する権利で、これを義務づけられることを債務という。債権には5種類あり、1.土地や建物の引き渡しを目的とする特定物債権、2.日常商品の給付を目的とする種類債権、3.一定額の金銭給付を目的とする金銭債権、4.利息の支払いを目的とする利息債権、5.どれか選択したものの引き渡しを目的とする選択債権である。債務が履行されない場合は、損害賠償請求ができる。
- 損害賠償請求は債務内容、不履行の事実、損害賠償請求にいたる経緯を明確に記載する。

応用入れ替え

●損害賠償請求 ❷❸

　拝啓　貴社ますますご盛栄のこととお喜び申し上げます。平素は格別のお引き立てを賜り誠にありがとうございます。

　さて、平成○○年5月6日当社と貴社は契約書をとりかわし、パッチワーク用木綿布65メートルを平成○○年6月7日までに納品していただくお約束でしたが、期日を過ぎても納品されませんでした。

　当社は上記布を加工してマット、手提げ袋を作り株式会社光百貨店に納品しなければならなかったのですが、貴社からの納品がなかったため、上記百貨店との契約違反で違約金20万円也を支払わなければならず、損害をこうむりました。

　したがって、当社は貴社に対し、上記損害は貴社の債務不履行によるものとして、損害賠償の請求をいたします。

　つきましては、本書到着後1カ月以内に損害賠償金として、違約金相当額20万円也を支払うことを請求いたします。

敬具

●種類債権の特定の通知 ❷❸

　拝啓　初秋の候、貴社ますますご繁栄のこととお喜び申し上げます。平素は格別のお引き立てを賜り誠にありがとうございます。

　さて、さる7月13日、貴社からお電話にてメンズ綿製Tシャツとパンツ（いずれもストライプ柄）各600着をご注文いただきましたが、このたび、以上2商品を取りそろえ、それぞれ別々に段ボール箱に梱包いたしました。

　つきましてはご多忙中誠に恐縮とは存じますが、早急に上記商品をお引き取りくださいますようお願い申し上げます。

　まずは、取り急ぎ、ご案内申し上げます。

敬具

契約・商取引などの法的文書

押印

- 署名印　● 割印　● 契印
- 消印　● 捨印　● 止印
- 訂正印

> 押印することにより、文書の作成名義に誤りがないことを作成者自身が認めることになります。印鑑の管理を厳重にすることは、押印のトラブルを防ぐ基本です。

基本構成とポイント

● **押印の意味**

日本では、文書作成に確かに加わったことを証明する方法として押印する。一般的に押印してある文書のほうが証明力は強い。

● **押印の種類**

署名印、割印、契印、消印、捨印、止印、訂正印がある。

① **署名印**とは、自分の姓名を記し捺印することをいう。文書の数が多く署名しきれない場合は、権限を与えられている者の署名を印刷したり、印を作成したりすることもある。これは記名捺印という。社印は社名の中央に、職印は氏名の最後の文字に半分かけて押す。

② **割印**とは、2枚以上の綴り書類がつながっていることを証明するために押す印をいう。それぞれの書類にまたがる1個の印を押す。

③ **契印**とは、書類が関連していることを証明するために押す印をいう。それぞれの書類にまたがる1個の印を押す。契約書と同じ印を使用しなければならない。

④ **消印**とは、文書の一部を削除したことを証明するために押したり、商取引では、収入印紙などに割印同様に押す印のことをいう。後者は、印紙の再使用を防ぐためである。

⑤ **捨印**とは、文書提出後に訂正箇所が出る可能性もあるので、署名者が前もって欄外に押印しておくことをいう。むやみに捨印することは避ける。

⑥ **止印**とは、契約書を作成するとき、文書の終わりに押す印をいう。余白を悪用されることがないよう「以下余白」と書いておく。

⑦ **訂正印**とは、文書の訂正箇所の場合、欄外に「○字訂正」「○字削除、○字加入」と記し押印することをいう。契約書と同じ印を使用しなければならない。

● **捺印する場合**

捺印するということは、その書類の内容を了承したという証明になる。署名だけでもその効果は同じ。より重要な書類の場合は、実印を使い、印鑑証明も添える。

書式例 署名印①

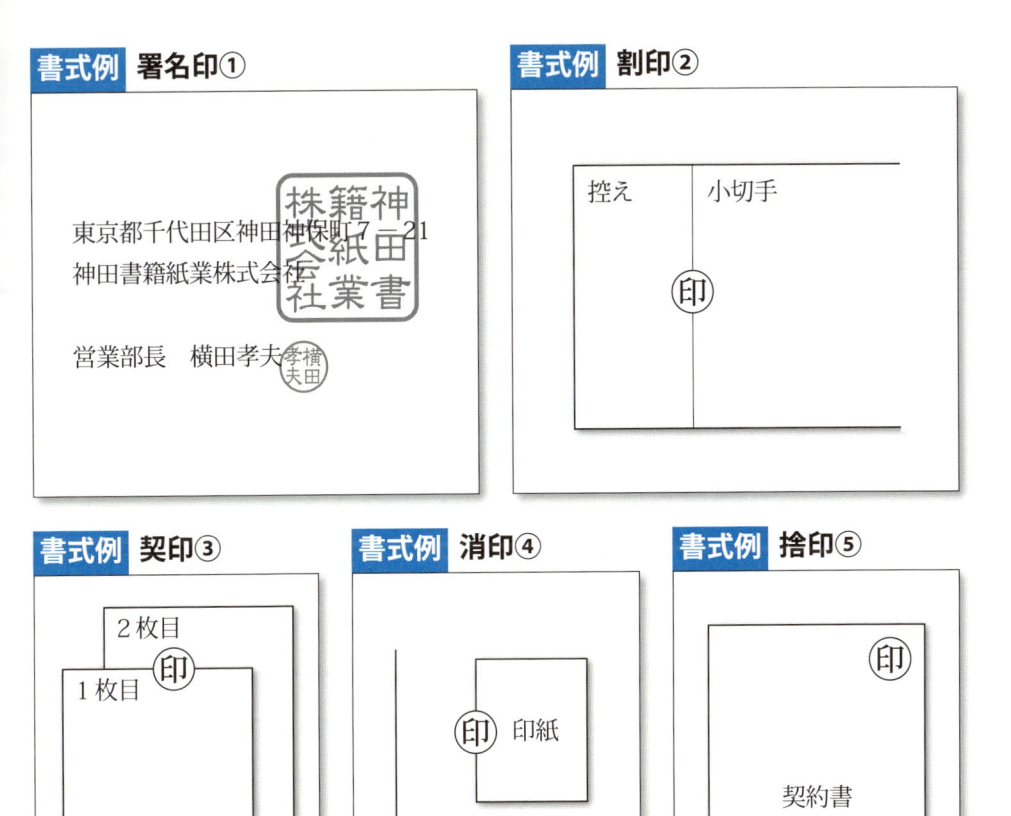

東京都千代田区神田神保町7—21
神田書籍紙業株式会社

営業部長　横田孝夫 ㊞(横田孝夫)

（社印：神田書籍紙業株式会社）

書式例 割印②

| 控え | 小切手 |

㊞（中央にまたがる）

書式例 契印③

1枚目／2枚目 にまたがって ㊞

書式例 消印④

印紙の上に ㊞
台紙

書式例 捨印⑤

契約書（上部欄外に ㊞）

書式例 止印⑥

契約書　㊞

（以下余白）

書式例 訂正印⑦

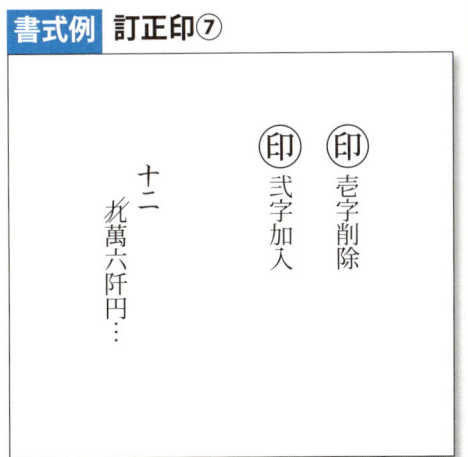

十二
九萬六阡円…

㊞ 壱字削除
㊞ 弐字加入

押印

363

契約・商取引などの法的文書

遺言状

- 自筆証書による遺言書
- 秘密証書による遺言書
- 封書の記載例　　など

遺言は、満15歳以上ならばだれでも自由に残すことができます。しかし、文書の形にしなければ法的効力はないので注意が必要です。

文例1　基本 ● 自筆証書による遺言書

❶
　　　　　　　　　遺言書
　私は、以下の通り遺言をする。
　私の所有する次の土地家屋を、妻久子に相続させる。
　　東京都杉並区井川4丁目3番5号
　　宅地150平方メートル
❷　　木造瓦葺2階建て一棟　床面積100平方メートル
　各種銀行預金の中から5千万円を長男俊郎に相続させる。
　長島不動産株式会社の株式4千万株を長女友美に相続させる。
　以上を除いた残金はすべて妻久子に相続させる。
　私は、東京都杉並区高円5丁目3番3号　久保光を遺言執行者に指定する。
　私は、この遺言全文を書き、日付および氏名を自署し、押印する。
　　平成○○年4月10日
❸
　　　　　　　　　　　　　　東京都杉並区井川4丁目3番5号
　　　　　　　　　　　　　　　遺言者　　　　千石信一　印

基本構成とポイント

❶ **タイトル・遺言する意を記す**：タイトルは「遺言状」もしくは「遺言書」「遺言証書」とする。「次の通り遺言する」として内容に入る。

❷ **遺言の内容**

❸ **日付・署名・捺印**

- 普通方式と特別方式があり前者には、自筆証書・公正証書・秘密証書の3方式がある。
- 自筆証書遺言は日付・氏名を含む全文をすべて自筆で書かなければならない。また、訂正・追加は遺言者自身がその場所と変更を付記し、これに署名、捺印しなければならない。最も手軽だが、記述の誤りで無効になる可能性もある。
- 公正証書遺言は、公証人に作成や保管をしてもらうため最も確実である。公証役場に印鑑証明と実印を持参する。2人以上の証人が立ち会い、遺言者が公証人に遺言の趣旨を口授し、公証人がそれを筆記し遺言者および証人に読み聞かせる。その筆記が正確であることを確認し、遺言者と証人は署名、捺印し、最後に公証人の署名、捺印が求められる。
- 秘密証書遺言は、遺言内容を人に知られたくないときに適している。遺言者は自筆証書による遺言と同様の方法で作成するが、署名以外は代筆、ワープロ文字でも可能。また、遺言者が証書に捺印したのと同じ印で封印すること、遺言者が公証人1人と証人2人以上の前に封書を提出し自己の遺言であることを申し述べる、などが求められる。

応用入れ替え

●秘密証書による遺言書 ❷❸

遺言者水尾富太郎はこの遺言書によって次の遺言をする。
私は、次の者を認知し、郵便貯金の中から3千万円を相続させる。
神奈川県厚木市愛町3丁目2番5号
和田秋男
　平成○○年3月9日
以上の遺言のためにこの遺言書を作り、署名、押印した。

　　　　　　　　　　　　　　　　　遺言者　　　　水尾富太郎　印

●封書の記載例

遺言者水尾富太郎は平成○○年3月10日神奈川公証役場において、本職および証人伊藤一郎、同小袋寅康の前にこの封書を提出し、水尾富太郎の遺言書であることならびにその筆者は神奈川県小田原市池ノ下1番2号の井出由伸であることを申し述べた。よって本職はこれを記載し遺言者および証人と共に署名、押印をした。

　　　　　　　　　　　　　　　神奈川県小田原市池ノ下1番2号
　　　　　　　　　　　　　　　公証人　　　　　　井出由伸　印
　　　　　　　　　　　　　　　神奈川県小田原市海山3丁目2番3号
　　　　　　　　　　　　　　　遺言者　　　　　　水尾富太郎　印
　　　　　　　　　　　　　　　神奈川県小田原市河山3丁目3番5号
　　　　　　　　　　　　　　　証人　　　　　　　伊藤一郎　印
　　　　　　　　　　　　　　　神奈川県小田原市港5丁目3番4号
　　　　　　　　　　　　　　　証人　　　　　　　小袋寅康　印

●公正証書による遺言状 ❷

本公証人は、遺言者○○○○の嘱託により、証人○○○○・証人○○○○の立ち会いのもとに下記の遺言者の口述を筆記し、この証書を作成する。
第1条　次の不動産は、妻石島隆子（昭和○○年○月○日生・住所広島市○○区○○町○丁目○番地）に相続させる。
　　　　　　　　　　　　　（略）
第○条　遺言状は、本遺言執行者として次の者を指定する。
　　　　広島県広島市○丁目○番
　　　　行政書士　　○○○○○

> **文例のポイント** ●普通方式では遺言できない状態にある者が遺言しようとする場合が特別方式である。例えば、臨終時、伝染病で隔離されているとき、船舶内の遺言である。

契約・商取引などの法的文書

そのほかの契約書

- 代理店契約書
- 商標使用権設定契約書
- 特許専用使用権設定契約書

代理店契約では、代理店に大きな権限が与えられるため、親会社への背任行為を行うと契約を解除される事態にもなりかねません。この関係は特許・商標権者も同様です。

書式例1　代理店契約書

> 収入印紙
>
> 　　　　　　　　　　代理店契約書
>
> 売主梅林産業株式会社（以下、甲という）と買主菊林商事株式会社（以下、乙という）とは、甲が製造する製品の継続契約を締結する。
> 第1条　甲は本契約に従い、乙に対し甲の下記製品を売り、乙はこれを買い受けて販売することを約する。
> 　　　　　　　　　　　　記
> スポーツウェアー（ランニングウェアー、アンダーウェアー、シューズ）
> イ　期間　本契約の日から満3年とする。
> ロ　数量　毎月200点とする。
> 第2条　乙は、甲の請求を受領した月の翌月末日を支払日とし、その日を振出日として満期日3カ月以内の約束手形を振り出すことにする。
> 第3条　乙は、甲に営業状況の資料、貸借対照表、損益計算書を提出しなければならない。
> 第4条　乙が代金支払いを怠った場合は、甲は本契約を解除できる。
> 上記の契約成立を証するために、本書を2通作成し署名、捺印の上各自1通を保持する。
> 平成○○年4月3日
> 　　甲　東京都江戸川区北小松川町2丁目3番1号
> 　　　　梅林産業株式会社
> 　　　　代表取締役　梅木雄男　印
> 　　乙　東京都中央区西船3丁目3番5号
> 　　　　菊林商事株式会社
> 　　　　代表取締役　菊池昌浩　印

基本構成とポイント

〈代理店契約書〉

- 代理店契約をする場合は、一定区域内における一切の包括代理権を与えるのが一般的。製品売主が製品買主の経営状況を把握したほうが安心なので、報告義務や送金義務などの条項を加える。
- 最後に会社名、所在地、代表者を記入の上捺印は実印か登録した印鑑を使用すること。所定の位置に収入印紙を貼付する。

書式例2 商標使用権設定契約書

1．商標登録番号　第13579号
2．指定商品および商品の区分
　　　第3類　豊作堂
上記の商標権につき下記の通常使用権の設定を約します。

記

イ　範囲　本契約の日から2年間
ロ　使用料　1カ月につき6万円
ハ　支払方法と期日　毎月末日までに
　　通常使用者の住所まで持参すること。
　平成○○年10月4日
商標権者
　　　　　　　　　　　　　　東京都目白区さくら3丁目3番3号
　　　　　　　　　　　　　　　　　　　　斎藤幸隆　印

通常使用権者
　　　　　　　　　　　　　　東京都目白区さくら2丁目2番4号
　　　　　　　　　　　　　　　　　　　　浜田昌幸　殿

書式例3 特許専用使用権設定契約書

1．特許番号　第24689号
2．発明の名称　筆記用具整理ケース
上記特許権につき下記の専用使用権を設定することを契約する。

記

1．範囲　本契約の日から1年間
2．使用料　1カ月4万円
3．支払方法と期日　毎月末日までに特許者の住所に持参する。
　平成○○年3月3日
専用使用権者
　　　　　　　　　　　　　　横浜市緑区みどり3丁目3番3号
　　　　　　　　　　　　　　　　　　　　田辺一朗　印
特許権者
　　　　　　　　　　　　　　横浜市南区みなみ4丁目2番3号
　　　　　　　　　　　　　　　　　　　　下川栄一　印

文例のポイント

〈商標通常使用権設定契約書〉
● 商標所有者に対し、商標の使用承認を発行し認可の回答を待つ。契約書には、商標登録番号、指定商品名、範囲、契約金、支払方法を記載する。最後に署名・捺印する。許諾書には、別に登録申請書が必要。

〈特許専用使用権設定契約書〉
● 契約内容は通常使用権の文書と同じで、範囲、使用料、支払方法と期日を明確に記載する。契約書には、別に登録申請書が必要。

契約・商取引などの法的文書

Column

印鑑登録と収入印紙

印鑑登録
　会社設立の登記を申請する場合や代表取締役が変更した場合などには、印鑑を登記所に提出しなければならない。従来届け出ている印鑑を変更する場合にも同様で、その場合「改印届書」とする。代表取締役名の印は個人の実印を使用するため、印鑑証明書が必要となる。

収入印紙
　政府が歳入金を徴収する手段として発行する一定額を表示した証票。手数料、罰金、科料、印紙税、登録免許税などを納付する際に用いられ、納付した証明として証書や文書などに貼る。たとえば、印紙税の場合、受領金額が3万円以上になると印紙による納付が課せられ、その領収書に添付して消印する方法で納税する。

● 印鑑届出書（B5判）

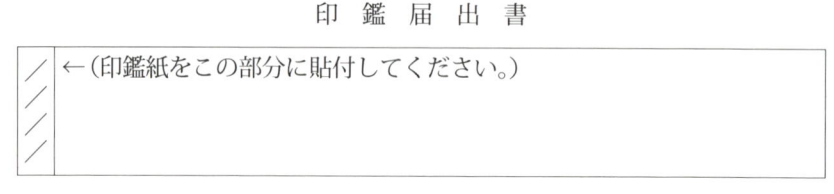

印　鑑　届　出　書

←（印鑑紙をこの部分に貼付してください。）

上記の通り届けます。
　　平成○○年5月1日
　　　（本　　店）東京都千代田区飯田橋9丁目1番1号
　　　（商　　号）株式会社　刊行産業
　　　（住　　所）東京都港区新橋上町1丁目1番8号
　　　　代表取締役　平沢虎道

東京法務局　御中

（印鑑紙をこの部分に貼付してください。）

役立ち小辞典

常用漢字一覧／追加された常用漢字の一覧
異字同訓漢字の用法／書き誤りやすい熟語の例
時候の慣用句一覧／四季・二十四気・七十二候表

さくいん

役立ち小辞典

常用漢字一覧

＊この表は字音別に配列してある。字音が2つ以上ある場合は、その全部を掲げた。

【ア】
亜 ア
哀 アイ／あわれ・あわれむ
愛 アイ
悪 アク・オ／わるい
握 アク／にぎる
圧 アツ
扱 あつかう
安 アン／やすい
行 アン・コウ・ギョウ／いく・ゆく・おこなう
案 アン
暗 アン／くらい

【イ】
以 イ
衣 イ／ころも
位 イ／くらい
囲 イ／かこむ・かこう
医 イ
依 イ・エ
委 イ
易 イ・エキ／やさしい
威 イ
胃 イ
為 イ
唯 イ・ユイ
尉 イ
異 イ／こと
移 イ／うつる・うつす
偉 イ／えらい
意 イ
違 イ／ちがう・ちがえる
維 イ
慰 イ／なぐさめる・なぐさむ
遺 イ・ユイ
緯 イ
域 イキ
育 イク／そだつ・そだてる
一 イチ・イツ／ひと・ひとつ
壱 イチ

一 イツ・イチ／ひと・ひとつ
逸 イツ
芋 いも
引 イン／ひく・ひける
印 イン／しるし
因 イン／よる
音 イン・オン／おと・ね
姻 イン
員 イン
院 イン
陰 イン／かげ・かげる
飲 イン／のむ
隠 イン／かくす・かくれる
韻 イン

【ウ】
右 ウ・ユウ／みぎ
有 ウ・ユウ／ある
宇 ウ
羽 ウ／は・はね
雨 ウ／あめ・あま
運 ウン／はこぶ
雲 ウン／くも

【エ】
回 エ・カイ／まわる・まわす
会 エ・カイ／あう
依 エ・イ
恵 エ・ケイ／めぐむ
絵 エ・カイ
永 エイ／ながい
泳 エイ／およぐ
英 エイ
映 エイ／うつる・うつす・はえる
栄 エイ／さかえる・はえ・はえる
営 エイ／いとなむ
詠 エイ／よむ
影 エイ／かげ
鋭 エイ／するどい
衛 エイ
役 エキ・ヤク

易 エキ・イ／やさしい
疫 エキ・ヤク
益 エキ・ヤク
液 エキ
駅 エキ
悦 エツ
越 エツ／こす・こえる
謁 エツ
閲 エツ
円 エン／まるい
延 エン／のばす・のびる・のべる
沿 エン／そう
炎 エン／ほのお
宴 エン
援 エン
園 エン／その
煙 エン／けむる・けむり・けむい
猿 エン／さる
遠 エン・オン／とおい
鉛 エン／なまり
塩 エン／しお
演 エン
縁 エン／ふち

【オ】
汚 オ／けがす・けがれる・けがらわしい・よごす・よごれる・きたない
悪 オ・アク／わるい
和 オ・ワ／やわらぐ・やわらげる・なごむ・なごやか
王 オウ
凹 オウ
央 オウ
応 オウ
往 オウ
押 オウ／おす・おさえる
欧 オウ
殴 オウ／なぐる
桜 オウ／さくら
翁 オウ
黄 オウ・コウ／き・こ
奥 オウ／おく

横 オウ／よこ
皇 オウ・コウ
屋 オク／や
億 オク
憶 オク
虞 おそれ
乙 オツ
卸 おろし・おろす
音 オン・イン／おと・ね
恩 オン
温 オン／あたたか・あたたかい・あたたまる・あたためる
遠 オン・エン／とおい
穏 オン／おだやか

【カ】
下 カ・ゲ／した・しも・もと・さげる・さがる・くだる・くだす・くださる・おろす・おりる
化 カ・ケ／ばける・ばかす
火 カ／ひ・ほ
加 カ／くわえる・くわわる
可 カ
仮 カ・ケ／かり
何 カ／なに・なん
花 カ／はな
佳 カ
価 カ／あたい
果 カ／はたす・はてる・はて
河 カ／かわ
科 カ
架 カ／かける・かかる
夏 カ・ゲ／なつ
家 カ・ケ／いえ・や
荷 カ／に
華 カ・ケ／はな
菓 カ
貨 カ
渦 カ／うず
過 カ／すぎる・すごす・あやまつ・あやまち
嫁 カ／よめ・とつぐ
暇 カ／ひま
禍 カ

環 カン	簡 カン	観 カン	艦 カン	鑑 カン	丸 ガン・まるい・まるめる	元 ガン・ゲン・もと	含 ガン・ふくむ・ふくめる	岸 ガン・きし	岩 ガン・いわ	眼 ガン・ゲン・まなこ	頑 ガン	顔 ガン・かお	願 ガン・ねがう

【キ】

| 刈 かる | 干 カン・ほす・ひる | 刊 カン | 甲 カン・コウ | 甘 カン・あまい・あまえる・あまやかす | 汗 カン・あせ | 缶 カン | 完 カン | 肝 カン・きも | 官 カン | 冠 カン・かんむり | 巻 カン・まく・まき | 看 カン | 陥 カン・おちいる・おとしいれる | 乾 カン・かわく・かわかす | 勘 カン | 患 カン・わずらう | 貫 カン・つらぬく | 寒 カン・さむい | 喚 カン | 堪 カン・たえる | 換 カン・かわる・かえる | 敢 カン | 棺 カン | 款 カン | 間 カン・ケン・あいだ・ま | 閑 カン | 勧 カン・すすめる | 寛 カン | 幹 カン・みき | 感 カン | 漢 カン | 慣 カン・なれる・ならす | 管 カン・くだ | 関 カン・せき | 歓 カン | 監 カン | 緩 カン・ゆるい・ゆるやか・ゆるむ・ゆるめる | 憾 カン | 還 カン | 館 カン |

| 己 キ・コ・おのれ | 企 キ・くわだてる | 危 キ・あぶない・あやうい・あやぶむ | 机 キ・つくえ | 気 キ・ケ | 岐 キ | 希 キ | 忌 キ・いむ・いまわしい | 汽 キ | 奇 キ | 祈 キ・いのる | 季 キ | 紀 キ | 軌 キ | 既 キ・すでに | 記 キ・しるす | 起 キ・おきる・おこる・おこす | 飢 キ・うえる | 鬼 キ・おに | 帰 キ・かえる・かえす | 基 キ・もと・もとい | 寄 キ・よる・よせる | 規 キ | 喜 キ・よろこぶ | 幾 キ・いく | 揮 キ |

| 慨 ガイ | 該 ガイ | 概 ガイ | 垣 かき | 各 カク・おのおの | 角 カク・かど・つの | 拡 カク | 画 カク・ガ | 客 カク・キャク | 革 カク・かわ | 格 カク・コウ | 核 カク | 殻 カク・から | 郭 カク | 覚 カク・おぼえる・さます・さめる | 較 カク | 隔 カク・へだてる・へだたる | 閣 カク | 確 カク・たしか・たしかめる | 獲 カク・える | 嚇 カク | 穫 カク | 学 ガク・まなぶ | 岳 ガク・たけ | 楽 ガク・ラク・たのしい・たのしむ | 額 ガク・ひたい | 掛 かける・かかる・かかり | 潟 かた | 合 カッ・ガッ・ゴウ・あう・あわす・あわせる | 活 カツ | 括 カツ | 喝 カツ | 渇 カツ・かわく | 割 カツ・わる・わり・われる・さく | 滑 カツ・すべる・なめらか | 褐 カツ | 轄 カツ | 且 かつ | 月 ガツ・ゲツ・つき | 合 ガッ・カッ・ゴウ・あう・あわす・あわせる | 株 かぶ |

| 靴 カ・くつ | 寡 カ | 歌 カ・うた・うたう | 箇 カ | 稼 カ・かせぐ | 課 カ | 蚊 か | 我 ガ・われ・わ | 画 ガ・カク | 芽 ガ・め | 賀 ガ | 雅 ガ | 餓 ガ | 介 カイ | 回 カイ・エ・まわる・まわす | 灰 カイ・はい | 会 カイ・エ・あう | 快 カイ・こころよい | 戒 カイ・いましめる | 改 カイ・あらためる・あらたまる | 怪 カイ・あやしい・あやしむ | 拐 カイ | 悔 カイ・くいる・くやむ・くやしい | 海 カイ・うみ | 界 カイ | 皆 カイ・みな | 械 カイ | 絵 カイ・エ | 街 カイ・ガイ・まち | 開 カイ・ひらく・ひらける・あく・あける | 階 カイ | 解 カイ・ゲ・とく・とかす・とける | 塊 カイ・かたまり | 壊 カイ・こわす・こわれる | 懐 カイ・ふところ・なつかしい・なつかしむ・なつく・なつける | 貝 かい | 外 ガイ・ゲ・そと・ほか・はずす・はずれる | 劾 ガイ | 害 ガイ | 涯 ガイ | 街 ガイ・カイ・まち |

役立ち小辞典

漢字	読み
期	キ・ゴ
棋	キ
貴	キ／たっとい・とうとい・たっとぶ・とうとぶ
棄	キ
旗	キ／はた
器	キ／うつわ
輝	キ／かがやく
機	キ／はた
騎	キ
技	ギ／わざ
宜	ギ
偽	ギ／いつわる・にせ
欺	ギ／あざむく
義	ギ
疑	ギ／うたがう
儀	ギ
戯	ギ／たわむれる
擬	ギ
犠	ギ
議	ギ
菊	キク
吉	キチ・キツ
吉	キツ・キチ
喫	キツ
詰	キツ／つめる・つまる・つむ
脚	キャ・キャク／あし
却	キャク
客	キャク・カク
脚	キャク・キャ／あし
逆	ギャク／さか・さからう
虐	ギャク／しいたげる
九	キュウ・ク／ここの・ここのつ
久	キュウ・ク／ひさしい
及	キュウ／およぶ・および・およぼす
弓	キュウ／ゆみ
丘	キュウ／おか
旧	キュウ
休	キュウ／やすむ・やすまる・やすめる
吸	キュウ／すう
朽	キュウ／くちる
求	キュウ／もとめる
究	キュウ／きわめる
泣	キュウ／なく
急	キュウ／いそぐ
級	キュウ
糾	キュウ
宮	キュウ・グウ・ク／みや
救	キュウ／すくう
球	キュウ／たま
給	キュウ
窮	キュウ／きわまる・きわめる
牛	ギュウ／うし
去	キョ・コ／さる
巨	キョ
居	キョ／いる
拒	キョ／こばむ
拠	キョ・コ
挙	キョ／あげる・あがる
虚	キョ・コ
許	キョ／ゆるす
距	キョ
魚	ギョ／うお・さかな
御	ギョ・ゴ／おん
漁	ギョ・リョウ
凶	キョウ
兄	キョウ・ケイ／あに
共	キョウ／とも
叫	キョウ／さけぶ
狂	キョウ／くるう・くるおしい
京	キョウ・ケイ
享	キョウ
供	キョウ・ク／そなえる・とも
協	キョウ
況	キョウ
峡	キョウ
挟	キョウ／はさむ・はさまる
狭	キョウ／せまい・せばめる・せばまる
香	キョウ／か・かおり・かおる
恐	キョウ／おそれる・おそろしい
恭	キョウ／うやうやしい
胸	キョウ／むね・むな
脅	キョウ／おびやかす・おどす・おどかす
強	キョウ・ゴウ／つよい・つよまる・つよめる・しいる
教	キョウ／おしえる・おそわる
経	キョウ・ケイ／へる
郷	キョウ・ゴウ
境	キョウ・ケイ／さかい
橋	キョウ／はし
興	キョウ・コウ／おこる・おこす
矯	キョウ／ためる
鏡	キョウ／かがみ
競	キョウ・ケイ／きそう・せる
響	キョウ／ひびく
驚	キョウ／おどろく・おどろかす
仰	キョウ・コウ／あおぐ・おおせ
行	ギョウ・コウ・アン／いく・ゆく・おこなう
形	ギョウ・ケイ／かた・かたち
暁	ギョウ／あかつき
業	ギョウ・ゴウ／わざ
凝	ギョウ／こる・こらす
曲	キョク／まがる・まげる
局	キョク
極	キョク・ゴク／きわめる・きわまる・きわみ
玉	ギョク／たま
今	キン・コン／いま
斤	キン
均	キン
近	キン／ちかい
金	キン・コン／かね・かな
菌	キン
勤	キン・ゴン／つとめる・つとまる
琴	キン／こと
筋	キン／すじ
禁	キン
緊	キン
謹	キン／つつしむ
襟	キン／えり
吟	ギン
銀	ギン

【ク】

漢字	読み
九	ク・キュウ／ここの・ここのつ
久	ク・キュウ／ひさしい
口	ク・コウ／くち
工	ク・コウ
区	ク
句	ク
功	ク・コウ
供	ク・キョウ／そなえる・とも
苦	ク／くるしい・くるしむ・くるしめる・にがい・にがる
紅	ク・コウ／べに・くれない
宮	ク・グウ・キュウ／みや
庫	ク・コ
貢	ク・コウ／みつぐ
駆	ク／かける・かる
具	グ
愚	グ／おろか
空	クウ／そら・あく・あける・から
宮	グウ・キュウ・ク／みや
偶	グウ
遇	グウ
隅	グウ／すみ
屈	クツ
掘	クツ／ほる
繰	くる
君	クン／きみ
訓	クン
勲	クン
薫	クン／かおる
軍	グン
郡	グン
群	グン／むれる・むれ・むら

【ケ】

漢字	読み
化	ケ・カ／ばける・ばかす
仮	ケ・カ／かり
気	ケ・キ
家	ケ・カ／いえ・や
華	ケ・カ／はな
懸	ケ・ケン／かける・かかる
下	ゲ・カ／した・しも・もと・さげる・さがる・くだる・くだす・くださる・おろす・おりる
外	ゲ・ガイ／そと・ほか・はずす・はずれる
夏	ゲ・カ／なつ
解	ゲ・カイ／とく・とかす・とける
兄	ケイ・キョウ／あに
刑	ケイ

漢字	読み	漢字	読み	漢字	読み	漢字	読み
形	ケイ・ギョウ／かた・かたち	犬	ケン／いぬ	嫌	ケン・ゲン／きらう・いや	巧	コウ／たくみ
系	ケイ	件	ケン	厳	ゲン・ゴン／おごそか・きびしい	広	コウ／ひろい・ひろまる・ひろめる・ひろがる・ひろげる
京	ケイ・キョウ	見	ケン／みる・みえる・みせる	験	ケン・ゲン	甲	コウ・カン
径	ケイ	券	ケン	【コ】		交	コウ／まじわる・まじえる・まじる・まざる・まぜる・かう・かわす
茎	ケイ／くき	肩	ケン／かた	己	コ・キ／おのれ	仰	コウ・ギョウ／あおぐ・おおせ
係	ケイ／かかる・かかり	建	ケン・コン／たてる・たつ	戸	コ／と	光	コウ／ひかる・ひかり
型	ケイ／かた	研	ケン／とぐ	去	コ・キョ／さる	向	コウ／むく・むける・むかう・むこう
契	ケイ／ちぎる	県	ケン	古	コ／ふるい・ふるす	后	コウ
計	ケイ／はかる・はからう	倹	ケン	呼	コ／よぶ	好	コウ／このむ・すく
恵	ケイ・エ／めぐむ	兼	ケン／かねる	固	コ／かためる・かたまる・かたい	江	コウ／え
啓	ケイ	剣	ケン／つるぎ	拠	コ・キョ	考	コウ／かんがえる
掲	ケイ／かかげる	軒	ケン／のき	孤	コ	行	コウ・ギョウ・アン／いく・ゆく・おこなう
渓	ケイ	健	ケン／すこやか	弧	コ	坑	コウ
経	ケイ・キョウ／へる	険	ケン／けわしい	故	コ／ゆえ	孝	コウ
蛍	ケイ／ほたる	圏	ケン	枯	コ／かれる・からす	抗	コウ
敬	ケイ／うやまう	堅	ケン／かたい	個	コ・カ	攻	コウ／せめる
景	ケイ	検	ケン	庫	コ・ク	更	コウ／さら・ふける・ふかす
軽	ケイ／かるい・かろやか	間	ケン・カン／あいだ・ま	虚	コ・キョ	効	コウ／きく
傾	ケイ／かたむく・かたむける	嫌	ケン・ゲン／きらう・いや	湖	コ／みずうみ	幸	コウ／さいわい・さち・しあわせ
携	ケイ／たずさえる・たずさわる	献	ケン・コン	雇	コ／やとう	拘	コウ
継	ケイ／つぐ	絹	ケン／きぬ	誇	コ／ほこる	肯	コウ
境	ケイ・キョウ／さかい	遣	ケン／つかう・つかわす	鼓	コ／つづみ	侯	コウ
慶	ケイ	権	ケン・ゴン	顧	コ／かえりみる	厚	コウ／あつい
憩	ケイ／いこい・いこう	憲	ケン	五	ゴ／いつ・いつつ	後	コウ・ゴ／のち・うしろ・あと・おくれる
警	ケイ	賢	ケン／かしこい	互	ゴ／たがい	恒	コウ
鶏	ケイ／にわとり	謙	ケン	午	ゴ	洪	コウ
競	ケイ・キョウ／きそう・せる	繭	ケン／まゆ	呉	ゴ	皇	コウ・オウ
芸	ゲイ	顕	ケン	後	ゴ・コウ／のち・うしろ・あと・おくれる	紅	コウ・ク／べに・くれない
迎	ゲイ／むかえる	験	ケン・ゲン	娯	ゴ	荒	コウ／あらい・あれる・あらす
鯨	ゲイ／くじら	懸	ケン・ケ／かける・かかる	悟	ゴ／さとる	郊	コウ
劇	ゲキ	元	ゲン・ガン／もと	御	ゴ・ギョ／おん	香	コウ・キョウ／か・かおり・かおる
激	ゲキ／はげしい	幻	ゲン／まぼろし	期	ゴ・キ	候	コウ／そうろう
撃	ゲキ／うつ	玄	ゲン	碁	ゴ	校	コウ
欠	ケツ／かける・かく	言	ゲン・ゴン／いう・こと	語	ゴ／かたる・かたらう	耕	コウ／たがやす
穴	ケツ／あな	弦	ゲン／つる	誤	ゴ／あやまる	耗	コウ・モウ
血	ケツ／ち	限	ゲン／かぎる	護	ゴ	格	コウ・カク
決	ケツ／きめる・きまる	原	ゲン／はら	口	コウ・ク／くち	航	コウ
結	ケツ／むすぶ・ゆう・ゆわえる	現	ゲン／あらわれる・あらわす	工	コウ・ク	貢	コウ・ク／みつぐ
傑	ケツ	眼	ゲン・ガン／まなこ	公	コウ／おおやけ	降	コウ／おりる・おろす・ふる
潔	ケツ／いさぎよい	減	ゲン／へる・へらす	孔	コウ	高	コウ／たかい・たか・たかまる・たかめる
月	ゲツ・ガツ／つき	源	ゲン／みなもと	功	コウ・ク	康	コウ

373

役立ち小辞典

漢字	読み
控	コウ・ひかえる
黄	コウ・オウ・き・こ
慌	コウ・あわてる・あわただしい
港	コウ・みなと
硬	コウ・かたい
絞	コウ・しぼる・しめる・しまる
項	コウ
溝	コウ・みぞ
鉱	コウ
構	コウ・かまえる・かまう
綱	コウ・つな
酵	コウ
稿	コウ
興	コウ・キョウ・おこる・おこす
衡	コウ
鋼	コウ・はがね
講	コウ
購	コウ
号	ゴウ
合	ゴウ・ガッ・カッ・あう・あわす・あわせる
拷	ゴウ
剛	ゴウ
強	ゴウ・キョウ・つよい・つよまる・つよめる・しいる
豪	ゴウ
郷	ゴウ・キョウ
業	ゴウ・ギョウ・わざ
石	コク・セキ・シャク・いし
克	コク
告	コク・つげる
谷	コク・たに
刻	コク・きざむ
国	コク・くに
黒	コク・くろ・くろい
穀	コク
酷	コク
極	コク・キョク・きわめる・きわまる・きわみ
獄	ゴク
骨	コツ・ほね
込	こむ・こめる
今	コン・キン・いま
困	コン・こまる

漢字	読み
昆	コン
金	コン・キン・かね・かな
建	コン・ケン・たてる・たつ
恨	コン・うらむ・うらめしい
根	コン・ね
婚	コン
混	コン・まじる・まざる・まぜる
紺	コン
献	コン・ケン
魂	コン・たましい
墾	コン
懇	コン・ねんごろ
言	ゴン・ゲン・いう・こと
勤	ゴン・キン・つとめる・つとまる
権	ゴン・ケン
厳	ゴン・ゲン・おごそか・きびしい

【サ】

漢字	読み
左	サ・ひだり
再	サ・サイ・ふたたび
佐	サ
作	サ・サク・つくる
茶	サ・チャ
査	サ
砂	サ・シャ・すな
唆	サ・そそのかす
差	サ・さす
詐	サ
鎖	サ・くさり
座	サ・すわる
才	サイ
切	サイ・セツ・きる・きれる
再	サイ・サ・ふたたび
西	サイ・セイ・にし
災	サイ・わざわい
妻	サイ・つま
砕	サイ・くだく・くだける
宰	サイ
栽	サイ
殺	サイ・サツ・セツ・ころす
財	サイ・ザイ
彩	サイ・いろどる

漢字	読み
採	サイ・とる
済	サイ・すむ・すます
祭	サイ・まつる・まつり
斎	サイ
細	サイ・ほそい・ほそる・こまか・こまかい
菜	サイ・な
最	サイ・もっとも
裁	サイ・たつ・さばく
債	サイ
催	サイ・もよおす
歳	サイ・セイ
載	サイ・のせる・のる
際	サイ・きわ
在	ザイ・ある
材	ザイ
剤	ザイ
財	ザイ・サイ
罪	ザイ・つみ
崎	さき
作	サク・サ・つくる
削	サク・けずる
昨	サク
索	サク
策	サク
酢	サク・す
搾	サク・しぼる
錯	サク
咲	さく
冊	サク・サツ
冊	サツ・サク
札	サツ・ふだ
早	サッ・ソウ・はやい・はやまる・はやめる
刷	サツ・する
殺	サツ・サイ・セツ・ころす
察	サツ
撮	サツ・とる
擦	サツ・する・すれる
雑	ザツ・ゾウ
皿	さら
三	サン・み・みつ・みっつ
山	サン・やま

漢字	読み
参	サン・まいる
桟	サン
蚕	サン・かいこ
惨	サン・ザン・みじめ
産	サン・うむ・うまれる・うぶ
傘	サン・かさ
散	サン・ちる・ちらす・ちらかる
算	サン
酸	サン・すい
賛	サン
残	ザン・のこる・のこす
惨	ザン・サン・みじめ
暫	ザン

【シ】

漢字	読み
士	シ
子	シ・ス
支	シ・ささえる
止	シ・とまる・とめる
氏	シ・うじ
仕	シ・ジ・つかえる
史	シ
司	シ
四	シ・よ・よつ・よっつ・よん
市	シ・いち
矢	シ・や
示	シ・ジ・しめす
旨	シ・むね
次	シ・ジ・つぐ・つぎ
死	シ・しぬ
糸	シ・いと
自	シ・ジ・みずから
至	シ・いたる
伺	シ・うかがう
志	シ・こころざす・こころざし
私	シ・わたくし
使	シ・つかう
刺	シ・さす・ささる
始	シ・はじめる・はじまる
姉	シ・あね
枝	シ・えだ
祉	シ

374

漢字	音訓	漢字	音訓	漢字	音訓	漢字	音訓
肢	シ	璽	ジ	借	シャク・かりる	修	シュウ・シュ・おさめる・おさまる
姿	シ・すがた	式	シキ	酌	シャク・くむ	執	シュウ・シツ・とる
思	シ・おもう	色	シキ・ショク・いろ	釈	シャク	終	シュウ・おわる・おえる
指	シ・ゆび・さす	織	シキ・ショク・おる	爵	シャク	習	シュウ・ならう
施	シ・セ・ほどこす	識	シキ	若	ジャク・ニャク・わかい・もしくは	週	シュウ
師	シ	直	ジキ・チョク・ただちに・なおす・なおる	弱	ジャク・よわい・よわる・よわまる・よわめる	就	シュウ・ジュ・つく・つける
紙	シ・かみ	食	ジキ・ショク・くう・くらう・たべる	寂	ジャク・セキ・さび・さびしい・さびれる	衆	シュウ・シュ
脂	シ・あぶら	軸	ジク	着	ジャク・チャク・きる・きせる・つく・つける	集	シュウ・あつまる・あつめる・つどう
視	シ	七	シチ・なな・ななつ・なの	手	シュ・て・た	愁	シュウ・うれい・うれえる
紫	シ・むらさき	質	シチ・シツ・チ	主	シュ・ス・ぬし・おも	酬	シュウ
詞	シ	失	シツ・うしなう	守	シュ・ス・まもる・もり	醜	シュウ・みにくい
歯	シ・は	室	シツ・むろ	朱	シュ	襲	シュウ・おそう
嗣	シ	疾	シツ	取	シュ・とる	十	ジュウ・ジッ・とお・と
試	シ・こころみる・ためす	執	シツ・シュウ・とる	狩	シュ・かる・かり	汁	ジュウ・しる
詩	シ	湿	シツ・しめる・しめす	修	シュ・シュウ・おさめる・おさまる	充	ジュウ・あてる
資	シ	漆	シツ・うるし	首	シュ・くび	住	ジュウ・すむ・すまう
飼	シ・かう	質	シツ・シチ・チ	殊	シュ・こと	拾	ジュウ・シュウ・ひろう
誌	シ	日	ジツ・ニチ・ひ・か	珠	シュ	柔	ジュウ・ニュウ・やわらか・やわらかい
雌	シ・め・めす	実	ジツ・み・みのる	酒	シュ・さけ・さか	重	ジュウ・チョウ・え・おもい・かさねる・かさなる
賜	シ・たまわる	十	ジツ・ジュウ・とお・と	種	シュ・たね	従	ジュウ・ショウ・ジュ・したがう・したがえる
諮	シ・はかる	芝	しば	趣	シュ・おもむき	渋	ジュウ・しぶ・しぶい・しぶる
仕	ジ・シ・つかえる	写	シャ・うつす・うつる	衆	シュ・シュウ	銃	ジュウ
示	ジ・シ・しめす	社	シャ・やしろ	寿	ジュ・ことぶき	獣	ジュウ・けもの
地	ジ・チ	車	シャ・くるま	受	ジュ・うける・うかる	縦	ジュウ・たて
字	ジ・あざ	舎	シャ	従	ジュ・ジュウ・ショウ・したがう・したがえる	叔	シュク
寺	ジ・てら	者	シャ・もの	授	ジュ・さずける・さずかる	祝	シュク・シュウ・いわう
次	ジ・シ・つぐ・つぎ	砂	シャ・サ・すな	就	ジュ・ジュウ・つく・つける	宿	シュク・やど・やどる・やどす
耳	ジ・みみ	射	シャ・いる	需	ジュ	淑	シュク
自	ジ・シ・みずから	捨	シャ・すてる	儒	ジュ	粛	シュク
似	ジ・にる	赦	シャ	樹	ジュ	縮	シュク・ちぢむ・ちぢまる・ちぢめる・ちぢれる・ちぢらす
児	ジ・ニ	斜	シャ・ななめ	収	シュウ・おさめる・おさまる	塾	ジュク
事	ジ・ズ・こと	煮	シャ・にる・にえる・にやす	囚	シュウ	熟	ジュク・うれる
侍	ジ・さむらい	遮	シャ・さえぎる	州	シュウ・す	出	シュツ・スイ・でる・だす
治	ジ・チ・おさめる・おさまる・なおる・なおす	謝	シャ・あやまる	舟	シュウ・ふね・ふな	述	ジュツ・のべる
持	ジ・もつ	邪	ジャ	秀	シュウ・ひいでる	術	ジュツ
時	ジ・とき	蛇	ジャ・ダ・へび	周	シュウ・まわり	俊	シュン
除	ジ・ジョ・のぞく	尺	シャク	宗	シュウ・ソウ	春	シュン・はる
滋	ジ	石	シャク・セキ・コク・いし	拾	シュウ・ジュウ・ひろう	瞬	シュン・またたく
慈	ジ・いつくしむ	赤	シャク・セキ・あか・あかい・あからむ・あからめる	祝	シュウ・シュク・いわう	旬	ジュン
辞	ジ・やめる	昔	シャク・セキ・むかし	秋	シュウ・あき	巡	ジュン・めぐる
磁	ジ			臭	シュウ・くさい	盾	ジュン・たて

役立ち小辞典

漢字	読み
准	ジュン
殉	ジュン
純	ジュン
循	ジュン
順	ジュン
準	ジュン
潤	ジュン・うるおう・うるおす・うるむ
遵	ジュン
処	ショ
初	ショ・はじめ・はじめて・はつ・うい・そめる
所	ショ・ところ
書	ショ・かく
庶	ショ
暑	ショ・あつい
署	ショ
緒	ショ・チョ・お
諸	ショ
女	ジョ・ニョ・ニョウ・おんな・め
如	ジョ・ニョ
助	ジョ・たすける・たすかる・すけ
序	ジョ
叙	ジョ
徐	ジョ
除	ジョ・ジ・のぞく
小	ショウ・ちいさい・こ・お
升	ショウ・ます
少	ショウ・すくない・すこし
上	ショウ・ジョウ・うえ・うわ・かみ・あげる・あがる・のぼる・のぼせる・のぼす
召	ショウ・めす
正	ショウ・セイ・ただしい・ただす・まさ
生	ショウ・セイ・いきる・いかす・いける・うまれる・うむ・おう・はえる・はやす・き・なま
匠	ショウ
声	ショウ・セイ・こえ・こわ
床	ショウ・とこ・ゆか
抄	ショウ
肖	ショウ
尚	ショウ
姓	ショウ・セイ
性	ショウ・セイ
招	ショウ・まねく
承	ショウ・うけたまわる
昇	ショウ・のぼる
松	ショウ・まつ
沼	ショウ・ぬま
青	ショウ・セイ・あお・あおい
政	ショウ・セイ・まつりごと
星	ショウ・セイ・ほし
昭	ショウ
宵	ショウ・よい
従	ショウ・ジュウ・ジュ・したがう・したがえる
相	ショウ・ソウ・あい
省	ショウ・セイ・かえりみる・はぶく
将	ショウ
消	ショウ・きえる・けす
症	ショウ
祥	ショウ
称	ショウ
笑	ショウ・わらう・えむ
唱	ショウ・となえる
商	ショウ・あきなう
渉	ショウ
清	ショウ・セイ・きよい・きよまる・きよめる
章	ショウ
紹	ショウ
訟	ショウ
勝	ショウ・かつ・まさる
掌	ショウ
晶	ショウ
焼	ショウ・やく・やける
焦	ショウ・こげる・こがす・こがれる・あせる
硝	ショウ
粧	ショウ
装	ショウ・ソウ・よそおう
詔	ショウ・みことのり
証	ショウ
象	ショウ・ゾウ
傷	ショウ・きず・いたむ・いためる
奨	ショウ
照	ショウ・てる・てらす・てれる
詳	ショウ・くわしい
彰	ショウ
精	ショウ・セイ
障	ショウ・さわる
衝	ショウ
賞	ショウ
償	ショウ・つぐなう
礁	ショウ
鐘	ショウ・かね
上	ジョウ・ショウ・うえ・うわ・かみ・あげる・あがる・のぼる・のぼせる・のぼす
丈	ジョウ・たけ
冗	ジョウ
成	ジョウ・セイ・なる・なす
条	ジョウ
定	ジョウ・テイ・さだめる・さだまる・さだか
状	ジョウ
乗	ジョウ・のる・のせる
城	ジョウ・しろ
浄	ジョウ
剰	ジョウ
常	ジョウ・つね・とこ
情	ジョウ・セイ・なさけ
盛	ジョウ・セイ・もる・さかる・さかん
場	ジョウ・ば
畳	ジョウ・たたむ・たたみ
蒸	ジョウ・むす・むれる・むらす
静	ジョウ・セイ・しず・しずか・しずまる・しずめる
縄	ジョウ・なわ
壌	ジョウ
嬢	ジョウ
錠	ジョウ
譲	ジョウ・ゆずる
醸	ジョウ・かもす
色	ショク・シキ・いろ
食	ショク・ジキ・くう・くらう・たべる
植	ショク・うえる・うわる
殖	ショク・ふえる・ふやす
飾	ショク・かざる
触	ショク・ふれる・さわる
嘱	ショク
織	ショク・シキ・おる
職	ショク
辱	ジョク・はずかしめる
心	シン・こころ
申	シン・もうす
伸	シン・のびる・のばす
臣	シン・ジン
身	シン・み
辛	シン・からい
侵	シン・おかす
信	シン
津	シン・つ
神	シン・ジン・かみ・かん・こう
唇	シン・くちびる
娠	シン
振	シン・ふる・ふるう
浸	シン・ひたす・ひたる
真	シン・ま
針	シン・はり
深	シン・ふかい・ふかまる・ふかめる
紳	シン
進	シン・すすむ・すすめる
森	シン・もり
診	シン・みる
寝	シン・ねる・ねかす
慎	シン・つつしむ
新	シン・あたらしい・あらた・にい
審	シン
請	シン・セイ・こう・うける
震	シン・ふるう・ふるえる
薪	シン・たきぎ
親	シン・おや・したしい・したしむ
人	ジン・ニン・ひと
刃	ジン・は
仁	ジン・ニ
尽	ジン・つくす・つきる・つかす
迅	ジン
甚	ジン・はなはだ・はなはだしい
臣	ジン・シン
神	ジン・シン・かみ・かん・こう
陣	ジン
尋	ジン・たずねる

376

【ス】

漢字	読み
子	ス・シ／こ
主	ス・シュ／ぬし・おも
守	ス・シュ／まもる・もり
素	ス・ソ
数	ス・スウ／かず・かぞえる
図	ズ・ト／はかる
豆	ズ・トウ／まめ
事	ズ・ジ／こと
頭	ズ・トウ・ト／あたま・かしら
水	スイ／みず
出	スイ・シュツ／でる・だす
吹	スイ／ふく
垂	スイ／たれる・たらす
炊	スイ／たく
帥	スイ
粋	スイ
衰	スイ／おとろえる
推	スイ／おす
酔	スイ／よう
遂	スイ／とげる
睡	スイ
穂	スイ／ほ
随	ズイ
髄	ズイ
枢	スウ
崇	スウ
数	スウ・ス／かず・かぞえる
据	すえる・すわる
杉	すぎ
寸	スン

【セ】

漢字	読み
世	セ・セイ／よ
施	セ・シ／ほどこす
畝	せ・うね
瀬	せ
是	ゼ
井	セイ・ショウ／い
世	セイ・セ／よ
正	セイ・ショウ／ただしい・ただす・まさ
生	セイ・ショウ／いきる・いかす・いける・うまれる・うむ・おう・はえる・はやす・き・なま
成	セイ・ジョウ／なる・なす
西	セイ・サイ／にし
声	セイ・ショウ／こえ・こわ
制	セイ
姓	セイ・ショウ
征	セイ
性	セイ・ショウ
青	セイ・ショウ／あお・あおい
斉	セイ
政	セイ・ショウ／まつりごと
星	セイ・ショウ／ほし
牲	セイ
省	セイ・ショウ／かえりみる・はぶく
逝	セイ／ゆく
情	セイ・ジョウ／なさけ
清	セイ・ショウ／きよい・きよまる・きよめる
盛	セイ・ジョウ／もる・さかる・さかん
婿	セイ／むこ
晴	セイ／はれる・はらす
勢	セイ／いきおい
聖	セイ
誠	セイ／まこと
精	セイ・ショウ
製	セイ
誓	セイ／ちかう
静	セイ・ジョウ／しず・しずか・しずまる・しずめる
請	セイ・シン／こう・うける
整	セイ／ととのえる・ととのう
歳	セイ・サイ
税	ゼイ
説	ゼイ・セツ／とく
夕	セキ／ゆう
斥	セキ
石	セキ・シャク・コク／いし
赤	セキ・シャク／あか・あかい・あからむ・あからめる
昔	セキ・シャク／むかし
析	セキ
隻	セキ
席	セキ
寂	セキ・ジャク／さび・さびしい・さびれる
惜	セキ／おしい・おしむ
責	セキ／せめる
跡	セキ／あと
積	セキ／つむ・つもる
績	セキ
籍	セキ
節	セチ・セツ／ふし
切	セツ・サイ／きる・きれる
折	セツ／おる・おり・おれる
拙	セツ
窃	セツ
殺	セツ・サイ・サツ／ころす
接	セツ／つぐ
設	セツ／もうける
雪	セツ／ゆき
摂	セツ
節	セツ・セチ／ふし
説	セツ・ゼイ／とく
舌	ゼツ／した
絶	ゼツ／たえる・たやす・たつ
千	セン／ち
川	セン／かわ
仙	セン
占	セン／しめる・うらなう
先	セン／さき
宣	セン
専	セン／もっぱら
泉	セン／いずみ
浅	セン／あさい
洗	セン／あらう
染	セン／そめる・そまる・しみる・しみ
扇	セン／おうぎ
栓	セン
旋	セン
船	セン／ふね・ふな
戦	セン／いくさ・たたかう
践	セン
銭	セン／ぜに
潜	セン／ひそむ・もぐる
線	セン
遷	セン
選	セン／えらぶ
薦	セン／すすめる
繊	セン
鮮	セン／あざやか
全	ゼン／まったく
前	ゼン／まえ
善	ゼン／よい
然	ゼン・ネン
禅	ゼン
漸	ゼン
繕	ゼン／つくろう

【ソ】

漢字	読み
阻	ソ／はばむ
祖	ソ
租	ソ
素	ソ・ス
措	ソ
粗	ソ／あらい
組	ソ／くむ・くみ
疎	ソ／うとい・うとむ
訴	ソ／うったえる
塑	ソ
想	ソ・ソウ
礎	ソ／いしずえ
双	ソウ／ふた
壮	ソウ
早	ソウ・サッ／はやい・はやまる・はやめる
争	ソウ／あらそう
走	ソウ／はしる
宗	ソウ・シュウ
奏	ソウ／かなでる
相	ソウ・ショウ／あい
荘	ソウ
草	ソウ／くさ
送	ソウ／おくる
倉	ソウ／くら
捜	ソウ／さがす
挿	ソウ／さす
桑	ソウ／くわ
掃	ソウ／はく

役立ち小辞典

漢字	読み
曹	ソウ
巣	ソウ・す
窓	ソウ・まど
創	ソウ
喪	ソウ・も
葬	ソウ・ほうむる
装	ソウ・ショウ・よそおう
僧	ソウ
想	ソウ・ソ
層	ソウ
総	ソウ
遭	ソウ・あう
槽	ソウ
操	ソウ・みさお・あやつる
燥	ソウ
霜	ソウ・しも
贈	ソウ・ゾウ・おくる
騒	ソウ・さわぐ
藻	ソウ・も
造	ゾウ・つくる
象	ゾウ・ショウ
像	ゾウ
増	ゾウ・ます・ふえる・ふやす
憎	ゾウ・にくむ・にくい・にくらしい・にくしみ
雑	ゾウ・ザツ
蔵	ゾウ・くら
贈	ゾウ・ソウ・おくる
臓	ゾウ
即	ソク
束	ソク・たば
足	ソク・あし・たりる・たる・たす
則	ソク
促	ソク・うながす
息	ソク・いき
速	ソク・はやい・はやめる・すみやか
側	ソク・がわ
測	ソク・はかる
俗	ゾク
族	ゾク
属	ゾク
賊	ゾク

漢字	読み
続	ゾク・つづく・つづける
卒	ソツ
率	ソツ・リツ・ひきいる
存	ソン・ゾン
村	ソン・むら
孫	ソン・まご
尊	ソン・たっとい・とうとい・たっとぶ・とうとぶ
損	ソン・そこなう・そこねる
存	ゾン・ソン
【タ】	
他	タ
多	タ・おおい
太	タ・タイ・ふとい・ふとる
打	ダ・うつ
妥	ダ
蛇	ダ・ジャ・へび
堕	ダ
惰	ダ
駄	ダ
大	タイ・ダイ・おお・おおきい・おおいに
太	タイ・タ・ふとい・ふとる
代	タイ・ダイ・かわる・かえる・よ・しろ
台	タイ・ダイ
対	タイ・ツイ
体	タイ・テイ・からだ
耐	タイ・たえる
待	タイ・まつ
怠	タイ・おこたる・なまける
胎	タイ
退	タイ・しりぞく・しりぞける
帯	タイ・おびる・おび
泰	タイ
袋	タイ・ふくろ
逮	タイ
替	タイ・かえる・かわる
貸	タイ・かす
隊	タイ
滞	タイ・とどこおる
態	タイ
大	ダイ・タイ・おお・おおきい・おおいに
内	ダイ・ナイ・うち

漢字	読み
代	ダイ・タイ・かわる・かえる・よ・しろ
台	ダイ・タイ
弟	ダイ・デ・テイ・おとうと
第	ダイ
題	ダイ
滝	たき
宅	タク
択	タク
沢	タク・さわ
卓	タク
拓	タク
度	タク・ド・ト・たび
託	タク
濯	タク
諾	ダク
濁	ダク・にごる・にごす
但	ただし
達	タツ
脱	ダツ・ぬぐ・ぬげる
奪	ダツ・うばう
棚	たな
丹	タン
反	タン・ハン・ホン・そる・そらす
担	タン・かつぐ・になう
単	タン
炭	タン・すみ
胆	タン
探	タン・さぐる・さがす
淡	タン・あわい
短	タン・みじかい
嘆	タン・なげく・なげかわしい
端	タン・はし・は・はた
誕	タン
壇	タン・ダン
鍛	タン・きたえる
団	ダン・トン
男	ダン・ナン・おとこ
段	ダン
断	ダン・たつ・ことわる
弾	ダン・ひく・はずむ・たま
暖	ダン・あたたか・あたたかい・あたたまる・あたためる

漢字	読み
談	ダン
壇	ダン・タン
【チ】	
地	チ・ジ
池	チ・いけ
知	チ・しる
治	チ・ジ・おさめる・おさまる・なおる・なおす
値	チ・ね・あたい
恥	チ・はじる・はじ・はじらう・はずかしい
致	チ・いたす
遅	チ・おくれる・おくらす・おそい
痴	チ
稚	チ
置	チ・おく
質	チ・シツ・シチ
竹	チク・たけ
畜	チク
逐	チク
蓄	チク・たくわえる
築	チク・きずく
秩	チツ
窒	チツ
茶	チャ・サ
着	チャク・ジャク・きる・きせる・つく・つける
嫡	チャク
中	チュウ・なか
仲	チュウ・なか
虫	チュウ・むし
沖	チュウ・おき
宙	チュウ
忠	チュウ
抽	チュウ
注	チュウ・そそぐ
昼	チュウ・ひる
柱	チュウ・はしら
衷	チュウ
鋳	チュウ・いる
駐	チュウ
著	チョ・あらわす・いちじるしい
貯	チョ
緒	チョ・ショ・お

丁 チョウ・テイ	痛 ツウ・いたい・いたむ・いためる	天 テン・あめ・あま	唐 トウ・から
弔 チョウ・とむらう	塚 つか	典 テン	島 トウ・しま
庁 チョウ	漬 つける・つかる	店 テン・みせ	桃 トウ・もも
兆 チョウ・きざす・きざし	坪 つぼ	点 テン	討 トウ・うつ
町 チョウ・まち	【テ】	展 テン	透 トウ・すく・すかす・すける
長 チョウ・ながい	弟 デ・テイ・ダイ・おとうと	添 テン・そえる・そう	党 トウ
挑 チョウ・いどむ	丁 テイ・チョウ	転 テン・ころがる・ころげる・ころがす・ころぶ	納 トウ・ノウ・ナッ・ナ・ナン・おさめる・おさまる
重 チョウ・ジュウ・え・おもい・かさねる・かさなる	体 テイ・タイ・からだ	殿 テン・デン・との・どの	悼 トウ・いたむ
帳 チョウ	廷 テイ	田 デン・た	盗 トウ・ぬすむ
張 チョウ・はる	低 テイ・ひくい・ひくめる・ひくまる	伝 デン・つたわる・つたえる・つたう	陶 トウ
彫 チョウ・ほる	呈 テイ	殿 デン・テン・との・どの	塔 トウ
眺 チョウ・ながめる	弟 テイ・ダイ・デ・おとうと	電 デン	搭 トウ
釣 チョウ・つる	定 テイ・ジョウ・さだめる・さだまる・さだか	【ト】	棟 トウ・むね・むな
頂 チョウ・いただく・いただき	底 テイ・そこ	土 ト・ド・つち	湯 トウ・ゆ
鳥 チョウ・とり	抵 テイ	斗 ト	痘 トウ
朝 チョウ・あさ	邸 テイ	吐 ト・はく	登 トウ・ト・のぼる
超 チョウ・こえる・こす	亭 テイ	図 ト・ズ・はかる	答 トウ・こたえる・こたえ
腸 チョウ	貞 テイ	度 ト・ド・タク・たび	等 トウ・ひとしい
跳 チョウ・はねる・とぶ	帝 テイ	徒 ト	筒 トウ・つつ
徴 チョウ	訂 テイ	途 ト	統 トウ・すべる
潮 チョウ・しお	庭 テイ・にわ	都 ト・ツ・みやこ	道 トウ・ドウ・みち
澄 チョウ・すむ・すます	逓 テイ	渡 ト・わたる・わたす	稲 トウ・いね・いな
調 チョウ・しらべる・ととのう・ととのえる	停 テイ	登 ト・トウ・のぼる	読 トウ・ドク・トク・よむ
聴 チョウ・きく	偵 テイ	塗 ト・ぬる	踏 トウ・ふむ・ふまえる
懲 チョウ・こりる・こらす・こらしめる	堤 テイ・つつみ	頭 ト・トウ・ズ・あたま・かしら	糖 トウ
直 チョク・ジキ・ただちに・なおす・なおる	提 テイ・さげる	土 ト・つち	頭 トウ・ズ・ト・あたま・かしら
勅 チョク	程 テイ・ほど	奴 ド	謄 トウ
沈 チン・しずむ・しずめる	艇 テイ	努 ド・つとめる	闘 トウ・たたかう
珍 チン・めずらしい	締 テイ・しまる・しめる	度 ド・ト・タク・たび	騰 トウ
朕 チン	泥 デイ・どろ	怒 ド・いかる・おこる	同 ドウ・おなじ
陳 チン	的 テキ・まと	刀 トウ・かたな	洞 ドウ・ほら
賃 チン	笛 テキ・ふえ	冬 トウ・ふゆ	胴 ドウ
鎮 チン・しずめる・しずまる	摘 テキ・つむ	灯 トウ・ひ	動 ドウ・うごく・うごかす
【ツ】	滴 テキ・しずく・したたる	当 トウ・あたる・あてる	堂 ドウ
都 ツ・ト・みやこ	適 テキ	投 トウ・なげる	童 ドウ・わらべ
通 ツ・ツウ・とおる・とおす・かよう	敵 テキ・かたき	豆 トウ・ズ・まめ	道 ドウ・トウ・みち
対 ツイ・タイ	迭 テツ	東 トウ・ひがし	働 ドウ・はたらく
追 ツイ・おう	哲 テツ	到 トウ	銅 ドウ
墜 ツイ	鉄 テツ	逃 トウ・にげる・にがす・のがす・のがれる	導 ドウ・みちびく
通 ツウ・ツ・とおる・とおす・かよう	徹 テツ	倒 トウ・たおれる・たおす	峠 とうげ
	撤 テツ	凍 トウ・こおる・こごえる	匿 トク

役立ち小辞典

漢字	読み	漢字	読み	漢字	読み	漢字	読み
特	トク	女	ニョウ・ニョ・ジョ／おんな・め	倍	バイ	帆	ハン／ほ
得	トク／える・うる	尿	ニョウ	梅	バイ／うめ	伴	ハン・バン／ともなう
督	トク	人	ニン・ジン／ひと	培	バイ／つちかう	判	ハン・バン
徳	トク	任	ニン／まかせる・まかす	陪	バイ	坂	ハン／さか
篤	トク	妊	ニン	媒	バイ	板	ハン・バン／いた
読	トク・ドク・トウ／よむ	忍	ニン／しのぶ・しのばせる	買	バイ／かう	版	ハン
毒	ドク	認	ニン／みとめる	賠	バイ	班	ハン
独	ドク／ひとり	【ネ】		白	ハク・ビャク／しろ・しら・しろい	畔	ハン
読	ドク・トク・トウ／よむ	寧	ネイ	伯	ハク	般	ハン
凸	トツ	熱	ネツ／あつい	拍	ハク・ヒョウ	販	ハン
突	トツ／つく	年	ネン／とし	泊	ハク／とまる・とめる	飯	ハン／めし
届	とどく・とどける	念	ネン	迫	ハク／せまる	搬	ハン
屯	トン	粘	ネン／ねばる	舶	ハク	煩	ハン・ボン／わずらう・わずらわす
豚	トン／ぶた	然	ネン・ゼン	博	ハク・バク	頒	ハン
団	トン・ダン	燃	ネン／もえる・もやす・もす	薄	ハク／うすい・うすめる・うすまる・うすらぐ・うすれる	範	ハン
鈍	ドン／にぶい・にぶる	【ノ】		麦	バク／むぎ	繁	ハン
曇	ドン／くもる	悩	ノウ／なやむ・なやます	博	バク・ハク	藩	ハン
【ナ】		納	ノウ・ナッ・ナ・ナン・トウ／おさめる・おさまる	幕	バク・マク	万	バン・マン
南	ナ・ナン／みなみ	能	ノウ	漠	バク	伴	バン・ハン／ともなう
納	ナ・ナッ・ナン・ノウ・トウ／おさめる・おさまる	脳	ノウ	暴	バク・ボウ／あばく・あばれる	判	バン・ハン
内	ナイ・ダイ／うち	農	ノウ	縛	バク／しばる	晩	バン
納	ナッ・ナ・ナン・ノウ・トウ／おさめる・おさまる	濃	ノウ／こい	爆	バク	番	バン・ハン
男	ナン・ダン／おとこ	【ハ】		箱	はこ	板	バン・ハン／いた
南	ナン・ナ／みなみ	把	ハ	畑	はた・はたけ	蛮	バン
納	ナン・ナッ・ナ・ノウ・トウ／おさめる・おさまる	波	ハ／なみ	肌	はだ	盤	バン
軟	ナン／やわらか・やわらかい	派	ハ	八	ハチ／や・やつ・やっつ・よう	【ヒ】	
難	ナン／かたい・むずかしい	破	ハ／やぶる・やぶれる	鉢	ハチ・ハツ	比	ヒ／くらべる
【ニ】		覇	ハ	罰	バチ・バツ	皮	ヒ／かわ
二	ニ／ふた・ふたつ	馬	バ／うま・ま	発	ハツ・ホツ	妃	ヒ
仁	ニ・ジン	婆	バ	鉢	ハツ・ハチ	否	ヒ／いな
尼	ニ／あま	拝	ハイ／おがむ	髪	ハツ／かみ	批	ヒ
弐	ニ	杯	ハイ／さかずき	法	ハッ・ホウ・ホッ	彼	ヒ／かれ・かの
児	ニ・ジ	背	ハイ／せ・せい・そむく・そむける	末	バツ・マツ／すえ	披	ヒ
肉	ニク	肺	ハイ	伐	バツ	泌	ヒ・ヒツ
日	ニチ・ジツ／ひ・か	俳	ハイ	抜	バツ／ぬく・ぬける・ぬかす・ぬかる	肥	ヒ／こえる・こえ・こやす・こやし
若	ニャク・ジャク／わかい・もしくは	配	ハイ／くばる	罰	バツ・バチ	非	ヒ
入	ニュウ／いる・いれる・はいる	排	ハイ	閥	バツ	卑	ヒ／いやしい・いやしむ・いやしめる
乳	ニュウ／ちち・ち	敗	ハイ／やぶれる	凡	ハン・ボン	飛	ヒ／とぶ・とばす
柔	ニュウ・ジュウ／やわらか・やわらかい	廃	ハイ／すたれる・すたる	反	ハン・ホン・タン／そる・そらす	疲	ヒ／つかれる・つからす
女	ニョ・ニョウ・ジョ／おんな・め	輩	ハイ	半	ハン／なかば	秘	ヒ／ひめる
如	ニョ・ジョ	売	バイ／うる・うれる	犯	ハン／おかす	被	ヒ／こうむる

漢字	読み	漢字	読み	漢字	読み	漢字	読み
悲	ヒ・かなしい・かなしむ	瓶	ビン	幅	フク・はば	変	ヘン・かわる・かえる
扉	ヒ・とびら	**【フ】**		復	フク	偏	ヘン・かたよる
費	ヒ・ついやす・ついえる	不	フ・ブ	福	フク	遍	ヘン
碑	ヒ	夫	フ・フウ・おっと	腹	フク・はら	編	ヘン・あむ
罷	ヒ	父	フ・ちち	複	フク	弁	ベン
避	ヒ・さける	付	フ・つける・つく	覆	フク・おおう・くつがえす・くつがえる	便	ベン・ビン・たより
尾	ビ・お	布	フ・ぬの	払	フツ・はらう	勉	ベン
美	ビ・うつくしい	扶	フ	沸	フツ・わく・わかす	**【ホ】**	
備	ビ・そなえる・そなわる	府	フ	仏	ブツ・ほとけ	歩	ホ・ブ・フ・あるく・あゆむ
微	ビ	怖	フ・こわい	物	ブツ・モツ・もの	保	ホ・たもつ
鼻	ビ・はな	附	フ	分	フン・ブン・ブ・わける・わかれる・わかる・わかつ	捕	ホ・とらえる・とらわれる・とる・つかまえる・つかまる
匹	ヒツ・ひき	歩	フ・ホ・ブ・あるく・あゆむ	粉	フン・こ・こな	浦	ホ・うら
必	ヒツ・かならず	負	フ・まける・まかす・おう	紛	フン・まぎれる・まぎらす・まぎらわす・まぎらわしい	補	ホ・おぎなう
泌	ヒツ・ヒ	赴	フ・おもむく	雰	フン	舗	ホ
筆	ヒツ・ふで	風	フ・フウ・かぜ・かざ	噴	フン・ふく	母	ボ・はは
姫	ひめ	浮	フ・うく・うかれる・うかぶ・うかべる	墳	フン	募	ボ・つのる
百	ヒャク	婦	フ	憤	フン・いきどおる	墓	ボ・はか
白	ビャク・ハク・しろ・しら・しろい	符	フ	奮	フン・ふるう	慕	ボ・したう
氷	ヒョウ・こおり・ひ	富	フ・フウ・とむ・とみ	分	ブン・フン・ブ・わける・わかれる・わかる・わかつ	暮	ボ・くれる・くらす
兵	ヒョウ・ヘイ	普	フ	文	ブン・モン・ふみ	模	ボ・モ
拍	ヒョウ・ハク	腐	フ・くさる・くされる・くさらす	聞	ブン・モン・きく・きこえる	簿	ボ
表	ヒョウ・おもて・あらわす・あらわれる	敷	フ・しく	**【ヘ】**		方	ホウ・かた
俵	ヒョウ・たわら	膚	フ	丙	ヘイ	包	ホウ・つつむ
票	ヒョウ	賦	フ	平	ヘイ・ビョウ・たいら・ひら	芳	ホウ・かんばしい
評	ヒョウ	譜	フ	兵	ヘイ・ヒョウ	邦	ホウ
漂	ヒョウ・ただよう	不	ブ・フ	併	ヘイ・あわせる	奉	ホウ・ブ・たてまつる
標	ヒョウ	分	ブ・ブン・フン・わける・わかれる・わかる・わかつ	並	ヘイ・なみ・ならべる・ならぶ・ならびに	宝	ホウ・たから
平	ビョウ・ヘイ・たいら・ひら	歩	ブ・ホ・フ・あるく・あゆむ	柄	ヘイ・がら・え	抱	ホウ・だく・いだく・かかえる
苗	ビョウ・なえ・なわ	侮	ブ・あなどる	陛	ヘイ	放	ホウ・はなす・はなつ・はなれる
秒	ビョウ	武	ブ・ム	閉	ヘイ・とじる・とざす・しめる・しまる	法	ホウ・ハッ・ホッ
病	ビョウ・ヘイ・やむ・やまい	部	ブ	塀	ヘイ	泡	ホウ・あわ
描	ビョウ・えがく	無	ブ・ム・ない	幣	ヘイ	封	ホウ・フウ
猫	ビョウ・ねこ	舞	ブ・まう・まい	弊	ヘイ	胞	ホウ
品	ヒン・しな	奉	ブ・ホウ・たてまつる	病	ヘイ・ビョウ・やむ・やまい	俸	ホウ
浜	ヒン・はま	夫	フウ・フ・おっと	米	ベイ・マイ・こめ	倣	ホウ・ならう
貧	ヒン・ビン・まずしい	封	フウ・ホウ	壁	ヘキ・かべ	峰	ホウ・みね
賓	ヒン	風	フウ・フ・かぜ・かざ	癖	ヘキ・くせ	砲	ホウ
頻	ヒン	富	フウ・フ・とむ・とみ	別	ベツ・わかれる	崩	ホウ・くずれる・くずす
便	ビン・ベン・たより	伏	フク・ふせる・ふす	片	ヘン・かた	訪	ホウ・おとずれる・たずねる
敏	ビン	服	フク	辺	ヘン・あたり・べ	報	ホウ・むくいる
貧	ビン・ヒン・まずしい	副	フク	返	ヘン・かえす・かえる	豊	ホウ・ゆたか

381

役立ち小辞典

飽	ホウ／あきる・あかす
褒	ホウ／ほめる
縫	ホウ／ぬう
亡	ボウ・モウ／ない
乏	ボウ／とぼしい
妄	ボウ・モウ
忙	ボウ／いそがしい
坊	ボウ・ボッ
妨	ボウ／さまたげる
忘	ボウ／わすれる
防	ボウ／ふせぐ
房	ボウ／ふさ
肪	ボウ
某	ボウ
冒	ボウ／おかす
剖	ボウ
紡	ボウ／つむぐ
望	ボウ・モウ／のぞむ
傍	ボウ／かたわら
帽	ボウ
棒	ボウ
貿	ボウ
暴	ボウ・バク／あばく・あばれる
膨	ボウ／ふくらむ・ふくれる
謀	ボウ・ム／はかる
北	ホク／きた
木	ボク・モク／き・こ
目	ボク・モク／め・ま
朴	ボク
牧	ボク／まき
僕	ボク
墨	ボク／すみ
撲	ボク
法	ホッ・ホウ・ハッ
発	ハツ・ホツ
坊	ボッ・ボウ
没	ボツ
堀	ほり
反	ホン・ハン・タン／そる・そらす
本	ホン／もと
奔	ホン

翻	ホン／ひるがえる・ひるがえす
凡	ボン・ハン
盆	ボン
煩	ボン・ハン／わずらう・わずらわす

【マ】
麻	マ／あさ
摩	マ
磨	マ／みがく
魔	マ
毎	マイ
米	マイ・ベイ／こめ
妹	マイ／いもうと
枚	マイ
埋	マイ／うめる・うまる・うもれる
幕	マク・バク
膜	マク
又	また
末	マツ・バツ／すえ
抹	マツ
万	マン・バン
満	マン／みちる・みたす
慢	マン
漫	マン

【ミ】
未	ミ
味	ミ／あじ・あじわう
魅	ミ
岬	みさき
密	ミツ
脈	ミャク
名	ミョウ・メイ／な
妙	ミョウ
明	ミョウ・メイ／あかり・あかるい・あかるむ・あからむ・あける・あく・あくる・あかす
命	ミョウ・メイ／いのち
民	ミン／たみ
眠	ミン／ねむる・ねむい

【ム】
矛	ム／ほこ
武	ム・ブ
務	ム／つとめる
無	ム／ない

夢	ム／ゆめ
謀	ム・ボウ／はかる
霧	ム／きり
娘	むすめ

【メ】
名	メイ・ミョウ／な
命	メイ・ミョウ／いのち
明	メイ・ミョウ／あかり・あかるい・あかるむ・あからむ・あきらか・あける・あく・あくる・あかす
迷	メイ／まよう
盟	メイ
銘	メイ
鳴	メイ／なく・なる・ならす
滅	メツ／ほろびる・ほろぼす
免	メン／まぬかれる
面	メン／おも・おもて・つら
綿	メン／わた

【モ】
茂	モ／しげる
模	モ・ボ
亡	モウ・ボウ／ない
毛	モウ／け
妄	モウ・ボウ
盲	モウ
耗	モウ・コウ
望	モウ・ボウ／のぞむ
猛	モウ
網	モウ／あみ
木	モク・ボク／き・こ
目	モク・ボク／め・ま
黙	モク／だまる
物	モツ・ブツ／もの
文	モン・ブン／ふみ
門	モン／かど
紋	モン
問	モン／とい・とん
聞	モン・ブン／きく・きこえる

【ヤ】
夜	ヤ・よる
野	ヤ／の
厄	ヤク

役	ヤク・エキ
疫	ヤク・エキ
約	ヤク
益	ヤク・エキ
訳	ヤク／わけ
薬	ヤク／くすり
躍	ヤク／おどる

【ユ】
由	ユ・ユウ・ユイ／よし
油	ユ／あぶら
愉	ユ
諭	ユ／さとす
輸	ユ
遊	ユ・ユウ／あそぶ
癒	ユ
由	ユイ・ユウ・ユ／よし
唯	ユイ・イ
遺	ユイ・イ
友	ユウ／とも
右	ユウ・ウ／みぎ
由	ユウ・ユ・ユイ／よし
有	ユウ・ウ／ある
勇	ユウ／いさむ
幽	ユウ
悠	ユウ
郵	ユウ
猶	ユウ
裕	ユウ
遊	ユウ・ユ／あそぶ
雄	ユウ／お・おす
誘	ユウ／さそう
憂	ユウ／うれえる・うれい・うい
融	ユウ
優	ユウ／やさしい・すぐれる

【ヨ】
与	ヨ／あたえる
予	ヨ
余	ヨ／あまる・あます
誉	ヨ／ほまれ
預	ヨ／あずける・あずかる
幼	ヨウ／おさない

用 ヨウ／もちいる	【リ】	糧 リョウ・ロウ／かて	【ロ】
羊 ヨウ／ひつじ	吏 リ	力 リョク・リキ／ちから	炉 ロ
洋 ヨウ	利 リ／きく	緑 リョク・ロク／みどり	路 ロ／じ
要 ヨウ／いる	里 リ／さと	林 リン／はやし	露 ロ・ロウ／つゆ
容 ヨウ	理 リ	厘 リン	老 ロウ／おいる・ふける
庸 ヨウ	痢 リ	倫 リン	労 ロウ
揚 ヨウ／あげる・あがる	裏 リ／うら	鈴 リン・レイ／すず	郎 ロウ
揺 ヨウ／ゆれる・ゆる・ゆらぐ・ゆする・ゆさぶる	履 リ／はく	輪 リン／わ	朗 ロウ／ほがらか
葉 ヨウ／は	離 リ／はなれる・はなす	隣 リン／となる・となり	浪 ロウ
陽 ヨウ	力 リキ・リョク／ちから	臨 リン／のぞむ	廊 ロウ
溶 ヨウ／とける・とかす・とく	陸 リク	【ル】	楼 ロウ
腰 ヨウ／こし	律 リチ・リツ	流 ル・リュウ／ながれる・ながす	漏 ロウ／もる・もれる・もらす
様 ヨウ／さま	立 リツ・リュウ／たつ・たてる	留 ル・リュウ／とめる・とまる	糧 ロウ・リョウ／かて
踊 ヨウ／おどる・おどり	律 リツ・リチ	涙 ルイ／なみだ	露 ロウ・ロ／つゆ
窯 ヨウ／かま	率 リツ・ソツ／ひきいる	累 ルイ	六 ロク／む・むつ・むっつ・むい
養 ヨウ／やしなう	略 リャク	塁 ルイ	緑 ロク・リョク／みどり
擁 ヨウ	立 リュウ・リツ／たつ・たてる	類 ルイ	録 ロク
謡 ヨウ／うたい・うたう	柳 リュウ／やなぎ	【レ】	論 ロン
曜 ヨウ	流 リュウ・ル／ながれる・ながす	令 レイ	【ワ】
抑 ヨク／おさえる	留 リュウ・ル／とめる・とまる	礼 レイ・ライ	和 ワ・オ／やわらぐ・やわらげる・なごむ・なごやか
浴 ヨク／あびる・あびせる	竜 リュウ／たつ	冷 レイ／つめたい・ひえる・ひや・ひやす・ひやかす・さめる・さます	話 ワ／はなす・はなし
欲 ヨク／ほっする・ほしい	粒 リュウ／つぶ	励 レイ／はげむ・はげます	賄 ワイ／まかなう
翌 ヨク	隆 リュウ	戻 レイ／もどる・もどす	惑 ワク／まどう
翼 ヨク／つばさ	硫 リュウ	例 レイ／たとえる	枠 わく
【ラ】	旅 リョ／たび	鈴 レイ・リン／すず	湾 ワン
裸 ラ／はだか	虜 リョ	零 レイ	腕 ワン／うで
羅 ラ	慮 リョ	霊 レイ・リョウ／たま	
礼 ライ・レイ	了 リョウ	隷 レイ	
来 ライ／きたる・きたす・くる	両 リョウ	齢 レイ	
雷 ライ／かみなり	良 リョウ／よい	麗 レイ／うるわしい	
頼 ライ／たのむ・たのもしい・たよる	料 リョウ	暦 レキ／こよみ	
絡 ラク／からむ・からまる	涼 リョウ／すずしい・すずむ	歴 レキ	
落 ラク／おちる・おとす	猟 リョウ	列 レツ	
楽 ラク・ガク／たのしい・たのしむ	陵 リョウ／みささぎ	劣 レツ／おとる	
酪 ラク	量 リョウ／はかる	烈 レツ	
乱 ラン／みだれる・みだす	僚 リョウ	裂 レツ／さく・さける	
卵 ラン／たまご	漁 リョウ・ギョ	恋 レン／こう・こい・こいしい	
覧 ラン	領 リョウ	連 レン／つらなる・つらねる・つれる	
濫 ラン	寮 リョウ	廉 レン	
欄 ラン	療 リョウ	練 レン／ねる	
	霊 リョウ・レイ／たま	錬 レン	

383

役立ち小辞典

追加された常用漢字の一覧

常用漢字の見直しが29年ぶりにされ、2010年11月30日に内閣告示されました。従来のものから「勺、錘、銑、脹、匁」の5字が削除され、以下の196字が追加されました。

挨 アイ	潰 カイ／つぶす・つぶれる	串 くし	挫 ザ
曖 アイ	楷 カイ	窟 クツ	采 サイ
宛 あてる	諧 カイ	熊 くま	塞 サイ・ソク／ふさぐ・ふさがる
嵐 あらし	崖 ガイ／がけ	稽 ケイ	埼 さい
椅 イ	蓋 ガイ／ふた	詣 ケイ／もうでる	柵 サク
畏 イ／おそれる	骸 ガイ	憬 ケイ	拶 サツ
萎 イ／なえる	柿 かき	隙 ゲキ／すき	刹 サツ・セツ
彙 イ	顎 ガク／あご	桁 けた	斬 ザン／きる
茨 いばら	葛 カツ／くず	拳 ケン	恣 シ
咽 イン	釜 かま	鍵 ケン	摯 シ
淫 イン／みだら	鎌 かま	舷 ゲン	餌 ジ／えさ
唄 うた	韓 カン	股 コ／また	鹿 しか・か
鬱 ウツ	玩 ガン	虎 コ／とら	叱 シツ／しかる
艶 エン／つや	畿 キ	錮 コ	嫉 シツ
媛 エン	亀 キ／かめ	勾 コウ	腫 シュ／はれる・はらす
怨 エン・オン	毀 キ	喉 コウ／のど	呪 ジュ／のろう
旺 オウ	伎 キ	梗 コウ	蹴 シュウ／ける
臆 オク	臼 キュウ／うす	傲 ゴウ	袖 シュウ／そで
岡 おか	嗅 キュウ／かぐ	乞 こう	羞 シュウ
俺 おれ	僅 キン／わずか	駒 こま	憧 ショウ／あこがれる
苛 カ	巾 キン	頃 ころ	拭 ショク／ふく・ぬぐう
瓦 ガ／かわら	錦 キン／にしき	痕 コン／あと	尻 しり
牙 ガ・ゲ／きば	惧 グ	沙 サ	芯 シン

漢字	読み	漢字	読み	漢字	読み	漢字	読み
腎	ジン	旦	タン・ダン	捻	ネン	麺	メン
須	ス	緻	チ	罵	バ のののしる	冶	ヤ
裾	すそ	酎	チュウ	箸	はし	弥	や
凄	セイ	貼	チョウ はる	剥	ハク はがす・はぐ・はがれる・はける	闇	やみ
醒	セイ	嘲	チョウ あざける	阪	ハン	喩	ユ
戚	セキ	捗	チョク	斑	ハン	湧	ユウ わく
脊	セキ	椎	ツイ	氾	ハン	妖	ヨウ あやしい
煎	セン いる	爪	つめ・つま	汎	ハン	瘍	ヨウ
羨	セン うらやむ・うらやましい	鶴	つる	膝	ひざ	沃	ヨク
腺	セン	諦	テイ あきらめる	肘	ひじ	拉	ラ
詮	セン	溺	デキ おぼれる	眉	ビ・ミ まゆ	辣	ラツ
箋	セン	填	テン	阜	フ	藍	ラン あい
膳	ゼン	妬	ト ねたむ	訃	フ	璃	リ
狙	ソ ねらう	賭	ト かける	蔽	ヘイ	慄	リツ
遡	ソ さかのぼる	藤	トウ フジ	餅	ヘイ もち	侶	リョ
爽	ソウ さわやか	瞳	ドウ ひとみ	璧	ヘキ	瞭	リョウ
踪	ソウ	栃	とち	蔑	ベツ さけずむ	瑠	ル
瘦	ソウ やせる	頓	トン	哺	ホ	呂	ロ
曽	ソウ・ゾ	貪	ドン むさぼる	蜂	ホウ はち	賂	ロ
捉	ソク とらえる	丼	どん・どんぶり	貌	ボウ	弄	ロウ もてあそぶ
遜	ソン	奈	ナ	睦	ボク	籠	ロウ かご・こもる
汰	タ	那	ナ	頰	ほお	麓	ロク ふもと
唾	ダ つば	梨	なし	勃	ボツ	脇	わき
堆	タイ	謎	なぞ	昧	マイ		
戴	ダイ	鍋	なべ	枕	まくら		
誰	だれ	匂	におう	蜜	ミツ		
綻	タン ほころびる	虹	にじ	冥	メイ・ミョウ		

> 役立ち小辞典

異字同訓漢字の用法
（　）内に漢字を記したのは、どちらを使うか一定せず、どちらを用いてもよいもの

あう
合う――計算が合う、目が合う、好みに合う、割に合わない仕事、駅で落ち合う
会う――客と会う時刻、人に会いに行く
遭う――災難に遭う、にわか雨に遭う

あがる・あげる
上がる・上げる――地位が上がる、物価が上がる、腕前を上げる、お祝いの品物を上げる
揚がる・揚げる――花火が揚がる、歓声が揚がる、船荷を揚げる、てんぷらを揚げる
挙げる――例を挙げる、全力を挙げる、国を挙げる、犯人を挙げる

あく・あける
明く・明ける――らちが明く、目明き千人、夜が明ける
空く・空ける――席が空く、空き箱
開く・開ける――幕が開く・開いた口がふさがらない、店を開ける、窓を開ける

あし
足――足の裏、手足、足しげく通う、客足
脚――机の脚（足）、えり脚（足）、船脚（足）

あたい
価――価が高くて買えない、商品に価を付ける
値――未知数 χ の値を求める、称賛に値する

あたたかい・あたたかだ・あたたまる・あたためる
暖かい・暖かだ・暖まる・暖める――暖かい心、暖かな毛布、暖まった空気、室内を暖める
温かい・温かだ・温まる・温める――温かい料理、温かな家庭、心温まる話

あたる・あてる
当たる・当てる――任に当たる、予報が当たる、胸に手を当てる、目先に当てる、当て外れ
充てる――建築費に充（当）てる、保安要員に充（当）てる

あつい
暑い――今年の夏は暑い、暑い部屋、暑がり屋
熱い――熱い湯、熱かんのお酒
厚い――支持者の層が厚い、手厚いもてなし

あと
跡――足跡、苦心の跡が見える、容疑者の跡を追う、跡目を継ぐ
後――後の祭り、後を頼んで行く、後から行く、後になり先になり

あぶら
油――油を流したような海面、ごま油で揚げる、水と油、火に油を注ぐ
脂――脂がのる年ごろ、牛肉の脂、脂ぎった顔

あやまる
誤る――適用を誤る、誤りを見つける
謝る――謝って済ます、手落ちを謝る

あらい
荒い――波が荒い、気が荒い、金遣いが荒い
粗い――網の目が粗い、きめが粗い、仕事が粗い

あらわす・あらわれる
表す・表れる――言葉に表す、喜びを顔に表す、喜びの表れ
現す・現れる――姿を現す、太陽が現れる、怪獣が現れる
著す――書物を著す

ある
有る――財源が有る、子が有る、有り合わせ、有り金、有り様
在る――日本はアジアの東に在る、在り方

あわせる
合わせる――手を合わせて拝む、時計を合わせる、調子を合わせる、力を合わせる
併せる――二つの会社を併せる、両者を併せて考える、併せ持つ

いたむ・いためる
痛む・痛める――足が痛む、腰を痛める
傷む・傷める――家が傷む、傷んだ果物、建物を傷める
悼む――死を悼む、故人を悼む

いる
入る――念の入った話、気に入る、仲間入り、恐れ入る、入れ替わる
要る――金が要る、親の承諾が要る、何も要らない

うける
受ける――注文を受ける、命令を受ける、保護を受ける、受け皿
請ける――請け負う、下請け

うたう
歌う――ピアノの伴奏で歌う

謡う ── 謡曲「高砂」を謡う
うつ
打つ ── くぎを打つ、碁を打つ、電報を打つ、心を打つ話、打ち消す
討つ ── 賊を討つ、義士の討ち入り、相手を討ち取る
撃つ ── 鉄砲を撃つ、いのししを猟銃で撃つ
うつす・うつる
写す・写る ── 書類を写す、写真を写す、風景を文章に写す
映す・映る ── 幻燈を映す、スクリーンに映す、壁に影が映る、着物がよく映る
うむ・うまれる
生む・生まれる ── 新記録を生む、傑作を生む、下町生まれ、京都に生まれる
産む・産まれる ── 卵を産み付ける、産みの苦しみ、産み月
うれい、うれえ・うれえる
憂い・憂え ── 後顧の憂い(え)、災害を招く憂い(え)がある、国を憂える
愁い ── 春の愁い、愁いに沈む、わびしさを愁える
える
得る ── 勝利を得る、許可を得る、得物を振り回す
獲る ── 獲物をねらう、戦利品を獲る
おかす
犯す ── 過ちを犯す、法を犯す
侵す ── 権利を侵(犯)す、国境を侵(犯)す
冒す ── 危険を冒す、激しい雨を冒して行く
おくる
送る ── 荷物を送る、卒業生を送る、順に席を送る、送り状
贈る ── お祝いの品を贈る、感謝状を贈る、故人に位を贈る
おくれる
遅れる ── 完成が遅れる、列車が遅れる、会合に遅れる
後れる ── 気後れする、人に後れを取る、後れ毛
おこす・おこる
起こす・起こる ── 体を起こす、訴訟を起こす、朝早く起こす、事件が起こる、持病が起こる
興す・興る ── 産業を興す、国が興る
おさえる
押さえる ── 紙の端を押さえる、証拠を押さえる、要点を押さえる、差し押さえる
抑える ── 物価の上昇を抑える、要求を抑える、怒りを抑える
おさまる・おさめる
収まる・収める ── 博物館に収まる、争いが収まる、成功を収める、目録に収める
納まる・納める ── 国庫に納まる、税を納める、注文の品を納める
治まる・治める ── 国内がよく治まる、痛みが治まる、領地を治める
修まる・修める ── 身持ちが修まらない、学業を修める
おす
押す ── ベルを押す、横車を押す、押し付けがましい
推す ── 会長に推す、推して知るべしだ
おどる
踊る ── リズムに乗って踊る、踊らされて動く、盆踊り、踊り子
躍る ── 馬が躍り上がる、小躍りして喜ぶ、胸が躍る
おもて
表 ── 裏と表、表で遊ぶ、表向き
面 ── 面も振らずまっしぐらに、矢面に立つ
おりる・おろす
降りる・降ろす ── 電車を降りる、月面に降り立つ、霜が降りる、主役から降ろされた
下りる・下ろす ── 幕が下りる、錠が下りる、許可が下りる、枝を下ろす、貯金を下ろす
卸す ── 小売りに卸す、卸値、たな卸し
かえす・かえる
返す・返る ── もとの持ち主に返す、借金を返す、恩返し、正気に返る、返り咲き
帰す・帰る ── 親もとへ帰す、故郷へ帰る、帰らぬ人となる、帰り車
かえりみる
顧みる ── 過去を顧みる、顧みて他を言う
省みる ── 自らを省みる、省みて恥じない
かえる・かわる
変える・変わる ── 形を変える、観点を変える、心変わりする、声変わり、変わり種
換える・換わる ── 物を金に換える、名義を書き換える、車を乗り換える、遺伝子組み換え
替える・替わる ── 振り替える、替え歌、二の替わり、入れ替わる、社長が替わる
代える・代わる ── 書面をもってあいさつに代

える、父に代わって言う、身代わりになる
かおる
薫る——風薫る
香り——茶の香り
かかる・かける
掛かる・掛ける——迷惑が掛かる、腰を掛ける、保険を掛ける、壁掛け、掛け売り
懸かる・懸ける——月が中天に懸かる、優勝が懸かる、賞金を懸ける、命を懸けて
架かる・架ける——橋が架かる、電線を架ける
係る——本件に係る訴訟、係り結び、係員
かげ
陰——山の陰、陰の声、陰口を利く
影——障子に影が映る、影も形もない、影が薄い
かた
形——自由形、跡形もなく、
型——型にはまる、1970年型、血液型、鋳型
かたい
堅い——堅い材木、堅炭、手堅い商売
固い——団結が固い、固練り、頭が固い、固く信じる
硬い——硬い石、硬い表現、硬い皮膚
かわ
皮——皮をはぐ、木の皮、面の皮、化けの皮
革——革のくつ、なめし革
かわく
乾く——空気が乾く、干し物が乾く、乾いた土
渇く——のどが渇く、渇きを覚える
きく
聞く——話し声を聞く、うわさを聞く、聞き流しにする
聴く——音楽を聴く、国民の声を聴く
きく
効く——薬が効く、宣伝が効く、効き目がある
利く——左手が利く、目が利く、機転が利く
きわまる・きわめる
窮まる・窮める——進退窮まる、窮まりなき宇宙、真理を窮(究)める
極まる・極める——不都合極まる言動、山頂を極める、見極める、極めて優秀な成績
究める——学を究(窮)める、真理を究める
くら
倉——穴倉、倉敷料、倉荷証券
蔵——米蔵、蔵座敷、蔵払い
こえる・こす
越える・越す——山を越える、峠を越す、年を越す、引っ越す
超える・超す——現代を超(越)える、人間の能力を超(越)える、100万円を超(越)える額
こおる・こおり
凍る——湖水が凍る、土が凍る
氷——氷が張った、氷をかく、氷砂糖
さがす
捜す——うちの中を捜す、犯人を捜す
探す——空き家を探(捜)す、あらを探(捜)す
さく
裂く——布を裂く、仲を裂く、引き裂く
割く——時間を割く、紙面を割く、人手を割く
さげる
下げる——値段を下げる、軒に下げる
提げる——手に提げる、手提げかばん
さす
差す——腰に刀を差す、かさを差す、差しつ差されつ、行司の差し違え、抜き差しならぬ、差し支え、差し出す
指す——目的地を指して進む、名指しをする、指し示す
刺す——人を刺す、布を刺す、本塁で刺される、とげが刺さる
挿す——くしを髪に挿しはさむ、挿し木をする
さます・さめる
覚ます・覚める——太平の眠りを覚ます、迷いを覚ます、目が覚める、寝覚めが悪い
冷ます・冷める——湯冷まし、湯が冷める、料理が冷める、熱が冷める
しずまる・しずめる
静まる・静める——心が静まる、あらしが静まる、鳴りを静める、気を静める
鎮まる・鎮める——内乱が鎮まる、反乱が鎮まる、痛みを鎮める
沈める——船を沈める
しぼる
絞る——手ぬぐいを絞る、絞り染め
搾る——乳を搾る、搾り取る
しまる・しめる
締まる・締める——ひもが締まる、引き締まった顔、帯を締める、心を引き締める、締め切り日
絞まる・絞める——首が絞まる・のどを絞める、羽交い締め
閉まる・閉める——戸が閉まる、ふたを閉める、

店を閉める
すすめる
進める ── 会議を進める、時計を進める、交渉を進める
勧める ── 入会を勧める、転地を勧める
薦める ── 候補者として薦める
する
刷る ── 名刺を刷る、刷り物
擦る ── ひざを擦りむく、擦り傷、洋服が擦り切れる
すわる・すわり
座る・座り ── 席に座る、座り心地
据わる・据わり ── 腰を据える、目が据わる
そう
沿う ── 川沿いの家、線路に沿って歩く
添う ── 影の形に添うように、連れ添う、付き添い
そなえる・そなわる
備える・備わる ── 調度品を備える、老後の備え、必要品が備わっている、人徳が備わる
供える ── お神酒を供える、お供え物
たえる
堪える ── 任に堪える、鑑賞に堪えない、遺憾に堪えない
耐える ── 重圧に耐(堪)える、風雪に耐(堪)える、困苦欠乏に耐(堪)える
たずねる
尋ねる ── 道を尋ねる、由来を尋ねる、尋ね人
訪ねる ── 知人を訪ねる、史跡を訪ねる、明日お訪ねします
たたかう
戦う ── 敵と戦う
闘う ── 病気と闘う
たつ
断つ ── 退路を断つ、快刀乱麻を断つ、茶断ち
絶つ ── 命を絶つ、消息を絶つ、後を絶たない
裁つ ── 生地を裁つ、紙を裁つ、裁ちばさみ
たつ・たてる
立つ・立てる ── 演壇に立つ、席を立つ、使者に立つ、危機に立つ、うわさが立つ、立ち合う、計画を立てる、手柄を立てる、顔を立てる、立て直す
建つ・建てる ── 家が建つ、ビルを建てる、銅像を建てる、建て前
たっとい・とうとい
尊い ── 尊い神、尊い犠牲を払う

貴い ── 貴い資料、貴い体験
たま
玉 ── 玉にきず、目の玉、玉をみがく
球 ── 電気の球、球を投げる
弾 ── ピストルの弾、流れ弾
つかう
使う ── 機械を使って仕事をする、重油を使う、上目を使う、声色を使う
遣う ── 気遣う、心遣い、小遣い銭、仮名遣い
つく・つける
付く・付ける ── 墨が顔に付く、味方に付く、利息が付く、名を付ける、気を付ける
着く・着ける ── 席に着く、手紙が着く、東京に着く、船を岸に着ける、仕事に手を着ける
就く・就ける ── 床に就く、緒に就く、職に就く、役に就ける
つぐ
次ぐ ── 事件が相次ぐ、富士山に次ぐ山、取り次ぐ、次の間
継ぐ ── 布を継ぐ、跡を継ぐ、引き継ぐ、継ぎ目、継ぎを当てる
接ぐ ── 木を接ぐ、骨を接ぐ、接ぎ木
つくる
作る ── 米を作る、規則を作る、小説を作る、まぐろを刺身に作る、生け作り
造る ── 船を造る、庭園を造る、酒を造る
つつしむ
慎む ── 身を慎む、酒を慎む、言葉を慎む
謹む ── 謹んで聞く、謹んで祝意を表する
つとめる
努める ── 完成に努める、解決に努める、努めて早起きする
勤める ── 会社に勤める、永年勤め上げた人、本堂でお勤めをする、勤め人
務める ── 議長を務める、主役を務める、主婦の務めを果たす
とく・とける
解く・解ける ── 結び目を解く、包囲を解く、問題を解く、任を解かれる、雪解け、疑いが解ける
溶く・溶ける ── 絵の具を溶く、砂糖が水に溶ける、地域社会に溶け込む
ととのう・ととのえる
整う・整える ── 整った文章、隊列を整える、調子を整える
調う・調える ── 嫁入り道具が調う、晴れ着を調

役立ち小辞典

える、味を調える、費用を調える

とぶ
飛ぶ ── 鳥が空を飛ぶ、アフリカに飛ぶ、うわさが飛ぶ、家を飛び出す、飛び石
跳ぶ ── みぞを跳ぶ、三段跳び、跳びはねる

とまる・とめる
止まる・止める ── 交通が止まる、笑いが止らない、息を止める、通行止め
留まる・留める ── 小鳥が木の枝に留(止)まる、ボタンを留める、留め置く、書留
泊まる・泊める ── 船が港に泊まる、宿直室に泊まる、友達を家に泊める

とる
取る ── 手に取る、着物の汚れを取る、資格を取る、メモを取る、連絡を取る、年を取る
採る ── 血を採る、高校の卒業生を採る、会議で決を採る
執る ── 筆を執る、事務を執る、式を執り行う
捕る ── ねずみを捕る、生け捕る、捕り物
撮る ── 写真を撮る、映画を撮る

ない
無い ── 金が無い、無い物ねだり
亡い ── 亡き父をしのぶ

なおす・なおる
直す・直る ── 誤りを直す、服装を直す、故障を直す、ゆがみが直る
治す・治る ── 風邪を治(直)す、怪我が治(直)る、治(直)らない病気

なか
中 ── 箱の中、両者の中に入る
仲 ── 仲がいい、仲を取り持つ、仲(中)働き

ながい
長い ── 長い髪の毛、長い道、気が長い、枝が長く伸びる
永い ── ついに永い眠りに就く、永の別れ、末永く契る

ならう
習う ── 先生にピアノを習う、見習う
倣う ── 前例に倣う

のせる・のる
乗せる・乗る ── 電波に乗せる、計略に乗せる、電車に乗る、馬に乗る、風に乗って飛ぶ、時流に乗る、相談に乗る
載せる・載る ── 自動卓に貨物を載せる、たなに本を載せる、雑誌に広告を載せる、新聞に載った事件

のばす・のびる
伸ばす・伸びる ── 手足を伸ばす、勢力を伸ばす、身長が伸びる、学力が伸びる、伸び伸びと育つ
延ばす・延びる ── 出発を延ばす、開会を延ばす、地下鉄が郊外まで延びる、寿命が延びる

のぼる
上る ── 水銀柱が上る、損害が１億円に上る、川を上る、坂を上る、上り列車
登る ── 山に登る、木に登る、演壇に登る
昇る ── 日が昇(上)る、天に昇(上)る

はえ・はえる
映え・映える ── 夕映え、紅葉が夕日に映える
栄え ── 栄えある勝利、見事な出来栄え、見栄えがする、受賞に栄える

はかる
図る ── 合理化を図る、解決を図る、便宜を図る
計る ── 時間を計る、計り知れない恩恵、まんまと計られる
測る ── 水深を測る、標高を測る、距離を測る、面積を測る、測定器で測る
量る ── 目方を量る、升で量る、容積を量る
謀る ── 暗殺を謀る、悪事を謀る
諮る ── 審議会に諮る

はじまる・はじめ・はじめて・はじめる
初め・初めて ── 初めこう思った、初めての経験
始まる・始め・始める ── 会が始まる、始めと終わり、御用始め、仕事を始める

はな
花 ── 花も実もない、花の都、花形
華 ── 華やか、華々しい

はなす・はなれる
離す・離れる ── 間を離す、離れ島、職を離れる、離れ離れになる
放す・放れる ── 鳥を放す、見放す、放し飼い、矢が弦を放れる、放れ馬

はやい
早い ── 時期が早い、気が早い、早く起きる、早変わり、早口、矢継ぎ早
速い ── 流れが速い、投手の球が速い、テンポが速い、車の速さ

ひ
火 ── 火が燃える、火に掛ける、火を見るより明らか

灯―灯がともる、遠くに町の灯が見える
ひく
引く ― 綱を引く、線を引く、例を引く、車を引く
弾く ― ピアノを弾く、ショパンの曲を弾く
ふえる・ふやす
殖える・殖やす ― 財産が殖える、財産を殖やす
増える・増やす ― 人数が増える、水かさが増える、人数を増やす
ふく
吹く ― 風が吹く、笛を吹く
噴く ― 火を噴き出す、火山が煙を噴く
ふける
更ける ― 夜が更ける、秋が更ける
老ける ― 老けて見える、老け込む
ふた
二 ― 二重、二目と見られない、二つ折り
双 ― 双子、双葉
ふね
舟 ― 舟をこぐ、小舟、ささ舟
船 ― 船の甲板、船で帰国する、船旅、親船
ふるう
振るう ― 士気が振るう、事業が振るわない、刀を振るう
震う ― 声を震わせる、身震い、武者震い
奮う ― 勇気を奮って立ち向かう、奮って参加する、奮い立つ
まざる・まじる・まぜる
交ざる・交じる・交ぜる ― 麻が交ざっている、漢字仮名交じり文、交ぜ織り
混ざる・混じる・混ぜる ― 酒に水が混ざる、西洋人の血が混じる、雑音が混じる、絵の具を混ぜる
まち
町 ― 町と村、町ぐるみの歓迎、町役場、下町
街 ― 街を吹く風、学生の街、街の明かり
まるい
丸い ― 背中が丸くなる、丸く治める、丸ごと、丸太、日の丸
円い ― 円(丸)い窓、円(丸)く輪になる
まわり
回り ― 身の回り、胴回り
周り ― 池の周り、周りの人
みる
見る ― 遠くの景色を見る、エンジンの調子を見る、面倒を見る
診る ― 患者を診る、脈を診る
もと
下 ― 法の下に平等、一撃の下に倒した
元 ― 火の元、出版元、元が掛かる
本 ― 本を正す、本と末
基 ― 資料を基にする、基づく
や
屋 ― 屋根、酒屋、屋敷
家 ― 二階家、家主、家賃
やぶる・やぶれる
破る・破れる ― 約束を破る、障子が破れる、平和が破れる
敗れる ― 競技に敗れる、勝負に敗れる、人生に敗れる
やわらかい・やわらかだ
柔らかい・柔らかだ ― 柔らかい毛布、身のこなしが柔らかだ、物柔らかな態度
軟らかい・軟らかだ ― 表情が軟(柔)らかい、軟(柔)らかい話、軟(柔)らかな土
ゆく
行く ― 学校へ行く
逝く ― 逝く春を惜しむ、○○氏逝く
よい
良い ― 品質が良い、成績が良い、手際が良い
善い ― 善い行い、世の中のために善いことをする
よむ
読む ― 本を読む、字を読む、人の心を読む、秒読み
詠む ― 和歌を詠む、一首詠む
わかれる
分かれる ― 道が２つに分かれる、意見が分かれる、勝敗の分かれ目
別れる ― 幼い時に両親と別れる、友と駅で別れる、家族と別れて住む
わざ
業 ― 至難の業、離れ業、軽業、業師
技 ― 柔道の技、技をみがく
わずらう・わずらわす
煩う・煩わす ― 思い煩う、人手を煩わす、心を煩わす
患う ― 胸を患う、３年ほど患う

役立ち小辞典

書き誤りやすい熟語の例　誤→正　＊両矢印（↔）のものは互いに誤用されやすいもの

あ
嗚呼→嗚呼
合槌→相槌
合憎→生憎
合棒→相棒

い
意気昇天→意気衝天
異句同音→異口同音
偉彩→異彩
意思薄弱→意志薄弱
意志表示→意思表示
一率→一律
一視同人→一視同仁
意味深重→意味深長
引卒→引率
隠得→隠匿

う
受け次ぐ→受け継ぐ
宇頂天→有頂天
うるさ方→うるさ型

え
永眠→永眠

お
応待→応対
奥儀↔奥義
大立物→大立者
悪感→悪寒
温健→穏健
穏和↔温和

か
開札口→改札口
快心の作→会心の作
回複→回復
慨略→概略
換玉→替玉
科学作用→化学作用
仮空→架空
課目↔科目
画竜天晴→画竜点睛
感概→感慨
還境→環境
観迎→歓迎
完徹→貫徹
勘忍→堪忍
感能→官能
完璧→完璧
堪弁→勘弁
寒冒→感冒
緩漫→緩慢

き
気慨→気概
機械体操→器械体操
器管→器官
危機一発→危機一髪
気嫌→機嫌
記行→紀行
擬似→疑似
規準→基準
起点↔基点
偽瞞→欺瞞
吸集→吸収
驚威→驚異

業々しい→仰々しい
共同一致→協同一致
亨年→享年
魚獲高→漁獲高
禁製品→禁制品

く
遇発→偶発
苦況→苦境
駆徐→駆除
駆遂→駆逐
句調→口調
苦敗→苦杯
首実験→首実検
供要→供養
訓陶→薫陶

け
契期→契機
系数→係数
軽卒↔軽率
傾到→傾倒
経理士→計理士
劇増→激増
劇薬→劇薬
欠除→欠如
血精→血清
決戦投票→決選投票
結着→決着
血膜炎→結膜炎
欠裂→決裂
下毒→解毒
下熱→解熱
原価消却→減価償却
検死↔検視
検微鏡→顕微鏡

こ
講議→講義
膏盲→膏肓
剛情→強情
交迭→更迭
口答試問→口頭試問
購和→講和
互格→互角
個形→固形
子僧→小僧
個有名詞→固有名詞
五里夢中→五里霧中
言語同断→言語道断
根情（生）→根性
根低→根底（柢）

さ
差異↔差違
最少限→最小限
最底→最低
栽培→栽培
詐偽→詐欺
殺倒→殺到
惨酷→残酷
惨忍→残忍
惨鼻→酸鼻

し
自働的→自動的
雌服→雌伏
仕末→始末
指命↔指名
若冠→弱冠
洒落→洒落
収獲→収穫
週忌→周忌

自由競走→自由競争
収集↔収拾
縮冊→縮刷
縮少→縮小
趣好→趣向
受授→授受
呪咀→呪詛
受話機→受話器
循還→循環
純心→純真
召換→召喚
証固→証拠
少康→小康
招集→召集
除行→徐行
書斉→書斎
所罰→処罰
処法→処方
浸害→侵害
心気一転→心機一転
神厳→森厳
人事移動→人事異動
浸食↔侵食
侵水→浸水
侵略→侵略

す
水源池→水源地
推選→推薦
頭悩→頭脳

せ
製綱→製鋼
政事結社→政治結社
成長↔生長
晴天白日→青天白日

性来↔生来
西歴→西暦
積戴→積載
説経↔説教
接衝→折衝
絶体→絶対
絶対絶命→絶体絶命
切半→折半
前後策→善後策
漸時→漸次
専政→専制
戦々競々→戦々兢(恐)々
前程→前提
先入感→先入観
専問→専門

そ
相異→相違
壮厳→荘厳
壮重→荘重
争乱↔騒乱
速進→促進
卒先→率先

た
大古→太古
泰山鳴動→大山鳴動
太西洋→大西洋
大平洋→太平洋
打解→打開
託鉢→托鉢
惰勢→惰性
立往上→立往生
立て直し↔建て直し
惰落→堕落
堕力→惰力
端初→端緒
短少→短小
鍛造→鍛造
単(短)的→端的

短刀直入→単刀直入

ち
着腹→着服
注告→忠告
頂載→頂戴
重復→重複

つ
痛借→痛惜

て
体栽→体裁
呈示↔提示
低脳→低能
敵慨心→敵愾心
適確→的確
適才適所→適材適所
徹回→撤回
徹低→徹底
徹廃→撤廃
寺小屋→寺子屋
天意無縫→天衣無縫
転稼→転嫁
天守教→天主教
伝導師→伝道師
電話器→電話機

と
謄貴→騰貴
動義→動議
同巧異曲→同工異曲
謄写版→謄写版
特志家→篤志家
特種↔特殊
得農→篤農

な
納家→納屋
難義↔難儀

難波船→難破船

に
肉身↔肉親
肉迫↔肉薄
二足三文→二束三文
日新月歩→日進月歩
日本書記→日本書紀

ね
年令→年齢

は
買売→売買
白内症→白内障
発剌→溌剌
花咲り→花盛り
放れ技→離れ技(業)
板画→版画
万事窮す→万事休す
半身不髄→半身不随
万善→万全
頒付→頒布
反面↔半面

ひ
必敵→匹敵
非認→否認
疲幣→疲弊
秘法↔秘方
頻死→瀕死

ふ
復雑→複雑
復写→複写
復習→復習
復製→複製

複本↔副本
複命→復命
不思儀→不思議
複刻→復刻
不和雷動→付和雷同
粉骨細心→粉骨砕身
紛飾→粉飾
分折→分析

へ
幣害→弊害
平身底頭→平身低頭
並読→併読
別動隊↔別働隊
変屈→偏屈
便泌→便秘

ほ
方外↔法外
封権→封建
妨戦→防戦
放慢→放漫
法養→法要
捕穫→捕獲
本藉→本籍

ま
万場一致→満場一致
慢然→漫然

み
未青年→未成年
密月旅行→蜜月旅行
脈膊→脈搏

む
無我無中→無我夢中
無信論→無神論

無暴→無謀

め
名儀→名義
名剌→名刺
明分→名分

も
黙否権→黙秘権
模放→模倣

ゆ
勇姿↔雄姿
雄猛→勇猛
猶余→猶予
輸快→愉快

よ
要護者→擁護者
用紙↔洋紙
余義ない→余儀ない
予金→預金
余猶→余裕

れ
礼義↔礼儀

ろ
狼籍→狼藉
労動→労働
緑音→録音
六根正浄→六根清浄

393

役立ち小辞典

時候の慣用句一覧

1月
謹賀新年／寒さ厳しき季節／北の海に流氷がやってくるころ／近年にない暖かな松の内で／お屠蘇気分がようやく抜け／松の内の華やぎも過ぎ／初春とは名ばかり、まだまだ毎日寒く／連日の寒さに春が待ち遠しく／冬枯れの庭で寒雀がなにやらついばみ／久しぶりの雪景色に、別世界にいるような気分となり／暖冬でおだやかな日が続き／新春の候（折・みぎり）／初春の候／大寒の候／厳寒の候／酷寒の候／厳冬の候

2月
余寒厳しいこのごろ／鶯の声が聞かれるころ／立春とは名ばかりで、いつまでも寒い日が続き／残寒なお肌をさす毎日／梅のつぼみもまだかたく／日差しにも春の息吹を感じ／梅のつぼみがふくらみかけ／寒さのなかにも春の足音が聞こえるようで／早咲きの水仙に春の香気が感じられ／少しずつ日脚が伸びはじめ／思わぬ大雪に春が遠のく思いがします／余寒の候（折・みぎり）／向春の候／残寒の候／梅花の候

3月
春色のなごやかな季節／春まだ浅い今日このごろ／桜前線の北上が話題となるころ寒さがようやくゆるみ／桃の節句が過ぎいよいよ春らしく／寒さがめっきり薄れたようで／日差しがやわらかく春めいて／ひと雨ごとの暖かさに花の便りも聞かれ／桃の花がよい匂いを漂わせ／暑さ寒さも彼岸までと申し／桜のつぼみがほころびはじめたようで／早春の候（折・みぎり）／浅春の候／春暖の候／春陽の候

4月
桜花らんまんの季節／花の噂に心浮き立つこのごろ／うららかな春の日和となり／花冷えで肌寒い日が続き／吹く風が肌に快く感じられ／軽やかな鳥の歌声が聞こえ／木蓮の花が匂う季節となり／菜の花の黄色が目にまぶしく／春たけなわの好季節／突然の春嵐で散った桜の花が惜しまれます／いつの間にか葉桜の季節となり／菜種梅雨でぐずついた天気が続き／仲春の候（折・みぎり）／陽春の候／春暖の候／桜花の候

5月
寒からず暑からずのよい季節／青葉若葉の季節／新緑のしたたる季節／野も山も若葉がまぶしい季節／風薫るさわやかな季節／小満を迎えるとともに草花の新芽が伸びはじめ／庭の躑躅が咲き乱れ／新茶の香りに初夏の訪れを感じ／魚屋で初鰹を見かけるようになり／八百屋の店先に掘ったばかりの筍が並び／カーネーションが花屋の店頭を飾り／新緑の候（折・みぎり）／暮春の候／惜春の候／薫風の候

6月
梅雨空がうっとうしい季節／霖雨が悩ましい季節／夜来の雨に洗われて紫陽花の花の色があざやかになり／連日の雨で木々の緑が濃くなり、青田をわたる風がさわやかです／久しぶりに梅雨の中休みのようで／今年はどうやら空梅雨のようですが／梅雨の合間に真夏のような暑い日が続き／プール開きの便りに夏の到来を感じます／入梅の候（折・みぎり）／梅雨の候／小夏の候／麦秋の候／向暑の候

7月	緑陰の恋しい季節／夏空がまぶしい季節／さっとひと雨ほしいこのごろ／いよいよ夏本番となり／連日うだるような暑さが続き／蝉の声がいっそう暑さを際立たせ／連日の猛暑で庭の朝顔もぐったりしてしまい／夜空の花火にひとときの涼を感じ／風鈴の音が心地よく聞こえ／真っ青な空に入道雲が浮び／暑中お見舞い申し上げます（小暑から立秋まで）／炎暑の候（折・みぎり）／盛夏の候／酷暑の候
8月	涼風が恋しいこのごろ／子供たちは夏休みの宿題に大忙しで／立秋とは名ばかりの猛暑が続き／土用明けの暑さがいちだんと厳しく／花もしおれるほどの暑さで／暑さも峠を越えたようで／虫の声がしげくなり／海に土用波が立ちはじめ／吹く風に秋を感じ／残暑お見舞い申し上げます（立秋以降）／晩夏の候（折・みぎり）／残暑の候／残夏の候／暮夏の候／秋暑の候／立秋の候
9月	月が冴えて美しい季節／澄みわたる秋空に赤蜻蛉が飛びかう季節／天高く馬肥ゆる秋／日ごとに秋の気配が深まるこのごろ／台風一過の秋晴れがさわやかなこのごろ／朝夕のしのぎやすさとは裏腹に、日中はまだ暑く／二百十日もことなく過ぎ／秋祭りの日が近づき／ひと雨ごとに秋が深まるようで／松虫や鈴虫の声が秋の夜を演出し／庭の柿が色づきはじめ／初秋の候（折・みぎり）／新秋の候／秋涼の候／名月の候
10月	秋冷爽快な季節／秋たけなわの季節／菊薫る季節となり／虫たちの声も消え入るようなこのごろ／銀杏の葉が黄金色になり／山野が紅葉を始め／空には鰯雲が広がり／新米が出まわるようになり／ススキの白い穂が風にそよぎ／ずいぶんと日が短くなり／金木犀が香り高い花を咲かせ／栗、秋刀魚、松茸など、実りの秋を迎え／秋冷の候（折・みぎり）／仲秋の候／清秋の候／錦秋の候／秋容の候
11月	紅葉があでやかな季節／霜枯れの季節／北風に枯れ葉舞う季節／夜寒が身にしみる季節／そろそろこたつが恋しくなる季節／霜柱が立つこのごろ／朝夕めっきり冷えこみ／雪の便りが届くようになり／木枯らしが吹きはじめ／銀杏の葉が散りつもり／小春日和のおだやかなお天気が続き／一日ごとに冷気が加わり／晩秋の候（折・みぎり）／暮秋の候／深秋の候／季秋の候／向寒の候／初霜の候
12月	大雪を過ぎ木枯らし寒きこのごろ／クリスマスツリーが街を華やかに彩り／いよいよ日脚が短くなり／年の瀬もせまり／心せわしい年の暮れを迎え／カレンダーが残り一枚となり／寒気がことのほか身にしみて／水たまりにも氷が張り／今朝真っ白な霜柱が立ちました／冬将軍が本格的に到来する季節となり／迎春の準備に忙しく／師走の候（折・みぎり）／初冬の候／歳晩の候／寒冷の候

50音順さくいん

＊太字＝見開き項目見出し／細字＝その他の文例の見出し

あ

- あいさつ用語の種類　39
- アルバイト雇用の稟議書　197
- **案内状1＊**　266
- **案内状2＊**　268
- **Eメールの書き方＊**　52
- Eメールの基本構成と書き方　54
- Eメールの活用法　61
- Eメールの特徴と活用法　52
- Eメールの文書作成上の注意　57
- Eメール利用上のマナー　62
- 意匠登録願　355
- 意匠登録の図面　355
- いじめの謝罪の相談　313
- いじめの相談1　313
- いじめの相談2　313
- 依託品返品の督促状　121
- 一周忌法要に招くための通知　259
- 一斉清掃のお知らせ　323
- 一般的な寒中見舞い　242
- 一般的な結婚披露宴の招待状　252
- 一般的な年賀状　244
- **異動・転職・退職を通知する**　136
- **異動のあいさつ1＊**　132
- **異動のあいさつ2＊**　134
- **委任状＊**　342
- イベント共同推進の申し入れ　111
- イベント参加の稟議書　197
- **依頼状＊**　288
- **依頼する1＊**　88
- **依頼する2＊**　92
- **依頼を承諾する・断る＊**　94
- **祝い状**　278
- **祝いへの礼状＊**　166
- 請負代金債務の念書　341
- 売掛金残高の照会　97
- 運動会実施の稟議書　196
- 運動会のお知らせ　325
- 営業妨害への抗議に対して反駁する　125
- 営業妨害を忠告する　119
- 栄転祝いへの礼状　164
- 栄転祝いへの礼状　167
- 栄転で活躍と健康を祈る祝い　157
- 英文の基礎知識　42
- **英文の基本ルール＊**　42
- 英文ビジネスレターの書き方　48
- 英文ビジネスレターの基本構成　46
- 英文ビジネスレターの種類と特徴　44
- 絵手紙教室生徒募集　321
- 遠足の不参加届け　307
- 延焼見舞いへの礼状　273
- **縁談1＊**　246
- **縁談2＊**　248
- 甥への就職祝い　279
- **押印＊362**
- お悔やみ状　257
- お悔やみへの礼状　257
- お歳暮のあいさつ　153
- お歳暮の送り状　283
- お歳暮への礼状　163
- お歳暮への礼状1　274
- お歳暮への礼状2　275
- お中元・お歳暮のあいさつ　165
- お中元への礼状　165
- お中元への礼状　275
- お中元のあいさつ　153
- お中元の送り状　283
- **覚書・念書＊**　340

か

- 海外研修ツアーの企画書　233
- 海外事業部の人員増員の上申書　203
- 海外転勤を通知する　261
- 海外赴任からの帰国のあいさつ　135
- **会議・会合を案内する＊**　144
- 会議報告書　187
- 開業した店主から顧客へのあいさつ　139
- 解雇予告の通知　213
- 会社合併後の支援のお願い　139
- **会社設立・移転などを案内する1＊**　138
- **会社設立・移転などを案内する2＊**　140
- 会社設立披露宴出席への礼状　163
- **会社内への礼状＊**　164
- 会社への新社屋の推薦　155
- 会社を設立した社長から取引先の社長へのあいさつ　138
- 会葬礼状　174
- 外注企業の推薦　155
- 開店祝いへの礼状　167
- 開店・開業などのお知らせ　139
- **回答する1＊**　100
- **回答する2＊**　102
- 会費納入を督促する　107
- 価格改定を依頼する　89
- 価格改定を通知する　84
- 価格改定を申し込む　79
- 価格引き下げを依頼する　91
- 夏期休暇の通達　220
- 各種行事の不参加届け　307
- **各種クラブ＊**　320
- 学生時代の恩師へ仲人を依頼する　248
- **確認状＊**　112
- 貸付金返済を督促する　107
- 火事見舞い　169
- 火事見舞いへの礼状　273
- 学校に対して生徒への注意を要請する　297
- **学校へ相談する1＊**　310
- **学校へ相談する2＊**　312
- **学校へ提出する文書＊**　304
- **学校への詫び状＊**　314
- **学校へ連絡する1＊**　306
- **学校へ連絡する2＊**　308
- 家庭教師をさがす相談　311
- 株主総会の案内　144
- 仮払金請求伝票　226
- 歓迎会の案内状　267
- 歓待への礼状　276
- 寒中見舞いへの返信　243
- **勧誘する・申し入れる＊**　110
- **企画書＊**　232

議決権の委任状　343
議事録*　230
季節のあいさつ*　130
義父へ宛てる長寿祝い　281
機密情報を外部にもらした部下の責任をとる進退伺　195
休学のお願い　309
休職願　207
休職願　213
求人の推薦状　287
協議状*　114
業績不振の営業所の業務診断報告書　189
業績良好の営業所の業務診断報告書　188
共同仕入れの協議状　115
業務上の交通事故を起こした部下の顛末書　193
業務診断調査報告書　189
業務提携の協議状　115
業務日報　183
緊急納品の注文をする　69
金婚式を祝う　281
金銭賃借契約書*　332
金銭賃借の督促状　334
金銭消費賃借契約書　332
金銭債務の調停申立書　335
クレームの調査報告書　187
クーリング・オフの通知書　347
敬語と用語の使い方*　34
敬語の種類と用い方　34
敬称のつけ方　37
経費伝票　226
契約解除通知書*　346
契約の不履行に対して忠告する　119
契約不履行による違約金を請求する　105
怪我入院の見舞い　285
怪我見舞い　169
欠陥商品へ抗議する　296
月間報告書　183
欠勤届　205
結婚祝い　283
結婚祝い1　254
結婚祝い2　255
結婚祝い3　255

結婚式を内輪で済ませた結婚通知　251
結婚披露宴出席の返事　159
結婚披露宴の招待状を出してからの婚約解消のお知らせ　249
決済条件緩和を断る　77
見学ツアーへの勧誘　111
原稿執筆を催促する　295
原稿を依頼する　291
研修所における食中毒の顛末書　193
権利侵害の抗議に対して反駁する　125
講演会のお知らせ　317
抗議状*　122
抗議状*　296
工場機器の整備回数についての提案書　201
交渉事項承諾をお願いする　73
交渉する*　72
交渉を承諾する・断る1*　74
交渉を承諾する・断る2*　76
公正証書による遺言状　365
交通事故の示談書　348
交通事故見舞い　169
香典返しのあいさつ　258
購入の委任状　343
後任者の紹介　155
小切手・手形*　358
小切手の振り出し　358
古希の祝いへの案内状　267
顧客にお中元を贈るお知らせ　152
顧客を対象とした新作受注会の案内　146
古希を迎えた取引先社長への祝い　151
子育てサークル会員募集　321
子どもの不始末を謝罪する1　314
子どもの不始末を謝罪する2　315
子どもの命名の通知　265
断り状*　292
ゴミ収集のお知らせ　322
雇用契約書*　222
婚約を通知する　247
婚礼1*　250
婚礼2*　254

さ

災害見舞いへの礼状　171
災害見舞いへの礼状　273
債権*　360
債権通知　360
催告書　357
在庫数量確認照会への回答　101
催促状*　294
再度送る代金未払いの督促状　121
再度の抗議をする　297
再度の代金督促状　335
再見積書送付をお願いする　89
財務諸表*　228
採用試験の通知／本人あて　211
先取特権の通知　350
指値による注文をする　69
仕事上の知人への栄転祝い　279
事故の始末書　195
事故見舞いへの礼状　170
指示する・通達する1*　218
指示する・通達する2*　220
四十九日の忌明けに出す礼状　175
自称と他称の使い分け　38
地震で被災した人への見舞状　285
時節の手紙*　242
示談書*　348
示談の委任状　343
指定業者変更の通知　215
支店開設祝賀会への招待　149
自転車整理のお知らせ　323
実用新案登録願　354
品切れを通知する　85
品切れの通知とお詫びをする　85
支払い延期を依頼する　93
支払い延期を断る　77
支払条件付きの注文をする　69
支払い督促状*　334
支払日前支払いを断る　95
支払いを督促する　106
自筆証書による遺言書　364
死亡通知　172
死亡通知　265
死亡通知とお悔やみ*　172
死亡通知を兼ねた葬儀・告別式の通知　256
始末書　315

397

始末書と顛末書1＊　190
始末書と顛末書2＊　192
始末書と顛末書（進退伺）3＊　194
事務所移転を通知する　87
事務用品注文の受注をする　71
締日・支払日を通知する　86
社員慰安旅行についての案内　215
社員研修の講師の依頼　217
社員旅行の通知　237
社屋を移転した社長から取引先の
　　社長への案内　140
借用書　333
社葬の会葬礼状　175
社長就任・栄転祝いへの礼状　165
社長就任披露への招待　149
借金返済を催促する1　294
借金返済を催促する2　295
借金を依頼する1　290
借金を依頼する2　291
借金を断る　293
社内規定　218
社内規定改定の疑問を照会する
　　217
社内論文＊　234
社名変更の案内　141
就職先斡旋を依頼する　289
就職斡旋の結果報告　275
就職斡旋を断る　293
就職斡旋を催促する　295
就職先を依頼する　288
就職祝いへの礼状　271
就職の依頼を断る　292
就職の自薦状　287
就職の推薦状　286
就職の通知　265
住所変更届　208
就任した新社長から取引先の社長
　　へのあいさつ　132
授業の相談　311
祝賀状など＊　158
受験生への陣中見舞い　300
受賞祝い　281
受賞の祝い　151
受賞パーティーの案内状　268
叙勲・受賞などを祝う＊　150
出荷・発送を通知する　82
出金伝票　224

出産祝いへの礼状　270
出産通知　265
出生届／会社の所定用紙を使う
　　209
出張先でお世話になった方への礼
　　状　160
出張旅費精算書　227
出店の申し入れ　111
主賓への礼状　255
種類債権の特定の通知　361
使用料を請求する　105
紹介状・推薦状＊　154
照会する1＊　96
照会する2＊　98
照会へ回答する　217
上司へあてる新築祝い　280
上司への栄転祝い　278
昇進などを祝う＊　156
昇進の祝い　157
招待セールの案内　147
譲渡担保権実行通知書　351
商標権侵害への反駁状　125
商標使用権設定契約書　367
商標登録願　353
商品見本送付を請求する　105
商品売買契約書1　330
商品売買契約書2　331
商品を注文する　66
商用英語セミナー参加報告書　185
女性側の親から縁談話を断る　247
暑中（残暑・寒中・余寒）見舞い
　　131
暑中見舞い　131
暑中見舞い　243
暑中見舞いへの返信　243
所有権・物権＊　350
書類送付　127
書類送付の送信状　127
資料紛失の念書　191
新会社設立披露への招待　148
新規取引申し込みを断る　81
新規取引申し込みを断る　95
新規取引申し込みを承諾する　95
新規取引を依頼する　90
新規取引を承諾する　80
新規取引を申し込む　78
人材育成についての論文　234

新事務所開設祝いへの礼状　166
新社屋完成祝いへの礼状　167
新社屋落成あいさつへの礼状　143
人身事故を慰める　301
申請する・伺う1＊　196
申請する・伺う2＊　200
新製品開発チーム設置の提案書
　　200
新製品広告企画案　232
新製品購入の勧誘　110
新製品展示発表会の案内　147
新製品の売れ行き状況調査報告書
　　189
新製品の生産設備の開発のための
　　工場出張の報告書　185
新製品の引き合い状況の照会　98
新製品発売を通知する　85
新製品販売促進の指示　221
新卒者採用計画の上申書　203
新築祝いへの礼状　271
新築披露への案内状　266
新転入社員歓迎パーティーの通知
　　215
新店舗建設候補地の調査報告書
　　186
新入社員歓迎会の案内　147
新年会のお知らせ　269
新年会の通知　236
新聞における死亡通知　173
信用照会への回答　103
進路の相談　310
水害見舞い　169
推薦状＊　286
スピーチをした招待者への礼状
　　255
スポーツクラブ法人入会の稟議書
　　197
請求金額に対して反駁する　125
請求書訂正を依頼する　93
請求する・催促する1＊　104
請求する・催促する2＊　106
逝去のお悔やみ　173
生産中止にともない注文を断る
　　71
成績の相談　311
製品誤送をお詫びする　109
製品不良の注意状　117

製品不良への抗議状　123
製品不良への忠告状　119
製品不良への反駁状　124
誓約書　223
接客態度をお詫びする　109
接待交際費精算申請書　227
設立・開店を祝う*　142
世話になった人へのお歳暮に添える送り状　282
前任地担当会社への転勤のあいさつ　133
先輩の栄転への返信　279
騒音に対して抗議する　297
葬儀後に出す死亡通知　257
創業記念祝賀パーティーへの招待　149
創業記念パーティー欠席の返事　143
送金着否照会への回答　100
送金を依頼する　92
送金を通知する　83
蔵書貸し出しへの礼状　277
送信状*　126
早退届　305
早退届／便せんなどを使った例　205
贈答状*　152
贈答状*　282
送別会の案内　145
送別会の通知　237
創立記念パーティー出席への礼状　162
創立記念パーティーの通達　221
葬礼1*　256
葬礼2*　258
組織変更のお知らせ　137
即決和解申立書　345
そのほかの書状1*　298
そのほかの書状2*　300
そのほかの契約書*　366
損益計算書　229
損害賠償請求　361

た

体育見学届　305
退院祝い　281
退院を通知する　263

退学のお願い　309
退学の理由と報告　309
代金未払いの注意状　117
代金未払いへの抗議状　123
代金未払いを催促する　295
代金未払いを請求する　357
代金未払いを督促する最終通告　121
第三者からの私的な死亡通知　264
退職以後無関係のお知らせ　137
退職祝い　283
退職祝いへの添え状　283
退職準備相談室開設の案内　214
退職する社員の上司から在職中の担当会社へのあいさつ　137
退職手続きについて　223
退職願／横書き　212
台風災害で被災した人への見舞状　285
台風見舞い　169
代理店契約書　366
建物賃貸借契約解除通知書　346
建物明渡和解契約書　344
旅先で介助してくれた恩人への礼状　277
遅刻届　305
遅刻届／所定の用紙を使った例　204
着任の抱負　133
着荷数量不足の照会に対する回答　101
着荷品数量不足の照会　96
注意状*　116
中学受験の相談　311
忠告状*　118
中途退職のあいさつ　135
注文する1*　66
注文する2*　68
注文取り消しを申し込む　79
注文内容の照会　99
注文品違いの注意状　116
注文品変更を断る　77
注文品未着照会への回答　101
注文を断る　71
注文を承諾する　70
注文を承諾する・断る*　70
注文を取り消す　67

長期欠席に際してのお願い　308
弔辞への礼状*　174
町内会1*　322
町内会2*　324
賃金請求書　356
賃借対照表　228
追加注文する　67
通信販売を解約する1　299
通信販売を解約する2　299
通知する*　236
通知する1*　82
通知する1*　260
通知する2*　86
通知する2*　264
提案制度導入の上申書　202
定款　219
定期健康診断の通知　237
定時株主総会議事録　231
抵当権実行通知書　351
定年退職した社員から在職中の仕事関係者へのあいさつ　135
定年退職の通知　213
定例会議議事録　231
手付放棄売買契約解除通知書　347
転居通知を兼ねた結婚通知　251
転居を通知する　260
転勤・転任のあいさつ　165
転勤を通知する　261
転職のアドバイスをする　301
転職をした元社員から仕事上の関係者へのあいさつ　134
転職を通知する　261
転任・栄転祝いへの礼状　165
伝票類1*　224
伝票類2*　226
添付書類の常識と非常識　58
電話注文による受注の請書　71
電話発注の確認状　112
同業者組合設立の協議状　114
頭語と結語の関係　39
同窓会*　326
同窓会欠席の返事をする　299
同窓会の案内状　267
同窓会開催のお知らせ1　327
同窓会開催のお知らせ2（メーリングリスト）　327

399

同窓会の呼びかけ　326
督促状＊　120
特別休暇届／所定用紙利用の例
　　207
独立創業を通知する　261
独立前に取引のあった社長から会
　　社を設立した社長への祝い　143
土地建物賃貸借契約書＊　338
　土地賃貸借契約書1　338
　土地賃貸借契約書2　339
土地建物売買契約書＊　336
　土地建物売買契約書　337
　土地売買契約書　336
特許願　352
特許権侵害をお詫びする　109
特許・商標1＊　352
特許・商標2＊　354
特許使用を依頼する　89
特許専用使用権設定契約書　367
届け出る1＊　204
届け出る2＊　208
取扱説明書送付を依頼する　291
取引先社長から新店舗を開いた社
　　長への祝い　142
取引開始照会への回答　103
取引開始の照会　97
取引関係への礼状1＊　160
取引関係への礼状2＊　162
取引先社長叙勲の祝い　150
取引先社長の賀寿の祝い　158
取引先社長へ議員当選の祝い　159
取引先社長へ子息結婚の祝い　159
取引先社長へ受賞の祝い　157
取引先社長へ病気全快の祝い　159
取引先社長へ令嬢結婚の祝い　159
取引先紹介への礼状　161
取引先紹介への礼状（不成功の場
　　合）　161
取引先紹介を依頼する　91
取引先信用状態の照会　99
取引先倒産にともなう支払い延期
　　を依頼する　93
取引先との懇親会の案内　145
取引先との懇談会の案内　147
取引先にお歳暮を贈るお知らせ
　　153
取引先の社長へ就任の祝い　156

取引先への災害見舞い　168
取引先への暑中見舞い　131
取引先への推薦　155
取引先への年賀状　130
取引条件照会への回答　102
取引条件変更を承諾する　74
取引条件変更を承諾する　94
取引条件変更を断る　76
取引条件を変更する　79
取引停止を詫びる始末書　190

な

内容証明＊　356
仲人への礼状　255
仲人を承諾する　249
夏祭りのお知らせ　325
夏休みラジオ体操のお知らせ
　　318
入院中世話になった医師への礼状
　　277
入院中の人への見舞状　284
入院と本人の様子を通知する　263
入院のための欠勤届　206
入学祝いへの礼状　271
入金伝票　224
入金への礼状1　161
入金への礼状2　161
入社誓約書　210
入退社を通知する1＊　210
入退社を通知する2＊　212
値上げ依頼を交渉する　72
値上げの要請を承諾する　81
年賀状　131
年賀状＊　244
年賀状の返事　245
年賀状の返信を兼ねた寒中見舞い
　　243
年賀状への返信　131
年末精算のための支払いを請求す
　　る　105
納期延期を交渉する　73
納期延期を承諾する　75
納期延長の依頼を承諾する　95
納期遅延の注意状　117
納期遅延を弁解する　108
納品遅延への抗議状　122
納品督促の確認状　113

納品にともなう代金を請求する
　　104
納品の督促状1　120
納品の督促状2　121

は

パーティー欠席の返事をする　298
パーティー出席の返事をする　299
パーティー招待への礼状　275
廃業・支店閉鎖にともなうあいさ
　　つ　141
売却の委任状　342
ハイキング大会のお知らせ　319
売買契約書＊　330
はがきの表書きと裏書き　33
励ましへの礼状　277
バザーの案内　317
パソコン購入の稟議書　198
バレー部員募集　321
パントマイムサークル部員募集
　　321
破損商品への抗議状　123
初節句を祝う　281
発注品取り消しの確認状　113
花火大会のお知らせ　319
花見会のお知らせ　325
反省書　315
販売会議議事録　230
販売業績の月報　182
販売促進の企画案　233
販売促進の出張報告書　184
販売調査の中間報告照会への回答
　　217
反駁状＊　124
PTA総会の案内　316
PTA・子ども会1＊　316
PTA・子ども会2＊　318
飛行機事故見舞い　169
被災の通知とお願いをする　263
被災を通知する　262
ビジネス社外文書の基本構成と書
　　き方　26
ビジネス社内文書の基本構成と書
　　き方　28
ビジネス文書の書式と基本ルール
　　24
ビジネス文書の役割と種類　22

人の紹介と推薦　154
秘密証書による遺言書　365
病院見舞いへの礼状　171
病気全快後の見舞いへの礼状　263
病気による欠席届　304
病気見舞い　169
病気見舞いへの礼状1　272
病気見舞いへの礼状2　273
病気を通知する　263
披露宴招待を断る　253
披露宴へ招待する　253
披露宴を後日開く場合の友人・知人への招待状　253
披露・祝賀会などへ招待する*　148
ファイリングシステムの改善の提案書　201
ファイリングシステムの照会　216
ファックスの送信状1　126
ファックスの送信状2　127
封書の記載例　365
封筒とはがきの書き方*　30
封筒の書き方と郵便物の指定　50
部下の横領の責任をとる進退伺　194
復学の連絡　309
物品借用を依頼する　291
物品売買契約書に付随する支払覚書　340
物品返却を催促する　295
不登校の相談　312
父母から先生への家庭訪問の変更の願い　307
父母懇親会のお知らせ　317
フリーマーケットのお知らせ　325
振替伝票　225
振込金未着の照会　97
不良品交換を交渉する　73
不良品交換を承諾する　75
不良品納入をお詫びする　109
不良品を仕入れた顛末書　192
文化祭のお知らせ　324
文章の構成法と書き方のポイント　20
文章の役割と種類　18
文書の書き方*　18
閉鎖する支店の支店長から取引のあった顧客への案内　141

弁解する・お詫びする*　108
報告書1*　182
報告書2*　186
法事による欠席届　305
放置自転車一掃協力のお願い　323
忘年会の案内　145
忘年会のお知らせ　269
亡父の友人に出す会葬礼状　175
訪問先への礼状　163
母校のサッカー部への陣中見舞い　285
ボランティアのお知らせ　323
ボランティア募集　320
本人から出す就職先紹介への礼状　275

ま

見合い後に縁談を断る1（男性から）　246
見合い後に縁談を断る2（女性から）　247
見積価格再考を交渉する　73
見積価格再考を承諾する　75
見積書　225
見積書を比較して注文する　67
見積りを依頼する　88
見計らい注文をする　68
見本送付を依頼する　89
見舞状*　168
見舞状　284
見舞いへの礼状*　170
身元保証書　211
身元保証人を依頼する　289
身元保証人を断る　293
息子の結婚について相談する　249
無断欠勤で欠勤理由を加える始末書（理由書）　191
無断使用について忠告する　119
免許取得届　209
申し込みを承諾する・断る*　80
申し込む*　78
餅つき大会のお知らせ　319
喪中に届いた年賀状への返事　245
喪中による年賀欠礼のあいさつ　259

喪中の人へ年賀状に代えて出すあいさつ　245
喪中の人へ年賀状を出した詫び状　245
喪中の人への寒中見舞い　131
催し物などを案内する*　146

やらわ

役員異動をした会社の社長から取引先の社長へのあいさつ　136
役員就任のお知らせ　133
役員退任と後任者の紹介　133
約束手形　359
家賃値上げ請求書　357
遺言状*　364
ユーザーサポート新設の上申書　203
友人・知人が故人をしのぶための追悼会の通知　259
友人に娘の縁談を依頼する　249
友人の息子への合格祝い　279
友人への結婚通知　250
洋封筒の選び方と書き方　32
リコール商品の責任をとる進退伺　195
リース更新の稟議書　199
領収書送付を通知する1　83
領収書送付を通知する2　83
領収書を請求する　105
臨海学校の不参加届け　306
臨時休業を通知する　87
類似商標の使用への抗議状　123
類似商品への忠告状　118
礼状1*　270
礼状2*　274
連絡する1*　214
連絡する2*　216
労災事故の示談書　349
労働契約書　222
路上駐車に対して抗議する　297
和解契約書*　344
和封筒の選び方と書き方　30

●日本語文書研究会●

デジタル情報化の時代に失われつつある日本語の美しさを再確認し、これからの文書における理想的なマッチングを考究している。それが持続して廃れることのない確かな日本語にもとづく文書・書式としての体裁を整え、発展・展開していけることを目指している。

最新版 すぐ役立つ文書・書式大事典

著　　者	日本語文書研究会	
発　行　者	東島俊一	
発　行　所	株式会社 法 研	
	東京都中央区銀座 1-10-1（〒 104-8104）	
	販売 03(3562)7671　編集 03(3562)7674	
	http://www.sociohealth.co.jp	
印刷・製本	図書印刷株式会社	

SOCIO HEALTH

小社は㈱法研を核に「SOCIO HEALTH GROUP」を構成し、相互のネットワークにより、"社会保障及び健康に関する情報の社会的価値創造"を事業領域としています。その一環としての小社の出版事業にご注目ください。

©NIHONGO BUNSYO KENKYUKAI 2010 Printed in Japan
ISBN978-4-87954-797-2　定価はカバーに表示してあります。
乱丁本・落丁本は小社出版事業課あてにお送りください。
送料小社負担にてお取り替えいたします。③

|JCOPY|〈(社)出版者著作権管理機構 委託出版物〉
本書の無断複写は著作権法上での例外を除き禁じられています。複写される場合は、
そのつど事前に、(社)出版者著作権管理機構（電話 03-3513-6969、FAX 03-3513-6979、
e-mail: info@jcopy.or.jp）の許諾を得てください。